SAVOIR
tout faire à
L'ORDINATEUR

SAVOIR

tout faire à
L'ORDINATEUR

Sélection
du Reader's Digest

MONTRÉAL

SAVOIR TOUT FAIRE À L'ORDINATEUR

est une réalisation de Sélection du Reader's Digest

© 2001, Sélection du Reader's Digest (Canada) Ltée
1100, boulevard René-Lévesque Ouest, Montréal (Québec) H3B 5H5

ÉQUIPE DES LIVRES

Rédaction : GILLES HUMBERT, AGNÈS SAINT-LAURENT

Recherche : ANDREW JONES

Graphisme : CÉCILE GERMAIN

DIRECTION DES LIVRES, MUSIQUE ET VIDÉOS

Vice-présidente : DEIRDRE GILBERT

Directeur artistique : JOHN McGUFFIE

Rédactrice en chef adjointe : PHILOMENA RUTHERFORD

Coordonnatrice administrative : ELIZABETH EASTMAN

ISBN 0-88850-737-2

Pour obtenir notre catalogue ou des renseignements sur d'autres produits de Sélection du Reader's Digest,
composez le 1 800 465-0780
Vous pouvez aussi nous rendre visite sur notre site Web : www.selectionrd.ca

SAVOIR TOUT FAIRE À L'ORDINATEUR

Cet ouvrage est l'adaptation en langue française pour le Canada de
HOW TO DO JUST ABOUT ANYTHING ON A COMPUTER,
réalisé par
Planet Three Publishing Network
pour Reader's Digest Association, London

LA PRÉSENTE ÉDITION A ÉTÉ RÉALISÉE PAR

BOWNE GLOBAL SOLUTIONS FRANCE

SOUS LA DIRECTION DE L'ÉQUIPE ÉDITORIALE DE
SÉLECTION DU READER'S DIGEST

Fabrication : YVES DE TERNAY, PIERRE SENON

Ingénieur prépress : ISABELLE LÉVY

Sommaire

DÉPANNAGE

Comment utiliser ce livre

Partez à la découverte des innombrables possibilités de votre ordinateur

Grâce à des instructions claires et détaillées étape par étape, à des suggestions de professionnels et à quelques bonnes idées, Savoir tout faire à l'ordinateur vous aidera à réaliser vos projets personnels sur votre ordinateur.

Contrairement à la plupart des ouvrages informatiques, *Savoir tout faire à l'ordinateur* ne prétend pas faire de vous un expert en informatique, mais plutôt vous aider à réaliser des projets pratiques, tels que la création de l'en-tête d'une lettre. Ce livre présente donc des projets simples et représentatifs de la vie de tous les jours.

Grâce à cette méthode, vous allez découvrir votre ordinateur en vous amusant. Vous comprendrez comment fonctionnent les programmes, et pourrez alors appliquer ce que vous avez appris à d'autres tâches.

Chaque projet est expliqué, étape par étape, et des illustrations reproduisent ce que vous voyez sur votre écran. Ainsi, vous ne perdrez pas de temps à rechercher le menu ou la commande nécessaires : une copie d'écran indique l'endroit exact où doit se trouver le curseur lorsque vous cliquez.

Dans la première partie du livre, « Vous et votre ordinateur », vous apprendrez à l'installer, à mettre de l'ordre dans le disque dur et à vous débrouiller avec Windows.

De nos jours les ordinateurs sont de plus en plus fiables mais, en cas de problème, consultez la partie « Dépannage » ; vous y trouverez certainement la solution. Alors, à vous de jouer : nous espérons qu'à travers les innombrables projets suggérés vous apprécierez toutes les possibilités que vous offre votre ordinateur.

Les différentes parties du livre

Il comporte quatre parties, allant de l'installation de l'ordinateur à la connexion à Internet, en passant par la mise en pratique de vos connaissances et la résolution de vos problèmes techniques. Dans chaque partie vous trouverez une marche à suivre, étape par étape, illustrée par des captures d'écran vous montrant ce que vous devez voir sur votre propre écran.

Vous et votre ordinateur

Installez votre ordinateur : passez en revue le rôle des différents composants matériels et logiciels ainsi que les concepts de base des principaux programmes.

Projets pratiques pour la maison

Près de 40 projets pratiques, présentés étape par étape, vous aident à créer, par exemple, une base de données pour vos recettes de cuisine, un papier illustré, etc.

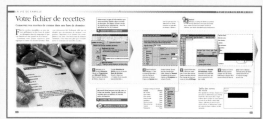

Internet

Apprenez à vous connecter à Internet, à envoyer et recevoir du courrier électronique (e-mail) et à trouver rapidement et efficacement des informations sur le Web. Ensuite, réalisez vous-même votre propre page Web.

Dépannage

Parfois, l'ordinateur, les périphériques ou les logiciels ne fonctionnent plus normalement. Dans de cas, pas de panique ! Cette partie vous apporte des solutions faciles à appliquer pour les problèmes les plus courants.

Pages spéciales

Voilà les idées pour utiliser au quotidien ce que vous avez appris grâce à ce livre.

Vos connaissances appliquées au quotidien

Vous découvrez, grâce à ce livre, le moyen de vous affranchir du stress et de la corvée que représentent un déménagement, la gestion d'un club ou l'organisation d'un événement ou d'une fête familiale. Vous apprenez par le biais de ces projets à utiliser un traitement de texte, une feuille de calcul et un programme de dessin.

Glossaire et index

Un mot que vous ne comprenez pas ? Allez à la fin du livre : vous y trouverez des définitions claires et concises pour les termes et les expressions les plus utilisés. Quant à l'index, il sert à retrouver rapidement la section appropriée.

Quelle configuration ?

Dans ce livre, nous supposons que vous avez un PC Pentium équipé d'au moins 16 Mo de RAM. Tout ordinateur acheté au cours de ces deux dernières années possède la configuration requise pour réaliser les projets suggérés.

Quel logiciel ?

Nous supposons également que vous possédez un ordinateur qui s'exécute sous Windows 95 ou 98. La plupart des illustrations ont été réalisées avec Windows 98, mais toutes les instructions s'appliquent aux deux systèmes. Les explications nécessaires vous seront fournies là où Windows 95 est très différent de Windows 98.
À l'exception de quelques projets qui nécessitent un logiciel spécialisé, la plupart utilisent Microsoft Office

97 Édition Standard ou Microsoft Works Suite 99. Ces suites logicielles proposent des programmes de traitement de texte, de bases de données et des feuilles de calcul. Les instructions relatives à Microsoft Word, le traitement de texte fourni dans Office, sont également valables pour le traitement de texte de Works, sauf indication contraire.
Au besoin, nous citons également d'autres programmes disponibles dans le commerce.

Comment vous y retrouver dans la page

Pour chaque projet décrit dans ce livre, des étapes illustrées et des dessins vous indiquent la marche à suivre. Divers encadrés et hors-texte vous apportent une aide supplémentaire.

« Avant de commencer »

Cet encadré récapitule les points à considérer, la documentation à consulter et les tâches à effectuer avant de commencer le projet.

Étape par étape

Les projets sont expliqués étape par étape, du premier au dernier clic de souris. Chaque étape est numérotée et des instructions claires indiquent les commandes à exécuter, avec le clavier ou la souris, les programmes, dossiers et menus à utiliser.

Les mots entre guillemets

Les mots placés entre guillemets sont soit des mots que vous voyez tels quels à l'écran, soit des mots que vous devez taper au cours d'une étape.

« Autres programmes »

Indique les autres logiciels que vous pouvez utiliser pour le projet, et la manière d'y accéder. Sauf indication contraire, les instructions restent les mêmes.

Une aide supplémentaire

Au-dessus et en dessous des étapes détaillées, vous trouverez des conseils et des astuces, et vous verrez comment éviter les pièges les plus courants.

Les copies d'écran

Des photos de l'écran du PC, autrement dit des copies d'écran, montrent ce que vous devez voir sur votre écran au stade important de l'explication du projet.

Le texte en gras

Tout ce qui est en caractères gras représente une commande à exécuter. Il peut s'agir d'un menu, d'une commande de menu, d'un onglet ou d'un bouton de boîte de dialogue. Il peut aussi s'agir d'un bouton de barre d'outils sur lequel vous devez cliquer avec la souris, ou d'une touche du clavier sur laquelle vous devez appuyer.

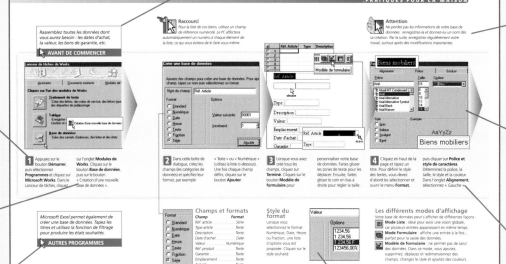

Des gros plans

Les copies d'écran du PC qui méritent une attention spéciale sont agrandies pour que vous les voyiez mieux.

Des informations supplémentaires

Sous les étapes détaillées, vous verrez des explications pour les aspects les plus compliqués du projet, ainsi que des suggestions et d'autres méthodes.

Conseils et astuces

D'autres informations vous aideront à réaliser une tâche et à mieux comprendre le fonctionnement de votre PC.

Gros plan

Ces sections permettent de savoir ce qui se passe en interne dans l'ordinateur, autrement dit dans les coulisses !

Mot clé

Des expressions ou des mots importants sont expliqués. Ainsi, vous comprenez mieux la tâche décrite sur la page.

Raccourci

Cherchez ce symbole si vous voulez être plus efficace et apprendre des méthodes simples et rapides pour réaliser des opérations courantes.

Attention

Ce symbole signale les problèmes que vous risquez de rencontrer ou les erreurs à ne pas commettre.

Astuce

Des suggestions proposent d'autres méthodes ou d'autres tâches possibles pour le projet, ce qui vous permettra de l'adapter à vos besoins.

Communiquez avec l'ordinateur

Votre PC est toujours prêt à exécuter vos ordres. Vous disposez de nombreux moyens pour lui indiquer ce que vous souhaitez faire.

Les menus

Dans la plupart des programmes, une barre des menus est proposée tout en haut de la fenêtre. Le premier menu, Fichier, offre des commandes pour enregistrer un document et l'imprimer. Le menu Édition, quant à lui, permet de couper (supprimer) du texte ou des images et de les coller (insérer) ailleurs.

Pour accéder à un menu, cliquez sur son nom. La liste de ses commandes s'ouvre. Cliquez sur celle qui représente l'action que vous voulez déléguer au PC.

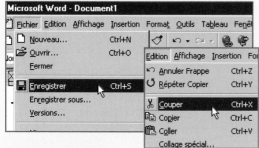

Les barres d'outils

Les barres d'outils comportent une série de boutons sur lesquels vous cliquez pour exécuter des commandes très sollicitées, telles que l'enregistrement d'un document. Cela vous évite d'ouvrir des menus et éventuellement des sous-menus. La ou les barres d'outils (certains programmes en possèdent plusieurs) se trouvent en haut

de la fenêtre du programme, juste sous la barre des menus. Amenez le pointeur de la souris sur un de leurs boutons : en général, une description s'affiche.

Les boîtes de dialogue

Parfois, l'ordinateur vous demande de faire un choix ou de lui fournir des informations complémentaires avant d'exécuter votre commande. Une boîte de dialogue s'affiche alors et vous invite à confirmer ou à modifier les paramètres par défaut du programme (vous pouvez en effet changer à votre guise ces options standard). Pour cela, cliquez sur les zones appropriées : sélectionnez un élément dans une liste ou tapez l'information requise. Certaines boîtes de dialogue se décomposent en plusieurs onglets, un peu comme ceux utilisés dans un

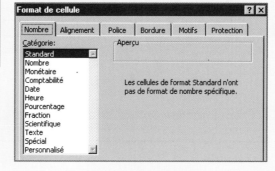

classeur ; cliquez dessus pour accéder à d'autres options. Dans la boîte de dialogue ci-dessous, vous voyez les onglets Nombre, Alignement, Police, etc. ; cliquez sur l'onglet Police pour choisir la police, le style, la taille et la couleur des caractères.

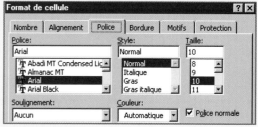

L'utilisation de la souris

Vous utiliserez souvent les boutons de la souris. Voici un récapitulatif des termes employés dans ce livre.

Cliquez Enfoncez et relâchez aussitôt le bouton gauche de la souris.

Cliquez deux fois Enfoncez puis relâchez le bouton gauche de la souris, deux fois de suite et rapidement.

Cliquez avec le bouton droit Enfoncez puis relâchez le bouton droit de la souris (en général, un menu local s'affiche).

Faites glisser Appuyez sur le bouton gauche de la souris, maintenez-le enfoncé, puis déplacez la souris de façon à ce que le curseur glisse sur l'écran.

Le raccourci clavier

Le clavier permet d'exécuter plus rapidement les commandes souvent sollicitées (voir p. 76 pour plus de détails). Lorsque nous vous suggérons d'utiliser

une de ces touches de « raccourci » (voir ci-contre), nous proposons souvent une représentation de la touche concernée, telle que celle-ci.

Touches de fonction
Échappement (échap)
Tabulation (Tab)
Majuscule (Maj)
Suppression (Suppr)
Entrée
Contrôle (Ctrl)
Windows
Alt
Barre d'espacement
Retour
Déplacement du curseur
Clavier numérique

Vous et votre
Ordinateur

Une bonne connaissance de votre PC vous permettra de mieux vous débrouiller. Identifiez le rôle de chaque composant et sachez le configurer correctement. En outre, de bonnes habitudes de gestion et d'entretien garantiront un fonctionnement efficace du PC. Dès que vous maîtriserez les concepts de base, vous serez prêt pour une informatisation réussie de vos projets pour la maison.

Dans cette partie

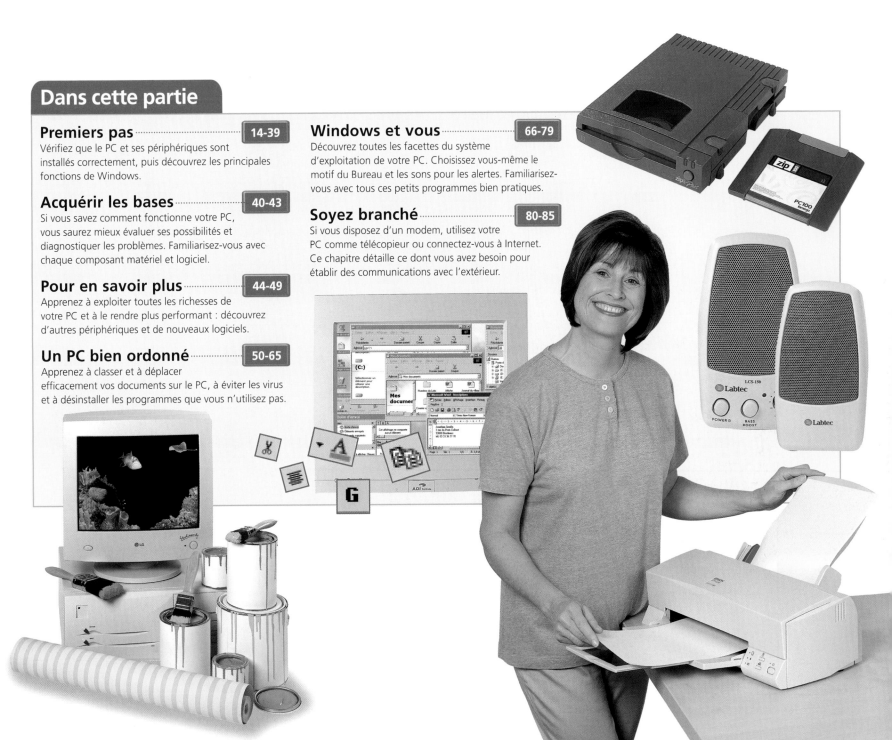

Installation de l'ordinateur

Votre nouveau PC est arrivé
Première étape : aménager
votre coin bureau

Votre ordinateur est un outil précieux destiné à toute la famille ; cela vaut donc la peine de prendre le temps de l'installer correctement et de configurer le système pour qu'il soit à la fois facile à utiliser et fiable. L'idéal serait de transformer en coin bureau une petite pièce ou un angle, pour que chacun puisse utiliser l'ordinateur sans être dérangé. Quoi qu'il en soit, la disposition doit être agréable. Vous avez besoin de plusieurs prises de courant, non seulement pour le matériel informatique, mais aussi pour une lampe de bureau. Et si vous prévoyez d'envoyer des télécopies ou de vous connecter à Internet, vous avez aussi besoin d'une prise de téléphone.

N'hésitez pas à réserver trois ou quatre heures à l'installation de votre ordinateur. Une bonne gestion de l'espace est primordiale : un coin bureau mal agencé n'incitera pas à venir l'utiliser. N'oubliez pas de lire les modes d'emploi, ne serait-ce que pour savoir où brancher tous ces câbles !

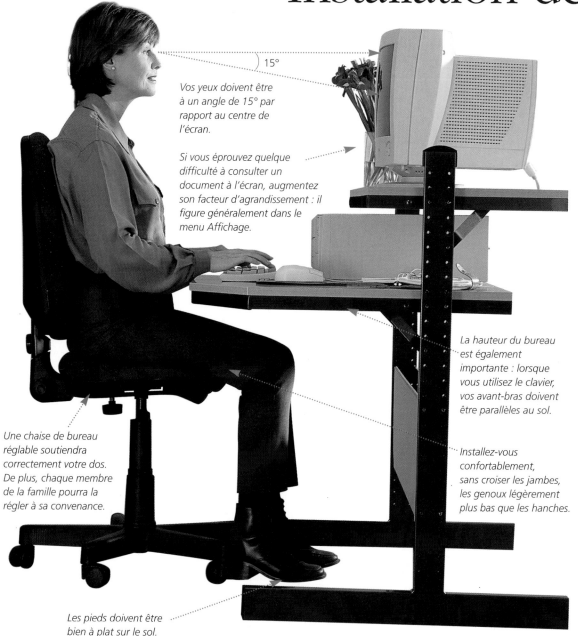

15°

Vos yeux doivent être à un angle de 15° par rapport au centre de l'écran.

Si vous éprouvez quelque difficulté à consulter un document à l'écran, augmentez son facteur d'agrandissement : il figure généralement dans le menu Affichage.

La hauteur du bureau est également importante : lorsque vous utilisez le clavier, vos avant-bras doivent être parallèles au sol.

Une chaise de bureau réglable soutiendra correctement votre dos. De plus, chaque membre de la famille pourra la régler à sa convenance.

Installez-vous confortablement, sans croiser les jambes, les genoux légèrement plus bas que les hanches.

Les pieds doivent être bien à plat sur le sol.

- *Achetez un bureau de bonne qualité, conçu pour le matériel informatique, qui permet de régler la hauteur de l'écran et du clavier, et de ranger ce dernier lorsque vous ne l'utilisez pas.*
- *Achetez une chaise de bureau, que chacun pourra adapter à sa taille et à sa corpulence.*
- *Si vos pieds ne sont pas bien à plat sur le sol, achetez un repose-pieds.*

ACCESSOIRES

Identifiez et mettez en place les différents éléments de l'ordinateur

Votre PC se décompose en éléments bien distincts, que vous pouvez manipuler séparément. Vous créerez un espace de travail sûr et efficace si vous savez où placer chacun de ces éléments.

Le moniteur

C'est là que se trouve l'écran de l'ordinateur. Placez le moniteur de manière à éviter les reflets, mais ne vous asseyez pas en face d'une fenêtre, car la lumière du jour risque de vous gêner.

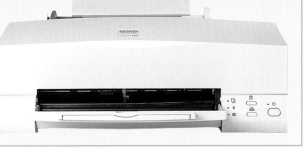

L'unité centrale

Elle porte bien son nom, puisque c'est elle qui relie tous les éléments ensemble. Prévoyez assez de place pour brancher facilement les câbles, sans toutefois les laisser traîner.

Les haut-parleurs externes

Pour assurer une meilleure qualité d'écoute, les haut-parleurs doivent être disposés de part et d'autre du bureau, au même niveau ou plus haut, mais pas en dessous. Et prenez garde de ne pas gêner votre entourage avec les sons de votre jeu favori ou des alertes du système.

La souris

Placez la souris à gauche ou à droite du clavier, de façon à faire le moins de mouvements possible. Utilisez un tapis de souris pour assurer une bonne adhérence, avec toute la place nécessaire pour déplacer la souris.

Le clavier

Installez le clavier sur une surface stable et plane, à portée de main. Laissez suffisamment de place devant vous pour vos mains et vos poignets. Vérifiez que le bureau est à la bonne hauteur.

 ## Attention

Le syndrome du canal carpien est une douleur causée par des mouvements répétitifs, tels que ceux effectués au clavier. En tant qu'utilisateur occasionnel, vous avez peu de risques d'en être atteint, mais une bonne position et une bonne technique de frappe sont conseillées. Lorsque vous utilisez votre PC, levez-vous, étirez-vous et bougez de temps en temps.

L'imprimante

Installez l'imprimante à côté de l'unité centrale. Laissez suffisamment de place autour afin de pouvoir mettre facilement du papier dans les bacs.

Le matériel et les logiciels

Sachez comment ils fonctionnent : c'est la clé du succès

Les équipements matériels et les logiciels sont complémentaires. La partie matérielle du système informatique se compose de l'unité centrale et de tous les éléments que vous pouvez y raccorder, tels que le clavier. C'est le matériel qui détermine le type de système d'exploitation à utiliser. En effet, les PC utilisant un processeur Intel ne peuvent pas tourner avec le système d'exploitation Macintosh d'Apple.

Les logiciels constituent le cerveau de l'ordinateur : ils commandent le matériel. Cependant, le plus important d'entre eux est le système d'exploitation : Windows 98 et 95 sont les plus connus pour les PC. Le rôle du système d'exploitation consiste à convertir vos instructions en un langage que le matériel peut comprendre ; autrement dit, il vous permet de communiquer avec les différents éléments de l'ordinateur et de les faire travailler. En fait, sans lui, vous ne pouvez rien faire : ni ouvrir un fichier ni utiliser l'imprimante, et en plus vous ne voyez rien à l'écran.

Toutefois, pour réaliser des tâches spécifiques telles que la création d'un rapport, l'utilisation d'un jeu ou la gestion du budget familial, votre ordinateur a besoin de logiciels spécialisés : les programmes. Ils ont pour vocation de vous faciliter la vie en vous aidant, entre autres, à rédiger des courriers officiels, à créer des feuilles de calcul, à retoucher des images numériques et même à créer vos propres films.

Autres types d'ordinateurs

Les ordinateurs Apple Macintosh, ou Mac, sont similaires aux PC, car vous accédez aux documents par l'intermédiaire d'un bureau. Bien que les Mac et les PC permettent souvent d'utiliser les mêmes programmes, leurs systèmes d'exploitation ne sont pas compatibles : les logiciels conçus pour l'un ne s'exécuteront pas sur l'autre.

Cette incompatibilité a une autre incidence : le transfert de données d'un Mac vers un PC au moyen d'une disquette est très problématique.

Présentation des logiciels

Voici une description du système d'exploitation et des différents types de programmes disponibles qui vous permettra d'utiliser au mieux toutes les fonctions du PC.

Le système d'exploitation

Le système d'exploitation permet de communiquer avec les différents éléments de l'ordinateur. Il gère l'enregistrement des fichiers sur le disque dur, convertit les commandes qu'il reçoit par le biais du clavier et de la souris, et envoie les données sur l'écran ou l'imprimante. Il communique également avec les autres programmes que vous avez ouverts, et joue alors un rôle d'intermédiaire. Tous les logiciels comptent sur le système d'exploitation pour cette communication de base avec le matériel. Si votre PC a été fabriqué après 1995, il utilise certainement Windows 95 ou Windows 98 comme système d'exploitation.

Quel programme ?

GESTION DE BUDGET
Gérez le suivi des dépenses du foyer à l'aide d'un programme de gestion financière. Ainsi, vous maîtriserez les dépenses de la famille, prévoierez les frais à venir et équilibrerez votre budget. Bref, vous gérerez votre argent efficacement.

LE TRAITEMENT DE TEXTE
Rédigez votre courrier, vos rapports ou tout autre document à base de texte à l'aide d'un traitement de texte. La plupart propose un vaste choix de polices de caractères et de styles, et permettent par ailleurs d'insérer des images dans le texte.

LE DESSIN
Pour travailler sur des images, utilisez un programme de dessin. Apprenez à réaliser vos cartes de vœux, vos invitations et votre papier à lettres personnalisé grâce aux bibliothèques d'images que vous trouverez sur votre PC et sur votre CD-ROM.

LA BASE DE DONNÉES
Créez vos listes d'adresses ou de contacts dans un programme de base de données. Les suites logicielles proposent souvent cette fonction. Pour réaliser des projets complexes, achetez un programme individuel.

LE TABLEUR
Effectuez tous vos calculs budgétaires et réalisez vos analyses financières dans un tableur. Ce type de programme propose en outre d'afficher vos chiffres sous forme de graphiques ou de courbes.

LES JEUX
Les jeux constituent un moyen très agréable d'apprendre à utiliser l'ordinateur. Vous devrez en principe les acheter séparément, bien que certains systèmes soient fournis avec quelques jeux simples.

Mot clé
Suite logicielle *Une suite logicielle offre les fonctions de base de plusieurs programmes en un seul produit. Vous ne retrouverez peut-être pas les mêmes performances que dans les programmes complets, mais des suites logicielles telles que Microsoft Works sont bon marché et permettent tout de même de réaliser de nombreux projets.*

Le stockage des logiciels sur le disque dur

Tous les logiciels, aussi bien le système d'exploitation que les programmes, utilisent l'espace de stockage du disque dur. Cet espace se mesure en bits et en octets.
Le bit est la plus petite unité de stockage possible. Un ensemble de huit bits constitue un octet. Un kilo-octet (Ko) contient 1 024 octets ; un mégaoctet (Mo) est égal à 1 024 Ko ; et un gigaoctet (Go) équivaut à 1 024 Mo.
En principe, un ordinateur destiné à un usage privé dispose de 6 Go d'espace disque. Sachez par exemple que la suite Microsoft Office utilise plus de 93 Mo d'espace disque, et la suite Microsoft Works, environ 26 Mo.

Une bonne maîtrise du matériel

Comprenez le rôle de chaque élément pour utiliser au mieux votre ordinateur

Maintenant que vous avez déballé et installé votre PC, prenez le temps de comprendre comment il fonctionne.

Tous les ordinateurs possèdent les mêmes éléments de base. Il est important de savoir comment ces éléments s'intègrent à l'ensemble, et aussi de connaître votre place dans ce schéma, pour utiliser pleinement toutes les possibilités du PC.

Votre ordinateur est un outil comme un autre : donnez-lui les bonnes instructions et les informations dont il a besoin, et votre vie quotidienne deviendra bien plus agréable. Vos instructions et les informations en question entrent dans l'ordinateur par l'intermédiaire de la souris et du clavier. Les résultats s'affichent à l'écran et peuvent être imprimés. Le composant essentiel de l'ordinateur, à savoir l'unité centrale, relie tous ces éléments ensemble.

Quelle que soit la marque de votre ordinateur, il possède les éléments de base nécessaires à son fonctionnement. Bien que tous les ordinateurs se ressemblent, il existe des différences selon les modèles ; n'hésitez donc pas à consulter le mode d'emploi en cas de doute sur la manipulation d'un composant.

La souris

La souris s'utilise pour sélectionner des éléments à l'écran et pour déplacer le curseur de texte (le petit trait clignotant qui indique où va apparaître le nouveau texte). Lorsque vous déplacez la souris avec la main, vous voyez un pointeur bouger sur l'écran : celui-ci vous permet de sélectionner des menus et de cliquer sur des

Le moniteur

Le moniteur abrite l'écran, qui montre ce que l'ordinateur est en train de faire. Les moniteurs existent en plusieurs tailles. La dimension de l'écran se mesure en pouces, en diagonale. Pour éviter d'avoir mal aux yeux, choisissez-en un assez grand, 15 pouces au moins. Les moniteurs possèdent leur propre interrupteur.

Le clavier

Le clavier s'utilise pour taper des données et des commandes ; il possède les mêmes touches qu'une machine à écrire, plus quelques autres. Sur la droite, un clavier numérique complet, plus des touches de direction (les flèches) qui vous permettent de vous déplacer sur l'écran. La rangée supérieure du clavier contient les touches de fonction pour exécuter des commandes spéciales.

Attention

Vous devez toujours utiliser la commande Arrêter du menu Démarrer avant d'actionner l'interrupteur. N'éteignez jamais votre ordinateur alors que Windows s'exécute. Certains modèles récents s'éteignent automatiquement lorsque vous choisissez cette commande.

Astuce

Si vous vous préoccupez de la protection de l'environnement, sachez que certains fabricants utilisent du plastique et des emballages recyclables.

L'unité centrale

C'est là que vous branchez tous les câbles. Qu'il s'agisse d'un modèle horizontal ou vertical (tour), les caractéristiques sont les mêmes. L'unité centrale contient aussi les lecteurs (de disquette et de CD-ROM).

Connecteur d'alimentation du moniteur
Raccorde le moniteur à l'alimentation électrique.

Cartes d'extension PC
Ces connecteurs permettent de brancher des périphériques : des haut-parleurs, un moniteur, etc.

Témoin de marche
Indique que l'ordinateur reçoit du courant.

Interrupteur d'alimentation
Permet d'allumer le PC et, sur les anciens modèles, de l'éteindre.

Lecteur de CD-ROM
Permet d'installer de nouveaux logiciels et d'écouter des CD.

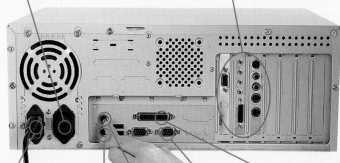

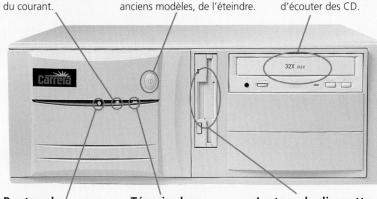

Prise d'alimentation
Permet de brancher le PC sur une prise secteur. Ne mettez pas la machine sous tension tant que vous n'avez pas branché tous les câbles.

Connecteur du clavier
Permet de raccorder le clavier au PC.

Connecteur de la souris
Permet de raccorder la souris au PC.

Port imprimante
Raccorde le PC à l'imprimante. On l'appelle aussi le port parallèle.

Port série
Permet de brancher un modem sur le PC. Il accepte aussi une souris.

Bouton de réinitialisation
Permet de redémarrer l'ordinateur si le système est bloqué.

Témoin du disque dur
Ce témoin clignote lorsque l'ordinateur utilise le disque dur.

Lecteur de disquette
Utilisez-le pour stocker ou transférer un logiciel sur votre PC au moyen d'une disquette.

L'imprimante

Vous avez besoin d'une imprimante pour transférer votre travail sur du papier. Les imprimantes à jet d'encre et les laser représentent les deux catégories les plus courantes. Les premières sont bon marché et, pour la plupart, impriment en couleurs. Les secondes offrent une meilleure qualité d'impression et sont plus rapides. Elles sont aussi plus chères, surtout si vous optez pour la couleur. Sauf si vous avez l'intention d'imprimer des centaines de pages par semaine, une jet d'encre fera parfaitement l'affaire.

L'ordinateur portable

Tous les éléments d'un portable sont regroupés dans un seul module. L'écran est plus petit et moins lumineux que celui d'un PC de bureau. Le clavier est également plus petit et ne possède pas les touches auxiliaires. La souris est incorporée, un peu comme une petite manette de commande.
Le portable peut être alimenté par une prise secteur ou par une batterie rechargeable, mais son autonomie ne dépasse guère les trois heures.

Le démarrage de votre ordinateur

Tout est prêt : il ne vous reste plus qu'à allumer le PC et à l'utiliser

Une fois que vous avez installé et configuré correctement votre ordinateur, vous êtes prêt à commencer. Assurez-vous qu'il est branché sur une prise secteur.

Allumez l'ordinateur au moyen de l'interrupteur situé sur l'unité centrale. N'oubliez pas d'allumer aussi le moniteur. Les données qui s'affichent à l'écran correspondent à des routines internes, effectuées par l'ordinateur pour

vérifier son propre fonctionnement. Au bout de quelques instants, un écran coloré apparaît : le bureau de Windows. De petits pictogrammes, appelés icônes, s'affichent sur celui-ci. Si un message de bienvenue apparaît, cliquez sur le bouton **Fermer** (le X dans le coin supérieur droit de la fenêtre) pour le faire disparaître. Le démarrage peut varier légèrement d'un ordinateur à l'autre, selon la manière dont Windows a été installé.

Les icônes du bureau
Elles permettent d'accéder à des utilitaires et à l'intégralité de votre travail. Pour ouvrir une icône, placez le pointeur de la souris dessus et cliquez deux fois avec le bouton de gauche.

 Poste de travail donne accès aux différents lecteurs de disque de l'ordinateur et aux imprimantes.

 Voisinage réseau permet de voir les autres ordinateurs qui sont connectés au vôtre, et d'y d'accéder.

 Installer Microsoft Network permet de vous connecter au service Internet en ligne offert par Microsoft.

 Le **bouton Démarrer** est le point de départ pour de nombreuses tâches, notamment l'ouverture des programmes.

 Mes documents mène à un dossier qui permet de stocker les fichiers que vous créez.

 Corbeille reçoit les fichiers que vous supprimez. Elle permet de les jeter définitivement ou de les récupérer en cas d'erreur.

 Porte-documents permet d'effectuer des échanges et des mises à jour de fichiers entre votre PC et un ordinateur portable.

 Services en ligne propose un choix de fournisseurs de services Internet susceptibles de vous intéresser.

Tout en bas de l'écran figure la **barre des tâches**. Elle contient par défaut le bouton Démarrer et l'horloge. D'autres boutons viennent s'y ajouter, comme Microsoft Word. En effet, dès que vous ouvrez de nouveaux programmes ou fenêtres, ceux-ci sont représentés sous forme de boutons sur la barre des tâches, de sorte qu'à tout moment vous savez ce qui est ouvert, même si vous ne voyez plus sa fenêtre.

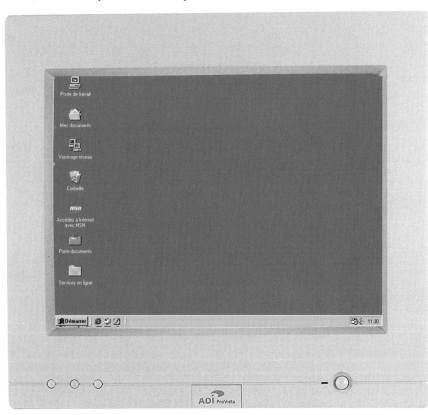

Les caractéristiques de base d'une fenêtre

Votre ordinateur peut afficher dans des fenêtres distinctes plusieurs programmes et fichiers à la fois. Toutes les fenêtres possèdent ces caractéristiques de base.

La barre des menus
Contient des menus déroulants dans lesquels vous exécutez des commandes.

Le bouton Réduire
Réduit la fenêtre en une icône sur la barre des tâches.

Le bouton Agrandir
Agrandit la fenêtre pour qu'elle occupe tout l'écran. Cliquez à nouveau sur ce bouton pour revenir à la taille d'origine.

La barre de titre
Présente le nom de la fenêtre et permet en outre de déplacer celle-ci : cliquez sur la barre de titre, maintenez le bouton de la souris enfoncé, puis déplacez le pointeur de la souris sur l'écran. C'est ce qu'on appelle « faire glisser » un élément.

Le bouton Fermer
Referme la fenêtre.

La barre d'outils
Les boutons de la barre d'outils permettent d'accéder directement aux commandes les plus courantes.

La barre d'adresse
Indique où vous vous trouvez, et permet d'accéder à d'autres fichiers et dossiers.

La bordure de la fenêtre
Pour changer la taille d'une fenêtre, amenez le pointeur de la souris sur sa bordure. Lorsque le pointeur prend la forme d'une flèche à deux têtes, maintenez le bouton gauche de la souris enfoncé et faites glisser la bordure de la fenêtre jusqu'à la taille souhaitée. Puis, relâchez le bouton de la souris.

Les barres de défilement
Pour accéder aux éléments masqués d'une fenêtre, cliquez sur les flèches proposées aux extrémités de la barre de défilement.

La barre d'état
Affiche des informations à propos du contenu de la fenêtre.

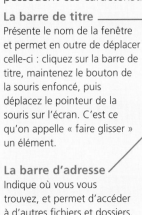

Le bouton Démarrer en détail

Programmes	Liste de tous les programmes installés.
Favoris	Liste des pages WEB et des fichiers.
Documents	Liste des derniers documents utilisés.
Paramètres	Pour personnaliser l'ordinateur.
Rechercher	Pour rechercher des fichiers et des informations.
Aide	Affiche l'Aide de Windows.
Exécuter...	Propose un autre moyen de lancer les programmes.
Déconnexion	Pour plusieurs PC connectés à un réseau.
Arrêter...	Éteint l'ordinateur.

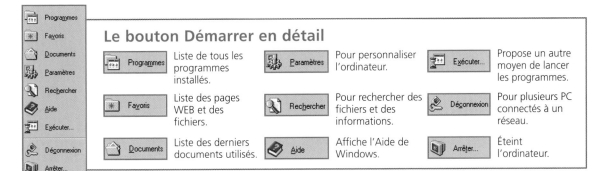

Utiliser la souris

Dès que l'ordinateur est allumé, la souris peut opérer. Déplacez-la sur votre bureau et regardez le pointeur bouger à l'écran.

Amenez-le sur une icône : une petite case avec un texte descriptif s'affiche. Lorsque vous voulez regardez à l'intérieur d'une icône, appuyez deux fois de suite, assez rapidement, sur le bouton gauche de la souris. Cela s'appelle un double-clic : il permet d'ouvrir des programmes ou des fichiers.

Présentation des programmes

Apprenez à connaître vos programmes : vous serez plus vite opérationnel

Le système d'exploitation Windows a pour vocation de faire fonctionner ensemble tous les éléments de l'ordinateur mais ne pourra, en aucun cas, rédiger votre courrier ou gérer votre budget. Pour ce genre de travail, vous devez faire appel à une autre catégorie de logiciels, appelés applications ou programmes et conçus spécialement pour réaliser ce type de tâches.

La plupart des PC sont livrés avec ces programmes, référencés comme « suite » logicielle ou bureautique, dans les caractéristiques techniques. Les plus connus sont Microsoft Works et Microsoft Office.

Ce qu'offre une suite logicielle

Works, un ensemble de « mini-programmes » regroupés en un seul produit, permet de réaliser la plupart des projets liés à la vie de tous les jours. Il propose en outre de nombreux documents prêts à l'emploi, les Assistants Tâches, que vous pourrez adapter à vos besoins : ils vous guident étape par étape et vous aident à mener à bien ce que vous voulez créer.

Office se compose de plusieurs programmes individuels (Word, Excel, PowerPoint et Outlook). Ces applications offrent des fonctions plus sophistiquées que leurs équivalents dans Works, et donc un plus grand choix de documents. Mais cela signifie également qu'ils utilisent plus d'espace disque que Works. Office et Works proposent tous deux des Assistants.

Description de votre suite logicielle

Si vous connaissez le rôle de chaque programme de votre suite logicielle, vous saurez mieux choisir celui qui convient pour ce que vous avez l'intention de faire.

Microsoft Office

Word est un traitement de texte très puissant, qui facilite la réalisation de tout type de document, notamment des lettres, des aide-mémoire, des bulletins, des affiches, etc. Il vous permet de créer vos documents de A à Z, ou bien de recourir aux Assistants ou aux modèles. Les Assistants vous aident à définir, étape par étape, le contenu et l'aspect du document, tandis que les modèles proposent une mise en page prête à l'emploi.

Excel est un tableur qui permet d'organiser et de calculer des données numériques dans des feuilles de calcul. Il est parfait pour gérer tout type de budget. Il se présente sous la forme d'un tableau ; il vous suffit de disposer vos chiffres et vos formules dans les cellules. Il peut créer plusieurs feuilles dans un même document et effectuer des calculs à partir de celles-ci. Cela vous sera très utile si vous avez à organiser un événement, par exemple, composé de plusieurs petits projets. Après avoir entré les données, vous pouvez faire des sélections ou filtrer des informations particulières en vue de les analyser. Excel propose une large gamme de graphiques et de courbes : c'est un moyen efficace pour obtenir une représentation simplifiée de données complexes et les présenter clairement.

Outlook est un programme de gestion des informations personnelles. Il propose un carnet d'adresses prêt à recevoir les coordonnées de vos amis, de membres de la famille ou de contacts professionnels. Il propose également un agenda et un calendrier afin de vous faciliter l'organisation de votre emploi du temps et de vos rendez-vous. Outlook peut aussi envoyer et recevoir du courrier électronique via Internet ou via le réseau interne d'une entreprise.

PowerPoint s'utilise surtout dans un cadre professionnel. Il permet de créer des présentations pour des conférences, des réunions et des projets marketing. Les Assistants vous aident à structurer efficacement les données, à incorporer des dessins dans le texte et des effets d'animation pour améliorer l'impact de votre présentation. Créez un aide-mémoire en plus des commentaires destinés à votre auditoire. À la maison, utilisez PowerPoint pour réaliser des diaporamas à l'intention de votre famille ou de vos amis (voir p. 220).

Microsoft Works

Traitement de texte. Ce programme permet de créer des documents à base de texte ou d'utiliser un des Assistants Tâches. Il n'est pas aussi sophistiqué que Word ; il est impossible, par exemple, de mesurer précisément les zones de texte à placer sur des cartes de visite.

Communications. Cette fonction plutôt technique permet de communiquer avec d'autres ordinateurs par l'intermédiaire d'un réseau. Attention, cet outil n'établit pas de connexion avec Internet : pour cela, vous devez utiliser d'autres fonctions de Windows.

Tableur-grapheur. Ce programme permet de manipuler et d'analyser des données numériques. Il propose en outre des Assistants Tâches pour des documents classiques, tels que des factures que vous adaptez à vos besoins.

Gestionnaire de base de données. Ce programme est parfait pour dresser un inventaire. Par exemple, tenez une liste de ce que vous achetez pour la maison. La fonction de création de compte-rendu permet de trier et de regrouper des données sélectionnées, d'effectuer des calculs et d'ajouter des annotations.

Les accessoires

Windows propose aussi les accessoires, des petits programmes conçus pour des tâches bien particulières. Vous trouverez certainement sur votre ordinateur une calculatrice, un programme de dessin (Paint), quelques jeux simples et un traitement de texte de base (WordPad). Pour accéder à ces accessoires, ouvrez le menu **Démarrer** et sélectionnez **Programmes**, puis **Accessoires**. Cliquez ensuite sur celui qui vous intéresse.

Votre premier document

Apprenez à ouvrir un programme et à vous déplacer à l'écran

Ouvrir un programme et créer un document : vous y viendrez forcément ! En règle générale, cela se déroule quasiment de la même manière dans tous les programmes, que vous utilisiez un tableur, une base de données ou un traitement de texte.

Pour accéder à un programme, cliquez sur le bouton **Démarrer**, situé sur la barre des tâches au bas de l'écran, puis cliquez sur **Programmes.**

La liste de tous les programmes installés sur votre PC apparaît dans le menu qui s'affiche. Cliquez sur celui qui vous intéresse : il s'ouvre et propose un document vierge. Il ne vous reste plus qu'à remplir la page.

Avant de vous mettre au travail, prenez le temps d'étudier les différentes parties de la fenêtre. L'illustration ci-dessous provient de Microsoft Word (Microsoft Works est très similaire).

Transmission des commandes

Quel que soit le programme que vous utilisez, vous envoyez vos instructions à l'aide de la souris et du clavier. Ces commandes peuvent concerner l'aspect du document ou ce qu'il contient.

La souris

La souris constitue le meilleur moyen d'accéder aux commandes proposées dans les menus et les barres d'outils (voir ci-contre). Pour activer des éléments à l'écran (menus, icônes de raccourci, etc.), il suffit de cliquer dessus. Pour cliquer, amenez le pointeur de la souris sur l'élément, appuyez sur le bouton gauche de la souris et relâchez-le aussitôt.

Pour faire un double clic, pressez et relâchez le bouton gauche deux fois de suite et rapidement.

Lorsque vous devez faire glisser un élément (pour effectuer un déplacement à l'écran ou une sélection de texte), appuyez sur le bouton gauche de la souris, maintenez-le enfoncé, puis déplacez-la. Au cours de cette opération, une partie du texte s'affiche en surbrillance ou bien l'élément sur lequel vous avez cliqué se déplace. Ne relâchez le bouton de la souris que lorsque la sélection est terminée ou que l'élément est au bon endroit.

Un clic avec le bouton droit n'importe où sur l'écran ouvre un menu local, parfois appelé « menu contextuel », qui propose des options, de mise en forme ou autre. Cliquez sur une de ces options pour la rendre active ou l'ouvrir.

Le clavier

Le clavier sert bien sûr à taper du texte et des données, mais il permet également d'exécuter des commandes, grâce à des combinaisons de touches spéciales (voir p. 76). Par ailleurs, les touches fléchées commandent le déplacement du curseur dans le document. Beaucoup toutefois trouvent cela plus laborieux qu'avec la souris.

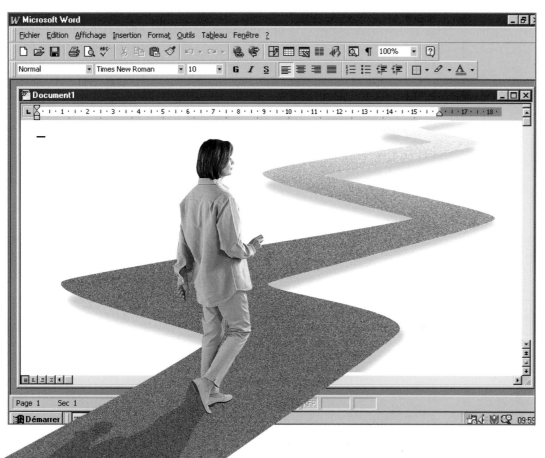

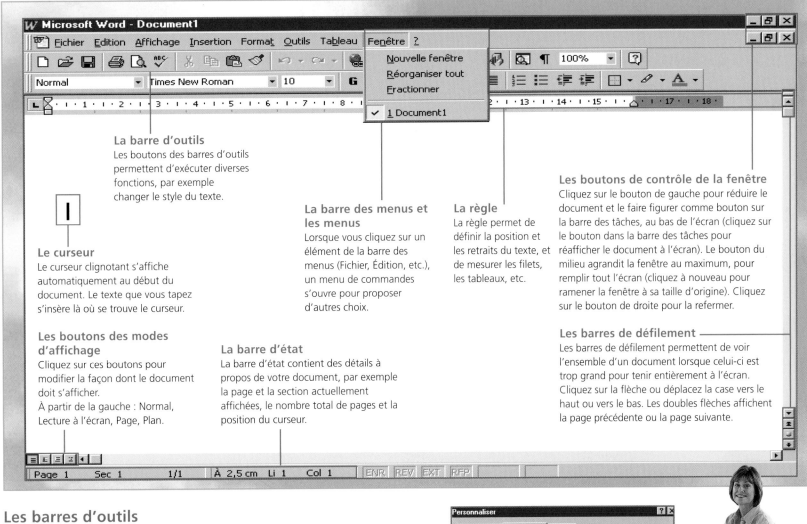

La barre d'outils

Les boutons des barres d'outils permettent d'exécuter diverses fonctions, par exemple changer le style du texte.

Le curseur

Le curseur clignotant s'affiche automatiquement au début du document. Le texte que vous tapez s'insère là où se trouve le curseur.

Les boutons des modes d'affichage

Cliquez sur ces boutons pour modifier la façon dont le document doit s'afficher.
À partir de la gauche : Normal, Lecture à l'écran, Page, Plan.

La barre des menus et les menus

Lorsque vous cliquez sur un élément de la barre des menus (Fichier, Édition, etc.), un menu de commandes s'ouvre pour proposer d'autres choix.

La barre d'état

La barre d'état contient des détails à propos de votre document, par exemple la page et la section actuellement affichées, le nombre total de pages et la position du curseur.

La règle

La règle permet de définir la position et les retraits du texte, et de mesurer les filets, les tableaux, etc.

Les boutons de contrôle de la fenêtre

Cliquez sur le bouton de gauche pour réduire le document et le faire figurer comme bouton sur la barre des tâches, au bas de l'écran (cliquez sur le bouton dans la barre des tâches pour réafficher le document à l'écran). Le bouton du milieu agrandit la fenêtre au maximum, pour remplir tout l'écran (cliquez à nouveau pour ramener la fenêtre à sa taille d'origine). Cliquez sur le bouton de droite pour la refermer.

Les barres de défilement

Les barres de défilement permettent de voir l'ensemble d'un document lorsque celui-ci est trop grand pour tenir entièrement à l'écran. Cliquez sur la flèche ou déplacez la case vers le haut ou vers le bas. Les doubles flèches affichent la page précédente ou la page suivante.

Les barres d'outils

Chaque nouveau document comporte une ou plusieurs barres d'outils. Cliquez sur leurs boutons pour accéder à des commandes et amenez le pointeur dessus pour connaître leur fonction. Une description s'affiche.
Adaptez les barres d'outils à votre convenance : ajoutez-y des boutons pour les commandes que vous utilisez souvent. Ouvrez le menu **Outils** et sélectionnez **Personnaliser**. Cliquez sur l'onglet **Commandes**. Sélectionnez une

catégorie dans la liste de gauche, puis cliquez sur une commande à droite et faites-la glisser sur la barre d'outils. Pour supprimer un bouton de la barre d'outils, ouvrez la boîte de dialogue Personnaliser, puis cliquez sur le bouton en question et faites-le glisser hors de la barre d'outils.
S'il manque une barre d'outils, ouvrez le menu **Affichage** et cliquez sur **Barre d'outils**, la liste les récapitule. Cliquez sur celle que vous voulez.

Les bases du traitement de texte

Apprenez à travailler un texte dans un document

Dès lors qu'un nouveau document est ouvert dans un traitement de texte, la saisie peut commencer. L'avantage, par rapport à une machine à écrire, est que vous pouvez revenir en arrière et reformuler le texte autant de fois que vous le voulez. Mais ce n'est pas tout : changez à votre guise l'aspect du texte, sa taille, sa couleur, sa forme et sa position sur la page. Redéfinissez l'espace entre les caractères, les mots ou les lignes. N'hésitez pas à utiliser des effets spéciaux comme les ombres. Cela s'appelle la « mise en forme ». Familiarisez-vous avec le vocabulaire du traitement de texte : vous serez plus vite à l'aise pour créer et modifier vos propres documents.

Définition du document

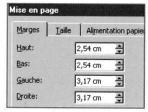

Avant de commencer, pensez à définir la taille et l'orientation du document, ses marges et le format du papier d'impression. Ouvrez le menu **Fichier** et sélectionnez **Mise en page**. Cliquez dans les quatre zones et tapez de nouvelles valeurs, puis cliquez sur **OK**. Votre programme propose des paramètres par défaut que vous n'aurez peut-être pas à modifier.

Saisie du texte

En résumé :
- Soixante-dix personnes ont confirmé q
- Vingt personnes ont confirmé qu'elles
- Quatre personnes doivent encore donn

Pour saisir du texte, il suffit de taper sur le clavier. Les mots apparaissent au fur et à mesure à l'écran, au niveau du curseur. Lorsque vous arrivez à la fin de la ligne, le texte passe automatiquement à la ligne suivante. Pour aller volontairement à la ligne, appuyez sur la touche **Retour** du clavier et continuez à taper.

Sélection d'un texte

Laurence Pignon
10, rue des Lilas
Bât. B
69001 Lyon

Pour mettre en forme une portion de texte, commencez par la sélectionner. Pour cela, amenez le curseur juste devant le texte en question, puis pressez et relâchez aussitôt le bouton gauche de la souris (c'est ce qu'on appelle cliquer). Appuyez à nouveau sur le bouton de la souris, mais cette fois maintenez-le enfoncé. Ensuite, déplacez la souris vers la droite (c'est ce qu'on appelle faire glisser). Vous voyez alors le texte s'afficher en blanc sur fond noir. Relâchez le bouton de la souris quand le texte souhaité est sélectionné.

Pour sélectionner tout le texte d'un document, appuyez sur la touche **Ctrl**, maintenez-la enfoncée, puis cliquez sur la touche **A**.

La mise en forme du texte

Votre texte est prêt à recevoir une mise en forme ou un style dès qu'il est sélectionné. Ouvrez le menu **Format** et cliquez sur **Police** (**Police et style de caractères** dans Works). Une boîte de dialogue s'affiche et propose des options de mise en forme.

Polices de caractères

Votre traitement de texte propose un choix de polices (des types de caractères particuliers). Pour voir la liste de ces polices, cliquez sur les flèches pour les faires défiler, puis cliquez sur celle qui vous intéresse (son nom s'affiche en blanc sur un fond de couleur).

Soulignement

Plusieurs types de soulignement sont proposés.

Cliquez sur la flèche de défilement, faites défiler les options, puis cliquez sur celle qui vous intéresse. Si vous ne voulez pas souligner le texte, vérifiez que **Aucun** est sélectionné.

Les attributs

Différents effets spéciaux sont proposés. Cliquez dans une case pour appliquer l'effet correspondant au texte (une coche s'affiche). Cliquez à nouveau pour supprimer l'effet.

Style

Une fois la police choisie, sélectionnez un style. Indiquez si le texte doit être normal, en gras ou en italique. Pour cela, cliquez sur l'option de votre choix dans la liste Style.

Taille

La taille du texte se mesure en points (pts). Plus la valeur affichée dans la zone est élevée, plus le texte est gros. Ces valeurs n'ont toutefois pas le même résultat dans toutes les polices. Un texte en 10 points dans une police peut paraître plus gros qu'un texte en 12 dans une autre. Pour modifier la taille des caractères, faites défiler la liste et cliquez sur une des valeurs proposées. Toutefois, évitez de créer du texte en dessous de 8 ou 9 points, car il devient alors difficile à lire.

Couleur

Pour changer la couleur du texte, cliquez sur la flèche de défilement Couleur, faites défiler la liste, puis cliquez sur la couleur souhaitée. Attention : les capacités de vos outils informatiques risquent de ne pas supporter un trop grand nombre de couleurs.

Aperçu

Cette petite fenêtre propose un exemple de texte avec la police, la taille et les attributs choisis.

OK

Cliquez sur **OK** pour appliquer les changements de mise en forme au texte sélectionné.

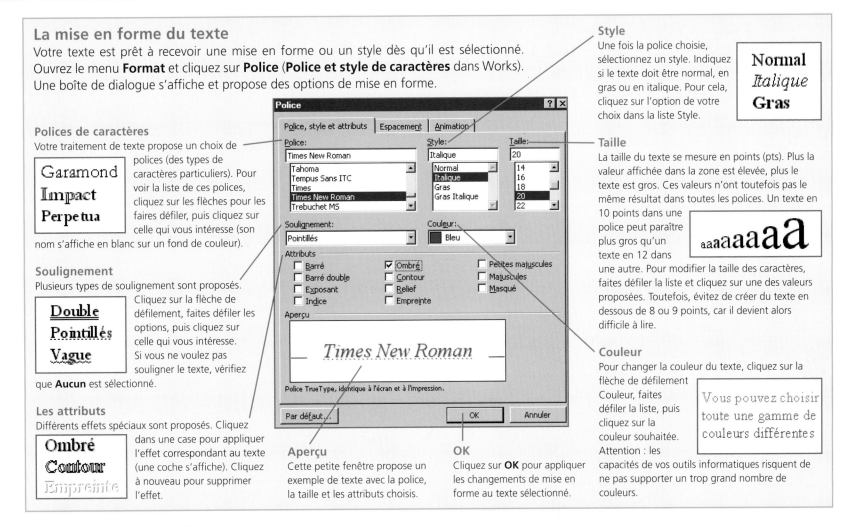

Utiliser la barre d'outils

La plupart des options décrites ci-dessus figurent également sur la barre d'outils Mise en forme, en haut de la fenêtre. Si elle n'y est pas, ouvrez le menu **Affichage**, sélectionnez **Barres d'outils**, puis **Mise en forme** (dans Works, ouvrez le menu **Affichage** et cliquez sur **Barre d'outils**).

Les barres d'outils s'affichent en haut de la fenêtre, mais vous pouvez les déplacer

dans le document. Cliquez sur l'une d'elles (en dehors des boutons), et faites-la glisser à l'emplacement voulu. Elle s'affiche avec une barre de titre indiquant son nom. Pour changer sa forme, cliquez sur une de ses bordures et faites-la glisser. Sélectionnez votre texte et cliquez sur le bouton approprié de la barre d'outils. Amenez le pointeur de la souris sur un bouton : une petite case s'affiche avec une description.

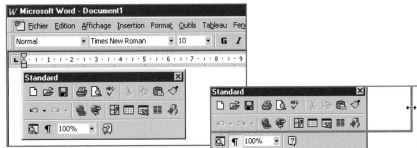

La structure de votre document

Votre traitement de texte vous permet de définir la structure de vos documents, afin de les rendre plus faciles à lire et d'attirer l'attention sur les informations importantes.

L'ajout de bordures

Pour ajouter une bordure autour d'un texte, sélectionnez ce texte (l'adresse de la société dans l'exemple ci-contre) puis cliquez sur la flèche de la case **Bordure** sur la barre d'outils. Différents types de bordures vous sont proposés ; cliquez sur celui qui vous intéresse.

Le retrait de paragraphe

Le retrait de la première ligne est un moyen simple d'indiquer clairement le début de chaque paragraphe. Cliquez dans le paragraphe, ouvrez le menu **Format** et cliquez sur **Paragraphe**. Dans la rubrique Retrait, cliquez sur la flèche de défilement de « De 1re ligne » et sélectionnez **Positif**. Dans la zone « De », spécifiez le retrait souhaité et cliquez sur **OK**. Dans Works, tapez la valeur du retrait dans la zone « Première ligne » et cliquez sur **OK**. La mise en retrait peut également affecter l'intégralité du paragraphe. Pour cela, sélectionnez le paragraphe et cliquez sur le bouton **Augmenter le retrait** dans la barre d'outils.

L'ajout de numéros et de puces

Pour créer des listes plus faciles à lire, placez un numéro ou une puce devant chaque élément. Sélectionnez la liste et cliquez sur le bouton **Numérotation** ou **Puces** de la barre d'outils. Le bouton Numérotation numérote automatiquement les lignes.

Agence de voyages Gros-bec
10, rue de Buade
Québec GIT IM9

Michèle Renaud
Comité des Parents d'élèves
École Primaire Saint-Joseph
Baie-Saint-Paul G3Z IT8

V/Réf : 10701
Voyage scolaire Automne 2000

le 28 avril 2000

Chère Madame Renaud,

Nous vous remercions pour l'intérêt que vous portez au voyage scolaire que nous organisons à Quebec et pensons être en mesure de pouvoir satisfaire les exigences qui sont les vôtres.

Étant donné l'âge et le nombre d'enfants, les sites et activités proposés ci-dessous pourraient ainsi faire partie de votre itinéraire. Toutefois, la décision finale vous appartient.

Je me tiens à votre entière disposition pour vous fournir de plus amples détails si vous l'estimez nécessaire.

- Assemblée nationale
- Musée de la civilisation
- Les Remparts
- Séminaire de Québec
- Vieux-Québec
- Terrasse Dufferin
- Plaines d'Abraham
- Îles d'Orléans
- Chutes Montmorency

Je me mettrai ultérieurement en rapport avec vous afin de discuter de ces suggestions.

Je vous prie d'agréer, Madame, l'expression de nos salutations distinguées.

Les colonnes

Pour disposer un texte en colonnes, sélectionnez-le, cliquez sur le bouton **Colonnes** de la barre d'outils et choisissez une option dans la liste. Dans Works, il n'est pas possible de disposer des portions de texte en colonnes.

Alignement des paragraphes

Pour positionner, ou aligner, un texte dans le document, sélectionnez ce texte et cliquez sur le bouton approprié dans la barre d'outils.

 Centré

 Aligner à gauche

Aligner à droite

Justifier

Le surlignage

Word permet d'ajouter un arrière-plan de couleur derrière une portion de texte. Sélectionnez un texte et cliquez sur la case à droite du bouton **Surlignage** dans la barre d'outils. Cliquez ensuite sur la couleur de votre choix.

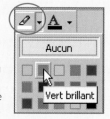

L'interligne

Pour définir l'espace entre les lignes (afin de faciliter la lecture), sélectionnez le texte à modifier, ouvrez le menu **Format** et cliquez sur **Paragraphe**. Dans la rubrique Espacement (dans Works, commencez par cliquer sur l'onglet **Espacement**), cliquez sur la flèche de la case « Interligne », choisissez une option et cliquez sur **OK**. N'hésitez pas à essayer plusieurs valeurs et observez le résultat dans la zone d'aperçu avant de faire votre choix.

Et si vous faites une erreur ?

Si vous vous trompez, cliquez sur le bouton **Annuler** de la barre d'outils. Si cette dernière n'est pas affichée, ouvrez le menu **Affichage**, sélectionnez **Barres d'outils**, puis **Standard**. Cliquez plusieurs fois pour annuler plusieurs commandes. Si vous changez d'avis et souhaitez rétablir une action que vous avez annulée, cliquez sur le bouton **Rétablir**. Dans Works, seule la commande précédente peut être annulée. Ouvrez le menu **Edition** et cliquez sur **Annuler Modification** ou **Rétablir Modification**.

Déplacer ou copier du texte

Pour déplacer une portion de texte, sélectionnez-la et cliquez sur le bouton **Couper** ; le texte disparaît. Placez le curseur à l'endroit où vous voulez amener ce texte, cliquez sur la page, puis sur le bouton **Coller** ; le texte réapparaît dans le document.

Pour copier une portion de texte afin qu'elle apparaisse plusieurs fois dans le document (ou dans un autre document ouvert), sélectionnez-la et cliquez sur le bouton **Copier**. Amenez le curseur à l'endroit où vous voulez placer le texte, puis cliquez sur le bouton **Coller**.
Il existe une autre méthode : sélectionnez le texte, ouvrez le menu **Edition**, puis cliquez sur la commande souhaitée.

Les finitions

Une fois la mise en forme et la disposition du document définies, vérifiez la grammaire et l'orthographe ou ajoutez un en-tête et un pied de page.

Vérification de la grammaire et de l'orthographe

> Aiguilletes de cannette caramélisées
>
> Temps de préparation : 45 mn
> Temps de cuisson : 1h

Dans votre texte, certains mots sont parfois soulignés en rouge ou en vert. Le rouge signale une faute d'orthographe et le vert une erreur grammaticale. Une fois le texte tapé, ouvrez le menu **Outils** et cliquez sur **Grammaire et orthographe** ou bien appuyez sur **F7**. Dans Works, cliquez sur **Vérifier l'orthographe**. Lors de la vérification, les mots soulignés sont sélectionnés : vérifiez-les et regardez les suggestions. Si aucune des propositions ne vous satisfait, cliquez sur **Ignorer** ; sinon, cliquez sur la suggestion, puis sur **Modifier**.

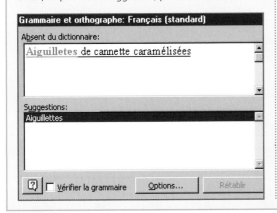

Grammaire et orthographe: Français (standard)

Absent du dictionnaire:

Aiguilletes de cannette caramélisées

Suggestions:
Aiguillettes

☐ Vérifier la grammaire   Options...   Rétablir

Synonymes

La fonction Synonymes permet d'améliorer la qualité du document en évitant les répétitions.

Sélectionnez le mot à changer, ouvrez le menu **Outils**, cliquez sur **Langue**, puis sur **Synonymes** (dans Works, cliquez directement sur **Dictionnaire des synonymes**), ou bien maintenez la touche **Maj** enfoncée et appuyez sur **F7**.

La boîte de dialogue qui s'affiche propose une liste de synonymes. Cliquez sur le sens approprié dans la liste alphabétique, puis sur le mot souhaité dans la liste « Remplacer par ». Cliquez sur **Remplacer**. Si aucun des synonymes ne convient, cliquez sur **Annuler**.

Dictionnaire des synonymes: Français (standard)

Synonymes de: Remplacer par:
réel   palpable

palpable
tangible
concret
existant
patent
visible
physique
matériel
indiscutable

Significations:
palpable (adj.)
   Antonymes de palpable
réalité (adj.)

Remplacer   Rechercher   Précédent   An

En-têtes et pieds de page

Vos documents texte peuvent comporter une section spéciale en haut et en bas de chaque page : les en-têtes et les pieds de page. Le texte de ces sections apparaît automatiquement sur toutes les pages. Cela permet d'inclure un titre en haut des pages, et la date ou un numéro en bas de celles-ci. Pour définir le contenu de ces sections, ouvrez le menu **Affichage** et cliquez sur **En-tête et pied de page** (dans Works, **En-tête** ou **Pied de page**). Le curseur se trouve maintenant dans la section En-tête. Tapez le texte désiré et mettez-le en forme. Faites défiler le document vers le bas, cliquez dans la section Pied de page, et tapez un nouveau texte. Pour ajouter un numéro de page dans le pied de page, cliquez dans sa section, ouvrez le menu **Insertion** et sélectionnez **Numéros de page**. Dans Word, une boîte de dialogue permet de définir son alignement et d'indiquer s'il doit figurer ou non sur la première page. Seul un chiffre s'affiche ; si vous souhaitez ajouter du texte, tapez-le manuellement. Dans Works, le symbole « page » apparaît dans le pied de page. Dans les deux programmes, la numérotation s'actualise automatiquement à chaque nouvelle page insérée. Pour revenir au document dans Word, cliquez sur **Fermer** dans En-tête et pied de page. Dans Works, il suffit de cliquer dans la partie principale du document.

> En-tête   **Chapitre 3 – Évaluation**
>
> Pied de page
> Page 1

Le nombre de mots

Si vous rédigez un article ou un essai, vous avez peut-être besoin de connaître le nombre de mots écrits. Pour cela, ouvrez le menu **Outils** et cliquez sur **Statistiques**. Word compte également le nombre de pages, de paragraphes et même de caractères. Dans Works, le résultat indique le nombre total de mots du document, avec les notes de bas de page, les en-têtes et les pieds de page.

Statistiques   ? X

Nombre de:

Pages   34
Mots   1 826
Caractères (espaces non compris) 10 482
Caractères (espaces compris)   12 153
Paragraphes   169
Lignes   5 462

☐ Inclure toutes les notes dans le calcul

Fermer

Qu'est-ce qu'une feuille de calcul ?

Apprenez à utiliser un tableur pour gérer votre budget

Parmi toutes les fonctions de l'ordinateur, les feuilles de calcul constituent sans doute le concept le plus difficile à maîtriser. Mais il suffit de quelques efforts pour en comprendre rapidement le principe et savoir effec-

tuer des calculs financiers complexes. Élaborez par exemple une feuille de calcul pour savoir ce que coûte vraiment votre voiture, en incluant toutes les données telles que la dévalorisation et l'usure. Il suffit pour cela « d'expliquer » une fois pour toutes au programme ce que vous attendez de lui : il se chargera ensuite de tous les calculs à votre place, mois après mois, année après année.

Ouvrir une nouvelle feuille de calcul

Ce livre présente les deux tableurs les plus connus : Microsoft Excel et l'outil tableur de Microsoft Works. Pour ouvrir un document, ouvrez le menu **Démarrer** et sélectionnez **Programmes**, puis **Microsoft Excel** ou **Microsoft Works**.

Dans Excel, un nouveau document vierge s'affiche automatiquement à l'écran. Dans Works, le Lanceur de tâches de Works apparaît. Cliquez sur l'onglet **Modules de Works**, sur le bouton **Tableur**, puis sur **OK**.

Enregistrer votre document

Une fois que vous avez ouvert un nouveau document, ouvrez le menu **Fichier** et cliquez sur **Enregistrer sous**. Dans la boîte de dialogue qui s'affiche, indiquez dans la zone « Enregistrer dans » le dossier dans lequel vous voulez enregistrer votre document, tapez un nom de fichier, puis cliquez sur **OK**.

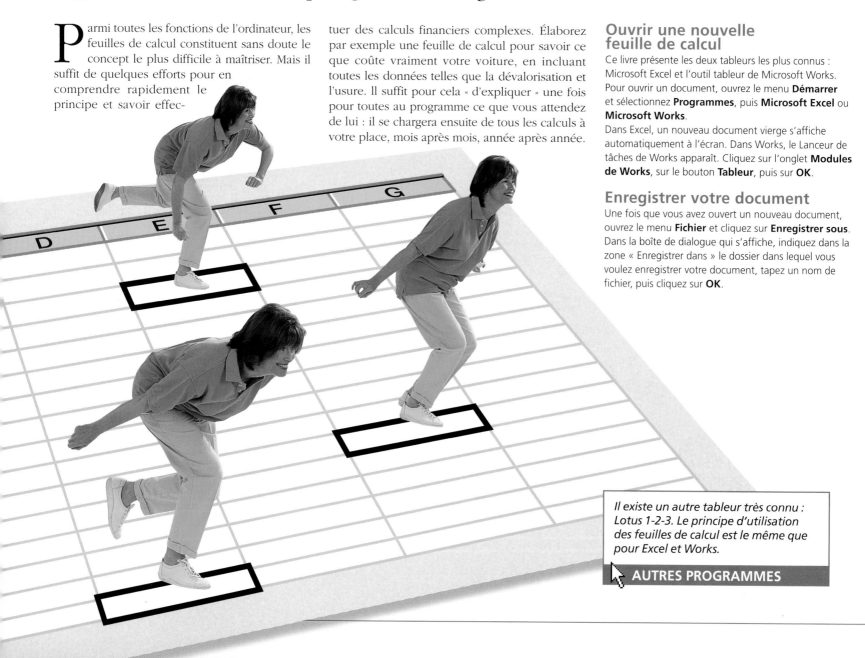

Il existe un autre tableur très connu : Lotus 1-2-3. Le principe d'utilisation des feuilles de calcul est le même que pour Excel et Works.

AUTRES PROGRAMMES

Comment vous y retrouver

Identifiez les différents éléments de votre document : vous vous déplacerez plus facilement dans la feuille de calcul et l'utiliserez de manière plus efficace. Tous les tableurs se ressemblent et présentent des caractéristiques similaires.

Qu'est-ce qu'une feuille de calcul ?

Une feuille de calcul est une grille de « cellules ». Les colonnes sont semblables à celles d'un livre de comptabilité : elles peuvent recevoir des listes de chiffres à utiliser dans des calculs. Chaque colonne est identifiée par une lettre de l'alphabet et chaque ligne par un numéro. Par conséquent, chaque cellule possède ses propres coordonnées : la lettre de la colonne et le numéro de la ligne (A1, A2, etc.). Ces cellules peuvent stocker des nombres, du texte ou des formules. Ce sont les formules que le tableur utilise pour effectuer tous les calculs à votre place.

Utilisez la zone de formule pour saisir des données

Lorsque vous ouvrez une feuille de calcul, la cellule A1 est automatiquement sélectionnée comme « cellule active » (bordure noire plus épaisse). Ce que vous tapez s'y insère directement. Pour passer à une autre cellule, cliquez dedans. Les données que vous tapez s'affichent en même temps dans la zone de formule ce qui permet de visualiser son contenu. À gauche de la zone de formule figurent deux boutons : « **X** » pour annuler et « ✔ » pour valider ce que vous tapez (ou appuyez sur **Tab** ou **Entrée**).

Caractéristiques de la fenêtre

De prime abord, une feuille de calcul paraît compliquée. Mais une fois que vous savez comment elle fonctionne et comment vous déplacer dedans, tout devient facile. Les documents présentés ici proviennent de Microsoft Excel. Dans Works, il n'y a qu'une barre d'outils. Dans une feuille de calcul, le pointeur de la souris a l'aspect d'une épaisse croix blanche, et non plus d'une flèche normale comme dans les autres programmes.

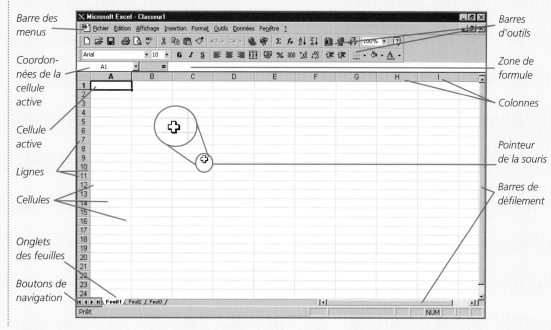

Barre des menus

Coordonnées de la cellule active

Cellule active

Lignes

Cellules

Onglets des feuilles

Boutons de navigation

Barres d'outils

Zone de formule

Colonnes

Pointeur de la souris

Barres de défilement

Le déplacement dans la feuille de calcul

Plusieurs méthodes permettent de passer d'une cellule à l'autre. Cliquez dans la cellule avec la souris, appuyez sur la touche de direction Droite (une des quatre touches fléchées du clavier) ou appuyez sur **Tab** (pour passer à la cellule précédente, maintenez **Maj** enfoncée et cliquez sur **Tab**). Dans Excel, n'appuyez pas sur la touche **Retour**, sauf si vous voulez passer à la ligne suivante : cette touche active la cellule située juste en dessous de celle dans laquelle vous travaillez.

La sélection de cellules

Sélectionnez des cellules afin de définir leur style, de les couper ou de les copier. Pour sélectionner une colonne ou une ligne de cellules, cliquez sur son nom, situé dans la zone grise. Pour sélectionner des cellules contiguës, cliquez sur la première d'entre elles, maintenez le bouton gauche de la souris enfoncé, faites glisser le curseur vers la droite ou vers le bas jusqu'à ce que les cellules souhaitées soient sélectionnées, puis relâchez le bouton de la souris.

Si les cellules qui vous intéressent sont dispersées dans la feuille de calcul, appuyez sur la touche **Ctrl** du clavier, maintenez-la enfoncée, puis cliquez sur chaque cellule à inclure dans la sélection.

Conseils pour utiliser efficacement les feuilles de calcul

Lorsqu'il s'agit de travailler sur des nombres, l'aspect du document est très important. Soignez particulièrement votre travail lors de l'élaboration d'une feuille de calcul.

L'ajout de noms et de titres

La feuille de calcul sera plus facile à identifier et à parcourir si vous ajoutez un titre en haut de celle-ci et si les lignes et les colonnes portent un nom. Pour cela, cliquez sur une cellule et tapez le texte souhaité.

Le réglage de la largeur des colonnes

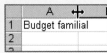

Si un élément est trop long pour la cellule, réglez la largeur de la colonne. Amenez le pointeur de la souris sur le côté droit de l'entête de colonne (case grise). Il prend alors la forme d'une flèche à deux têtes. Appuyez sur le bouton gauche, maintenez-le enfoncé, et faites glisser la bordure jusqu'à la largeur souhaitée. Relâchez le bouton. Pour régler automatiquement la colonne sur la plus grande entrée, placez le pointeur au même endroit et cliquez deux fois.

Le verrouillage des noms des lignes et des colonnes

Les noms des lignes et des colonnes disparaissent de l'écran dès que la feuille devient trop volumineuse pour être affichée en entier. Pour afficher ces noms en permanence, faites glisser vers le bas le bouton situé en haut de la barre de défilement ; la feuille se scinde en deux volets distincts, un pour les titres et l'autre pour les données.

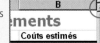

Des données similaires dans plusieurs cellules

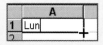

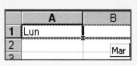

Pour placer les mêmes données ou des données qui se suivent dans des cellules voisines, utilisez la poignée de remplissage. Tapez les données de la première cellule, amenez le pointeur dans le coin inférieur droit de la cellule. Dès qu'il a la forme d'une croix noire, appuyez sur le bouton gauche et maintenez-le enfoncé ; faites glisser le pointeur sur les cellules à remplir. Relâchez le bouton. Pour stocker un même nombre dans plusieurs lignes et colonnes en même temps, sélectionnez les cellules, tapez ce nombre, maintenez **Ctrl** enfoncé, puis appuyez sur **Entrée**.

Le déplacement et la copie de données

Pour déplacer des données dans une feuille, utilisez les commandes Couper, Copier et Coller. Sélectionnez les cellules à déplacer (la source). Pour supprimer la source, cliquez sur **Couper**. Pour conserver la source et la copier, cliquez sur **Copier**, puis dans la cellule où vous voulez faire apparaître vos données (la destination). Cliquez sur **Coller**.

L'insertion et la suppression de colonnes et de lignes

Votre feuille n'est pas figée : il est facile de modifier sa structure, par exemple en ajoutant une ligne ou une colonne. Dans Excel, cliquez sur le nom de la colonne ou de la ligne (case grise dotée d'une lettre ou d'un numéro), à l'endroit où vous voulez en insérer une nouvelle. Ouvrez le menu **Insertion** et sélectionnez **Lignes** ou **Colonnes**. Une nouvelle ligne ou colonne apparaît. Pour supprimer une ligne ou une colonne, cliquez sur son nom, ouvrez le menu **Edition** et sélectionnez **Supprimer**. Dans Works, Insertion d'une ligne, Suppression d'une ligne, Insertion d'une colonne, Suppression d'une colonne figurent dans le menu Insertion.

Le tri par ligne

Pour classer facilement des données, sélectionnez la ou les colonnes à trier. Dans Excel, ouvrez le menu **Données** et cliquez sur **Trier**. Dans Works, ouvrez le menu **Outils** et cliquez sur **Trier**. Excel et Works permettent de choisir sur quelle(s) colonne(s) doit porter le tri et d'afficher les résultats par ordre croissant (A-Z) ou décroissant (Z-A).

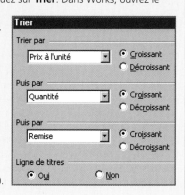

La mise en forme des cellules

Un changement de style pour le texte ou les nombres de la feuille de calcul permet de mettre en valeur les informations importantes. Sélectionnez la ou les cellules à modifier, ouvrez le menu **Format** et cliquez sur **Cellule**. Dans la boîte de dialogue qui s'affiche, cliquez sur l'onglet **Police**. Sélectionnez la police, le style, la taille et la couleur souhaités, puis cliquez sur **OK**. Autre solution : sélectionnez les cellules et cliquez sur les boutons appropriés de la barre d'outils.

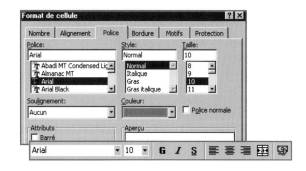

Effectuez des calculs

Sa capacité à effectuer des calculs complexes fait du tableur un outil puissant. Cela vaut donc la peine d'apprendre à utiliser les formules correctement.

L'ajout de nombres

Dans Excel, le contenu des colonnes, des lignes ou de n'importe quelle série de cellules sélectionnées peut faire l'objet d'une addition. Sélectionnez les cellules : leur total s'affiche dans la barre d'état, au bas de la fenêtre.

La fonction Somme automatique

Excel et Works proposent tous deux un bouton Somme automatique sur leur barre d'outils. Dans Excel, pour additionner les nombres de cellules adjacentes d'une ligne ou d'une colonne, sélectionnez ces cellules et cliquez sur **Somme automatique**. Le total s'affiche dans la cellule suivante de la colonne ou de la ligne. Dans Works, cliquez sur une cellule vide dans la colonne ou la ligne à calculer avant de cliquer sur **Somme automatique**.

=SOMME(C3,C2,D3,D2,E

Dans Excel, pour ajouter des nombres qui ne se trouvent pas les uns à côté des autres, cliquez sur une cellule vide, puis sur **Somme automatique**. La cellule sélectionnée affiche la légende « =SOMME() ». Tapez les coordonnées des cellules à calculer, ou cliquez sur lesdites cellules en insérant une virgule entre chacune d'elles. Les coordonnées des cellules apparaissent dans une formule. Si elles sont correctes, appuyez sur **Entrée** ; dans le cas contraire, corrigez les coordonnées. Le total s'affiche dans la cellule sélectionnée. Les coordonnées s'ajoutent automatiquement à la formule.

Pour ajouter des nombres situés dans des cellules non adjacentes dans Works, cliquez sur une cellule vide et appuyez sur la touche « = » du clavier. Works sait maintenant que vous voulez entrer une formule. Indiquez les coordonnées des cellules à calculer, manuellement ou en cliquant dessus en les séparant d'un signe « + ». Appuyez sur **Entrée**. Pour supprimer une formule dans une cellule, appuyez sur **Suppression**.

Les autres fonctions d'Excel

Excel propose plusieurs fonctions qui permettent d'effectuer automatiquement un certain nombre de calculs. Cliquez dans une cellule vide pour l'activer et appuyez sur la touche « = ». Cliquez sur la flèche entre les coordonnées de la cellule active et le bouton Annuler en haut de la fenêtre. Un menu déroulant s'affiche. Cliquez sur une option ; une boîte de dialogue apparaît et donne une brève description de la fonction correspondante.

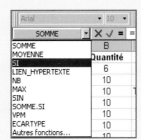

Les autres fonctions de Works

Pour utiliser d'autres fonctions de calcul dans Works, cliquez sur le bouton **Formules rapides** de la barre

d'outils. Une boîte de dialogue donne la liste des calculs les plus courants et d'autres plus spécialisés. Cliquez sur le bouton **Autres** en bas de la fenêtre pour

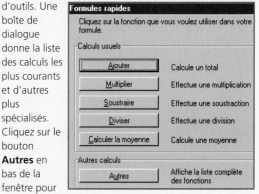

ouvrir la liste des 76 fonctions préréglées du programme, avec des descriptions plus détaillées.

Les équations complexes dans Excel et Works

Cliquez sur une cellule vide et appuyez sur « = ». Indiquez les coordonnées des cellules à calculer, en les séparant par l'opérateur adéquat : l'addition (+), la soustraction (-), la multiplication (*) ou la division (/).

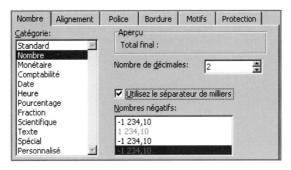

Appuyez sur **Entrée**. Certains opérateurs sont traités automatiquement avant d'autres (la multiplication et la division avant l'addition ou la soustraction). Une partie de l'équation sera calculée en priorité si vous la mettez entre parenthèses.

Le format des nombres

Pour éviter le calcul accidentel de données inadéquates, il est préférable d'attribuer un format aux cellules qui contiennent le même type de valeur : somme d'argent, date, pourcentage, heure, etc. Sélectionnez la ou les cellules, ouvrez le menu **Format** et cliquez sur **Cellule**. Dans la boîte de dialogue Format de cellule, cliquez sur l'onglet **Nombre**. Dans la liste d'options proposée, cliquez sur l'une d'elles. Indiquez le nombre de décimales et, pour les nombres négatifs, le style, puis cliquez sur **OK**.

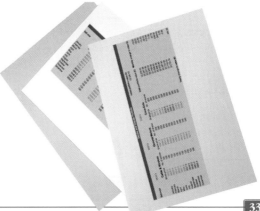

Description des bases de données

Créez des fiches dans une base de données et classez-les selon le critère de votre choix

Les bases de données permettent de stocker et de classer de grandes quantités de données. Créez par exemple un fichier de recettes de cuisine ; le jour où vous voulez manger de l'agneau, recherchez simplement toutes les recettes qui utilisent ce mot !

La structure d'une base de données permet d'organiser et de trier des données de différentes fa-

çons. C'est l'outil idéal pour classer des noms et des adresses. Et si vous avez oublié le nom d'une personne, ce n'est pas grave : effectuez une recherche sur le prénom, l'indicatif du téléphone ou l'adresse.

Mais une base de données n'est pas seulement destinée à recevoir des listes : elle permet aussi d'effectuer des calculs. Indiquez par exemple la valeur de vos biens, et le total vous aidera à choisir l'assurance appropriée.

L'utilisation des champs

Une base de données est constituée d'un ensemble de champs, chacun d'eux représentant une série de données. Dans une liste d'adresses, par exemple, vous aurez des champs pour le nom, le prénom, l'adresse, le numéro de téléphone, etc. La création d'une base de données commence obligatoirement par la définition des champs.

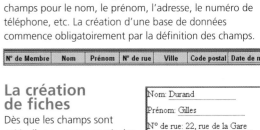

La création de fiches

Dès que les champs sont créés, ils peuvent recevoir des données afin de constituer des fiches. Pour chaque fiche vous complétez les champs. La base de données permet ensuite de classer les fiches, par ordre alphabétique, selon la date, etc., de les parcourir, de rechercher une information et d'imprimer des éléments sélectionnés.

L'ouverture d'une base de données

Cliquez sur **Démarrer** et sélectionnez **Programmes**, puis Microsoft Works. Le Lanceur de tâches s'affiche. Cliquez sur **Modules de Works**, puis sur le bouton **Base de données**. Dans la boîte de dialogue Aide pour débutants, cliquez sur « Création d'une nouvelle base de données ».

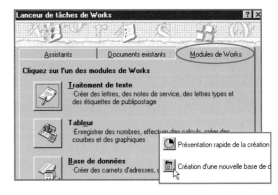

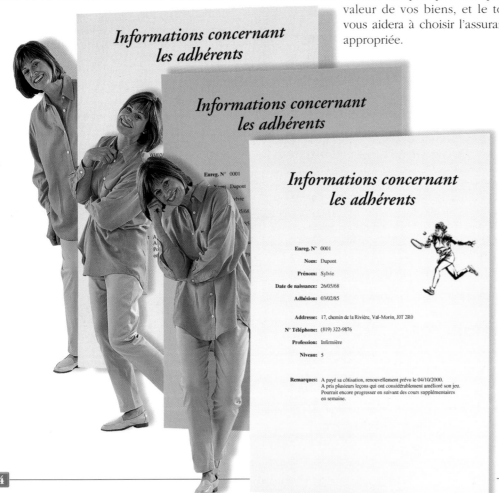

Création d'une base de données

Lorsque vous ouvrez une nouvelle base de données, la boîte de dialogue Créer une base de données vous permet de nommer et définir les caractéristiques des différents champs.

Définir les champs

La mise en forme et le style des champs peuvent être définis au moment de leur création.

Nom du champ

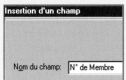

Tapez le nom du champ dans cette zone (pas plus de 15 caractères, espaces compris). Plus il y a de champs, plus la base de données est efficace. Créez, par exemple, des champs distincts pour le nom et le prénom, afin de pouvoir effectuer des recherches sur l'une ou l'autre de ces catégories. Prenez l'habitude de définir les noms des champs dans l'ordre où vous voulez les voir apparaître par la suite.

Format

Vous avez le choix entre différents formats pour les noms des champs, selon le type d'information qu'ils contiendront.

Ainsi, un champ Date est automatiquement défini pour afficher le jour, le mois et l'année. Cliquez sur une option pour la sélectionner. Choisissez parmi les formats suivants :

Standard Cette option est sélectionnée par défaut pour tous

les noms de champs. Le texte est aligné à gauche, les nombres à droite.

Numérique Cette option permet de définir l'affichage des nombres. Spécifiez, par exemple, le nombre de décimales ou bien indiquez si les nombres négatifs doivent s'afficher en rouge.

Date Sélectionnez ce format pour définir l'affichage des dates : le mois seulement, avec ou sans l'année, ou le mois écrit en toutes lettres.

Heure Indiquez, par exemple, si vous voulez inclure les secondes.

Texte Utilisez cette option pour entrer du texte, des valeurs numériques comportant des caractères spéciaux (tirets, espaces, etc.).

Fraction Choisissez ce format pour entrer des fractions, telles que 2¾. Lors de la saisie, insérez un espace entre le nombre principal (2) et la fraction (3/4) pour permettre à Works de les traiter séparément. L'équivalent décimal s'affiche dans la barre de saisie quand vous sélectionnez une cellule comportant une fraction.

Série Ce format attribue automatiquement un numéro unique à chaque fiche, ce qui permet de les trier dans l'ordre où elles ont été créées.

Apparence

D'autres options permettent de définir l'affichage des nombres, des dates, des fractions et des séries de numéros. Spécifiez par exemple le nombre de décimales, ou affichez le mois en entier dans vos dates. Faites défiler la liste et cliquez sur l'option voulue.

Ajouter/Annuler

Une fois le champ créé, le format et l'apparence déterminés, cliquez sur le bouton **Ajouter** pour créer un autre champ. Quand tous les champs sont définis, cliquez sur **Terminé**. Votre base de données s'affiche en mode Liste : les noms des champs s'affichent en haut des colonnes.

✔	N° de Membre	Nom	Prénom	N° de r
☐ 1				
☐ 2				

Base de données non enregistrée 1

Programmes de base de données

Msworks

Microsoft Works propose un outil Base de données, ainsi que différents Assistants (ce sont des documents prêts à l'emploi que vous ouvrez et utilisez tels quels, ou que vous adaptez à vos besoins).

Microsoft Office

La version standard de Microsoft Office ne propose pas de programme spécial pour les bases de données, mais son tableur, Microsoft Excel, permet de réaliser pratiquement le même type de travail (voir p. 37).

Enregistrer la base de données

Quand votre base de données s'affiche pour la première fois dans le mode Liste, elle est intitulée « Base de données non enregistrée ». Enregistrez-la en lui donnant un nom. Cliquez sur le bouton **Enregistrer** de la barre d'outils ou bien ouvrez le menu **Fichier** et sélectionnez la commande **Enregistrer sous**. Une boîte de dialogue s'affiche. Dans la zone « Nom », tapez un nom. Cliquez sur la flèche à côté de la zone « Dans » pour ouvrir la liste des destinations possibles. Sélectionnez un dossier et cliquez sur **Enregistrer** (voir p. 38 pour plus de détails).

Familiarisez-vous avec votre base de données

Votre base de données s'affiche en mode Liste ; elle ressemble désormais à une feuille de calcul. Il existe trois autres modes d'affichage. Familiarisez-vous avec eux avant de créer des fiches.

Les différents modes d'affichage

Vous pouvez visualiser votre base de données de quatre manières différentes, chacune d'entre elles correspondant à une utilisation particulière. Faites votre choix dans le menu Affichage ou cliquez sur les boutons correspondants dans la barre d'outils.

Le mode Liste

 Juste après avoir créé les champs, la base de données s'affiche en mode Liste. Ce mode permet de voir plusieurs fiches en même temps, ce qui est utile lorsque vous souhaitez les parcourir, déplacer des données (copier et coller) d'un endroit à un autre ou saisir des séries de nombres, etc.

Pour saisir des données en mode Liste, cliquez sur une cellule puis tapez les informations (celles-ci s'affichent aussi dans la barre de saisie en haut de la fenêtre). Ce mode s'utilise également pour afficher les résultats d'une recherche (voir ci-contre).

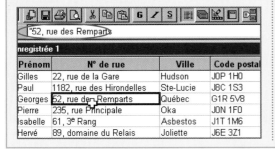

Le mode Formulaire

 Ce mode permet d'afficher chaque fiche individuellement, ce que beaucoup trouvent plus pratique pour saisir des données. En effet, vous voyez tous les autres champs lorsque vous introduisez de nouvelles informations dans la base de données.

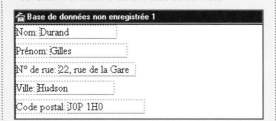

Le modèle de formulaire

 Dans ce mode, vous structurez l'aspect du mode Formulaire. Réorganisez à votre guise les champs et leurs cases. N'hésitez pas à colorer le texte, à choisir d'autres polices, à ajouter

des bordures et des images. Pour déplacer les noms des champs sur la page, cliquez dessus et faites-les glisser à l'emplacement voulu.

Pour modifier la taille des zones de façon à ce que les champs puissent contenir toute l'information nécessaire, cliquez sur le coin inférieur droit de la zone d'un champ et, en maintenant le bouton gauche enfoncé, faites-le glisser en diagonale sur la page.

Le mode État

 Une bonne base de données permet aussi d'extraire des données. Le mode État permet d'élaborer et d'imprimer un état récapitulant vos données par catégories. Il permet également d'effectuer des calculs sur les champs, par exemple le montant total des cotisations que doivent verser les membres d'un club.

Base de données Club - Cotisations		
N° d'adhérent	Nom	Cotisations
00004	Durand	-900,00
00020	Chamfort	-800,00
00006	Lefèvre	-150,00
00013	Duval	-700,00
00003	Michelet	-900,00
00008	Petit	-650,00
TOTAL Cotisations:		-4100,00

Créez des fiches

Pour entrer les données dans votre base, utilisez les modes Liste ou Formulaire. Dans le mode Liste, cliquez sur la cellule appropriée et tapez les données. Pour passer dans le champ suivant, cliquez directement dedans ou appuyez sur **Tab**. (Pour revenir à la cellule précédente, appuyez en même temps sur **Maj** et **Tab**.) Au contraire des feuilles de calcul, la touche **Retour** ne permet pas de déplacer le curseur dans la

cellule ou la ligne suivante de la base. Dans le mode Formulaire, cliquez dans la zone accolée au nom du champ et tapez les données. Appuyez sur **Tab** pour passer au champ suivant (ou à la fiche suivante), et sur **Maj** et **Tab** pour revenir au champ ou à la fiche précédente.

Déplacez-vous parmi les fiches

Pour consulter d'autres fiches dans les modes Formulaire et Modèle de formulaire, cliquez sur les flèches proposées de chaque côté du nom de la fiche en cours, au bas de la fenêtre. Les flèches situées juste à gauche et à droite de la fiche en cours permettent d'accéder respectivement à la fiche précédente et à la suivante. L'autre jeu de flèches affiche directement la première et la dernière fiche.

Recherchez des données et triez vos fiches
Les bases de données permettent de classer des informations selon les critères de votre choix et de retrouver rapidement les données dont vous avez besoin.

Modifiez votre base de données
Ajoutez ou supprimez des données, effectuez des calculs, une fois votre base créée.

La recherche de données
Une base de données Works peut contenir jusqu'à 32 000 fiches. Pour en retrouver une rapidement, lancez une recherche. En mode Liste, ouvrez le menu **Edition** et cliquez sur **Rechercher**. Dans la boîte de dialogue, tapez un ou plusieurs mots clés, dans la zone « Rechercher », sélectionnez **Toutes les fiches**. Cliquez sur **OK**. Les fiches contenant votre mot clé s'affichent dans une liste. Pour revenir à la liste des fiches, ouvrez le menu **Fiche**, sélectionnez **Afficher**, puis **Toutes les fiches**. En mode Formulaire, pour passer en revue les fiches, cliquez sur les flèches proposées en bas de l'écran.

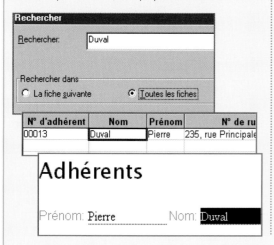

Le tri des fiches de votre base de données
La fonction de tri de Works permet de réorganiser votre base. Ouvrez le menu **Fiche** et cliquez sur **Trier les fiches**. Une boîte de dialogue s'affiche et propose d'utiliser jusqu'à trois champs pour effectuer le tri. Si vous triez par ordre croissant les dates de naissance saisies, la personne la plus âgée de la base est en haut de la liste, et la plus jeune en dernier. Si vous triez ensuite par ordre décroissant le nom des personnes saisies, celles dont la date de naissance est identique seront affichées par ordre alphabétique. Triez une troisième fois par ordre décroissant les villes saisies, celles à date de naissance et nom identiques seront classées par ordre alphabétique, et par ville. Cliquez sur les flèches de chaque zone de tri,

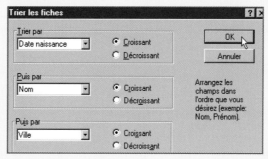

faites défiler la liste et choisissez un champ. Définissez ensuite l'ordre de tri, Croissant (de A à Z, ou 1, 2, 3...) ou Décroissant (de Z à A, ou 10, 9, 8...).

L'ajout de nouvelles fiches
Pour insérer une nouvelle fiche, passez en mode Liste et cliquez sur le numéro de la ligne où vous voulez la placer. Ouvrez le menu **Fiche** et sélectionnez **Insertion d'une fiche.**.

L'ajout et le déplacement de champs
Pour ajouter un champ, passez en mode Liste et cliquez sur le nom du champ où vous voulez le voir apparaître. Ouvrez le menu **Fiche** et sélectionnez **Insertion d'un champ**. Indiquez où l'insérer. Dans la boîte de dialogue, tapez un nom pour le champ. Cliquez sur **OK**. Pour déplacer un champ, passez en mode Liste et cliquez sur

 son nom. Amenez le pointeur sur le bord d'une cellule sélectionnée ; quand il prend la forme d'un pointeur de glissement, faites glisser le champ à l'endroit voulu. Pour déplacer une fiche, cliquez sur le nom de la ligne et utilisez le même procédé.

Le calcul de données
Calculez les valeurs de deux ou plusieurs champs et affichez le résultat dans un autre. Pour créer un troisième champ « Somme due » à partir des champs « Prix » et « Acompte », Cliquez sur son nom et tapez « =Prix-Acompte » pour afficher le solde.

Microsoft Excel comme base de données
Excel peut très bien jouer le rôle d'une base de données. Au lieu de spécifier des noms de champs, vous tapez des titres dans la feuille de calcul, dans une rangée de cellules. Créez des fiches dans les lignes suivantes (numérotez-les manuellement ; pour cela, créez un titre pour les numéros des fiches). Pour examiner un sous-ensemble de données, ouvrez le menu **Données** et sélectionnez **Filtre**, puis **Filtre automatique**. Chaque colonne est alors dotée d'une flèche

de menu sur la droite. Cliquez sur la flèche du menu à trier, puis sélectionnez **Personnalisé**. Définissez alors les critères du filtre. Par exemple, dans une colonne « Cotisations » sélectionnez uniquement les fiches des personnes qui n'ont pas payé. Dans la boîte de dialogue Filtre automatique personnalisé, indiquez les fiches pour lesquelles les cotisations sont inférieures à 0, puis cliquez sur **OK**. Pour revenir, ouvrez le menu **Données**, sélectionnez **Filtre**, puis **Afficher tout**.

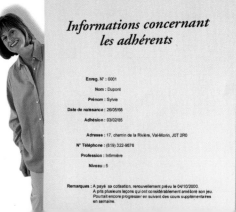

Enregistrez et imprimez vos documents

Imprimez sur papier le fruit de vos efforts

Votre ordinateur classe vos documents de la même façon que dans un classeur traditionnel. Les fichiers que vous créez sur votre PC sont conservés dans des dossiers. Ces dossiers peuvent à leur tour en contenir d'autres, afin de mieux représenter les différents aspects de votre travail. Créez, par exemple, un dossier pour vos documents professionnels, classez ces derniers dans deux sous-dossiers, l'un pour les courriers et l'autre pour la comptabilité. Soyez méthodique !

Réfléchissez d'abord aux dossiers dont vous pouvez avoir besoin. Commencez par en créer un pour chaque membre de la famille. Vous aurez tout le temps par la suite d'y placer des sous-dossiers. Dans un système de classement bien organisé, il est très simple d'enregistrer et de retrouver votre travail, beaucoup plus simple en réalité que dans une armoire de rangement.

L'impression est très facile

L'impression de vos fichiers (les documents placés dans vos dossiers) est sans doute la fonction la plus utile sur un ordinateur. Selon le type d'imprimante dont vous disposez, différents formats de papier et différents poids (épaisseurs) sont proposés. Certains modèles permettent d'imprimer des adresses sur des étiquettes, voire directement sur les enveloppes.

Grâce au vaste choix de polices de caractères, de couleurs et de graphismes, il est tout à fait possible d'obtenir chez soi une qualité d'impression quasi professionnelle.

Après avoir créé un nouveau document, enregistrez-le. En cours de travail, enregistrez régulièrement. Ainsi, en cas de problème avec le PC, vous ne perdrez pas tout.

ENREGISTREZ VOTRE TRAVAIL

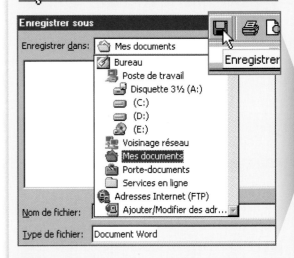

1 Pour enregistrer un fichier, cliquez sur **Enregistrer** dans la barre d'outils ou bien ouvrez le menu **Fichier** et cliquez sur **Enregistrer sous**. Dans la boîte de dialogue, tapez un nom pour votre fichier dans la zone « Nom de fichier ». Dans « Enregistrer dans » choisissez dans la liste les destinations possibles pour votre fichier.

L'enregistrement automatique

Certains programmes proposent d'enregistrer automatiquement les fichiers à intervalles réguliers. Ouvrez le menu **Outils** et cliquez sur **Options**. Cliquez sur l'onglet **Enregistrement**. Cliquez dans la case **Enregistrer les infos de récupération automatique toutes les :** et indiquez l'intervalle souhaité.

☑ Autoriser les enregistrements en arrière-plan
☑ Enregistrer les infos de récupération automatique toutes les:

Enregistrer les fichiers Word comme: [10]

*Si vous vous trouvez dans un sous-dossier mais que vous vouliez revenir au dossier principal, cliquez sur **Dossier parent**. Pour revenir à un lecteur, cliquez sur la flèche de « Enregistrer dans », faites défiler la liste, puis cliquez sur ce lecteur.*

Dossier parent

Astuce
*Il est tout à fait possible d'imprimer plusieurs exemplaires d'un long document et d'assembler les copies. Dans Imprimer, cliquez sur l'option **Copies assemblées**. Indiquez le nombre de copies souhaitées, puis cliquez sur **OK**.*

La procédure à utiliser pour imprimer des documents est pratiquement la même dans tous les programmes. Nous décrivons dans ces pages l'impression d'un document Word.

IMPRIMER VOTRE TRAVAIL

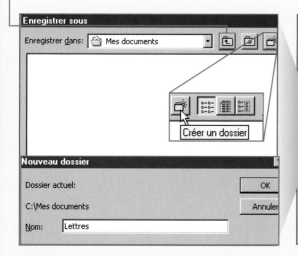

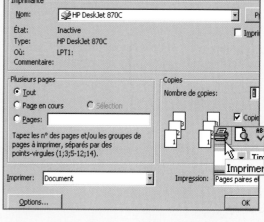

2 Pour créer un sous-dossier, par exemple dans le dossier « Mes documents », cliquez sur le bouton **Créer un dossier** de la barre d'outils. Dans la boîte de dialogue Nouveau dossier, tapez un nom pour le dossier et cliquez sur **OK**.

3 Votre sous-dossier apparaît dans le dossier principal. Cliquez deux fois dessus : il s'affiche dans la zone « Enregistrer dans ».Cliquez sur **Enregistrer** pour enregistrer votre document dans ce dossier. Son nom figure désormais dans la barre de titre, et une icône de fichier Word s'affiche.

Ouvrez le menu **Fichier** et cliquez sur **Imprimer**. Dans la boîte de dialogue qui s'affiche, plusieurs options sont proposées : le nombre de copies, etc.

Cliquez sur **OK**. Si vous voulez imprimer sans passer par cette boîte de dialogue, cliquez sur le bouton **Imprimer** de la barre d'outils.

La mise en page
Choisissez comment imprimer votre document : ouvrez le menu **Fichier** et cliquez sur **Mise en page**. Cliquez sur l'onglet **Taille**. Faites défiler la liste « Format du papier » et cliquez sur le format souhaité. Si vous ne voulez pas imprimer votre document selon l'orientation « Portrait », cliquez sur l'option « Paysage » dans « Orientation » puis sur **OK**.

L'aperçu avant impression
Pour vérifier l'aspect de votre document avant de l'imprimer, cliquez sur le bouton **Aperçu avant impression** ou bien ouvrez le menu **Fichier** et cliquez sur **Aperçu avant impression**. Pour revenir à votre document, cliquez sur **Fermer**.

Comment fonctionne l'ordinateur

Sachez ce qui se passe à l'intérieur de votre PC lorsque vous l'allumez

Lorsque vous allumez l'unité centrale du PC, celui-ci doit effectuer diverses opérations automatiques avant de pouvoir traiter les commandes que vous lui soumettez avec le clavier ou la souris.

Tous les éléments matériels sont vérifiés, tels que la mémoire et le clavier ; ils ne doivent pas être endommagés pour être capables de communiquer entre eux et avec les logiciels.

C'est ce qu'on appelle le démarrage. Cette opération ne prend qu'une minute, mais cette minute est la plus importante de toute la journée.

En effet, si les différents éléments matériels et logiciels ne communiquent pas correctement, rien ne sera possible sur votre ordinateur.

La mémoire de l'ordinateur

Les fonctions de base de votre ordinateur sont gérées par différents types de mémoire.

RAM

La mémoire vive, ou RAM (*Random Access Memory*, mémoire à accès aléatoire), est un espace de stockage temporaire qu'exploite l'ordinateur pour les fichiers et les programmes en cours d'utilisation. Vos instructions sont alors traitées très rapidement. Attention, car ce type de mémoire ne fonctionne que lorsque l'ordinateur est allumé : dès qu'il est éteint, tout ce qui reste dans la RAM est perdu.

ROM

La mémoire morte, ou ROM (*Read Only Memory*, mémoire en lecture seule), stocke des données essentielles à propos de l'ordinateur. Un petit programme d'auto-test s'exécute chaque fois que vous allumez l'ordinateur. La ROM fait partie de « l'identité » de votre PC, et son contenu ne disparaît pas quand vous éteignez l'ordinateur. Il est impossible de modifier ou de supprimer les données stockées dans la ROM, c'est pourquoi on l'appelle « mémoire morte ».

CMOS

Le CMOS (*Complementary Metal Oxide Semiconductor*, mémoire complémentaire métal-oxyde-semi-conducteur) stocke les paramètres de votre ordinateur, notamment le type du disque dur. Le CMOS mémorise également la date et l'heure. Il est alimenté par une petite pile qui se recharge automatiquement quand l'ordinateur est allumé (allumez le PC au moins une fois par mois, pendant une heure ou deux).

BIOS

Le BIOS (*Basic Input/Output System*, système d'entrée/sortie de base) s'occupe des éléments matériels de l'ordinateur. C'est lui qui indique au système d'exploitation quels matériels vont intervenir, et comment. En fait, c'est un assistant parfait, qui vérifie que tous les ingrédients nécessaires sont là avant d'en informer son chef, l'ordinateur. Le BIOS est stocké dans la ROM.

Attention

Si le PC n'a pas été éteint correctement, un message s'affiche au démarrage suivant. Dans ce cas, laissez le PC effectuer ses procédures de démarrage, puis redémarrez-le immédiatement pour vous garantir contre les effets néfastes de cette mauvaise manœuvre.

Gros plan

En plus de l'unité centrale, vous devrez peut-être aussi allumer le moniteur, ainsi que tous les autres périphériques dont vous allez avoir besoin, tels qu'un modem ou une imprimante s'ils sont alimentés séparément.

La mise sous tension...

Les deux minutes qui suivent l'instant où vous allumez le PC sont vitales pour les performances de votre ordinateur. Voici ce qui se passe une fois que vous avez appuyé sur l'interrupteur.

La routine de démarrage

Le premier son que vous entendez provient du ventilateur. Celui-ci permet de réguler la température à l'intérieur de l'unité centrale, et ce tant que votre ordinateur reste allumé. Évitez d'obstruer la grille de ventilation de votre PC : la température risque de monter à l'intérieur.

```
Award Plug and Play BIOS Extension   v
Copyright (C) 1998, Award Software, In
   Detecting IDE Primary Master  ... Qu
   Detecting IDE Secondary Master... CR
```

Lors du démarrage, la routine de test d'alimentation (POST, *Power On Self Test*) est la première tâche effectuée par l'ordinateur. Elle vérifie la présence d'éléments essentiels, tels que le disque dur, et détecte les graves erreurs de disques. Souvent, un signal sonore indique que cette routine est terminée.

L'utilisation de la mémoire

Ensuite, l'ordinateur lit le BIOS pour communiquer avec la mémoire, le disque dur et le moniteur.

```
INTEL(R) CELERON(TM) CPU at 333A MHz
Memory Test : 65536K OK
```

Le BIOS envoie souvent des messages simples à l'écran et recherche les paramètres du PC ainsi que la date et l'heure dans le CMOS. Ensuite, il met en route tous les éléments matériels de votre PC.
Ces opérations sont essentielles car elles leur permettent de communiquer ensemble. Les messages qui s'affichent brièvement à l'écran avant le démarrage de Windows indiquent que cette procédure s'est bien déroulée. Voyez, par exemple, le décompte de la mémoire ci-dessus. Vous entendez aussi le disque dur tourner au moment où les informations qu'il contient sont lues.

Le chargement de Windows

Ensuite, le système d'exploitation Windows est lu depuis le disque dur et chargé dans la mémoire vive (RAM). Pour commencer, votre PC consulte des fichiers de configuration spéciaux ; ceux-ci contiennent des informations importantes (le pays où se trouve

l'ordinateur). Il utilise ainsi les bons paramètres de langue et d'heure. Pendant ce temps, vous voyez l'écran de bienvenue de Windows.
Quand Windows est entièrement chargé dans la RAM, vous entendez le bruit du lecteur de disque. Puis il diffuse une mélodie, finit de se charger et s'initialise. Cela vous permet de vérifier que tout s'est déroulé correctement.
Le bureau de Windows s'affiche ensuite (voir ci-dessous). À partir de ce moment-là, chaque commande que vous transmettez à l'ordinateur, que ce soit à l'aide de la souris ou du clavier, transite par la RAM. L'ordinateur n'utilise la ROM que pendant la phase de démarrage.

Le disque dur

Le disque dur se compose de plusieurs disques métalliques. Lors de la lecture, un petit bras passe à la surface, comme le saphir des tourne-disques d'antan, mais il ne fait que les effleurer (un millième de millimètre au-dessus). Le bruit que vous entendez est en fait produit par la rotation des disques.

Prêt à être utilisé

Une fois que l'ordinateur a terminé toutes ses vérifications matérielles et logicielles, le bureau s'affiche ; cela indique que l'ordinateur est prêt à vous « écouter ». Parmi les icônes proposées, vous voyez un dossier pour les documents des utilisateurs, des raccourcis vers des logiciels Internet et la Corbeille.

Comment fonctionnent les logiciels

Sachez ce qui se passe entre le système d'exploitation, les programmes et les composants matériels

Quelle que soit la puissance de votre PC, il ne s'agit que d'un boîtier inerte rempli de circuits intégrés et de fils de câblage. Les ordinateurs ne font rien d'autre que ce que vous leur demandez. Ce sont les logiciels, autrement dit le « cerveau » électronique, qui transmettent vos instructions au PC. Le plus important d'entre eux est le système d'exploitation, Windows sur la plupart des PC. Tout comme votre cerveau coordonne vos pensées avec vos mouvements, il régit tout ce que vous demandez au PC : l'impression, la fermeture d'une fenêtre, etc.

Du DOS à Windows

À l'origine, le système d'exploitation des PC était le DOS (*Disk Operating System*). Son utilisation impliquait une connaissance de son langage, que les débutants avaient généralement des difficultés à utiliser.

En effet, il fallait taper, une à une, des commandes compliquées. Dans Windows 95 et 98, le DOS reste accessible à partir d'un programme appelé Commandes MS-DOS. En cas de problème avec Windows, les plus expérimentés ouvrent celui-ci afin de définir eux-mêmes comment doit se comporter l'ordinateur.

```
Microsoft(R) Windows 98
    (C)Copyright Microsoft Corp 1981-1998.

C:\WINDOWS>xcopy c:\windows\*.* c:\winbacl
```

Avec Windows, nul besoin de connaître les langages informatiques. Son Interface Graphique Utilisateur est épatante : tel un chef d'orchestre, vous dirigez les opérations sur le PC simplement en déplaçant la souris. En effet, vous amenez le pointeur de la souris sur l'élément voulu, puis vous cliquez sur des boutons, des menus et des images. Vous accédez ainsi à tous les programmes et à tous les périphériques matériels compatibles avec Windows qui est très régulièrement mis à jour. Chaque version apporte son lot de nouvelles améliorations et de fonctionnalités.
La dernière version est Windows Millenium Edition.

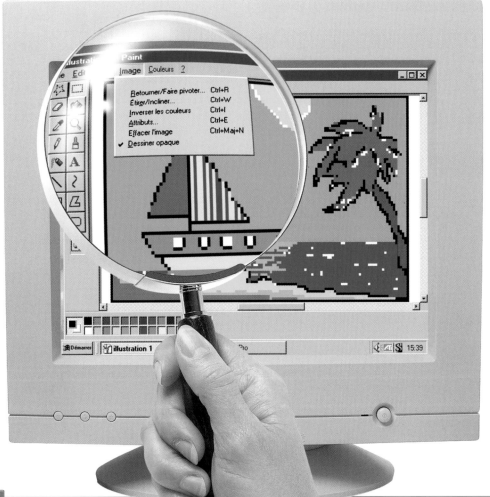

Astuce
Avant d'acheter un nouveau programme, regardez son emballage : notez la quantité de RAM requise et assurez-vous que votre ordinateur a suffisamment de mémoire libre (voir ci-dessous).

La barre des tâches, située au bas du bureau, montre les programmes que vous avez ouverts. Chacun d'eux est affiché sous la forme d'un bouton. Dans cette barre des tâches, vous voyez que Word, Excel et Outlook Express sont ouverts.

Comment Windows collabore-t-il avec les autres programmes ?

Si vous comprenez ce qui se passe lorsque vous ouvrez un programme dans Windows, vous saurez mieux utiliser votre ordinateur.

Le rôle de Windows

Windows établit le lien entre les composants matériels et les programmes d'application (ainsi nommés car ils sont conçus pour être appliqués à des tâches spécifiques). Ce rôle « d'intermédiaire » évite ainsi la répétition des fonctions de base dans chaque application et permet aux programmeurs de se concentrer uniquement sur le bon fonctionnement de leurs programmes. Quand vous enregistrez des fichiers et que la boîte de dialogue Enregistrer sous s'affiche, il s'agit d'un élément de Windows, pas du programme que vous utilisez.

Que se passe-t-il lorsque vous allumez votre PC ?

Lorsque vous allumez votre PC, Windows démarre automatiquement. Son code de programme est lu sur le disque dur puis chargé dans la mémoire RAM.
Si aucun autre logiciel en dehors de Windows n'est chargé, vous ne pouvez que regarder quels fichiers se trouvent sur le disque dur, régler les paramètres du PC et exécuter quelques programmes très simples. Pour la plupart des autres tâches, vous devez faire appel à des applications. Même les accessoires de Windows, tels qu'Internet Explorer, Paint et WordPad, sont des programmes distincts, chargés de parcourir le Web, créer des dessins ou composer des documents texte. (Pour plus d'informations sur les programmes susceptibles de vous intéresser, voir p. 22.)

L'ouverture des programmes dans Windows

Quand vous ouvrez des programmes, ils sont chargés dans la RAM. Ils utilisent ensuite les fonctions propres à Windows pour communiquer avec les composants matériels de l'ordinateur.
Windows vous permet d'exécuter plusieurs programmes en même temps et de passer facilement de l'un à l'autre. Si vous retouchez une photographie puis l'incorporez dans un document Word, ouvrez le programme Paint, modifiez l'image, puis insérez-la dans le document. Recherchez en même temps des informations sur Internet à l'aide d'Internet Explorer.

L'importance de la mémoire

Dès qu'un programme s'ouvre, il se charge dans la mémoire, tout comme les autres logiciels qui s'exécutent déjà. Votre PC doit donc disposer d'une quantité de RAM suffisante (au moins 32 Mo). S'il n'en reste plus assez pour exécuter un programme particulier, l'ordinateur stocke les données en trop sur le disque dur, dans un fichier temporaire. Or, cela ralentit tous les programmes déjà ouverts. (Pour tout savoir sur la RAM, voir p. 346.) Dès que vous avez fini de travailler dans une application, fermez-la. Elle quitte alors l'espace utilisé dans la RAM, ce qui libère de la mémoire pour d'autres programmes. Cela accélère le fonctionnement des autres applications encore ouvertes.

Combien de RAM avez-vous ?

Pour savoir la quantité de RAM installée sur votre PC, cliquez avec le bouton droit de la souris sur l'icône **Poste de travail** et sélectionnez **Propriétés** dans le menu local qui s'affiche. Cliquez sur l'onglet **Performances**. La première valeur, Mémoire, indique la quantité de RAM totale disponible sur le PC. La deuxième valeur, Ressources système, fait référence à une zone spéciale de la RAM que Windows utilise pour le suivi des programmes qu'il exécute. Lorsque vous utilisez uniquement Windows, elle est d'environ 80 %. Les ressources système sont rarement épuisées, mais si de nombreux programmes tournent en même temps, le PC risque d'être ralenti.

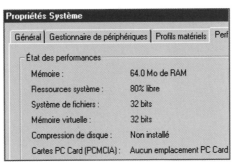

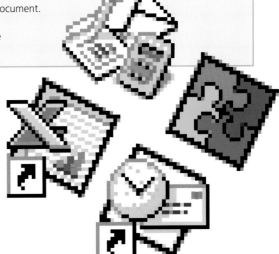

Stockez vos données

Comment faire de la place pour les données essentielles

Tous vos programmes et documents sont stockés sur le disque dur de votre ordinateur. Plus vous en avez d'installés, moins il reste d'espace sur le disque pour les stocker. En outre, l'ordinateur ralentit au fur et à mesure que le disque dur se remplit. Videz la Corbeille et désinstallez régulièrement les logiciels que vous n'utilisez plus pour récupérer de la place sur le disque (pour plus de détails, voir p. 54-55). Toutefois, vous risquez d'avoir tout de même besoin de périphériques de stockage externes.

exemple du domicile au bureau, leur faible capacité de stockage est un sérieux handicap. De plus, elles sont souvent à l'origine de la propagation de virus. Évitez d'y stocker des données importantes, sauf si elles sont neuves.

Par ailleurs, vous devez disposer d'un lecteur de CD. En règle générale, un lecteur permet uniquement de lire des CD déjà gravés. Cependant, il en existe qui « écrivent » sur les CD : les graveurs. Dans ce cas, un seul de ces CD peut recevoir plus de 600 Mo de données, c'est-à-dire l'équivalent de plus de 400 disquettes. Toutefois, les disques à graver sont chers et risquent de faire double emploi avec les outils futurs.

Les premières solutions

La plupart des ordinateurs sont dotés d'un lecteur de disquettes, situé dans l'unité centrale. Une disquette permet de stocker environ 1,44 Mo de données, ce qui représente 60 pages de texte ou une image numérique scannée à une résolution peu élevée.

Bien que les disquettes soient encore fréquemment utilisées pour transférer des fichiers, par

Quel type de stockage ?

Tous ces périphériques permettent de stocker de grandes quantités de données. Si vous souhaitez transférer des fichiers sur d'autres ordinateurs, prenez soin de vous assurer que chacun d'eux utilise le même type de lecteur.

Le DVD

Il existe maintenant des CD de très grande capacité : les DVD (Digital Versatile Discs). Un DVD a exactement le même aspect qu'un CD, mais il peut contenir jusqu'à 4,5 Go de données, c'est-à-dire l'intégralité d'un long métrage.

Pour le moment, la plupart des lecteurs de DVD peuvent seulement lire des données, et non en enregistrer.

La disquette ZIP

Le lecteur ZIP est un autre périphérique de stockage très répandu. Chaque disquette peut contenir 250 Mo de données. Certains PC sont maintenant livrés avec un lecteur ZIP intégré. Ce support permet d'échanger facilement des fichiers avec d'autres PC.

La disquette haute capacité

Cette disquette ressemble à une disquette classique, mais elle peut recevoir 140 fois plus de données. Le modèle Sony HiFD, par exemple, offre une capacité de stockage de 200 Mo, et le modèle Imation SuperDisk, 120 Mo. Autre avantage non négligeable : ce lecteur sait également lire des disquettes classiques.

Le disque JAZ

Un disque JAZ peut contenir jusqu'à 2Go de données. De plus, le JAZ tourne beaucoup plus vite qu'un lecteur ZIP.

Il est en revanche beaucoup plus cher, et donc moins répandu.

Le lecteur de bandes

C'est la plus ancienne technique de stockage pour les gros fichiers informatiques. De nos jours, ces bandes sont surtout utilisées pour effectuer des copies de sauvegarde. Elles sont en effet trop lentes pour une utilisation quotidienne, et il existe trop de modèles différents pour les utiliser comme support d'échange de fichiers.

Connectez un lecteur

Les périphériques de stockage décrits sur cette page sont des éléments externes, à raccorder à l'unité centrale, sans quoi ils ne servent à rien. Le type de connexion varie : certains se branchent sur le port parallèle, d'autres requièrent une carte d'extension spéciale (à enficher à l'intérieur de l'ordinateur). Pour plus de détails, consultez le mode d'emploi du lecteur choisi.

Ajoutez des périphériques

Pour augmenter les capacités de votre PC

Lorsque vous connaîtrez mieux votre PC, vous penserez sans doute à augmenter ses capacités. En effet, il existe un grand choix de périphériques qui rendent son utilisation encore plus intéressante.

Si vous voulez surfer sur Internet ou envoyer des courriers électroniques (e-mail), inscrivez le mot « modem » dans votre liste des matériels à acheter. Si vous souhaitez utiliser des images dans vos documents, un scanner vous coûtera moins cher que les services d'un professionnel pour numériser vos photos. L'appareil photo numérique permet également de transférer des images numériques directement sur votre PC.

Les caméras vidéo se branchent aussi sur l'ordinateur. Non seulement cela peut être drôle de monter ses propres films, mais en plus cet équipement permet de mettre en place des vidéoconférences avec des collègues ayant aussi cette caméra. D'autres matériels se rapportent plutôt aux loisirs : les nouvelles manettes de jeu sont vraiment extraordinaires.

Tous ces périphériques s'achètent au fur et à mesure ; et rien ne vous oblige à tout acquérir dans la même boutique.

Si vous y ajoutez des périphériques, votre PC deviendra une véritable station de travail professionnelle… ou bien un centre de loisirs.

Le modem

Il existe deux types de modems.
Le modem **interne** est installé dans l'unité centrale, dans un des connecteurs d'extension prévus à cet effet.
Le modem **externe** se pose en dehors de l'ordinateur, sur le bureau ou sur l'unité centrale, et il se branche dans un des ports série situés à l'arrière de l'unité centrale. Il permet de se connecter à Internet, d'envoyer des messages électroniques et d'échanger des télécopies (dans ce cas, c'est l'ordinateur qui fait office de télécopieur).

La qualité de l'image se mesure en points par pouce (dpi, *dots per inch*). Plus l'image comporte de points, plus la résolution est élevée, et donc meilleure est la qualité. Choisissez un scanner d'une résolution d'au moins 300 dpi.

Le scanner

Un scanner transforme une image ou une photo sur papier en un fichier graphique que vous modifierez et exploiterez ensuite sur le PC. Préférez un modèle « plat », capable de numériser aussi bien des feuilles de papier individuelles que les pages d'un livre sans abîmer la reliure.

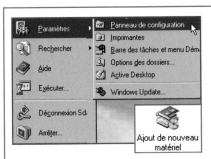

La manette de jeu

Si vous êtes un fan de jeux electroniques, la manette de jeu est indispensable. De nombreux PC sont fournis avec leur propre manette, mais il en existe aussi avec des boutons supplémentaires et une poignée de meilleure qualité. La manette se branche dans un port de l'unité centrale. Sur les modèles les plus sophistiqués, vous avez le retour de force, c'est-à-dire l'effet de recul quand vous tirez ou les secousses quand vous pilotez sur des terrains accidentés. Vous pouvez aussi acheter un volant et des pédales pour mieux conduire !

L'appareil photo numérique

L'appareil photo numérique ressemble à un appareil ordinaire, mais il n'a pas de pellicule. En effet, la photo est stockée sous la forme d'un fichier graphique que vous transférez ensuite directement sur votre PC, via un câble de connexion. Un bon appareil est relativement cher, mais vous n'avez ni achat de pellicule ni frais de développement, et encore moins besoin d'un scanner.

La caméra vidéo

Installez une petite caméra vidéo au-dessus de votre PC et participez à des vidéoconférences ! La caméra s'utilise également sur les sites WebCam d'Internet. Sachez toutefois qu'il vous faut un PC puissant et disposer d'une ligne téléphonique spéciale, à haut débit, sinon, l'image sera saccadée et le son un peu haché.

Le micro

La plupart des micros sont parfaits pour une utilisation classique, telle que l'enregistrement d'un texte narratif. Depuis l'arrivée des logiciels de reconnaissance vocale, le micro vous permet de penser à haute voix. Inutile désormais de taper le texte, les mots s'affichent tout seuls dans le document ! Cependant, vous devrez apprendre au micro à reconnaître votre voix.

L'installation des pilotes

Les nouveaux périphériques nécessitent généralement quelques logiciels, ne serait-ce qu'un pilote. Un pilote est un petit logiciel qui permet à Windows de contrôler le nouveau matériel. La plupart des périphériques sont livrés avec un programme d'installation qui copie le pilote sur votre disque dur. Si vous devez l'ajouter vous-même, ouvrez le menu **Démarrer**, sélectionnez **Paramètres**, puis cliquez sur **Panneau de configuration**. Cliquez deux fois sur l'icône **Ajout de nouveau matériel**. Windows vous invite alors à sélectionner le matériel que vous installez. Si vous choisissez le fichier d'un pilote, insérez la disquette ou le CD fourni avec le matériel : cliquez sur **Disquette fournie**.

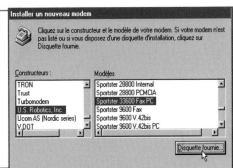

Plus de logiciels pour votre PC

Enrichissez votre ordinateur de programmes supplémentaires

Votre PC a certainement été fourni avec des logiciels. Les plus connus sont Microsoft Works, Microsoft Office 97, Lotus Smart-Suite et Corel WordPerfect Suite. Chacune de ces suites logicielles se compose de plusieurs programmes, ce qui vous permet de réaliser diverses tâches telles que l'utilisation du traitement de texte, la création de feuilles de calcul ou de bases de données.

Bien que ces logiciels fournis vous soient utiles pour réaliser de nombreux documents liés à la vie courante, vous voudrez certainement utiliser des logiciels plus spécialisés ou plus sophistiqués. Par exemple, si vous vous intéressez à la musique, sachez qu'il existe des programmes d'apprentissage musical. Si vous avez des enfants, vous achèterez sûrement des jeux. Et pour protéger votre ordinateur, un logiciel antivirus est indispensable.

Configuration requise

Avant d'acheter un nouveau logiciel, lisez les informations figurant sur l'emballage pour vous assurer qu'il peut s'exécuter avec votre version de Windows. Vous y trouverez également des informations sur la quantité de mémoire (RAM) et d'espace disque nécessaires ; vérifiez que votre ordinateur en possède suffisamment.

Pour connaître la quantité d'espace disque disponible sur votre PC, cliquez deux fois sur **Poste de travail**, puis sur le lecteur **[C:]**. Cliquez dans la fenêtre avec le bouton droit de la souris et sélectionnez **Propriétés** dans le menu local qui s'affiche. Pour connaître la quantité de RAM installée sur le PC, ouvrez le menu **Démarrer**, sélectionnez **Paramètres**, puis **Panneau de configuration** et cliquez deux fois sur **Système**.

Attention
La copie d'un programme appartenant à un ami n'est pas un logiciel gratuit, c'est du vol. Si vous n'avez pas acheté la licence, vous violez les lois de copyright et risquez des poursuites.

Les logiciels « gratuits »

Il n'est pas toujours nécessaire d'acheter de nouveaux logiciels. Certains sont distribués gratuitement pour une période limitée.

> **Installation de la version d'évaluation de SIRIUS** Sireval-us.zip (5103 K)
> Vous devez avoir Acrobat Reader 3.0 installé avant d'utiliser la version d'évaluation.
>
> Pour installer la version d'évaluation de SIRIUS, procédez comme suit :
> - "Unzippez" le fichier SirEval-us.zip.
> - Lancez le programme Install qui se trouve dans le répertoire /Sirius Evaluation Fr et suivez les instructions.
>
> Le programme d'installation est protégé par mot de passe, afin de recevoir votre mot de passe, merci de nous adresser un email en cliquant ici.
>
> **Au sujet de la version d'évaluation**
> La version d'évaluation présente toutes les possibilités de la version réelle à l'exception de quelques détails.
> Du fait du volume important de données contenu dans notre collection (> 5Go), cette copie ne propose que des exemples de datasheets.
> Nous avons utilisé le premier volume de notre collection pour cette version et vous avez la possibilité de tester toutes les options de recherche offertes par le programme.

Freeware, shareware et logiciel d'évaluation

Un *freeware,* ou gratuiciel, est un logiciel totalement gratuit. Il est généralement écrit par un passionné de l'informatique.
Le *shareware,* ou partagiciel, et le logiciel d'évaluation sont offerts gratuitement, mais pour une période limitée (30 jours), afin que vous testiez leurs fonctionnalités. À la fin de cette période, ils refuseront de fonctionner.
Pour continuer à les utiliser, versez la somme demandée et vous obtiendrez ainsi la version complète.

Où vous procurer des logiciels ?

Les boutiques spécialisées sont un bon point de départ, mais il existe d'autres moyens de se procurer des logiciels.

Le téléchargement

Vous avez la possibilité de télécharger des *shareware,* des *freeware* et des logiciels d'évaluation sur Internet. Trouvez un site Web, recherchez *shareware* et suivez les instructions fournies sur le site.
Votre PC indique combien de temps prendra le téléchargement (de quelques secondes à plusieurs heures). À la fin du téléchargement, déconnectez-vous et cliquez deux fois sur l'icône du programme pour l'installer.

Les magazines informatiques

Les magazines informatiques s'accompagnent souvent d'un CD-ROM gratuit. Certains de ces CD contiennent des produits ou des programmes complets, tandis que d'autres offrent des versions de démonstration, ou *shareware*.

La vente par correspondance

La vente par correspondance est souvent très compétitive. Regardez les publicités dans votre magazine PC et comparez les prix. Vous recevez généralement votre logiciel par la poste ou le téléchargez depuis Internet.

Choisir un logiciel

Il existe des milliers de programmes sur le marché. Vous avez le choix entre des jeux sophistiqués, des logiciels de simulation pour agencer votre maison et votre jardin, piloter une voiture, un avion, des logiciels d'apprentissage scolaire, de langue, de saisie au clavier, etc.

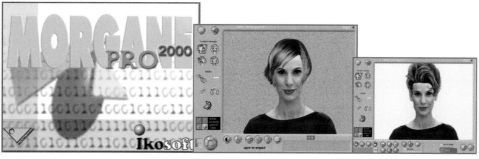

Classez vos documents

Apprenez à enregistrer vos fichiers et à leur donner un nom, et à organiser efficacement votre travail

Avec un bon système de classement, vous retrouverez plus facilement des documents sur votre ordinateur que des papiers dans votre tiroir !

Votre ordinateur est une armoire de rangement électronique. Chaque document est rangé dans un dossier, et ce dans tous les programmes que vous utilisez. Les dossiers peuvent aussi contenir d'autres dossiers, comme dans un tiroir traditionnel. Vous serez peut-être tenté de laisser tous vos fichiers sur le bureau de Windows, là où vous les voyez bien, mais, comme sur un véritable bureau, vous risquez à la longue de ne plus rien voir du tout !

Classement facile

N'ayez pas peur d'oublier où vous avez placé vos fichiers : Windows permet de les retrouver facilement. Vous aurez en effet l'impression d'avoir à vos côtés un assistant parfait, qui connaît précisément le contenu de chaque tiroir.

L'Explorateur Windows permet d'accéder au système de classement de l'ordinateur. Rien de plus facile ensuite que de déplacer, de créer et même de copier ou dupliquer des dossiers et des documents.

Il existe plusieurs façons de créer un dossier. Cela dépend de la manière dont vous enregistrez votre travail.

CRÉER UN DOSSIER

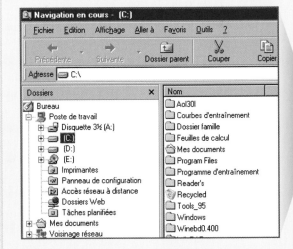

1 Pour créer un dossier dans l'Explorateur Windows, ouvrez tout d'abord le menu **Démarrer**, sélectionnez **Programmes**, puis cliquez sur **Explorateur** **Windows**. Ensuite, cliquez sur le lecteur ou sur le dossier situé dans le volet gauche de l'Explorateur dans lequel vous souhaitez créer votre nouveau dossier.

Les noms de vos fichiers

Donnez toujours des noms logiques à vos fichiers ; de cette façon, si l'un d'eux ne se trouve pas dans le bon dossier et que vous ne vous souvenez plus de son nom, vous avez la possibilité de le rechercher. Si plusieurs membres de la famille utilisent l'ordinateur, créez un dossier pour chaque personne. Par la suite, ajoutez votre nom ou vos initiales aux noms de vos fichiers ; ainsi, vous ne resterez pas perplexe devant un document intitulé « Lettre perso ».

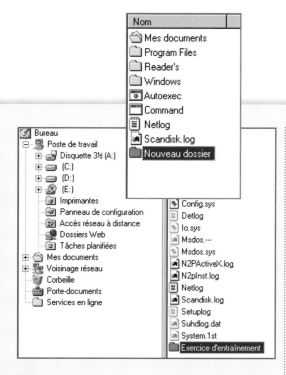

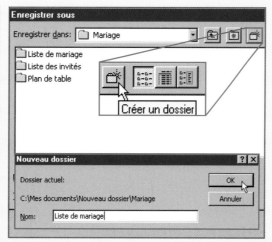

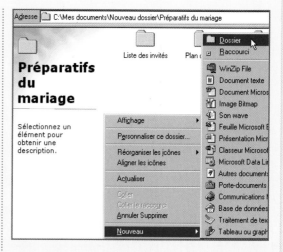

2 Ouvrez le menu **Fichier** et sélectionnez **Nouveau**, puis **Dossier**. Un nouveau dossier apparaît dans le volet droit. « Nouveau dossier » est le nom

attribué par défaut. Mais ce nom sera automatiquement remplacé par celui que vous taperez à la place : « Exercice d'entraînement » par exemple.

Le nouveau dossier peut être créé au moment de l'enregistrement d'un document. Dans la boîte de dialogue « Enregistrer sous », cliquez sur le bouton **Créer un dossier**.

Dans la boîte de dialogue qui s'affiche, tapez un nom pour le dossier et cliquez sur **OK**. Enfin, cliquez deux fois sur ce nouveau dossier, puis sur **Enregistrer**.

Il est également possible de créer un nouveau dossier avec le bouton droit de la souris. Au moment voulu, cliquez avec le bouton droit et sélectionnez **Nouveau**,

puis **Dossier**. Le dossier apparaît dans le volet droit de l'Explorateur. Un nom par défaut est déjà sélectionné ; il suffit simplement de lui en attribuer un autre.

À la recherche des fichiers perdus

Pour retrouver un fichier égaré, ouvrez le menu **Démarrer**, sélectionnez **Rechercher**, puis cliquez sur **Fichiers ou dossiers**. Dans la boîte de dialogue « Rechercher : tous les fichiers », tapez le nom du fichier, ou ce dont vous vous souvenez, dans la zone « Nommé ». Cliquez sur la flèche à droite de la zone « Rechercher dans » puis sur **[C:]**. Cliquez sur **Rechercher maintenant** pour lancer la recherche.

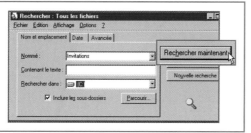

Copiez et déplacez vos fichiers

Sachez gérer vos documents

Vous serez certainement amené à créer une copie de sauvegarde d'un document, c'est-à-dire faire un double d'un fichier pour le cas où l'original viendrait à s'endommager ou à se perdre. Vous devrez parfois transférer un fichier sur un autre ordinateur. Quoi qu'il en soit, que vous copiiez les fichiers de votre travail sur une disquette ou déplaciez un fichier dans un dossier plus approprié, Windows rendra cette opération très facile.

Pour copier un fichier sur une disquette, insérez la disquette dans son lecteur.

AVANT DE COMMENCER

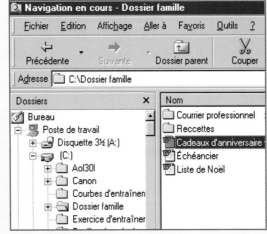

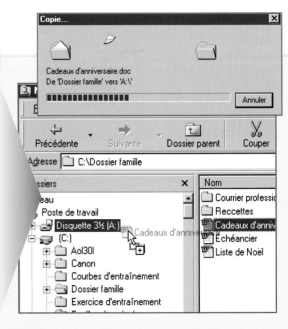

1 Ouvrez le menu **Démarrer**, pointez sur **Programmes**, puis cliquez sur **Explorateur Windows**. Enfin, cliquez sur les dossiers présentés dans le volet gauche de la boîte de dialogue afin de vous aider à mieux localiser, dans le volet droit de l'Explorateur Windows, le fichier que vous souhaitez copier.

2 Cliquez sur le fichier souhaité et, tout en maintenant le bouton de la souris enfoncé, faites-le glisser sur l'icône du lecteur de disquette 3½ **[A:]**, dans le volet gauche. Lorsque l'icône est sélectionnée (texte blanc sur barre de sélection), relâchez le bouton. Une boîte de dialogue permet de suivre l'évolution de la copie.

Attention
Lorsque vous faites glisser un fichier d'un lecteur vers un autre, vous obtenez deux exemplaires de ce fichier : l'original sur le lecteur source et la copie sur le lecteur de destination.
En revanche, si vous faites glisser un fichier à un autre emplacement du même lecteur, ce fichier est simplement déplacé et aucune copie n'est effectuée. Pour créer une copie d'un fichier sur un même lecteur, utilisez les commandes Copier et Coller du menu Edition.

Pour copier un fichier sur le disque dur, ouvrez l'**Explorateur Windows** depuis le menu **Démarrer** (voir étape 1 p. 52).

(voir étape 1 p. 52)

Astuce

*Gagnez du temps en copiant ou en déplaçant plusieurs fichiers en même temps. Appuyez sur la touche **Ctrl**, maintenez-la enfoncée, et cliquez sur chaque fichier ou dossier. Relâchez la touche **Ctrl** et déplacez ou copiez les fichiers selon la procédure habituelle.*

AVANT DE COMMENCER

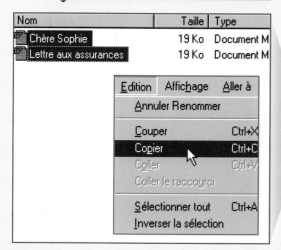

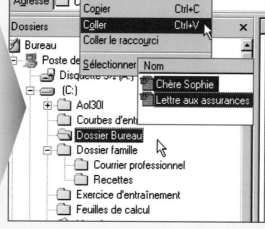

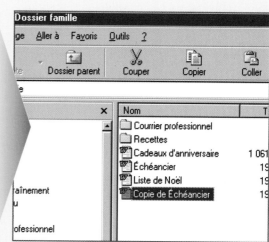

1 Dans l'Explorateur Windows, commencez par localiser le ou les fichiers que vous désirez copier. Cliquez sur le fichier (pour en sélectionner plusieurs à la fois, maintenez la touche **Ctrl** enfoncée et cliquez sur chacun d'eux). Ensuite, ouvrez le menu **Édition** et sélectionnez **Copier**.

2 Maintenant, recherchez le dossier dans lequel vous souhaitez copier le ou les fichiers que vous avez sélectionnés. Cliquez sur le dossier désiré. Ensuite, ouvrez le menu **Édition,** et sélectionnez **Coller**. Les fichiers copiés apparaissent alors dans le volet droit de la boîte de dialogue de l'Explorateur Windows.

3 Vous pouvez aussi stocker une copie d'un fichier dans le même dossier que l'original. Cliquez sur le fichier à copier ou à dupliquer « Échéancier » par exemple, ouvrez le menu **Édition** et sélectionnez **Copier** puis **Coller**. Pour ne pas confondre la copie avec l'original, Windows ajoute « Copie de … » devant le nom.

Comment déplacer un fichier

À l'instar d'un système de classement traditionnel, il est souvent nécessaire de déplacer des fichiers et des dossiers pour mieux les ranger. L'Explorateur Windows est l'outil idéal. Cliquez sur le fichier ou le dossier, maintenez le bouton de la souris enfoncé, faites glisser l'élément en question vers le nouvel emplacement. Une fois que le dossier de destination est sélectionné, relâchez le bouton de la souris. Le fichier ou le dossier est alors déplacé.

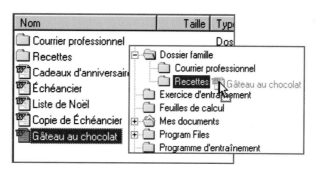

Optimisez l'espace disque

Sachez gérer au mieux l'espace disque de votre ordinateur

Attention

Si vous voulez supprimer (ou restaurer) un dossier de la Corbeille, souvenez-vous que Windows supprime (ou restaure) la totalité du dossier, et pas seulement le fichier qui vous intéresse. Assurez-vous de ce que vous désirez faire avant de continuer.

Un fonctionnement efficace de l'ordinateur passe par une utilisation correcte de l'espace de stockage.

Plus vous créez de fichiers et de dossiers, plus vous utilisez d'espace disque. Ce n'est pas un problème au début, mais à mesure que le disque dur se remplit, l'ordinateur est ralenti lors de recherches de fichiers ou de dossiers ou lorsqu'il exécute une tâche. L'installation de nouveaux programmes devient également plus difficile.

Supprimez les dossiers et fichiers caducs et désinstallez les vieux logiciels pour libérer de la place sur le disque. Votre PC s'en trouvera tout ragaillardi !

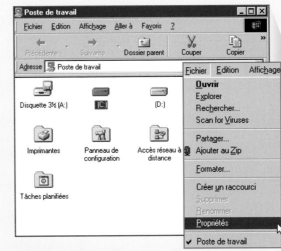

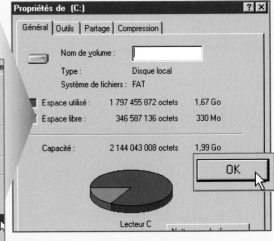

1 Pour connaître de façon précise la quantité d'espace libre dont vous disposez sur le disque dur, cliquez deux fois sur l'icône **Poste de travail** située sur le bureau. Dans la boîte de dialogue qui s'affiche, cliquez sur l'icône du lecteur **[C:]**. Ouvrez le menu **Fichier** et sélectionnez **Propriétés**.

2 L'onglet « Général » de la boîte de dialogue « Propriétés » est sélectionné. Vous y voyez la quantité d'espace utilisé et d'espace libre, ainsi que la capacité du disque dur.

Ces informations sont délivrées à la fois sous forme de valeur numérique et sous forme graphique. Cliquez sur **OK** ou sur **Annuler** pour refermer la fenêtre.

De combien d'espace avez-vous besoin ?

Pour que votre ordinateur continue à fonctionner efficacement, gardez un minimum de 100 Mo d'espace disque libre. Si vous souhaitez installer un nouveau logiciel, déterminez la quantité d'espace disque dont il a besoin. Pour cela, insérez le CD du logiciel, préparez l'installation et consultez l'écran qui indique la quantité d'espace nécessaire. Si vous n'avez pas assez de place, quittez le programme d'installation en suivant les instructions affichées à l'écran.

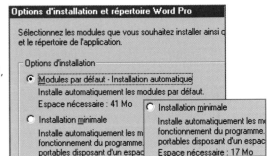

*Pour supprimer un fichier ou un dossier, commencez par ouvrir l'**Explorateur Windows**, situé dans le menu **Démarrer**, puis **Programmes**.*

SUPPRIMER UN FICHIER

Si vous jetez accidentellement un fichier à la Corbeille, Windows vous permet de le ramener à sa place.

RESTAURER UN FICHIER

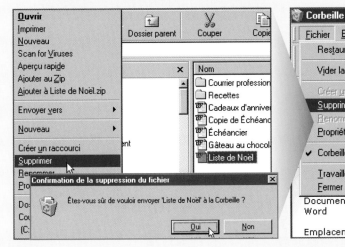

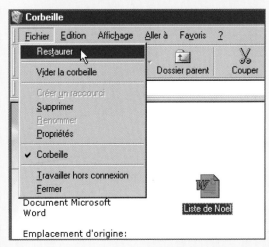

1 Cliquez sur le fichier ou le dossier que vous voulez supprimer. Ensuite, ouvrez le menu **Fichier** et sélectionnez **Supprimer** ou appuyez sur la touche

Suppression. Un message de confirmation s'affiche. Cliquez sur **Non** pour annuler ou sur **Oui** pour envoyer les fichiers ou les dossiers dans la Corbeille.

2 Dans la Corbeille, les fichiers continuent d'occuper de la place. Pour supprimer définitivement un élément, cliquez deux fois sur la **Corbeille**, puis

cliquez sur le fichier. Enfin, ouvrez le menu **Fichier** et sélectionnez **Supprimer**. Vous êtes alors invité à confirmer la suppression du fichier.

La Corbeille propose une fonction de sécurité intéressante en cas de suppression accidentelle d'un élément. Pour récupérer un fichier jeté, cliquez deux fois

sur la **Corbeille**, puis sur le fichier, ouvrez le menu **Fichier** et sélectionnez **Restaurer**. Le fichier est alors remis à son emplacement d'origine.

Videz votre corbeille

Si vous voulez vider complètement la Corbeille, ouvrez le menu **Fichier** et sélectionnez **Vider la corbeille**. Confirmez votre commande dans le message d'alerte qui s'affiche. Il existe une méthode encore plus rapide dans Windows 98 : cliquez sur le lien hypertexte bleu situé sur la partie gauche de « Corbeille ».

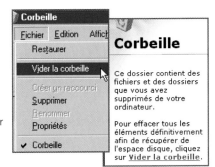

Astuce
Pour supprimer un programme, utilisez la fonction de désinstallation fournie à cet effet (vous trouverez sa description p. 56). Passez par la procédure de désinstallation sans jeter les fichiers directement dans la Corbeille.

Nettoyez le disque dur

Apprenez à désinstaller des logiciels pour faire de la place sur votre PC

L e disque dur de votre PC est envahi de programmes que vous n'utilisez plus. Supprimez-les ; c'est le meilleur moyen de faire de la place et de garantir un fonctionnement efficace de l'ordinateur.

Supprimez intégralement les programmes. Vous contenter de les jeter dans la Corbeille équivaudrait à couper de mauvaises herbes en laissant les racines.

La bonne méthode

Utilisez l'utilitaire de désinstallation fourni avec le programme. S'il n'y en a pas, vous devrez utiliser la fonction Ajout/ Suppression de programmes de Windows.

Sachez toutefois, que les étapes décrites ici le sont à titre indicatif car chaque système est différent.

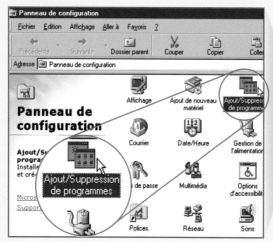

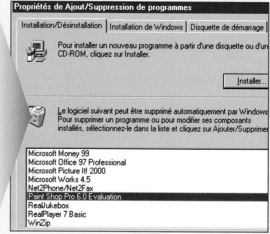

1 Cliquez deux fois sur **Poste de travail**, puis sur l'icône **Panneau de configuration**, et enfin sur l'icône **Ajout/Suppression de programmes**. Autre méthode : ouvrez le menu **Démarrer**, cliquez sur **Paramètres** et **Panneau de configuration**. Cliquez deux fois sur **Ajout/Suppression de programmes**.

2 La boîte de dialogue « Propriétés de Ajout/Suppression de programmes » s'affiche ; l'onglet « Installation/ Désinstallation » est sélectionné. Vous voyez la liste de tous les programmes qui peuvent être supprimés selon cette méthode. Faites-la défiler, puis cliquez sur le programme que vous désirez supprimer.

Attention

Avant de désinstaller définitivement un programme, assurez-vous que personne d'autre n'ait besoin de l'utiliser. Avant de lancer la procédure de désinstallation, prenez soin de fermer tous les programmes en cours d'exécution.

Logiciel de désinstallation spécialisé

Certains programmes ne possèdent pas d'option de désinstallation, de sorte que Windows ne les place pas dans la liste du module Ajout/Suppression de programmes. Il arrive aussi que des programmes figurent dans cette liste mais que, dès que vous essayez de les désinstaller, des problèmes surviennent. C'est pourquoi il peut être utile d'acheter un logiciel de désinstallation spécialisé. Ils sont généralement bon marché. Il en existe même sous forme de *shareware* (logiciel distribué gratuitement pour une période d'essai).

Astuce

Avant de désinstaller un logiciel, sauvegardez les données que vous souhaitez conserver et assurez-vous que vous possédez toujours les disquettes ou le CD d'installation. Ainsi, vous pourrez le réinstaller ultérieurement. Si vous avez perdu l'original, sauvegardez les programmes sur un disque.

Lors de la désinstallation d'un programme avec la fonction Ajout/Suppression, il arrive que des raccourcis créés dans le menu Démarrer ne soient pas supprimés. Pour y remédier, utilisez une autre procédure.

SUPPRIMER LES RACCOURCIS

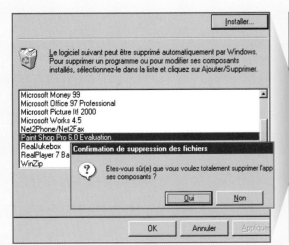

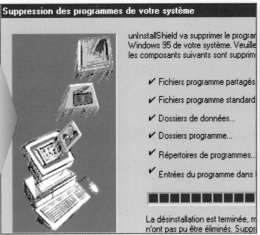

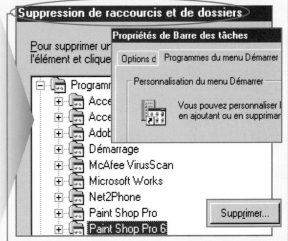

3 Cliquez sur le bouton **Ajouter/ Supprimer**. Votre PC lance le programme de désinstallation correspondant au logiciel sélectionné. Une boîte de dialogue s'affiche vous amenant à confirmer cette désinstallation. Assurez-vous que vous avez sélectionné le bon programme, puis cliquez sur **Oui.**

4 Le PC désinstalle alors les fichiers du programme en question. Une boîte de dialogue vous permet de suivre en temps réel le déroulement de l'opération. Si certains fichiers du programme sont aussi utilisés par d'autres programmes, vous êtes invité à confirmer leur suppression. Pour plus de sécurité, choisissez **Non.**

5 Ouvrez le menu **Démarrer**, sélectionnez **Paramètres** puis cliquez sur **Barre des tâches et menu Démarrer**. Dans la boîte de dialogue, cliquez sur l'onglet **Programmes du menu Démarrer**, puis sur **Supprimer**. Vous voyez les raccourcis. Cliquez sur ceux que vous voulez supprimer, puis sur **Supprimer**.

Supprimer d'autres raccourcis

Vous avez peut-être placé des raccourcis ailleurs sur le disque dur. Pour les supprimer, faites un clic droit sur la Barre des tâches, cliquez sur l'onglet **Programmes du menu Démarrer** dans la boîte de dialogue « Propriétés de Barre des tâches », puis cliquez sur le bouton **Avancé**. L'Explorateur de Windows s'ouvre. Regardez s'il existe d'autres raccourcis à supprimer. Cliquez dessus avec le bouton droit de la souris, puis sélectionnez **Supprimer** dans le menu local.

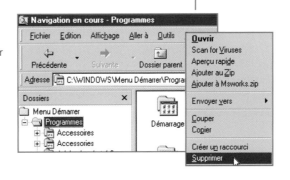

Les virus informatiques

Mieux vaut prévenir que guérir

La vigilance est le meilleur remède contre les virus. Prenez soin d'installer un programme antivirus sur votre ordinateur.

Les virus sont des programmes informatiques dont le seul but est de vous causer des ennuis. Une fois qu'ils sont à l'intérieur de votre PC, ils peuvent provoquer toutes sortes de problèmes. Parfois, ils génèrent de simples messages à l'écran, ou plus grave, les programmes ou l'imprimante cessent de fonctionner. Bien que cela reste un phénomène rare, les virus peuvent même effacer toutes les données de votre disque dur.

Il existe plusieurs modes de contamination. Le plus souvent, les virus sont transmis par les disquettes. En effet, une fois qu'une disquette a attrapé un virus sur un PC, elle peut le transmettre à tous les ordinateurs qui l'utilisent. Vous risquez également de contaminer votre PC en téléchargeant un logiciel infecté depuis Internet.

Logiciel antivirus

Quel que soit le mode de contamination, vous vous en apercevrez probablement trop tard, une fois que le mal sera fait. Il est donc primordial de prendre des précautions afin de réduire le risque d'attraper un virus.

Tout d'abord, procurez-vous un antivirus, tel que VirusScan de McAfee. Par la suite, effectuez des mises à jour régulières afin de protéger votre PC des nouveaux virus. En général, ce service est gratuit pendant environ un an.

Ensuite, tout est question de bon sens. N'insérez pas de disquette dans votre ordinateur sans lancer d'abord votre programme antivirus.

Vérifiez votre disque dur très régulièrement, par exemple chaque semaine.

Comment le virus s'attaque-t-il à votre PC ?

Il est important de connaître les différents types de virus ainsi que la manière dont ils se propagent afin de mieux s'en protéger.

OÙ SE LOGENT LES VIRUS ?
Dans le fichier

Ce type de virus s'attaque aux fichiers des programmes eux-mêmes. Dès que le programme infecté s'exécute, il peut à son tour en contaminer d'autres sur le disque dur ou sur une disquette insérée dans le lecteur [A:].

Gestionnaire Microsoft Office | Installation de Microsoft Office | Microsoft Excel

Microsoft Word | Mscreate | Of97spec

	A	B
1		
2		
3	**Factures de janvier**	
4		
5	Hypothèque	956,00 $
6	Emprunt	231,00 $
7	Téléphone	72,00 $
8	Électricité	140,00 $
9	Bois de chauffage	70,00 $
10		

Dans la macro

Ce type de virus s'attaque aux documents, c'est-à-dire aux fichiers créés dans des programmes qui utilisent un langage de programmation de macros, par exemple Word et Excel de Microsoft Office. *Concept* est le plus connu de ces virus. Une fois qu'il a réussi à s'infiltrer dans l'ordinateur, il s'intègre à l'opération d'enregistrement, transmettant ainsi l'infection à tous les documents que vous enregistrez.

Dans le secteur de démarrage et le secteur de partitions

Ce type de virus s'attaque au système, autrement dit aux zones essentielles du disque dur, celles qui permettent à l'ordinateur de démarrer. Ces virus peuvent paralyser totalement l'ordinateur. Ils suppriment les instructions de démarrage du PC et les remplacent par les leurs. Si votre ordinateur est contaminé par ce type de virus, vous devrez peut-être faire appel à un spécialiste pour résoudre le problème.

MODES DE PROPAGATION DES VIRUS
La disquette

Méfiez-vous des disquettes. En effet, elles sont faites pour transférer des fichiers d'un PC à un autre. Plus une disquette « voyage », plus elle risque d'être contaminée par un virus et de le transmettre. Les disques Jaz et Zip représentent le même danger que les disquettes.

Disquette 3½ (A:)

Le courrier électronique

Malgré les rumeurs qui prétendent le contraire, vous ne risquez rien en ouvrant et en lisant un message électronique. Vous devez toutefois être prudent si le message contient un fichier attaché ; c'est là que se trouve le virus s'il y en a un. Par conséquent, n'ouvrez pas les fichiers joints à des courriers que vous n'attendiez pas.

Le CD-ROM

Avec le CD-ROM, vous ne craignez rien, sauf si un virus a été intégré au contenu, ce qui est assez improbable. ROM est l'acronyme de *Read Only Memory*, ou « mémoire morte », ce qui signifie qu'aucune donnée et donc aucun virus ne peuvent être écrits sur le disque. Toutefois, avec les CD enregistrables ou réinscriptibles, vous devez prendre les mêmes précautions qu'avec une disquette.

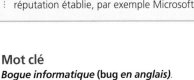
Rdigest (E:)

 Internet

Ne téléchargez pas de logiciel d'origine douteuse sur Internet. Choisissez des sociétés à la réputation établie, par exemple Microsoft.

 **Attention**

Soyez prudent lorsque vous achetez un logiciel sur une disquette. Assurez-vous que celle-ci provient d'un distributeur digne de confiance et que l'emballage est d'origine. Si la disquette a déjà été utilisée, elle risque de contenir un virus. N'oubliez pas, en outre, que le piratage de logiciel est illégal et que cette pratique augmente considérablement les risques de contamination par un virus.

 Mot clé
Bogue informatique (bug *en anglais*).

Un bogue n'est pas un virus : il s'agit d'une erreur de programmation, tout à fait involontaire, et non d'un programme conçu tout spécialement pour nuire aux utilisateurs.

Sauvegardez les fichiers système

Créez une disquette de démarrage : vous serez heureux de l'avoir en cas de panne

Il est peu probable qu'un jour votre disque dur refuse de démarrer. En tout cas, c'est l'un des problèmes informatiques les plus ennuyeux et certainement le plus difficile à résoudre. En effet, vous devez faire démarrer l'ordinateur pour le réparer et récupérer votre travail.

Un problème de démarrage peut être dû à une panne matérielle. Cependant, la raison la plus fréquente est que l'ordinateur n'a pas pu accéder aux fichiers dont il a besoin pour démarrer et fonctionner (voir p. 320). Pour parer à cette éventualité, créez une disquette de démarrage.

Pour aider votre PC à démarrer

La disquette de démarrage contient des fichiers DOS indispensables à votre ordinateur pour démarrer. Normalement, il trouve ces fichiers sur le disque dur. Quand il n'y parvient pas, il peut utiliser les fichiers que renferment la disquette de démarrage.

Dès lors que le PC parvient à démarrer sous DOS, une personne expérimentée saura sans doute récupérer vos fichiers, diagnostiquer et résoudre les problèmes de votre disque dur. Elle saura également accéder au CD-ROM de Windows pour utiliser ses outils et utilitaires de dépannage.

Stocker ces fichiers DOS essentiels est une opération facile, rapide (pas plus de cinq minutes) et pour laquelle une simple disquette suffit.

Astuce
Même si vous réussissez à rétablir la situation à l'aide d'une disquette de démarrage, vous avez peut-être perdu des fichiers irremplaçables. Espérons que vous disposez d'une sauvegarde récente. Pour plus de détails sur la manière de garder vos fichiers, voir p. 52 et p. 347.

Une fois que vous avez démarré votre PC à l'aide d'une disquette de démarrage, essayez de récupérer vous-même les fichiers ou faites appel à un spécialiste.

CRÉER UNE DISQUETTE DE DÉMARRAGE

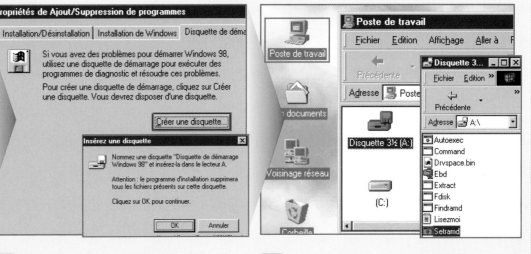

1 Pour créer une disquette contenant tous les fichiers nécessaires au démarrage du système, ouvrez le menu **Démarrer** et sélectionnez **Paramètres** puis **Panneau**

de configuration. Dans la fenêtre qui s'affiche, vous devez ouvrir **Ajout/Suppression de programmes**. Ensuite, cliquez deux fois sur son icône.

2 Cliquez sur l'onglet **Disquette de démarrage**, puis sur **Créer une disquette**. Tout d'abord, l'ordinateur prépare les fichiers, puis il vous invite à insérer une

disquette vierge dans le lecteur **[A:]**. Après son insertion, cliquez sur **OK**. Le PC charge les données de démarrage dont il a besoin sur la disquette.

3 Cette opération prend une minute ou deux. Lorsque c'est terminé, cliquez deux fois sur l'icône **Poste de travail** sur le bureau, puis sur l'icône du lecteur

Disquette 3½ [A:]. Vérifiez que les fichiers de démarrage se trouvent sur la disquette, puis éjectez-la et intitulez-la « Disquette de démarrage ». Rangez-la en lieu sûr.

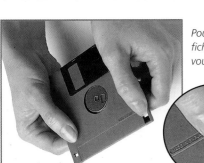

Pour éviter que quelqu'un n'efface les fichiers de votre disquette de démarrage, vous devez la verrouiller. Pour cela, faites coulisser la languette située dans le coin inférieur droit, au dos de la disquette.

disquette de démarrage

Défragmentez et vérifiez le disque dur

Comment aider votre ordinateur à garder la forme

Prendre soin de son PC, c'est s'assurer que les performances du disque dur sont toujours au meilleur niveau. Une défragmentation et une vérification effectuées régulièrement y contribuent largement. La défragmentation consiste à rassembler les fichiers d'un même programme, dispersés sur le disque dur, afin d'en optimiser les performances. La vérification consiste, quant à elle, à détecter la présence d'erreurs sur le disque dur et les disquettes.

Windows propose à cet effet deux outils fort utiles : Défragmenteur de disque et ScanDisk. Windows 98 offre une fonctionnalité supplémentaire, l'Assistant Maintenance, qui exécute ces utilitaires à intervalles réguliers.

La défragmentation du disque dur peut prendre jusqu'à une demi-heure. Pensez-y avant de lancer cette procédure !

DÉFRAGMENTER LE DISQUE

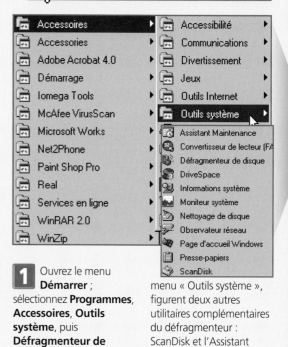

1 Ouvrez le menu **Démarrer** ; sélectionnez **Programmes**, **Accessoires**, **Outils système**, puis **Défragmenteur de disque**. Dans le même menu « Outils système », figurent deux autres utilitaires complémentaires du défragmenteur : ScanDisk et l'Assistant Maintenance.

Gros plan

Lorsque vous copiez un fichier volumineux sur le disque dur, il est souvent divisé en multiples fragments, stockés en divers endroits selon la place disponible. L'ordinateur sait reconstituer ce fichier, mais il lui faut plus de temps. Le Défragmenteur de disque réorganise les fragments du fichier afin de les stocker les uns à côté des autres : l'ordinateur y accède alors plus facilement et plus rapidement.

Utilisez ScanDisk pour détecter d'éventuelles erreurs sur le disque dur et les disquettes. Cette opération prend une minute ou deux.

Gros plan
Si votre ordinateur n'a pas été éteint correctement, ScanDisk s'exécutera automatiquement au prochain démarrage.

▶ **SCANDISK**

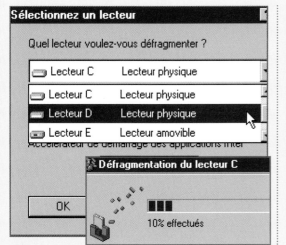

2 Dans la boîte de dialogue affichant « Sélectionnez un lecteur », cliquez sur le lecteur que vous voulez défragmenter, puis sur **OK** pour lancer la procédure de défragmentation. Une boîte de dialogue s'affiche et vous permet de suivre en temps réel le déroulement de l'opération à l'écran.

1 Ouvrez ScanDisk (voir étape 1 de la procédure précédente) et cliquez sur le lecteur à vérifier. Dans la rubrique « Type d'analyse », cliquez sur l'option « Standard ».

L'option « Minutieuse » exécute une analyse plus approfondie et plus lente. Cochez la case « Corriger automatiquement les erreurs », Enfin, cliquez sur **Démarrer**.

2 Une fenêtre permet de suivre le déroulement de l'opération à l'écran. Lorsqu'elle est terminée une autre résume les problèmes détectés et les mesures prises pour les résoudre. Cliquez sur **Fermer**. Si ScanDisk détecte un problème sur votre disque, consultez la page 352.

Laissez faire l'Assistant

Pour programmer l'Assistant Maintenance de Windows 98, chargé d'exécuter Défragmenteur de disque, ScanDisk et Nettoyage de disque, suivez cette procédure :
● Ouvrez l'Assistant Maintenance via le menu Démarrer.
● Dans la boîte de dialogue, l'option

« Express » est déjà sélectionnée, cliquez sur **Suivant**.
● Indiquez quand vous souhaitez effectuer la maintenance. Cliquez sur **Suivant**.
● Cochez la case « ...lorsque j'aurai cliqué sur Terminer », si vous voulez l'exécuter immédiatement. Cliquez sur **Terminer**.

Prenez soin de votre PC

Nettoyez régulièrement le matériel pour éviter quelques désagréments

Votre ordinateur a besoin d'un minimum d'entretien pour continuer à fonctionner correctement. Des problèmes tels qu'un déplacement saccadé de la souris ou le blocage des touches du clavier peuvent être aisément évités si vous le nettoyez régulièrement. Par ailleurs, un environnement de travail propre et bien rangé est plus agréable pour tout le monde.

Prenez de bonnes habitudes, ou plutôt évitez les mauvaises : ne buvez pas et ne mangez pas à côté de votre PC. Protégez-le de la poussière avec une housse lorsque vous ne l'utilisez pas. Et, lorsque vous procédez au nettoyage, assurez-vous que les fils sont en bon état.

Équipez-vous

Imposez-vous un nettoyage mensuel. Vérifiez que vous avez tout ce qu'il faut. Vous trouverez chez les revendeurs d'informatique tout type de produits d'entretien, mais il est sans doute plus pratique de créer votre propre kit de nettoyage : des chiffons spéciaux, des bâtonnets et un produit ménager. Envisagez aussi d'acquérir un aérosol antipoussière. N'oubliez pas les précautions élémentaires de sécurité : avant de procéder au nettoyage, vérifiez que la prise murale est débranchée.

La poussière et les taches empêchent de bien voir ce qui s'affiche à l'écran.

Attention
Ne vaporisez jamais de produit lustrant ou nettoyant sur le clavier. Si du liquide pénètre entre les touches, cela risque d'endommager le clavier.

Astuce
Avant de nettoyer le clavier, retournez-le au-dessus d'une poubelle et secouez-le doucement. Vous ferez ainsi tomber les plus gros débris qui se sont glissés entre et sous les touches.

Le nettoyage du matériel

Quelques minutes d'entretien par mois suffiront pour conserver à votre ordinateur le même niveau de performance et l'aspect du neuf.

Le clavier

La poussière et les saletés s'accumulent forcément entre les touches du clavier, qui est un élément externe. Pour le nettoyer, essuyez les touches avec un bâtonnet spécial ou utilisez un aérosol dépoussiérant. Puis passez entre les touches des lingettes imbibées de solution nettoyante.

L'imprimante

Vérifiez les éléments situés sur le parcours du papier et assurez-vous qu'ils sont propres et non tachés d'encre ou de toner. Utilisez un chiffon, et prenez soin de ne pas vous mettre de toner sur les mains ou sur les vêtements. Ne touchez pas le mécanisme d'impression, sauf si le mode d'emploi donne des instructions précises à ce sujet. Effectuez un test d'impression pour vérifier le niveau de l'encre ou du toner. Au besoin, remplacez-les.

Lecteurs de disquette et de CD

Avec un lecteur de disquette et un lecteur de CD-ROM propres, vous accédez sans difficulté aux programmes et aux fichiers et vous risquez moins de perdre des données.

Il existe des disquettes et des CD de nettoyage spéciaux. Il suffit de les insérer dans le lecteur et de suivre les instructions qui s'affichent à l'écran.

Le moniteur

Il est important que l'écran reste bien propre. En effet, un écran sale rend la lecture difficile. Utilisez un chiffon spécial pour ordinateur, de préférence celui qui ne laisse pas de traces.

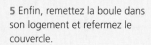

La souris

Suivez cette procédure simple et votre souris fonctionnera toujours parfaitement.

1 Retournez la souris et essuyez la base à l'aide d'un chiffon spécial pour PC.

2 Tournez le couvercle du logement de la boule pour faire sortir cette dernière.

3 Nettoyez la boule de la souris en l'essuyant avec un tissu qui ne peluche pas. Tamponnez-la avec une bande adhésive de manière à retirer toute les particules de poussière qui se sont accumulées.

4 À l'aide d'un bâtonnet spécial, ôtez les saletés de l'intérieur du logement de la boule, sur les trois roulettes qui font contact avec celle-ci.

5 Enfin, remettez la boule dans son logement et refermez le couvercle.

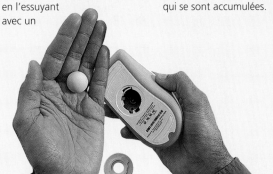

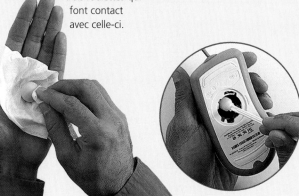

Bienvenue dans l'univers de Windows

Rapide et agréable : le système d'exploitation de votre PC inspire confiance

Pour conduire une voiture, vous n'avez pas besoin de savoir comment fonctionne le moteur. Cela peut vous aider si vous tombez en panne, mais ce n'est pas primordial. C'est pareil avec Windows. Vous n'avez pas besoin de connaître le code qui le fait tourner, mais simplement la meilleure façon de le piloter. Windows signifie « fenêtres ». Il est ainsi nommé car chaque programme, qu'il s'agisse d'un traitement de texte, d'une base de données, d'une feuille de calcul, s'exécute dans sa propre fenêtre sur le bureau de votre PC.

Le garant de l'ordre dans la maison

Windows est un système d'exploitation, autrement dit le jeu d'instructions qui garantit un fonctionnement stable de l'ordinateur. Il maintient les fichiers en ordre et permet au PC d'effectuer des tâches de base, telles que l'impression.

Windows propose un choix de papiers peints pour décorer votre bureau.

Mot clé

Démarrer Ce bouton permet d'accéder rapidement aux fonctionnalités clés, telles que la personnalisation de Windows. Cliquez sur le bouton **Démarrer** pour ouvrir le menu. Puis cliquez sur l'élément de votre choix pour le sélectionner.

Windows avance

Depuis qu'il est apparu, Windows a connu plusieurs mises à jour afin de suivre les avancées technologiques. Windows Millenium Edition est la dernière version, mais Windows 95 et 98 sont encore très utilisés.
Seuls les logiciels compatibles avec ce système d'exploitation peuvent s'exécuter. Dans les trois versions, le bureau reste similaire : vous retrouvez le dossier Mes documents, la Corbeille, le bouton Démarrer et la barre des tâches. Depuis la version 98, vous accédez facilement à Internet, via la barre d'adresse et le volet d'exploration. Les boutons Précédente et Suivante (ci-dessous) vous permettent de vous déplacer facilement dans les dossiers.

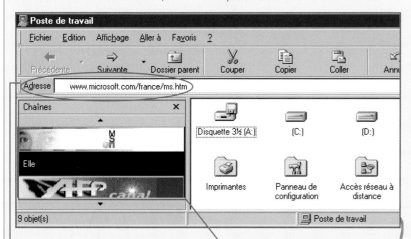

Windows vous permet d'accéder à des sites Internet en tapant une adresse dans la zone d'adresse. Vous devez d'abord vous connecter.

Windows vous permet d'accéder aux moteurs de recherche Internet et à vos sites Web préférés par l'intermédiaire du menu **Affichage** *puis* **Volet d'exploration**.

Un autre visage

Lorsque vous vouliez, par exemple, imprimer un fichier sous DOS, le système d'exploitation PC antérieur à Windows,

`C:\printlettre.doc`

il fallait taper une série de commandes compliquées en langage informatique avant que ne s'exécute l'opération. (Voir ci-dessus.)
L'apparition de Windows 3.1, puis des versions suivantes, a littéralement changé l'environnement du PC et la façon de l'utiliser. Dans Windows, vous voyez ce que vous faites.
Grâce à la souris, vous déplacez et organisez vos fichiers en les faisant glisser dans le dossier de votre choix.

Le bouton Démarrer et la barre des tâches, créés pour Windows 95, permettent de retrouver des fichiers, d'ouvrir des programmes, d'utiliser de nombreux utilitaires, et tout cela en quelques clics de souris. Windows 95 proposait également l'Explorateur Windows (voir ci-dessus), un outil très intéressant qui permet de voir et de gérer vos fichiers et les lecteurs dans une fenêtre unique. Il est toujours présent dans les versions suivantes.

Astuce

L'Aide est toujours à portée de main. Cliquez sur le bouton **Démarrer** *et sélectionnez* **Aide** *dans le menu, ou bien utilisez le menu Aide (disponible dans presque toutes les fenêtres). Mais il y a plus simple encore : appuyez sur la touche* **F1** *pour afficher l'écran d'aide relatif au programme que vous utilisez.*

Tout sur les fenêtres

Organisez votre bureau : il doit être efficace et facile à utiliser

Le bureau de votre ordinateur possède de nombreux points communs avec un bureau traditionnel. Il contient des fichiers, des dossiers, des documents et des outils, tous représentés par des icônes.

Cliquez deux fois sur une icône pour l'ouvrir. Son contenu, quel qu'il soit, s'affiche alors

dans une fenêtre sur le bureau ; définissez vous-même sa taille, sa forme et sa position.

Lorsque plusieurs fenêtres sont ouvertes en même temps, cela ressemble à un bureau encombré de piles de papiers. Toutefois, vous disposez de moyens pour garder un espace de travail organisé et rester efficace.

La taille des fenêtres

Les boutons proposés dans le coin supérieur droit d'une fenêtre vous aident à définir son apparence.

Le bouton Réduire

Cliquez sur **Réduire** pour afficher la fenêtre sous forme de bouton sur la barre des tâches. Cliquez sur ce bouton pour retrouver la fenêtre d'origine.

Le bouton Agrandir

Cliquez sur **Agrandir** pour afficher la fenêtre sur tout l'écran. Ce bouton devient alors le bouton **Restaurer** ; cliquez dessus pour retrouver la fenêtre d'origine.

Le bouton Fermer

Cliquez sur **Fermer** pour fermer une fenêtre ou un programme.

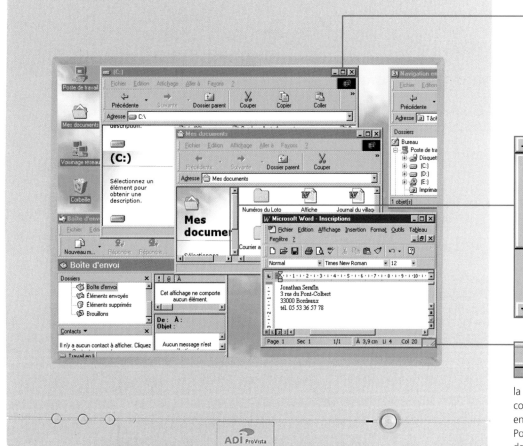

Les barres de défilement

Il arrive souvent que le contenu d'une fenêtre dépasse sa capacité d'affichage. Dans ce cas, des barres de défilement apparaissent sur le côté droit et/ou inférieur de la fenêtre.

Pour accéder au contenu caché, cliquez sur les flèches proposées à chaque extrémité de la barre de défilement ou cliquez sur la barre « en relief », maintenez le bouton de la souris enfoncé, et faites glisser la souris.

Le redimensionnement des fenêtres

Pour régler la hauteur ou la largeur d'une fenêtre, cliquez sur une de ses bordures : le pointeur de la souris se transforme en flèche à deux têtes dès qu'il est correctement positionné. Maintenez le bouton de la souris enfoncé et faites glisser sa bordure vers l'intérieur ou l'extérieur. Pour changer en même temps la hauteur et la largeur, cliquez dans l'angle de la fenêtre et faites glisser la souris en diagonale.

Raccourci
Vous trouverez certainement plus simple et plus rapide de cliquer deux fois sur la barre de titre d'une fenêtre pour l'agrandir.

Astuce
*Si plusieurs fenêtres sont ouvertes et que vous avez besoin de voir le bureau, cliquez avec le bouton droit sur la **Barre des tâches** et sélectionnez **Réduire toutes les fenêtres** dans le menu local. Pour ramener les fenêtres sur l'écran, sélectionnez **Annuler Tout réduire**.*

La disposition des fenêtres sur le bureau

Windows est très conciliant quand il s'agit d'organiser les dossiers et les documents ouverts.

La manipulation des fenêtres

Essayez de n'ouvrir qu'une ou deux fenêtres en même temps. Ainsi, le bureau est toujours bien rangé et vous risquez moins de vous tromper en classant des documents.

Les fenêtres en mosaïque

Disposez les fenêtres de manière à voir le contenu de chacune d'elles. Placez-les par exemple en mosaïque, c'est-à-dire les unes à côté des autres sur le bureau. Cliquez avec le bouton droit sur la **Barre des tâches** et sélectionnez **Mosaïque verticale** ou **Mosaïque horizontale**. Windows range sagement tous les dossiers et programmes ouverts. Pour revenir à l'écran d'origine, cliquez avec le bouton droit sur la **Barre des tâches** et sélectionnez **Annuler Mosaïque**.

Les fenêtres en cascade

Les fenêtres peuvent également être disposées en cascade, c'est-à-dire les unes par dessus les autres mais légèrement décalées, en diagonale à partir de l'angle supérieur gauche de l'écran. Si plusieurs fenêtres sont ouvertes, le titre de chacune d'elles reste visible. Cliquez sur une fenêtre pour l'amener au premier plan. Pour utiliser cette disposition, cliquez avec le bouton droit sur la **Barre des tâches** et sélectionnez **Cascade** dans le menu local. Pour revenir à l'écran d'origine, cliquez avec le bouton droit sur la **Barre des tâches** et sélectionnez **Annuler Cascade**.

L'exploration avec Windows

Cliquez deux fois sur un dossier pour voir son contenu. Mais, pour éviter d'ouvrir une série de dossiers avant d'arriver à votre fichier, utilisez l'Explorateur Windows. Pour cela, ouvrez le menu **Démarrer**, sélectionnez **Programmes** et cliquez sur **Explorateur Windows**. Vous accédez alors à toutes les données du PC à partir d'une seule fenêtre. Les lecteurs et les dossiers sont affichés dans le volet gauche. Le contenu du dossier ou du lecteur sélectionné est affiché dans le volet droit. Pour sélectionner un dossier, cliquez dessus.

Gros plan

*Pour voir ce qui se cache derrière une fenêtre agrandie, appuyez sur la touche **Alt** et maintenez-la enfoncée. Puis appuyez sur la touche **Tab**. Les fenêtres ouvertes s'affichent sous forme d'icônes dans une petite fenêtre grise au milieu de l'écran. Appuyez sur **Tab** pour les passer en revue. Lorsque vous relâchez les touches, l'icône dotée d'une bordure s'ouvre à l'écran.*

Personnalisez votre bureau

Décorez votre PC pour l'assortir à votre mobilier

Nous aimons tous apporter notre touche personnelle à notre environnement. Ainsi, vous posez une photographie sur votre bureau ou accrochez vos photos de vacances sur un panneau pour disposer d'un endroit à vous lorsque vous allez travailler ! Et c'est aussi facile à faire dans Windows.

Par exemple, si vous n'aimez pas la couleur ou le motif d'arrière-plan de votre bureau, choisissez un autre papier peint dans la bibliothèque de Windows. Et vous avez le choix ! Des blocs rouges, des maillons métalliques, des bulles, etc. Dès que l'un d'eux ne vous plaît plus, changez-le !

Du papier peint sur mesure

Pour changer le papier peint, cliquez avec le bouton droit n'importe où sur le bureau et sélectionnez **Propriétés** dans le menu local. Faites défiler la liste de la boîte de dialogue qui s'affiche, et cliquez sur le papier qui vous intéresse pour l'afficher dans la fenêtre d'aperçu. Cliquez sur **Appliquer** pour le voir sur le bureau et sur **OK** pour le valider. Si l'image ne remplit pas tout l'écran, revenez dans la fenêtre des propriétés et sélectionnez l'option **Mosaïque** dans la rubrique « Afficher » pour répéter le motif sur le bureau. Dans Windows 98, sélectionnez **Étirer** pour étirer l'image sur l'écran.

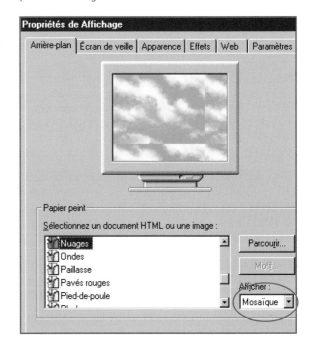

Mot clé
Propriétés Tous les éléments de Windows possèdent leurs propriétés ; elles informent sur les ressources du PC et permettent de définir des réglages. Pour afficher les propriétés d'un élément, cliquez dessus avec le bouton droit de la souris et sélectionnez **Propriétés**.

Astuce
Pour vous rappeler un message important ou un slogan, sélectionnez l'écran de veille **Texte 3D**. Tapez le texte de votre choix et choisissez une police, une couleur et un style, puis indiquez la vitesse à laquelle vous voulez le voir défiler à l'écran.

Sources de données ODBC (...

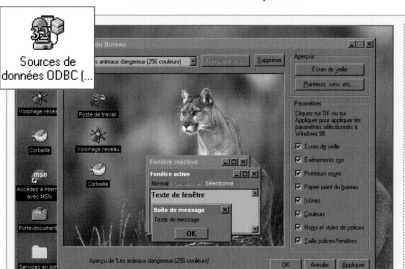

Quand vous n'êtes pas là...
Les écrans de veille s'affichent lorsque le PC est allumé mais inutilisé. Ils sont amusants et évitent les regards indiscrets sur votre travail.

Pour choisir un écran de veille, cliquez avec le bouton droit n'importe où sur le bureau et sélectionnez **Propriétés** dans le menu local.

Cliquez sur l'onglet **Écran de veille**. Faites défiler la liste et choisissez-en un. Cliquez sur **Appliquer** pour le voir, puis sur **OK** pour le valider. Indiquez dans la zone « Attente » au bout de combien de temps le PC doit l'activer.

L'onglet **Écran de veille** propose une fonction d'économie d'énergie qui réduit la consommation du moniteur et/ou du disque dur quand le PC est inactif. Cliquez sur **Paramètres** et sélectionnez les délais dans les listes.

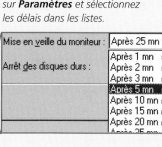

C'est plus qu'un bureau !
Les thèmes de bureau permettent de changer le papier peint, les couleurs et les sons. Ils sont livrés avec Windows 98 mais pas avec Windows 95.

Pour appliquer un thème, cliquez sur le bouton **Démarrer**, sélectionnez **Paramètres**, puis cliquez sur **Panneau de configuration**.

Cliquez deux fois sur l'icône **Thèmes du Bureau**. Faites défiler la liste et choisissez un thème. Cliquez sur **Appliquer** pour le voir, puis sur **OK**.

Les mots de passe
Chaque utilisateur d'un même PC peut personnaliser son environnement Windows 98. Autrement dit, chacun peut accéder au PC sans toucher aux paramètres des autres et retrouver son papier peint, son dossier de documents et son menu Démarrer. Windows 95 n'offre pas cette intéressante panoplie de fonctionnalités.
Ouvrez le menu **Démarrer**, sélectionnez **Paramètres**, puis cliquez sur **Panneau de configuration**. Cliquez deux fois sur l'icône **Utilisateurs**. Un Assistant vient alors vous guider pas à pas dans la procédure. Tapez un nom d'utilisateur et un mot de passe pour chaque personne qui utilisera l'ordinateur.

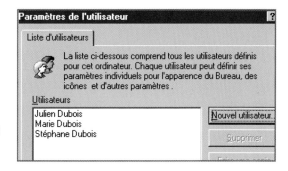

Windows à la carte

Adaptez les paramètres de votre ordinateur selon vos préférences

Vous serez ravi d'apprendre qu'il est possible d'adapter Windows à vos préférences personnelles. Changez la vitesse du double clic de la souris ou la forme et la taille du pointeur, ou encore l'aspect de votre écran. Les gauchers peuvent même inverser les boutons de la souris.

Le réglage de la souris

Pour personnaliser les réglages de la souris, ouvrez le menu **Démarrer**, sélectionnez **Paramètres** et cliquez sur **Panneau de configuration**. Dans la fenêtre du Panneau de configuration, cliquez deux fois sur l'icône **Souris**. La fenêtre des propriétés s'affiche et propose trois onglets : Boutons, Pointeurs et Mouvement du pointeur. L'onglet « Boutons » permet aux gauchers d'inverser les boutons de la souris. L'onglet « Pointeurs » permet de choisir un style pour le pointeur affiché à l'écran. Dans l'onglet « Mouvement du pointeur », réglez la vitesse du pointeur, indiquez s'il doit laisser une traînée et, si oui, spécifiez sa longueur.

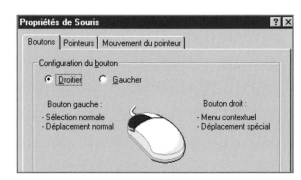

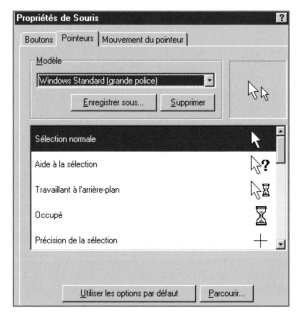

Si vous avez des problèmes de vue, essayez de changer la forme et la taille du pointeur de la souris.

Astuce
*Windows sait gérer l'heure d'été et peut modifier automatiquement l'horloge au printemps et à l'automne. Dans « Propriétés de Date/Heure », cliquez sur l'onglet **Fuseau horaire**. Cochez la case « Ajuster l'horloge pour l'observation automatique de l'heure d'été ». Cliquez sur **OK**.*

La date et l'heure

L'heure apparaît sur la droite de la barre des tâches. Pour voir la date, amenez le pointeur sur l'heure affichée : la date surgit en une seconde. Pour régler la date ou l'heure, cliquez deux fois sur l'horloge. La boîte de dialogue « Propriétés de Date/Heure » s'affiche. Cliquez sur les flèches correspondant à la valeur à modifier. Pour lui indiquer le bon fuseau horaire, cliquez sur l'onglet **Fuseau horaire**, faites défiler la liste et sélectionnez votre fuseau horaire. Cliquez sur **OK**.

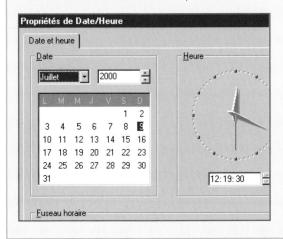

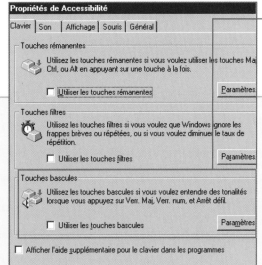

*Pour éviter de taper tout votre texte en majuscules par inadvertance, utilisez les touches bascules pour activer un signal sonore. Dans la boîte de dialogue des propriétés d'accessibilité, cliquez sur l'onglet **Clavier**, puis cochez la case « Utiliser les touches bascules ». Cliquez sur **OK**.*

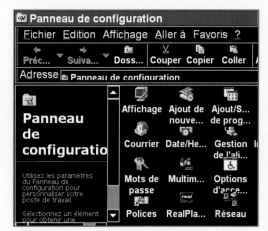

Problèmes de vue, d'audition ou de maniement de la souris ?

Windows offre son aide à ceux qui souffrent d'une déficience physique. Ouvrez le menu **Démarrer**, sélectionnez **Paramètres** et cliquez sur **Panneau de configuration**. Cliquez deux fois sur **Options d'accessibilité**. Voici quelques-unes des options proposées :
● Dans le cas d'une déficience visuelle, optez pour un affichage avec contraste élevé (voir ci-dessus à droite). Cliquez sur l'onglet **Affichage** et cochez la case «Utiliser le contraste élevé ». Cliquez sur **OK**.
● Dans le cas d'une déficience auditive, configurez le PC pour qu'il envoie des alertes et des messages visuels.

Cliquez sur l'onglet **Son** et cochez la case « Utiliser le son visuel ». Cliquez sur **Paramètres** et sélectionnez une option dans « Avertissement pour les programmes fenêtrés », puis sur **OK** (aucun son ne doit être affecté à l'avertissement ou à la notification en question).
● Si vous avez du mal à déplacer la souris, cliquez sur l'onglet **Souris**, puis sur la case « Utiliser les touches souris ». Cette option permet d'utiliser le pavé numérique du clavier pour déplacer le pointeur de la souris.

Les sons

Si votre PC dispose d'une carte son (la plupart des nouveaux modèles en ont une), configurez Windows pour qu'il émette un des sons intégrés.
Ouvrez le menu **Démarrer**, sélectionnez **Paramètres** et cliquez sur **Panneau de configuration**. Cliquez deux fois sur l'icône **Sons**, faites

défiler la liste des **Événements** et cliquez sur l'un d'eux. Ensuite, cliquez sur la flèche à droite de la zone « Nom » du « Son », faites défiler la liste et cliquez sur le son qui vous intéresse (ou sur **aucun** si vous ne voulez pas de son). Cliquez sur **OK**. Ce son (voir ci-contre à droite) se fait entendre à chaque démarrage de Windows.

Gros plan
*Windows 98 vous permet de choisir comment ouvrir les dossiers sur le bureau (avec un ou deux clics) et d'indiquer s'ils doivent s'ouvrir dans la même fenêtre ou dans des fenêtres distinctes. Cliquez deux fois sur **Poste de travail**, ouvrez le menu **Affichage** et sélectionnez **Options des dossiers**. Dans la boîte de dialogue qui s'affiche, cliquez sur le bouton **Mode personnalisé, selon vos paramètres**, puis sur **Paramètres**. Ensuite, cliquez sur les options voulues, puis sur **OK**.*

Créez vos propres raccourcis

Rendez votre travail plus agréable et gagnez du temps

Maintenant que vous avez une idée assez précise des programmes et des commandes que vous utilisez le plus souvent, il est temps d'utiliser des raccourcis pour les exécuter ou les activer plus vite. Créez des raccourcis pour vos dossiers, vos documents mais aussi pour une imprimante, un programme ou un lecteur de disque. Ceux-ci s'activent ensuite directement depuis le bureau ou le menu Démarrer. En outre, vous avez également la possibilité de démarrer des programmes en même temps que s'ouvre Windows.

Le menu Démarrer

Lancer un programme à partir du bouton Démarrer fait réellement gagner du temps. Pour ajouter un logiciel à ce menu, cliquez avec le bouton droit sur la barre des tâches et sélectionnez **Propriétés** dans le menu local. Dans la boîte de dialogue qui s'affiche, cliquez sur l'onglet **Programmes du menu Démarrer**, puis sur **Ajouter**. Dans la boîte de dialogue « Création d'un raccourci », cliquez sur **Parcourir**. Localisez le programme qui vous intéresse. Une fois celui-ci trouvé, cliquez dessus, puis sur **Ouvrir**.

Dans les boîtes de dialogue suivantes, cliquez sur **Suivant**, puis sur **Terminer**, et enfin sur **OK**. Le programme figure maintenant dans le dossier Programmes du menu Démarrer.

Pour ajouter un programme dans le menu Démarrer, faites glisser son icône dessus. Le raccourci s'affiche alors en haut du menu Démarrer, et non dans le dossier Programmes.

Des raccourcis depuis le menu Démarrer

Pour accéder encore plus vite aux programmes du menu Démarrer, créez des raccourcis sur le bureau. Pour cela, ouvrez le menu **Démarrer** et sélectionnez **Programmes**. Cliquez avec le bouton droit de la souris sur le programme de votre choix et, sans le relâcher, faites glisser ce programme sur le bureau.

Dans le menu local, cliquez sur **Créer un ou des raccourci(s) ici**. Une icône de raccourci est alors créée sur le bureau.

Astuce
Dans Windows 98, créez un raccourci vers Internet. Cliquez avec le bouton droit sur la barre des tâches, sélectionnez **Barres d'outils** *dans le menu local, puis* **Adresse**. *Tapez une adresse Web ; Windows lancera Internet Explorer et vous amènera sur le site.*

Des raccourcis sur le bureau pour un programme et un document

Un accès direct aux programmes et aux documents depuis le bureau : quelques secondes suffisent pour créer des raccourcis qui rendront votre travail plus facile.

Le raccourci vers un programme

Pour créer un raccourci vers un programme, cliquez avec le bouton droit n'importe où sur le bureau. Dans le menu local, sélectionnez **Nouveau**, puis **Raccourci**. Dans la boîte de dialogue « Création d'un raccourci », cliquez sur **Parcourir**. Dans la boîte de dialogue « Parcourir », localisez le programme qui vous intéresse. Une fois le programme trouvé, cliquez dessus, puis sur **Ouvrir**. Dans les deux boîtes de dialogue suivantes, cliquez sur **Suivant**, puis sur **Terminer**.
L'icône du raccourci s'affiche sur le bureau. Elle est identique à celle du programme mais comporte en plus une petite flèche noire. Pour supprimer un raccourci sur le bureau, faites-le glisser dans la Corbeille. N'ayez aucune crainte, vous ne jetterez pas le programme en même temps. Le raccourci est simplement un lien vers le programme, lequel est toujours stocké dans le dossier Program Files.

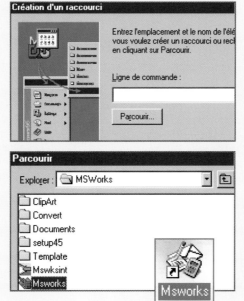

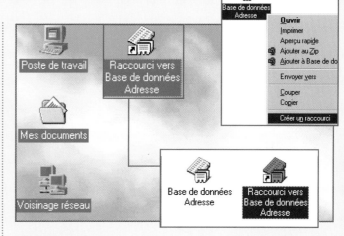

Vos documents sur le bureau

Pour vous éviter d'ouvrir toute une série de dossiers chaque fois que vous avez besoin de consulter votre base de données Adresse, créez des raccourcis pour eux sur le bureau.
Ouvrez le dossier où figure la base de données, cliquez avec le bouton droit sur l'icône **Base de données Adresse** et cliquez sur **Créer un raccourci** dans le menu local. Un fichier de raccourci apparaît dans le même dossier que la base de données. Faites-le glisser sur le bureau. Désormais, il vous suffit de cliquer deux fois sur le raccourci pour accéder à votre liste.

Pour gagner vraiment du temps...

Pour lancer un programme en même temps que Windows, ouvrez le menu **Démarrer**, sélectionnez **Programmes** et cliquez sur **Explorateur Windows**. Localisez le programme dans le volet droit de la fenêtre et cliquez dessus avec le bouton droit de la souris. Dans le menu local, sélectionnez **Créer un raccourci**. L'icône du raccourci s'affiche dans le volet droit.
Dans le volet gauche de l'Explorateur, cliquez sur le signe « + » de Windows, puis sur le signe « + » de Menu Démarrer et enfin sur le signe « + » de Programmes. Maintenant, dans le volet droit, cliquez sur le raccourci du programme, maintenez le bouton de la souris enfoncé, et faites-le glisser dans le dossier Démarrage.

Les touches d'accès rapide

Gagnez du temps : utilisez les touches d'accès rapide

En principe, les actions ou commandes que vous effectuez avec la souris peuvent également être exécutées avec les touches d'accès rapide du clavier. Ainsi, dans Microsoft Word, la touche de fonction F7 permet d'accéder au module de vérification de l'orthographe et

la combinaison de touches Ctrl + P permet de lancer une impression.

Les touches d'accès rapide sont alors plus intéressantes que la souris, surtout si vous utilisez beaucoup le clavier, ce qui est le cas dans un traitement de texte.

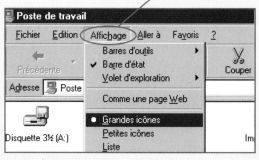

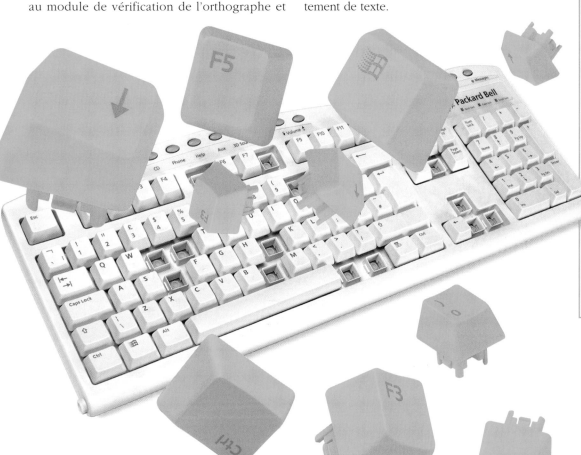

L'accès aux commandes principales

Les barres des menus de Windows et de programmes tels que Word et Works se ressemblent beaucoup. Les menus Fichier, Edition et Affichage y figurent invariablement. Dans chaque menu, une lettre du nom est soulignée. Elle identifie le raccourci clavier qui permet d'ouvrir le menu.

Au lieu d'utiliser la souris pour ouvrir le menu, appuyez en même temps sur la touche **Alt** et sur la lettre soulignée. Dans la fenêtre Poste de travail (présentée ci-dessus), appuyez sur **Alt** et **F** pour ouvrir le menu **Fichier**, sur **Alt** et **E** pour ouvrir le menu **Edition** et sur **Alt** et **H** pour ouvrir le menu **Affichage**.

Raccourci
*La plupart des nouveaux claviers possèdent maintenant une touche Windows, située entre les touches Ctrl et Alt. Appuyez dessus pour ouvrir le menu Démarrer et utilisez les touches de déplacement du curseur pour vous déplacer parmi les commandes. Appuyez sur la touche **Entrée** pour ouvrir la commande ou le programme sélectionné.*

Attention

*Lorsqu'une combinaison de touches associe la touche Ctrl ou Alt et une lettre ou une touche de fonction, appuyez d'abord sur **Ctrl** ou **Alt**. Vous risquez sinon de faire une fausse manœuvre.*

Mot clé

*Raccourci clavier Il s'agit d'une combinaison de touches qui remplace une commande exécutée avec la souris. Il peut ne comporter qu'une seule touche, telle que **F1**, ou plusieurs, telles que **Ctrl** + **F4**.*

Se déplacer dans les menus

Dans Windows ou dans un programme, appuyez sur la touche **F10** pour sélectionner un menu de la barre des menus. Le premier menu, Fichier, semble être enfoncé. Pour accéder aux autres menus, appuyez sur la touche de déplacement du curseur « flèche pointée à droite ». Vous voyez distinctement sur quel menu vous vous trouvez.

Pour ouvrir un menu, sélectionnez son nom et appuyez sur la touche « flèche pointée en bas ». Ensuite, appuyez de nouveau sur cette touche pour vous déplacer dans les commandes du menu. La barre de sélection se déplace en conséquence. Appuyez sur **Entrée** pour sélectionner l'élément affiché en blanc sur fond de couleur.

Les touches de fonction

Les touches de fonction, regroupées sur la première rangée du clavier, exécutent des tâches préétablies.

 Ainsi, appuyez sur **F1** pour accéder à l'aide du programme. Depuis le bureau de Windows, appuyez sur **F3** pour afficher la boîte de dialogue

« Rechercher : Tous les fichiers » si vous cherchez un fichier sur un lecteur. Les touches de fonction peuvent se combiner avec

 d'autres. Pour refermer une fenêtre ou un programme, appuyez simultanément sur **Alt** et **F4**.

Se déplacer sur le bureau

Les raccourcis clavier permettent aussi de se déplacer sur le bureau. Pour passer en revue les différents éléments du bureau, cliquez sur l'icône **Poste de travail** et appuyez sur les touches de déplacement du curseur. Appuyez sur **Entrée**

pour ouvrir l'icône sélectionnée. Le même principe s'applique dans les dossiers. Cliquez deux fois sur **Mes documents.** Appuyez sur les touches de déplacement du curseur pour parcourir le contenu, puis sur **Entrée** lorsque vous voulez ouvrir un fichier ou un dossier.

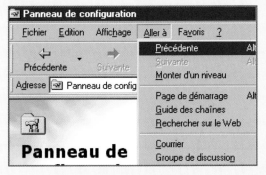

Les touches importantes

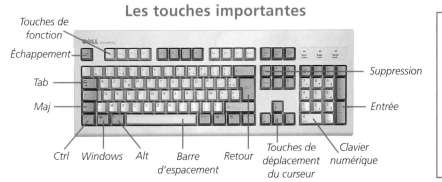

Touches de fonction
Échappement
Tab
Maj
Ctrl
Windows
Alt
Barre d'espacement
Retour
Touches de déplacement du curseur
Clavier numérique
Suppression
Entrée

Devenez un pro du clavier

Si vous avez plusieurs fenêtres ouvertes, sachez que les touches **Alt** + **Tab** permettent de les amener tour à tour devant les autres sur le bureau. Appuyez sur **Alt** + **Tab** : une petite fenêtre s'affiche, avec des icônes qui représentent toutes les fenêtres ouvertes. L'icône de la fenêtre affichée au premier plan est identifiée par un cadre. Pour passer à l'icône suivante, appuyez sur la touche **Tab**. Pour amener cette fenêtre au premier plan sur le bureau, relâchez la touche **Alt**.

Les accessoires de Windows

Découvrez ces mini-applications : bientôt, vous ne pourrez plus vous en passer !

Windows est fourni avec un certain nombre de petits programmes, appelés Accessoires. Ils sont réellement utiles et ne coûtent rien !

Si vous devez rédiger une lettre pour la transférer sur un ordinateur non muni de Windows, utilisez l'éditeur de texte Bloc-notes. Si vous venez d'acheter un scanner et avez envie de retoucher de vieilles photographies, essayez Paint ou Imaging. Petit à petit, vous vous rendrez compte que les accessoires de Windows sont très pratiques et que vous les utilisez souvent !

Où trouver les accessoires ?

Pour accéder aux accessoires de Windows, ouvrez le menu **Démarrer** et sélectionnez **Programmes** puis **Accessoires**. Le menu des accessoires s'ouvre. Vous y trouverez une calculatrice, Imaging et Paint pour retoucher des images et le Bloc-notes et WordPad pour créer des documents de texte simples.

Le menu Accessoires propose également d'autres outils et fonctions utiles. Citons entre autres les outils Internet pour se connecter et les outils multimédia pour regarder des clips vidéo.

Astuce

Si vous insérez un CD audio dans votre lecteur de CD-ROM, sachez que l'Explorateur Windows permet de visualiser les pistes de musique. Ouvrez le menu **Démarrer** *et sélectionnez* **Programmes** *puis* **Explorateur Windows**. *Cliquez deux fois sur* **Audio CD [D:]** *dans le volet gauche. La liste des pistes s'affiche dans le volet droit. Cliquez deux fois sur celle que vous voulez écouter.*

Gros plan
*Le Bloc-notes n'utilise qu'une police et une taille de caractères par document. Ouvrez le menu **Edition** et cliquez sur **Choisir la police**. Sélectionnez une police et sa taille. Celles-ci seront utilisées dans tout le document.*

Toutes les fonctions d'un traitement de texte

WordPad est un traitement de texte

efficace, qui reprend de nombreuses fonctions de Word 97. Vous disposez d'une barre d'outils pour exécuter rapidement certaines tâches, d'un vaste choix de polices et de tailles de caractères, ainsi que des fonctions de mise en forme.

Seule la fonction de vérification de l'orthographe fait défaut. **Bloc-notes** est beaucoup plus rudimentaire : il s'agit d'un éditeur de texte. Autrement dit, il n'est pas possible de définir une mise en forme ou de combiner des polices. Le Bloc-notes crée un document consultable depuis n'importe quel PC.

Sans oublier les loisirs

Windows sait aussi bien lire du son que des clips vidéo en provenance d'Internet.
Pour écouter de la musique tout en travaillant (le PC doit être équipé d'une carte son et de haut-parleurs), il suffit d'insérer un CD audio dans le lecteur de CD-

ROM. Pour contrôler le lecteur, cliquez sur **Lecteur CD,** qui s'affiche sur la barre des tâches dès que la musique commence. Dans la boîte de dialogue qui apparaît, vous pouvez modifier l'ordre des pistes.

La retouche photographique et d'autres images

Paint est un outil de dessin de base. Il permet non seulement de créer des images mais aussi de retoucher des images numérisées, stockées sur votre ordinateur. Essayez, pourquoi pas, de restaurer une vieille photographie en éliminant les rayures ou un détail.

La fonction de zoom facilite le travail de précision, pixel par pixel. Dans Paint, il est très facile de créer et d'installer un papier peint comme fond d'écran. Lorsque vous êtes satisfait de votre création, ouvrez le menu **Fichier** et sélectionnez **Papier peint par défaut (mosaïque)**

ou **Papier peint par défaut (centré)**.

Imaging est une variante plus puissante de Paint. Ce logiciel s'adresse à des utilisateurs plus expérimentés et permet de retoucher au détail près des images numérisées.

Faites vos comptes

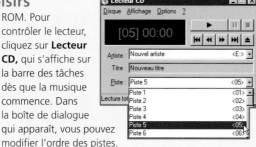

La Calculatrice exécute des opérations de base, telles que l'addition, la multiplication, etc. Pour l'utiliser, cliquez sur **Calculatrice** dans le menu **Accessoires**. Ensuite, cliquez sur les touches de la calculatrice ou utilisez le clavier numérique situé à

droite sur le clavier.
Les commandes **Copier** et **Coller** du menu Edition permettent de transférer les résultats dans d'autres programmes. Pour accéder aux fonctions plus complexes, ouvrez le menu **Affichage** et cliquez sur **Scientifique**.

Bien vous connecter

Partagez une imprimante, envoyez des télécopies, visitez Internet

Le grand intérêt d'un ordinateur est qu'il peut communiquer avec d'autres appareils électroniques. En effet, avec quelques câbles et le réseau téléphonique, il peut « parler » à une imprimante, à un télécopieur et à d'autres ordinateurs. Cette caractéristique présente bien des avantages. Cela permet notamment de partager une imprimante avec un autre utilisateur et d'envoyer ou recevoir des télécopies sans qu'il soit nécessaire d'acquérir un télécopieur. N'oublions pas de citer le courrier électronique, le moyen le plus rapide et le moins cher d'envoyer un message à l'autre bout du monde. Mais il y a bien mieux encore : le monde entier est à portée

de main grâce au gigantesque réseau mondial que représente Internet.

Créez des liens

Si vous souhaitez communiquer à distance avec un ordinateur (ou plutôt son propriétaire), vous devez envoyer vos messages par l'intermédiaire d'un modem et d'une ligne téléphonique. Si vous voulez partager une imprimante ou un scanner avec deux ordinateurs situés dans les mêmes locaux, raccordez-les physiquement à l'aide d'un câble (voir « le partage des ressources », à droite). De plus, ce système vous permettra aussi de transférer des fichiers d'un ordinateur à l'autre.

Pour envoyer et recevoir des télécopies, vous devez disposer du bon type de modem (voir ci-contre à droite). Vous avez également besoin d'une mini-application qui est fournie avec Windows 95 et 98.

Pour utiliser Internet, il vous faut un modem et un compte chez un fournisseur d'accès (voir ci-contre à droite et p. 90). Votre PC devient alors un service postal, une agence de voyages, une librairie, une bibliothèque ou un point de rendez-vous pour des gens dispersés dans le monde entier.

Mot clé

Modem *Un modem prend des données numériques sur un PC, puis les convertit en son qu'il envoie vers un autre modem via le réseau téléphonique. Il effectue la manœuvre inverse pour restituer les données numériques.*

Gros plan

Le fournisseur d'accès vous donne le moyen de vous connecter à Internet. Il offre la connexion téléphonique de base, un accès à la messagerie électronique mais aussi des services en ligne destinés à ses abonnés.

Les différents types de connexion

Les fonctions de communication informatiques sont plus faciles à utiliser qu'elles n'y paraissent.

Le partage des ressources

Si vous avez deux PC chez vous, connectez-les ensemble. Vous pourrez ainsi, par exemple, partager une imprimante. Assurez-vous que les ordinateurs sont reliés par un câble et que la fiche est insérée dans le même port série ou parallèle sur chacun d'eux. Ensuite, ouvrez le menu **Démarrer** et sélectionnez **Programmes**, **Accessoires**, puis **Communications** et enfin **Connexion directe par câble** (dans Windows 95, cliquez sur **Connexion directe par câble** dans le menu **Accessoires**). Windows vous guide alors pas à pas dans la procédure de connexion.

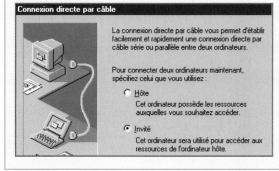

L'envoi et la réception de télécopies

Aucune configuration particulière n'est requise pour envoyer et recevoir des télécopies. Assurez-vous, tout d'abord, que votre modem gère la fonction de télécopie (autrement dit, ce doit être un fax modem) et que vous disposez d'un logiciel de télécopie adéquat. Windows 95 et 98 sont tous deux fournis avec Microsoft Fax, un programme qui offre cette fonction directement depuis le bureau. Dès lors qu'un document peut être imprimé, vous pouvez l'envoyer par télécopie, qu'il s'agisse de feuilles de calcul ou d'images.

Dès que vous êtes prêt, l'envoi peut commencer. Lisez les télécopies reçues sur votre écran ou imprimez-les. Si vous envoyez et recevez souvent des télécopies, envisagez de faire installer une deuxième ligne téléphonique. Pour plus de détails, voir p. 84.

La connexion à Internet

Internet vous donne accès à une gigantesque banque d'informations. Pour cela, vous devez disposer d'un modem et d'un compte chez un fournisseur d'accès. Ce dernier vous fournit alors la connexion téléphonique requise et éventuellement quelques services en ligne. Pour plus de détails, voir p. 90.

L'envoi et la réception de courrier électronique

Le courrier électronique est généralement un service que vous offre votre fournisseur d'accès lorsque vous ouvrez un compte. Il vous attribue une adresse électronique, ce qui vous permet d'échanger des messages avec le monde entier, en général pour le prix d'une communication locale. Pour plus de détails, voir p. 92.

La connexion à distance

Si vous souhaitez vous connecter à un ordinateur situé hors de votre domicile, et si les deux PC concernés possèdent un modem, utilisez le service intitulé Accès réseau à distance.

Ouvrez le menu **Démarrer**, sélectionnez **Programmes**, **Accessoires**, **Communications** puis **Accès réseau à distance**. Cliquez deux fois sur l'icône **Nouvelle connexion**. Suivez les instructions qui s'affichent à l'écran. Une fois connecté, vous pouvez envoyer et recevoir des fichiers. Avec ce type d'accès à distance, vous n'avez pas besoin d'un compte chez un fournisseur d'accès.

Choisir et installer votre modem

Ouvrez-vous au monde extérieur avec un appareil conforme à votre mode de vie

Un modem (abréviation de modulateur-démodulateur) est l'appareil qui permet au PC d'accéder à Internet, ainsi que d'envoyer ou recevoir des télécopies et des courriers électroniques par l'intermédiaire de votre ligne téléphonique.

Il existe deux types de modems. Le modem externe se pose sur votre bureau et se branche à l'arrière de l'unité centrale. Le modem interne est enfiché dans un connecteur d'extension à l'intérieur de l'unité centrale. Les nouveaux modèles d'ordinateurs sont généralement fournis avec un modem interne. Si ce n'est pas le cas du vôtre et que vous souhaitez vous relier au monde extérieur, vous devez en acheter et en installer un.

Interne ou externe ?

Un modem interne est plus difficile à installer, car vous devez ouvrir le boîtier de l'unité centrale et l'enficher à l'intérieur. Cependant, il est généralement meilleur marché qu'un modem externe. En outre, il ne requiert pas d'alimentation distincte, n'utilise pas l'un des ports séries et n'encombre pas votre bureau, déjà très sollicité.

D'un autre côté, le modem externe est beaucoup plus facile à installer : il suffit de le brancher. De plus, des témoins lumineux indiquent qu'il fonctionne ; par exemple, l'un d'eux signale que le modem reçoit des données.

Attention

Les nouveaux modems 56 Kbps risquent de poser quelques problèmes de compatibilité, car ils utilisent un nouveau « standard d'industrie », le V.90. Les anciens modèles utilisent le standard K56FLEX ou X2. Si vous souhaitez vous connecter sur Internet et que vous possédez un modem ancien, demandez à votre fournisseur d'accès s'il est compatible avec les siens.

La bonne connexion

Avant d'acheter un modem, réfléchissez aux besoins de tous ceux qui utilisent votre PC.

Quelques conseils

Lorsque vous choisissez un modem, vérifiez sa vitesse (pour l'utiliser avec Internet, elle doit être d'au moins 33,6 Kbps) et s'il gère la fonction de télécopie. Assurez-vous également que les mises à jour logicielles sont possibles. Vos besoins risquent en effet de changer et vous voudrez peut-être un jour une connexion plus rapide.

Quel que soit le modèle que vous achetez, un mode d'emploi clair vous guidera dans la procédure d'installation. Des rubriques d'aide garantiront une installation sans problème. Si vous prévoyez d'utiliser des fonctions de gestion de télécopies, optez pour un modem qui fournit le logiciel approprié. Si vous décidez pour un modem externe, vérifiez que vous avez tous les câbles nécessaires, notamment celui qui se branche sur la prise du téléphone.

Les modems externes

Pour installer un modem externe, commencez par éteindre le PC et débranchez-le de la prise murale. Reliez le modem à votre PC

à l'aide du câble du modem (reportez-vous aux manuels du modem et de l'ordinateur pour savoir dans quel port brancher le câble). Branchez la fiche téléphonique sur le modem et dans la prise du téléphone, puis la fiche électrique sur le modem et dans une prise murale. Lorsque vous allumez le PC, Windows détecte ce nouveau matériel et vous invite à insérer le disque du pilote. Suivez les instructions qui s'affichent à l'écran.

Les modems internes

Pour installer un modem interne, éteignez le PC et débranchez-le. Ouvrez avec précaution le boîtier de l'unité centrale. Pour éviter tout problème d'électricité statique, touchez un élément métallique. Repérez un connecteur d'extension libre (voir le mode d'emploi du PC). Retirez la plaque métallique

vissée à l'arrière du PC, en face de l'emplacement que vous avez choisi. Mettez les vis de côté. Prenez la carte modem en veillant à ne pas toucher les circuits, enfoncez-la doucement dans son emplacement et fixez-la à l'aide des vis que vous avez gardées. Refermez le boîtier de l'unité centrale et branchez la fiche téléphonique dans le port modem situé à l'arrière de l'unité centrale et dans la prise de téléphone murale. Au redémarrage, Windows détecte ce nouveau matériel. Suivez les instructions qui s'affichent à l'écran.

Comment savoir si vous avez un modem

Pour savoir si un modem interne est déjà installé, ouvrez le menu **Démarrer**, sélectionnez **Paramètres** puis **Panneau de configuration**. Dans la fenêtre du Panneau de configuration, cliquez deux fois sur **Modems**. Si un modem est installé, son nom est indiqué dans la fenêtre des propriétés.

Les standards et les vitesses

Les modems transfèrent les données de plus en plus vite. Actuellement, le plus rapide peut recevoir des données à 56 Kbps (kilobits par seconde), mais il atteint rarement cette vitesse à cause des interférences sur la ligne téléphonique. Toutefois, même le modem le plus rapide n'enverra les données qu'à 33,6 Kbps en moyenne.

Si vous voulez accéder à Internet (ci-contre à gauche), choisissez de préférence un modem capable de recevoir des données au moins à 33,6 Kbps.

Votre PC est aussi un télécopieur !

Avec une connexion correcte, votre ordinateur peut envoyer et recevoir des télécopies

Si votre modem permet d'envoyer et de recevoir des télécopies, ce qui est le cas pour la plupart des nouveaux modèles, rien ne vous empêche d'utiliser votre PC comme télécopieur. Vous gagnerez de la place et en plus vous ferez des économies !

Une fois que Windows est configuré pour cette fonction, il est aussi facile d'envoyer une télécopie que d'imprimer un document. L'ordinateur stocke les données sous la forme d'une image,

donc il vous est impossible de les modifier. Le modem compose le numéro, puis envoie l'image au télécopieur ou à l'ordinateur du destinataire par l'intermédiaire d'une ligne téléphonique. Les télécopies que vous recevez sont aussi des images, composées de milliers de points. Affichez-les sur l'écran de votre ordinateur ou imprimez-les. Il existe des logiciels qui convertissent ces images en texte. Il est alors possible de modifier le contenu des télécopies que vous recevez.

N'importe quel type de document peut être envoyé par télécopie, même des images et des feuilles de calcul — autrement dit, tout ce qui peut être imprimé…

Installer le logiciel de télécopie de Windows

Windows est livré avec deux utilitaires, Windows Messaging et Microsoft Fax. Ils permettent d'utiliser le PC comme télécopieur.

Si vous travaillez sous Windows 98, vous devez installer ces utilitaires à partir du CD d'installation du système d'exploitation. Insérez le CD, cliquez deux fois sur son lecteur (généralement le lecteur **D:**), cliquez sur l'option **Parcourir ce CD**, puis sur le dossier **Tools**. Cliquez sur **Oldwin 95**, sur **Message**, puis sur **intl**. Les deux icônes de la fenêtre intl, **wms** et **awfax**, correspondent à Windows Messaging (wms) et Microsoft Fax (awfax). Cliquez deux fois sur chacune d'elles et suivez les instructions d'installation.

Si vous travaillez sous Windows 95, ouvrez le menu **Démarrer**, sélectionnez **Paramètres** puis **Panneau de configuration**, cliquez sur **Ajout/Suppression de programmes** et choisissez **Microsoft Fax** dans l'onglet « Installation de Windows ».

Courrier — Une fois la fonction de télécopie installée, une icône **Courrier** s'affiche sur le bureau. Lorsque vous cliquez deux fois dessus pour la première fois, l'Assistant Installation de la boîte de réception s'exécute. Il identifie votre modem et demande votre nom et le numéro de télécopie, que vous devez spécifier pour envoyer une télécopie. Une fois la boîte de réception activée, les télécopies s'affichent sous forme de messages dans la boîte Microsoft Exchange.

Assistant Installation de la boîte de réception

Microsoft Fax

Entrez votre nom et votre numéro de télécopie

Votre nom complet : Michel Hennequin

Pays : Canada (1)

Num. de télécopie : (514) 5556457

Attention
Pensez à vérifier que le modem est branché sur la ligne téléphonique lorsque vous envoyez ou recevez une télécopie. Lors d'une réception, le logiciel de télécopie détecte automatiquement l'appel.

Astuce
Pour savoir comment utiliser la fonction de télécopie dans Word, exécutez l'Assistant Télécopie. Ouvrez le menu **Fichier,** *sélectionnez* **Envoyer vers** *puis cliquez sur* **Destinataire de la télécopie.** *Choisissez parmi les nombreuses options.*

La télécopie directe

Pour envoyer de simples télécopies dans Windows, ouvrez le menu **Démarrer**, sélectionnez **Programmes**, **Accessoires**, puis **Fax** et cliquez sur **Nouvelle télécopie**. Un Assistant s'affiche ; cliquez sur **Suivant**. Ensuite, indiquez le nom et le numéro du destinataire et cliquez sur **Ajouter à la liste**, puis sur **Suivant**. Vous avez alors la possibilité de joindre une page de garde personnalisée (avec vos coordonnées et un emplacement pour un bref message). Sélectionnez « Oui. Envoyer ce message » ou « Non », puis cliquez sur **Suivant**.

Dans l'écran suivant, indiquez l'objet de la télécopie dans la zone « Sujet » et tapez le message dans la zone « Note ». Cliquez sur **Suivant**. Indiquez maintenant si vous voulez inclure un ou plusieurs fichiers avec votre message. Si vous envoyez juste le message de la zone « Note », cliquez sur **Suivant**, puis sur **Terminer**

pour envoyer la télécopie. Pour inclure une pièce jointe (un document créé dans un autre programme) cliquez sur **Ajouter un fichier**. Localisez le document à attacher, puis cliquez deux fois dessus (son nom s'affiche dans la zone « Fichiers à envoyer »). Windows ouvre et transmet ce document lors de l'envoi de la télécopie.

La télécopie depuis un programme

Microsoft Word propose différentes pages de garde préétablies. Pour en essayer une, ouvrez le menu **Démarrer**, sélectionnez **Programmes** et cliquez sur **Microsoft Word**. Ensuite, ouvrez le menu **Fichier** et cliquez sur **Nouveau**. Cliquez sur l'onglet **Lettres et télécopies.** Sélectionnez un type de télécopie parmi les choix suivants : « Contemporaine », « Élégante » ou « Professionelle ». Cliquez sur **OK**. Pour envoyer un petit message, tapez-le

dans l'espace prévu à cet effet. Pour transmettre quelques pages de texte, il est préférable de copier et coller le texte depuis son fichier. Ouvrez **Fichier** et sélectionnez **Imprimer**. Remplacez l'imprimante par **Microsoft Fax** et cliquez sur **OK**. L'Assistant Composition d'une nouvelle télécopie démarre.

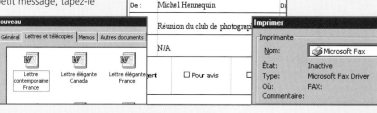

Si la feuille de calcul ou le fichier de base de données à envoyer n'est pas facile à coller sur une page de garde, ouvrez le fichier et choisissez **Imprimer** dans le menu **Fichier**. Dans la zone « nom de l'imprimante », choisissez **Microsoft Fax**. L'Assistant Microsoft Fax vous guide dans l'envoi de la télécopie. Vous pouvez joindre la base de données ou la feuille de calcul à la télécopie grâce à **Ajouter un fichier** (voir « La télécopie directe », à gauche).

La réception de télécopie

Pour recevoir une télécopie, cliquez deux fois sur l'icône **Boîte de réception** sur le bureau. Ouvrez le menu **Outils** et sélectionnez **Microsoft Fax Tools** puis **Options**. Cliquez sur l'onglet **Modem**. Cliquez sur **Propriétés**. Choisissez le mode de réponse ou indiquez au bout de combien de

sonneries le modem doit se déclencher. Si vous utilisez votre ligne normale, sélectionnez l'option « Manuelle ». Ainsi, dès qu'un appel entrant est détecté, une boîte de dialogue s'affiche et vous permet de prendre l'appel. Cliquez sur **Oui**. La télécopie apparaît alors dans la boîte de réception de Windows Messaging, située dans la Boîte de réception.

Internet

Internet et le Web (l'ensemble de sites Web créés par des professionnels, des sociétés et des individus) se développent à une vitesse vertigineuse. Tout le monde peut maintenant trouver des informations sur n'importe quel sujet. Internet permet également d'envoyer des messages dans le monde entier, sous la forme de courrier électronique, pour le prix d'une communication téléphonique locale. Trouvez le moyen de vous connecter au Net, puis partez à la découverte de cette vaste banque de données.

Une connexion Internet donne accès à d'innombrables informations, toutes plus intéressantes les unes que les autres. Entrez dans le monde du tourisme, de la finance, de l'éducation, de la médecine, de l'histoire… ou faites-vous de nouveaux amis !

Dans cette partie

Description

88-101

Apprenez à accéder à Internet et à
« surfer ». Découvrez aussi comment rechercher
efficacement des informations sur le Web, effectuer
des achats en toute sécurité, et envoyer ou recevoir
du courrier électronique.

Mise en pratique

102-143

Recherchez des informations spécifiques,
explorez les différents services proposés en ligne.
Ces pages vous guident pas à pas pour acheter des
antiquités aux enchères, faire des recherches historiques
ou jouer aux échecs avec un adversaire outre-Atlantique.

*Entrez dans le monde du
Web et faites-y vos achats,
discutez avec d'autres
internautes, effectuez
des recherches ou prenez
des cours en ligne.*

Bienvenue sur Internet

À la fois point de rendez-vous, centre commercial, agence de voyages, bibliothèque…

Internet est un réseau mondial constitué de millions d'ordinateurs. Les informations et services qu'il offre sont aussi innombrables que variés. Il est souvent comparé à une vaste toile d'araignée couvrant le monde entier : les utilisateurs peuvent accéder à de multiples informations, mais aussi au courrier électronique ou courriel*(e-mail)*, aux forums et aux groupes de discussion *(newsgroups)*, tout cela en temps réel.

Le courrier électronique est l'un des attraits majeurs d'Internet. Il suffit de taper votre message sur un ordinateur et il est envoyé instantanément à un destinataire qui peut se trouver à des milliers de kilomètres, et ce pour le prix d'une communication locale ! Si un sujet vous intéresse plus particulièrement, sachez que les forums et les groupes de discussion proposés par les fournisseurs d'accès (les sociétés qui permettent de se connecter à Internet) sont des espaces où échanger des opinions et laisser des commentaires sur le sujet de votre choix.

Une infinité d'informations

Le Web est la face visible d'Internet. C'est un vaste assemblage de sites Web, eux-mêmes composés de pages Web. En effet, le texte et les images que vous voyez sur Internet sont le contenu d'une page Web.

Les pages Web sont écrites dans un langage informatique appelé HTML (acronyme de *HyperText Markup Language*, langage de balisage hypertexte). C'est ce dernier qui permet de relier les pages entre elles. Un ensemble de pages ainsi liées forment un site Web, lequel peut à son tour être rattaché à d'autres sites dispersés dans le monde entier, d'où l'analogie avec la toile d'araignée.

Chaque site Web possède sa propre adresse qui, comme un numéro de téléphone, connecte votre PC à l'ordinateur où se trouve la page qui vous intéresse.

Pour vous y retrouver dans cet immense enchevêtrement de sites Web, autrement dit pour surfer sur le Net, il vous faut utiliser un navigateur (ou explorateur). Il s'agit d'un logiciel qui permet de consulter des pages et de naviguer sur le Web. Les deux navigateurs Web les plus connus sont Netscape Navigator et Microsoft Internet Explorer ; ils s'obtiennent tous deux gratuitement.

Une fois connecté, le Web est à vous. Libre à vous d'y faire vos achats, par exemple des livres, des CD, des vêtements et même vos courses, d'y effectuer des recherches sur n'importe quel sujet ou de participer à un jeu en ligne. La page suivante donne quelques exemples de sites intéressants.

Pour vous connecter à Internet, vous avez juste besoin d'un modem et d'un compte chez un fournisseur d'accès.

Le monde au bout des doigts

Dès que vous êtes connecté à Internet, l'immense diversité du Web s'offre à vous.
Les innombrables sites sont la promesse d'informations aussi précieuses que variées.

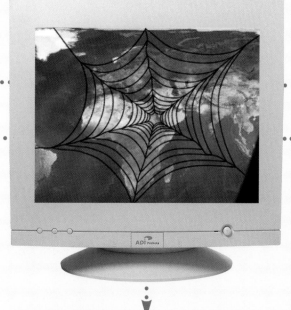

Voyages

Utilisez le Web pour planifier vos loisirs, consulter le dernier bulletin météo, réserver un vol et un hôtel, connaître les taux de change et savoir ce que d'autres pensent de la destination qui a retenu votre attention.

Recherches

Vous trouverez toujours des sites Web pour vous aider quelles que soient vos recherches (scolaires, personnelles…). Vous avez même accès à des encyclopédies en ligne. (Pour plus de détails, voir p. 122, 126, 132.)

Santé et médecine

Le Web est une source d'informations inestimable en ce qui concerne les soucis de santé (sans toutefois se substituer au médecin). Vous y trouverez des renseignements sur la recherche et les traitements disponibles ; parfois même, vous bénéficierez d'un avis – entendons-nous bien : pas d'un diagnostic – donné par des médecins ou des professionnels de la santé.

Presse

Le Web donne aussi accès aux actualités diffusées par les journaux, les magazines et la télévision. Ces services sont souvent gratuits. Si vous disposez du logiciel adéquat, suivez en direct une émission de télévision d'un pays lointain. Vous apprendrez même certains événements avant qu'ils ne soient cités dans les bulletins télévisés ou dans la presse écrite.

Magasinage

Achetez ce que vous voulez sur le Web, d'une nouvelle chemise à une nouvelle maison. Internet propose également des galeries marchandes en ligne qui rassemblent les sites Web de différents vendeurs. (Pour plus de détails sur les achats sur Internet, voir p. 108.)

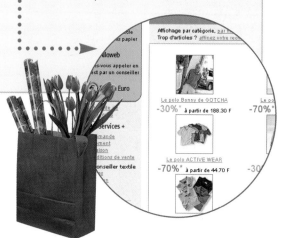

Le kit de l'internaute

Pour surfer sur le Net, il faut un PC, un modem et un fournisseur d'accès à Internet

Se connecter à Internet, c'est très facile et cela ne coûte pas trop cher. Vous devez absolument disposer d'un modem ou d'un autre système de connexion pour pouvoir vous brancher sur le Net puis, ensuite, ouvrir un compte chez un fournisseur d'accès; c'est votre passeport pour Internet. Il vous permet d'explorer le Web et d'envoyer et de recevoir du courrier électronique. C'est également lui qui stocke les pages Web que vous créez et qui les met à la disposition des autres internautes.

Votre fournisseur d'accès pourra être une grande société internationale – MSN de Microsoft ou America Online (AOL) – ou nationale – Sympatico, Vidéotron – mais aussi, parfois, une société ne desservant que votre région. Le choix du fournisseur d'accès est l'un des aspects les plus importants de la connexion à Internet.

Les différents fournisseurs d'accès

Le terme de fournisseur d'accès englobe les sociétés qui proposent un accès à Internet. Il existe cependant des différences entre les services offerts par chacun.

● Les fournisseurs d'accès à Internet proposent des services très simples, à savoir une connexion et un logiciel de navigation Web, tel qu'Internet Explorer, un programme de messagerie électronique et une assistance technique par téléphone.

● Les fournisseurs de services en ligne offrent une passerelle vers Internet et l'accès au courrier électronique. Ils proposent tous des services en plus, notamment des chaînes d'informations et de loisirs, des services d'achat, des salons de conversation *(chat)* et des forums et groupes de discussion thématiques. Leur page d'accueil est généralement conçue pour aider les débutants à naviguer sur Internet.

Mot clé

Navigateur Web *Il s'agit d'un logiciel spécial qui ouvre en quelque sorte une fenêtre sur Internet. Votre fournisseur d'accès en propose un dans le kit de démarrage. Microsoft Internet Explorer et Netscape Navigator sont les plus connus.*

Les fournisseurs d'accès

Certains sont chers et d'autres sont gratuits. Toutefois, le coût de la connexion n'est pas le seul facteur à prendre en considération.

Types de tarification

Il existe plusieurs formules d'accès à Internet. N'oubliez pas que, en plus de votre abonnement auprès d'un fournisseur d'accès, vous pouvez avoir à payer la communication téléphonique (normalement au prix d'un appel local) pour chaque connexion.

● **Forfait** C'est un abonnement mensuel qui octroie un certain nombre d'heures de connexion (communications comprises) aux services Internet.

● **Abonnement** Certains fournisseurs d'accès proposent un abonnement de base, peu élevé, laissant à votre charge les communications téléphoniques. Cette formule n'est intéressante que si vous ne vous connectez pas souvent à Internet.

● **Gratuit** Vous avez sans doute déjà trouvé ce type d'offre dans votre boîte aux lettres. Ces sociétés gagnent de l'argent grâce à l'assistance technique ou à la publicité.

Besoin de services en plus ?

Si vous désirez élargir vos recherches sur Internet et accéder facilement à des pages professionnelles, des services d'achat, etc., choisissez un fournisseur d'accès qui est en mesure de répondre à vos attentes.
Voyez si vous disposez du service de courrier électronique et, si oui, avec combien d'adresses. Il est en effet intéressant d'avoir plusieurs adresses électroniques ; ainsi, chaque membre de la famille peut envoyer et recevoir son courrier sur le même ordinateur que vous. Et, si vous travaillez chez vous, vous disposez ainsi d'une adresse professionnelle et d'une adresse personnelle.
Peut-être disposez-vous aussi d'un espace pour créer votre site Web. Si c'est le cas, quelle est la taille de cet espace alloué et est-il gratuit ?
Demandez si vos appels téléphoniques à l'assistance technique sont facturés ou gratuits. En effet, certains fournisseurs d'accès gratuits facturent ces appels au prix

fort. L'assistance technique est parfois disponible 24 heures sur 24. Vérifiez la fiabilité du fournisseur : réussissez-vous à vous connecter dès la première tentative ou la ligne est-elle occupée ? Y a-t-il suffisamment de modems pour gérer le trafic Internet aux heures de pointe ?

Faites un essai gratuit

De nombreux fournisseurs d'accès proposent un essai gratuit, en général pour une période d'un mois. Profitez-en pour vérifier que tous les services tels que le courrier électronique sont faciles à utiliser. (Voir p. 92 pour plus de détails sur le courrier électronique.)

Modem, RNIS ou ADSL ?

La connexion à Internet s'effectue via un modem branché sur une prise téléphonique standard. Le modem envoie et reçoit les informations d'Internet. Les modèles les plus performants atteignent une vitesse de 56 Kbps (kilobits par seconde). Pour plus d'informations sur les modems, voir p. 82.
Une autre solution consiste à utiliser une connexion RNIS (Réseau numérique à intégration de services). Il s'agit d'une ligne qui peut véhiculer des données à la vitesse de

64 Kbps ; cette dernière peut être améliorée au moyen d'un logiciel spécial. Cela requiert une ligne téléphonique supplémentaire, sinon vous devrez acheter un adaptateur, assez cher. L'ADSL est une technologie de transmission à haut débit, une alternative aux liaisons numériques de type Numéris ou au câble. Il utilise les hautes fréquences du réseau téléphonique classique, vous permettant d'utiliser simultanément votre téléphone et votre connexion à Internet. Il est toutefois nécessaire de posséder un modem ADSL.

Le courrier électronique

Découvrez un moyen de communication révolutionnaire

Outre le Web et ses innombrables trésors, Internet offre un nouveau moyen de communication, le courrier électronique ou *e-mail*. Pour beaucoup, c'est même la fonction la plus intéressante d'Internet.

Le courrier électronique fonctionne à une vitesse stupéfiante. Un message peut arriver en quelques minutes sur un ordinateur situé à l'autre bout du monde, et ce pour le prix d'une communication locale. De plus, cette fonction est extrêmement pratique, puisque vous l'utilisez depuis le bureau de Windows.

Bien que chaque programme de messagerie électronique ait un aspect différent, ils fonctionnent tous de manière analogue. Nous avons pris ici l'exemple de Microsoft Outlook Express.

Pour gagner du temps, créez un raccourci sur le bureau pour lancer votre programme de messagerie électronique. Voir p. 74.

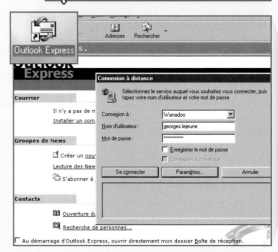

AVANT DE COMMENCER

1 Cliquez deux fois sur le raccourci de votre messagerie électronique sur le bureau. Ne vous connectez pas à Internet tout de suite. En effet, vous économiserez de l'argent en rédigeant au préalable votre message hors connexion.

Travailler hors connexion

La rédaction des messages électroniques peut prendre du temps et, si vous êtes connecté à Internet, cela peut augmenter notablement votre facture mensuelle. Fort heureusement, presque tous les programmes de messagerie électronique permettent de rédiger votre courrier hors connexion (c'est-à-dire sans être connecté à Internet). Lorsque vous cliquez sur le bouton **Envoyer**, votre PC établit la connexion à Internet et envoie votre message.

Gros plan

Les adresses électroniques se présentent sous la forme nom@lieu.com ou nom@lieu.ca : « nom » correspond au nom de l'expéditeur et « lieu », l'ordinateur hôte où le courrier est stocké jusqu'à ce que le destinataire le récupère. Votre fournisseur d'accès vous donnera une adresse électronique.

2 Pour rédiger votre message, cliquez sur le bouton ou l'icône **Nouveau message**. Une fenêtre s'affiche : tapez l'adresse du destinataire à l'intérieur de la zone « À », complétez la zone « Objet » et rédigez votre message dans la zone principale de la fenêtre.

3 Quand le message est tapé, cliquez sur le bouton **Envoyer** (ou son équivalent). Le programme propose une connexion à Internet. Cliquez sur **Connecter** pour activer le modem, vous connecter au Net et envoyer le message.

4 Pour recevoir un message, cliquez sur **Envoyer/Recevoir** (ou son équivalent). Le PC se connecte à Internet et vérifie si vous avez reçu du courrier. Si c'est le cas, les messages sont placés dans la boîte de réception. Cliquez dessus pour les ouvrir et les lire, puis sur **Répondre** pour y répondre et suivez les étapes 2 et 3.

Les pièces jointes

Les courriers électroniques peuvent être accompagnés d'images et/ou de tout autre type de fichiers. La fonction « Joindre » est prévue à cet effet. Cliquez sur le bouton **Joindre** (symbolisé par un trombone) ; dans la fenêtre qui s'affiche, sélectionnez le fichier à insérer (pour savoir comment trouver un fichier, voir p. 50). Cliquez sur **Ouvrir** (ou **Joindre** selon le logiciel utilisé) puis sur **OK**. Un symbole indique que le fichier est joint au message. Le destinataire le reçoit sous forme d'icône sur laquelle il devra cliquer.

Le carnet d'adresses

Dans certains programmes de messagerie électronique, l'adresse du destinataire est stockée dans le carnet d'adresses à chaque envoi d'un courrier électronique. Pour éviter de taper l'adresse, cliquez sur le bouton **Adresses**, sélectionnez le nom dans la liste **Nom** puis cliquez sur le bouton **Nouveau message**. La fenêtre du nouveau message s'affiche avec les coordonnées du destinataire. Tapez le message et cliquez sur **Envoyer**.

Vos débuts sur Internet

Configurez votre navigateur Web et allez surfer sur le Net !

Beaucoup ressentent de l'appréhension à l'idée de s'aventurer sur Internet. Vous verrez qu'en fait il est très facile de se connecter. Ce n'est pas plus difficile que d'installer un nouveau logiciel. Vous avez simplement besoin d'un modem et d'un compte chez un fournisseur d'accès à Internet (pour plus de détails, voir p. 82 et 90). Un navigateur Web sera également indispensable : c'est lui qui ouvre, en quelque sorte, une porte sur le Web. Une fois le programme installé, partez à la découverte du monde fascinant d'Internet.

Les navigateurs Web

Un navigateur Web est un logiciel qui permet d'accéder aux sites Internet et de les parcourir. Tous les navigateurs Web fonctionnent selon le même principe. Ils proposent une zone d'adresse dans laquelle vous tapez une adresse Web et une zone d'affichage pour les pages Web. Les deux navigateurs Web les plus connus sont Microsoft Internet Explorer et Netscape Navigator. Depuis 1999, Microsoft Internet Explorer est fourni avec la plupart des PC. (Si vous ne le trouvez pas sur le vôtre, consultez le mode d'emploi pour plus d'informations sur l'installation.)

Quoi qu'il en soit, même si votre PC ne possède pas de navigateur, votre fournisseur d'accès peut vous en procurer un. Ce sera certainement Microsoft Internet Explorer ou Netscape Navigator, bien que certains fournisseurs d'accès, tels que AOL et CompuServe, proposent leur propre navigateur. En outre, il est possible d'avoir plusieurs navigateurs, tout comme vous pouvez avoir plusieurs traitements de texte ou tableurs.

Lors de la première utilisation du logiciel du fournisseur d'accès, cherchez un bouton intitulé « Internet », « Parcourir Internet », « Explorer » ou un terme similaire. Cliquez dessus pour lancer le navigateur.

*Windows 98 propose un Assistant de connexion Internet pour vous aider à vous connecter. Cliquez deux fois sur l'icône **Connexion à Internet** sur le bureau et suivez les instructions.*

SE CONNECTER

Tout sur votre navigateur Web

Votre navigateur donne un visage à Internet et vous permet d'accéder à toutes ses ressources.
Apprenez à l'utiliser efficacement : surfer sur le Net deviendra alors beaucoup plus agréable et gra-

Utilisez les flèches pour accéder à la page précédente ou suivante des pages téléchargées. Dans certains navigateurs, ces boutons sont clairement libellés Précédente et Suivante.

La plupart des navigateurs proposent une fonction de recherche pour trouver toutes les informations dont vous avez besoin. Tapez un ou plusieurs mots-clés dans la zone de recherche puis cliquez sur **Chercher** (ou appuyez sur **Entrée**).

Les fournisseurs de services en ligne (voir p. 90) donnent un sommaire de leur contenu, généralement dans un volet sur la gauche. Cliquez sur ces rubriques pour y accéder.

Certains fournisseurs d'accès, y compris Wanadoo, proposent des espaces spéciaux où les membres peuvent se rencontrer et échanger des informations.

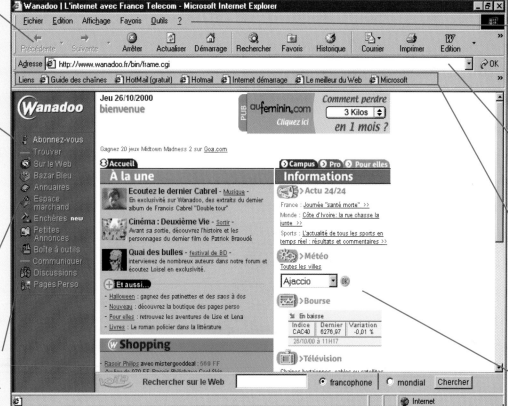

La plupart des navigateurs possèdent une barre des menus principale, similaire à celle de Word ou de Works. Les menus permettent d'imprimer des pages Web, de configurer les paramètres du fournisseur d'accès et d'accéder à l'aide.

C'est dans la zone d'adresse que vous tapez les adresses Web. Cliquez sur **OK** (ou appuyez sur **Entrée**) pour télécharger la page Web.

Utilisez les boutons de la barre d'outils « Liens » pour établir des liens automatiques vers vos sites Web favoris, organiser votre courrier, etc. Pour savoir ce que fait chaque bouton, amenez le pointeur de la souris dessus : un texte descriptif s'affiche.

Voici la zone dans laquelle les pages Web sont téléchargées et affichées.

Qu'est-ce qu'une adresse Web ?

Toutes les pages Web sont identifiées par une adresse appelée URL *(Uniform Resource Locator)*. Chaque adresse Web est unique, comme un numéro de téléphone.
Dans une adresse Web, les lettres « www » indiquent que le site appartient au Web. Ensuite, vous voyez le nom du domaine (l'ordinateur ou serveur qui accueille le site) et l'endroit où se trouve l'ordinateur (« .fr » pour la France, « .ca » pour le

Canada, etc.). Les adresses n'indiquent pas toutes le pays d'origine. Si vous voyez « .com » à la fin, par exemple, cela signifie que le site en question est de type commercial.
Généralement, du texte apparaît après le nom du domaine ; celui-ci indique l'emplacement des pages à l'intérieur du site Web.

Adresse | http://www.nomdusite.fr

Les moteurs de recherche

Explorer Internet, c'est facile si vous savez par où commencer

Une fois la connexion Internet établie, vous êtes prêt à explorer le Web. Le moyen le plus rapide pour trouver des informations consiste à taper l'adresse Web du site approprié dans la zone d'adresse du navigateur, puis d'appuyer sur la touche Entrée. La première page du site (autrement dit la page d'accueil) s'affiche à l'écran. Si vous ne connaissez pas l'adresse du site, faites appel à un moteur de recherche qui travaille d'après des mots-clés ou catégories que vous sélectionnez. Il affichera une liste de sites à consulter. Plus vous serez précis, plus vous aurez de chances de trouver ce que vous cherchez, car il est possible de recevoir des centaines de réponses à une seule requête. N'oubliez pas en effet que plus vous restez longtemps connecté, plus cela peut vous coûter cher.

> Soyez aussi précis que possible dans votre recherche et indiquez exactement ce que vous voulez au moteur de recherche. Ce dernier vous donnera sans doute des conseils utiles.

LE MOTEUR DE RECHERCHE

1 Connectez-vous à Internet. Dans la zone d'adresse du navigateur, tapez l'adresse d'un moteur de recherche (www.lycos.fr dans notre exemple).

Cliquez sur **OK**. La page d'accueil du site s'affiche au bout de quelques secondes. Tapez vos mots-clés dans la zone prévue à cet effet et cliquez sur **Va Chercher!**

Quel moteur de recherche choisir ?

Il existe de nombreux moteurs de recherche. Voici les adresses de ceux qui sont le plus utilisés au Canada chez les Francophones :

- www.toile.qc.ca
- www.northernlight.com
- www.branchez-vous.com
- www.altavista.ca
- www.lycos.com
- www.yahoo.ca

Votre fournisseur d'accès à Internet possède peut-être sa propre fonction de recherche (voir p. 90).

Attention

Ne tapez pas d'adresse Web dans la case prévue pour la recherche : vous n'accéderez pas au site en question. Tapez uniquement des mots-clés pour votre recherche.

Sur un site, un texte souligné est généralement un lien vers une autre partie du même site ou vers un autre site. Cliquez sur ce texte souligné pour activer le lien.

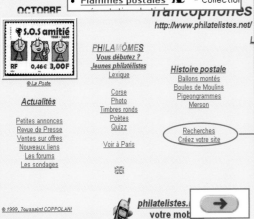

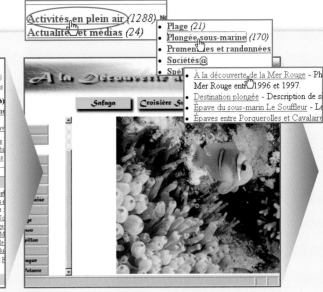

2 La liste des sites Web retenus s'affiche. (Certains moteurs de recherche indiquent leur nombre.) Utilisez la barre de défilement à droite de la page pour consulter toute la liste. Pour afficher un site, cliquez sur son lien (nom souligné). Utilisez le bouton **Suivant** pour passer à la page suivante.

3 Les moteurs de recherche, comme Yahoo (www.yahoo.fr), permettent également de faire une recherche par catégories. Cliquez sur une catégorie (texte souligné) : des sous-catégories sont alors proposées pour affiner votre recherche. Continuez de cliquer sur les liens jusqu'à ce qu'une liste de sites correspondant à votre requête apparaisse.

4 Par exemple, pour trouver des informations sur la plongée sous-marine, cliquez sur **Activités en plein air** après avoir choisi la catégorie **Sports et loisirs** dans la page d'accueil de Yahoo. Ensuite, cliquez sur **Plongée sous-marine**. Une liste de sites vous est alors proposée. Cliquez sur un site pour l'ouvrir.

La recherche par lots

La plupart des moteurs de recherche présentent leurs listes de sites par lots (10 en général). Lorsque vous arrivez à la fin du premier lot dans Lycos, cliquez sur **2** pour passer au lot suivant, et ainsi de suite.

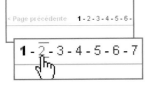

Des informations collectées pour vous

Certains sites Web contiennent des bases de données destinées à faciliter vos recherches. Francopholistes (www.francopholistes.com) propose une liste d'adresses électroniques et Foorum (www.foorum.fr) répertorie tous les messages envoyés aux groupes de discussion. Francopholistes possède son propre moteur de recherche pour vous aider à trouver des sujets de discussion. Tapez par exemple « recettes de cuisine » dans la zone de recherche et appuyez sur **Entrée** pour trouver des conseils sur l'art culinaire.

Votre PC peut utiliser plusieurs moteurs de recherche en même temps. Copernic est un programme qui collecte les résultats de chacun d'eux. Téléchargez-le gratuitement depuis Internet.

RECHERCHE APPROFONDIE

Wanadoo - Microsoft Internet Expl

Fichier Edition Affichage Favoris

Adresse http://www.copernic.com/fr

Téléchargez votre
de **Copernic 2000**

Cet outil de recherche à la fois puissant et convivial consulte les meilleurs moteurs de recherches pour vous fournir des résultats pertinents, ordonnés et de qualité. Procurez-vous-le dès maintenant! En plus, il est GRATUIT!

Gratuit! Aucune expiration

1 Sélectionnez votre langue:
Français

2 Sélectionnez l'endroit le plus près de vous:
Royaume-Uni, Europe

3 Cliquez sur le bouton ci-après:
Télécharger maintenant! >>

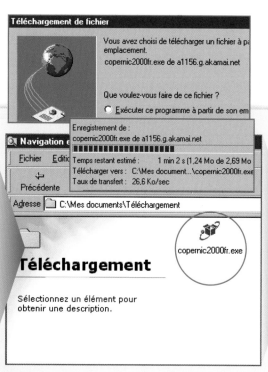

Téléchargement de fichier

Vous avez choisi de télécharger un fichier à pa emplacement.

copernic2000fr.exe de a1156.g.akamai.net

Que voulez-vous faire de ce fichier ?

Exécuter ce programme à partir de son em

Enregistrement de :
copernic2000fr.exe de a1156.g.akamai.net

Temps restant estimé : 1 min 2 s (1,24 Mo de 2,69 Mo
Télécharger vers : C:\Mes document...\copernic2000fr.exe
Taux de transfert : 26,6 Ko/sec

Navigation e

Fichier   Editio

Précédente

Adresse C:\Mes documents\Téléchargement

copernic2000fr.exe

Téléchargement

Sélectionnez un élément pour obtenir une description.

Attention
Vérifiez que vous êtes en ligne (connecté à Internet) avant de cliquer deux fois sur l'icône Copernic. Sinon, vous ne pourrez pas l'utiliser.

Copernic 2000

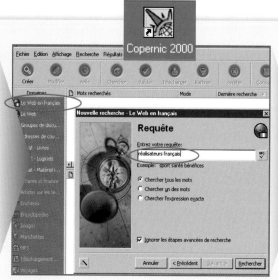

Fichier Edition Affichage Recherche Résultats

Créer Modifier Veille Chercher Valider Télécharger Raffiner Arrêter

Domaines Mots recherchés Mode Dernière recherche

Le Web en français
Le Web
Groupes de discu...
dresses de cou...
at - Livres
at - Logiciels
at - Matériel i...
ires et finance
Artistes sur les...
Enchères
Encyclopédies
Images
Manchettes
MP3
Téléchargement
Voyages

Nouvelle recherche - Le Web en français

Requête

Entrez votre requête:
réalisateurs français

Exemple: sport santé bénéfices

Chercher tous les mots
Chercher un des mots
Chercher l'expression exacte

Ignorer les étapes avancées de recherche

Annuler   < Précédent   Suivant >   Rechercher

5 Tapez l'adresse de Copernic (www. copernic.com/fr) dans la zone d'adresse du navigateur et appuyez sur **Entrée**. Cliquez sur le bouton **Gratuit!** dans la page d'accueil. Sélectionnez la langue et indiquez de quelle région vous souhaitez télécharger le logiciel. Puis cliquez sur le bouton **Télécharger maintenant!**

6 La boîte de dialogue de téléchargement de fichier s'affiche. Cliquez sur **OK** pour enregistrer le programme sur votre disque dur. Ensuite, indiquez dans quel dossier vous voulez le stocker. Une fois le fichier téléchargé, cliquez deux fois dessus pour lancer l'installation. Suivez les instructions.

7 Pour utiliser Copernic 2000, connectez-vous à Internet et cliquez deux fois sur son icône. (Vous devrez peut-être vous enregistrer : suivez les instructions.) Pour rechercher des informations, cliquez sur la catégorie **Le Web** ou **Le Web en français**. Tapez un mot-clé dans la fenêtre et cliquez sur le bouton **Rechercher**.

Placer des signets sur les pages Web

Les navigateurs permettent de mémoriser les adresses des sites Web qui vous ont particulièrement intéressé, ce qui vous évite de les noter vous-même ou de perdre du temps à les retrouver. Lorsque vous êtes connecté à Internet, un clic sur un signet vous amène directement au site souhaité.
La création des signets se déroule pratiquement de la même manière dans tous les navigateurs

(cherchez une option « Signets », « Favoris », etc. sur la barre d'outils). Pour ajouter un signet avec Internet Explorer, commencez par ouvrir le site, puis allez dans le menu **Fichier** et cliquez sur **Ajouter aux Favoris**. La boîte de dialogue « Ajout de Favoris » s'affiche et vous invite à sélectionner le dossier dans lequel vous désirez entrer l'adresse du site que vous consultez. Cliquez sur **OK**. Pour accéder de nouveau à ce site, cliquez sur le bouton **Favoris** de la barre d'outils de Internet Explorer. Cliquez sur le site souhaité.

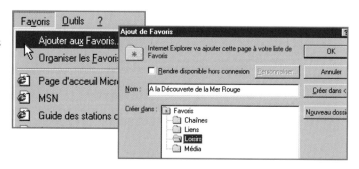

Favoris Outils ?

Ajouter aux Favoris...
Organiser les Favoris...

Page d'acceuil Micro
MSN
Guide des stations

Ajout de Favoris

Internet Explorer va ajouter cette page à votre liste de Favoris

Rendre disponible hors connexion Personnaliser

Nom: A la Découverte de la Mer Rouge

Créer dans: Favoris
Chaînes
Liens
Loisirs
Média

OK
Annuler
Créer dans <
Nouveau dossi

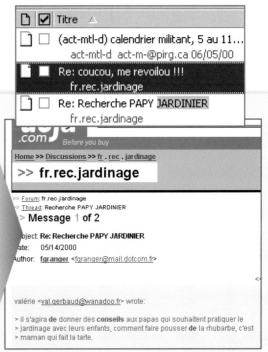

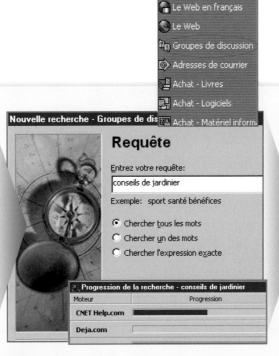

Progression de la recherche - réalisateurs français

Moteur	Progression
AltaVista Français	
EuroSeek	
Excite	
FAST Search	
Francité	

☐ ☑ Titre △

🔖 ☐ CINEMA EN FRANCE - Réalisateurs
   Cinéma en France: tout sur le cinéma....

🔖 ☐ Cinéma le Clap
   Ce cite contient des informations en fran

🔖 ☐ CINEPHAGE : le post-modernisme
   Le Post-Modernisme Voici une petite prés

🔖 ☐ Claude Sautet, le plus "français" des cinéas

🔖 ☐ Comédiens français : choisissez votre filmo
   ...Clément SIBONY Malik ZIDI Réalisateur

🔖 ☐ Cooperation: Culture et Tourisme/ Bouches
   Culture et Tourisme Bouches du Rhône

🔒 Le Web en français
🌐 Le Web
💬 Groupes de discussion
@ Adresses de courrier
📖 Achat - Livres
📀 Achat - Logiciels
🖥 Achat - Matériel inform.

Nouvelle recherche - Groupes de dis

Requête

Entrez votre requête:

conseils de jardinier

Exemple: sport santé bénéfices

- ⦿ Chercher tous les mots
- ○ Chercher un des mots
- ○ Chercher l'expression exacte

Progression de la recherche - conseils de jardinier

Moteur	Progression
CNET Help.com	
Deja.com	

☐ ☑ Titre △

☐ ☐ (act-mtl-d) calendrier militant, 5 au 11...
   act-mtl-d act-m-@pirg.ca 06/05/00

☐ ☐ Re: coucou, me revoilou !!!
   fr.rec.jardinage

☐ ☐ Re: Recherche PAPY JARDINIER
   fr.rec.jardinage

deja.com
Before you buy

Home >> Discussions >> fr . rec . jardinage

>> fr.rec.jardinage

>> Forum: fr.rec.jardinage
>> Thread: Recherche PAPY JARDINIER
> **Message** 1 of 2

oject: **Re: Recherche PAPY JARDINIER**
ate: 05/14/2000
uthor: fgranger <fgranger@mail.dotcom.fr>

valérie <val.gerbaud@wanadoo.fr> wrote:

> il s'agira de donner des **conseils** aux papas qui souhaitent pratiquer le
> jardinage avec leurs enfants, comment faire pousser de la rhubarbe, c'est
> maman qui fait la tarte.

8 Copernic a recours à différents moteurs de recherche. Il rassemble les résultats et les télécharge dans votre navigateur Web, pour vous permettre de les consulter. Cliquez sur un lien pour ouvrir la page Web correspondante. (Les mots-clés que vous avez utilisés sont surlignés en jaune.)

9 Copernic peut aussi chercher dans des bases de données de groupes de discussion ou d'adresses électroniques. Cliquez sur une catégorie, par exemple celle des groupes de discussion, tapez votre mot clé et cliquez sur **Rechercher**. Copernic consulte alors quatre sites Web gérant le suivi des messages envoyés aux groupes de discussion.

10 Les résultats de la recherche s'affichent dans votre navigateur, avec les mots clés surlignés en jaune. Cliquez sur un lien pour l'explorer.

Lorsque vous avez déjà ouvert un lien, il s'affiche en bleu dans la liste. Ainsi, vous savez où vous en êtes.

Gros plan

N'oubliez pas d'utiliser les liens pour trouver des informations. Ils constituent un aspect essentiel du Web. Vous les reconnaîtrez facilement : ils sont représentés par un texte souligné sur une page Web et permettent d'accéder directement à un autre site ou à une autre page. La plupart des sites Web proposent des liens vers des sites similaires, ce qui vous permet de poursuivre vos recherches facilement.

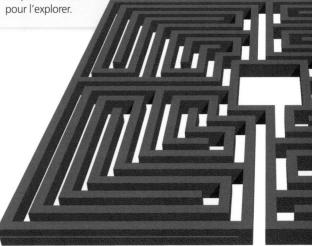

La sécurité sur Internet

Comment être sûr que vous êtes protégé lorsque vous êtes en ligne

Les nouveaux venus sur Internet s'interrogent tout naturellement sur la sécurité du système. Ils veulent savoir s'ils peuvent transmettre sans danger leurs codes bancaires sur le réseau, mais également si leurs enfants risquent de tomber sur des sites Internet indésirables destinés à un public adulte. Ils s'interrogent également sur la confidentialité du courrier électronique et la diffusion non autorisée des adresses électroniques.

Toutes ces inquiétudes sont légitimes, mais il existe des mesures pour garantir l'intégrité des sites que consulte votre famille ainsi que la confidentialité des informations qui vous concernent.

La sécurité avant tout

Qu'il s'agisse d'achats, de consultation de sites ou de courrier électronique, il existe des moyens de garantir votre sécurité sur Internet.

Le magasinage et la sécurité

Si un site Web d'achat en ligne garantit un paiement en ligne sécurisé (procédé de cryptage et de brouillage), vous ne devriez rencontrer aucun problème. Toutefois, un bon site Web propose aussi d'autres moyens de paiement : envoi de chèque par courrier ou appel téléphonique pour régler les détails de la transaction.

 Aide

Vos achats sécurisés sur amazon.fr

Votre sécurité est notre priorité n°1.

Plusieurs millions de consommateurs à travers le monde font confiance à Amazon pour leur **serveur sécurisé***, nous ne déplorons à ce jour aucun incident lié à une utilisation fraudul sont transmises en toute sécurité.

Notre serveur sécurisé

Nous utilisons une technologie performante : un serveur sécurisé (SSL) qui assure la fiabilit Ce logiciel **crypte toutes vos données personnelles** indispensables au traitement de vos coordonnées bancaires), au moment de leur saisie. Au cours de leur unique transfert via In lire.
La seule information circulant ensuite sur notre site, lors de vos commandes, est **un numér** qu'aucun calcul algorithmique ne permet de trouver à partir du véritable numéro de la carte

Les virus et Internet

Les virus informatiques peuvent endommager sérieusement votre PC. Pour éviter qu'ils ne le contaminent via Internet, utilisez un logiciel antivirus. Lorsque vous téléchargez des fichiers, assurez-vous que l'option de confirmation avant ouverture est cochée dans votre antivirus. Ne la désactivez que si vous êtes sûr du fichier.

Les macros présentent également un risque si elles arrivent via une pièce jointe dans un courrier électronique. Choisissez un antivirus qui vérifie automatiquement les messages entrants et leurs pièces jointes. Word 97 propose aussi une protection contre ce type de virus. Ouvrez le menu **Outils** et cliquez sur **Options**. Dans l'onglet **Général**, cochez « Protection contre les virus contenus dans les macros ».

Les enfants et Internet

Le meilleur moyen d'éviter que les enfants ne tombent sur des sites Internet indésirables, c'est d'utiliser un logiciel spécial tel que SurfPass ou Cyber Patrol, qui interdit l'accès aux sites Web dont le contenu est suspect. D'autres logiciels répertorient dans un journal tous les sites consultés depuis votre PC, ce qui permet de savoir ce que les enfants ont vu. Le bouton Historique de votre navigateur propose une fonction similaire (voir ci-dessous).

Windows 98 permet aussi de définir un système de gestion des accès, afin de déterminer quels sites sont autorisés à la consultation selon différents critères : langage, nudité, sexe et violence. Ouvrez le menu **Démarrer** et sélectionnez **Paramètres** puis **Panneau de configuration**. Cliquez deux fois sur l'icône **Options**

Internet, sur l'onglet **Contenu** et sur le bouton **Activer**. Dans l'onglet « Contrôle d'accès », cliquez sur chaque catégorie, réglez-les toutes sur le « Niveau 1 » et cliquez sur **OK**. La première fois, vous devez définir un mot de passe de superviseur. Ne l'oubliez pas au cas où vous souhaiteriez modifier les paramètres du contrôle d'accès.

Protéger votre adresse électronique

Parfois, des sociétés commerciales ou des individus envahissent votre messagerie électronique de courrier ; cette pratique douteuse est connue sous le nom de *spamming* (pollupostage). Essayez de vous en protéger en omettant votre adresse dans les formulaires que vous remplissez, que ce soit à la main ou sur le Web. Ne donnez votre adresse électronique qu'à des personnes de confiance. Les sociétés commerciales sérieuses sur Internet doivent vous donner la garantie de ne pas diffuser votre adresse.

Le bouton Historique

Il existe un moyen simple de savoir quels sites Web ont été consultés depuis votre PC : le bouton Historique d'Internet Explorer. Lorsque vous cliquez dessus, la liste de tous les sites visités s'affiche à gauche du volet d'exploration.

Pour spécifier le nombre de jours accessibles, ouvrez le menu **Démarrer** et sélectionnez **Paramètres** puis **Panneau de configuration**. Cliquez deux fois sur l'icône **Options Internet**. Dans l'onglet Général, tapez le nombre dans la zone « Nombre de jours pendant lesquels ces pages sont conservées ».

À vous les joies du multimédia !

Utilisez votre ordinateur pour regarder des séquences vidéo et écouter la radio

Le mot multimédia symbolise l'étonnante aptitude des ordinateurs modernes à fournir toutes sortes d'informations à la fois : des images, du texte, des animations, du son et de la vidéo.

Sur un site Web bien conçu, le multimédia permet de transmettre davantage d'informations, et ce, d'une manière plus plaisante. C'est ainsi qu'un petit clip viendra compléter la présentation d'un film ou qu'une émission de radio en direct sera proposée sur un site consacré aux actualités. Quoi qu'il en soit, l'utilisation du multimédia dans certains sites peut être du pire comme du meilleur effet.

L'image et le son sur Internet

Pour vous adonner aux joies du multimédia sur le Net, vous devez enrichir votre navigateur de fonctions supplémentaires.

Un navigateur Web plus rapide

Tous les navigateurs Web, y compris Microsoft Internet Explorer et Netscape Navigator, savent gérer le multimédia de base. Cependant, pour visionner certains clips vidéo et animations, vous devez avoir installé des extensions ou *plug-ins* (miniprogrammes plus ou moins sophistiqués). Les meilleurs, tels que Shockwave, et les plus répandus offrent surtout du son, de la vidéo et des animations stockés sous différents formats. RealPlayer (www.real.com) et Shockwave (www.macromedia.com) sont les plus utilisés. Téléchargez-les depuis le Web sur des sites tels que Plug-ins Land.

Mot-clé
Extension (ou Plug-in) *Il s'agit d'un petit logiciel qui ajoute de nouvelles fonctions à votre navigateur Web. Une fois qu'une extension est installée, votre navigateur l'utilise automatiquement quand il en a besoin.*

Attention
Ne restez pas sur Internet juste pour écouter la radio. Ce serait en effet dommage de payer pour écouter votre station locale préférée alors qu'un poste de radio ordinaire vous l'offre gratuitement !

Télécharger une extension
Connectez-vous à Internet comme d'habitude. Dans la page d'accueil qui s'affiche, tapez « www.real.com » ou « www.france.real.com/index.html » dans la zone de l'adresse et appuyez sur la touche **Entrée**. Dans la page suivante, cliquez sur le lien

qui permet de télécharger la version gratuite de RealPlayer.
Suivez les instructions : vous devez remplir un formulaire d'enregistrement et indiquer l'endroit d'où vous téléchargez (cela dépend du lieu où vous vivez). Lancez le téléchargement ; spécifiez si vous voulez exécuter le programme ou l'enregistrer sur votre disque. Choisissez l'enregistrement. Maintenant,

indiquez où stocker le fichier (c'est le moment ou jamais de créer un nouveau dossier intitulé « Téléchargement » sur votre disque dur).
Ensuite, une fenêtre vous permet de suivre le déroulement du téléchargement.

Installer une extension
Pour installer RealPlayer, cliquez deux fois sur le fichier que vous avez téléchargé sur votre disque dur et suivez les instructions qui s'affichent. À la fin de l'installation, une icône de raccourci apparaît sur le

bureau. Cliquez deux fois dessus pour ouvrir RealPlayer et voyez quelles chaînes vidéo sont proposées. Sélectionnez-en une et attendez que l'écran se charge. Vous devez bien sûr être connecté pour visionner un clip vidéo sur Internet.

Écouter la radio
L'extension RealPlayer permet également d'écouter des émissions de radio en direct sur Internet. Ainsi, vous aurez accès aux actualités régionales et aux musiques du monde entier. Visitez www.comfm.fr/live/radio/ et radios.syxys.com/ pour avoir une liste complète des émissions accessibles sur le Net.
Votre PC doit cependant disposer de haut-parleurs et d'une carte son (périphérique indispensable pour convertir des données numériques en un son).

Naviguer plus vite
Les fichiers multimédias sont parfois très volumineux. Les pages Web qui comportent de nombreux éléments multimédias mettent beaucoup de temps à s'ouvrir. Il est cependant possible de désactiver certains de ces éléments, afin que le navigateur ne les charge pas. Ouvrez le menu **Démarrer** et sélectionnez **Paramètres** puis **Panneau de configuration**. Cliquez deux fois sur l'icône **Options Internet**.

Cliquez sur l'onglet **Avancées** et utilisez les barres de défilement pour bien voir la rubrique Multimédia.
Notez que certains éléments sont cochés. Pour désactiver l'option sélectionnée, il suffit de cliquer dessus (inutile de désactiver « Tramage intelligent de l'image »). Cliquez sur **Appliquer**, puis sur **OK**. La prochaine fois que vous accéderez à une page Web, celle-ci s'affichera sans le son ou sans les images.

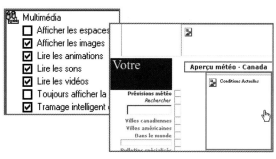

Se faire des amis sur le Net

Utilisez le Web pour nouer de nouveaux contacts

L'un des aspects les plus passionnants d'Internet, c'est qu'il rassemble des personnes très différentes. Pour contacter des gens partageant le même centre d'intérêt que vous, il suffit de vous abonner à une liste de diffusion. Il est aussi possible de dialoguer en temps réel (les messages s'affichent sur l'écran du destinataire au fur et à mesure que vous les tapez) en rejoignant un groupe de discussion.

Il existe sur Internet un espace en pleine expansion, Foorum, qui regroupe des milliers de groupes de discussion. Ces derniers sont appelés *chat* en anglais, terme que l'on retrouve dans les sites français. Procurez-vous une liste des principaux groupes de discussion auprès de votre fournisseur d'accès à Internet.

> Déterminez hors connexion quels sont vos centres d'intérêt. Prenez garde à que ce passe-temps n'augmente pas trop votre facture mensuelle !

▶ AVANT DE COMMENCER

1 Si vous souhaitez échanger des informations et discuter, vous avez d'abord besoin d'une liste de diffusion adéquate. Connectez-vous à Internet, tapez « www.foorum.fr » dans la zone d'adresse du navigateur et cliquez sur **OK** ou appuyez sur **Entrée**.

Qu'est-ce que Francopholistes ?

Le site Web Francopholistes recense des milliers de listes de diffusion proposées sur Internet ; c'est aussi l'endroit idéal pour commencer à chercher des personnes partageant les mêmes centres d'intérêt que vous. Partez à la recherche de groupes ou de forums de discussion afin d'échanger et d'apprendre.

Mot-clé

Liste de diffusion Abonnez-vous à des listes de diffusion pour recevoir des informations sur votre sujet de prédilection par courrier électronique. Lorsqu'un message est envoyé, tous les membres le reçoivent.

Vous êtes dans : Accueil France

Forums Francais

📁 fr.petites-annonces.musique

📁 fr.rec.arts.musique.autre

📁 fr.rec.arts.musique.classique

📁 fr.rec.arts.musique.hip-hop

📁 fr.rec.arts.musique.jazz

📁 fr.rec.arts.musique.pratique

📁 fr.rec.arts.musique.rock

Recherche

Rechercher un forum sur un thème précis :

[   ] Chercher

exemple: médecine, humour, astronomie, animaux, réseau, ou "fr.misc", "alt.bio")

Sélection par thème

🔴 **Arts & Culture**
Education, Politique, Problèmes de société, Littérature, Religions, Histoire...

🔴 **Business & Economie**
Emploi, Droit, Economie, Business, Hi-fi/video/telephonie mobile, Finances & bourse...

🔴 **Informatique & Internet**
Petites annonces, Langages & programmation, Materiel et peripheriques, Sécurité et virus,

🔴 **Loisirs & divertis**
Musique, Jeux videos, Hobbies, Cinéma, TV, Jeux, Voyages...

🔴 **Science & Biolog**
Biologie, Astronomie, Ecologie, environnement, Chimie, Agron physiques, Archeologie...

🔴 **Sports**
Football, Rugby, Cyclisme, Voil Roller et skateboard, Hippisme

10.08 09h53
31.07 11h09 Partos Marcus Miller
23.07 20h44 miles davis
22.07 04h14 miles davis
20.07 11h41 Partos Marcus Miller
20.07 00h04 miles davis
18.07 11h52 miles davis
12.07 16h47 Bon album de Miles Davis ?
11.07 09h22 Bon album de Miles Davis ?
10.07 19h18 Bon album de Miles Davis ?
10.07 16h55 Bon album de Miles Davis ?
10.07 09h36 Bon album de Miles Davis ?
10.07 09h20 Bon album de Miles Davis ?
09.07 19h54 Bon album de Miles Davis ?

Sujet: Bon album de Miles Davis ?
10.07 19h18   Re: Bon album de Miles Davis ?   dominique poublan

La Source <lasource@france.com> a écrit dans le message :
3967F235.F0366829@france.com ...
> Je commence à m'intéresser à Miles Davis. Pourriez vous me conseiller un
> bon album de ce grand jazzman ?

Dans tout ce qu'il a fait, et en résumant au MAXIMUM, les trois oeuvres

Poster
Répondre: Poster un nouveau message sur ce sujet

Vous êtes dans : Accueil France / Musique / Forum fr rec.arts.mu album de Miles Davis ? / **Poster un message**

Tapez le message que vous souhaitez poster dans le

Votre nom :   michel
Votre email :   michel@wanadoo.fr
Votre Société :   [   ]
Sujet :   Re: Bon album de Miles Davis ?
Votre message :

Bonjour Dominique,
Je suis entièrement d'accord avec vous au sujet des
vous considérez comme étant les meilleurs.

Salutations

Michel

2 La page d'accueil du site vous permet de taper un mot clé dans la zone « Chercher » ou bien de parcourir les différentes rubriques classées par thèmes. Pour chercher une liste sur le jazz par exemple, cliquez sur le lien **Musique** sous la catégorie **Loisirs & divertissements**.

3 Une liste de sous-catégories s'affiche; cliquez sur **fr.rec.arts.musique.jazz**. Sur la nouvelle page apparaissent tous les messages se rapportant à ce thème. Cliquez sur un des liens pour accéder au message qui vous intéresse (ici, **Bon album de Miles Davis ?**).

4 Si vous souhaitez répondre à l'un des messages diffusés, cliquez sur le bouton **Poster**. Remplissez le formulaire proposé puis tapez votre texte dans la zone prévue à cet effet. Ensuite, cliquez sur le bouton **Poster ce message**.

Les groupes de discussion

Les groupes de discussion sont formés par des personnes partageant le même centre d'intérêt. Il existe plus de 30 000 groupes de discussion, sur les thèmes les plus variés. Demandez à votre fournisseur d'accès de vous procurer la liste des groupes qu'il reconnaît. Des sites Web tels que www.newsplus.org et news.voila.fr vous présenteront le monde des forums de discussion. Soyez prudent : les informations que vous y trouverez ne sont pas toujours exactes.

voilà   Les services de Voila ▾

Accueil > Newsgroups > Informations

Informations
◆ **Accueil**
◆ **Recherche**
◆ **Thématiques**
◆ **Exploration**
◆ **Newsgroups**
◆ **F.A.Q**

Voila News, à la découverte des News francophones

Voila News vous permet d'explorer l'ensemble des Newsgroups francophones, lire les articles, poster et aussi répondre.

Une fonction de recherche rapide par mot-clés vous permet de localiser des articles rapidement.

Fini les paramétrages des logiciels trop compliqués et les longs moments

Mot-clé

Salon de conversation (bavardoir) *Espace à part sur un site Web qui permet de dialoguer en temps réel (les messages s'affichent sur l'écran du destinataire dès qu'ils sont tapés et la réponse peut être immédiate).*

*Créez votre propre salon de conversation si ceux qui vous sont proposés ne vous conviennent pas. Pour cela, cliquez sur **Créer une discussion**.*

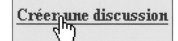

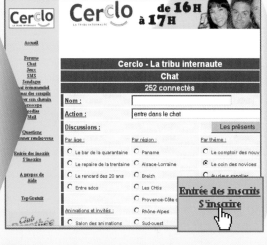

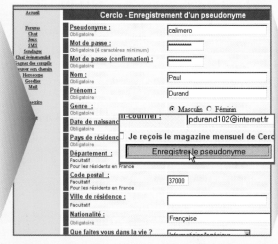

5 Pour en savoir plus sur les salons de conversation, commencez par en visiter un. Le site Cerclo (www.cerclo.com) est un bon point de départ. Dans la page d'accueil, cliquez sur le lien **Chat** proposé dans le volet gauche de la page.

6 Utilisez les barres de défilement à droite de la page pour passer en revue les différents salons de conversation. Si l'un d'eux vous intéresse, cliquez tout d'abord à gauche sur **S'inscrire**.

7 Tapez un pseudonyme (le nom qui s'affichera lorsque vous discuterez en ligne). Cliquez sur le bouton **Enregistrer le pseudonyme** pour valider votre inscription. À ce moment-là, vous recevrez un accusé de réception vous informant que vous avez été enregistré. Vous pouvez dès lors entrer dans un salon.

Le logiciel de conversation

Pour discuter (par écrit) sur Internet avec d'autres internautes en temps réel, vous avez besoin d'un logiciel spécial qui permet de créer un canal de discussion privé (IRC, *Internet Relay Chat*) où les visiteurs se réunissent pour parler ensemble. Allez par exemple sur le site Mégagiciel (www.megagiciel.com) pour télécharger un des programmes spécialement conçus pour cela. Cliquez sur le lien **Internet**, sur **IRC** puis sur **Forum** et sélectionnez dans la liste l'un des logiciels proposés. Installez la version correspondant à votre système d'exploitation. Téléchargez le programme sur le bureau puis installez-le. Ensuite, lancez ce programme depuis votre menu Démarrer.

Dans l'écran de la conversation, vous voyez le nom de l'expéditeur devant chaque message. Pour plus de clarté, ceux que vous tapez sont accompagnés de votre nom.

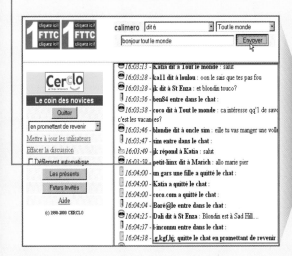

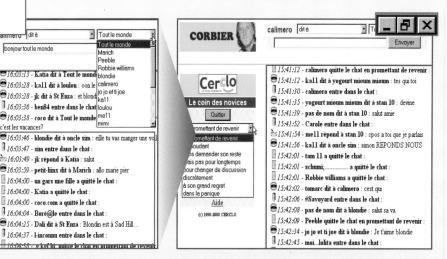

8 La conversation en cours s'affiche ligne par ligne. La liste des personnes présentes dans cet salon de conversation figure dans un volet, généralement sur le menu déroulant situé en haut, à droite de l'écran. Tapez votre message dans la zone prévue à cet effet en haut de la fenêtre de conversation et cliquez sur **Envoyer**.

9 Si vous souhaitez discuter avec un participant en particulier, sélectionnez son pseudonyme dans le menu déroulant situé dans la partie supérieure droite de la fenêtre. Ces conversations privées ont lieu dans une fenêtre distincte. Si vous ne le souhaitez pas, choisissez « Tout le monde » dans ce même menu.

10 Pour vous joindre à une nouvelle conversation, quittez celle où vous vous trouvez en appuyant sur le bouton **Quitter**. Sélectionnez si vous le souhaitez, dans le menu déroulant, la raison pour laquelle vous avez décidé de partir. Vous pouvez aussi cliquer sur le bouton **Fermer**.

Parcourir les salons

Si vous souhaitez discuter sur plusieurs sujets dans une même séance, entrez dans plusieurs salons de conversation. Pour commencer, cliquez sur ceux qui vous intéressent. Cliquez sur **Salons personnels et duo** si vous préférez dialoguer en petit comité. Une fois votre sélection effectuée, appuyez sur le bouton **Entrée**.

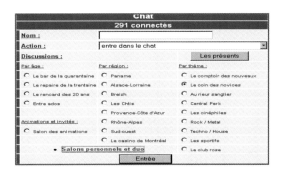

Le commerce sur Internet

Une nouvelle manière d'acheter : pointez et cliquez

Le commerce en ligne est l'un des secteurs qui se développent le plus vite sur Internet, sans doute grâce au choix incomparable qu'il propose. Nombreux sont ceux qui préfèrent acheter sur le Net simplement parce que c'est plus pratique : pas de voiture à garer ni d'attente à la caisse, des boutiques ouvertes vingt-quatre heures sur vingt-quatre et sept jours sur sept, sans compter la livraison à domicile.

En outre, les produits sont bien souvent moins chers qu'ailleurs, même avec les frais de livraison.

Ici, vous apprendrez à acheter un livre et un disque compact. Inspirez-vous de la méthode décrite pour vos propres achats en ligne.

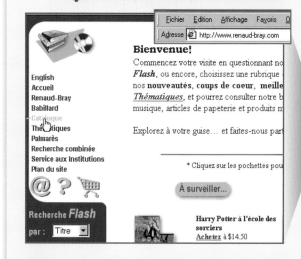

Vérifiez que le modem est branché dans une prise électrique et que son câble est relié au réseau téléphonique. Ensuite, allumez-le.

AVANT DE COMMENCER

1 Connectez-vous à Internet. Dans la zone d'adresse de votre navigateur, tapez l'adresse d'un site d'achat en ligne (ici, www.renaud-bray.com). Cliquez sur **OK** ou appuyez sur **Entrée** et attendez que la page d'accueil du site s'affiche. Ensuite, cliquez sur **Catalogue**.

Les sites d'achats en ligne les plus connus

Voici les adresses des sites de commerce en ligne les plus connus :

- www.amazon.com (livres)
- www.archambault.ca (musique)
- www.comptoirinfo.com (équipement informatique)
- www.pagesjaunes.ca (annuaire)
- www.bonvoyage.com (billets et voyages)
- www.iga.net. (cybermarché)

Astuce

Lorsque vous effectuez un achat sur Internet, notez la date d'achat, l'article, le prix, le numéro de téléphone ou l'adresse électronique du contact… Ces informations seront utiles pour toute question ultérieure.

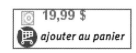

*Quand vous cliquez sur l'icône **Ajouter au panier**, vous ne vous engagez pas à acheter. Vous collectez simplement des articles.*

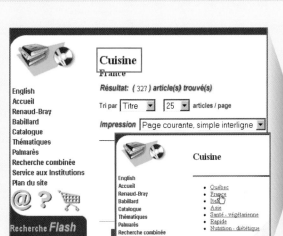

2 Pour explorer la catégorie que vous avez sélectionnée, cliquez sur le sujet de votre choix **(Cuisine,** dans notre exemple), puis sur

la région qui vous intéresse. Vous pouvez également utiliser la barre de défilement sur la droite de la page.

3 Pour obtenir plus de détails sur un des ouvrages proposés, par exemple la critique ou le prix, cliquez sur son titre. Pour le mettre de côté en vue de l'acheter, cliquez

dessus puis sur le bouton **Ajouter au panier**. Vous pouvez également chercher les autres livres du même auteur en cliquant sur le nom de celui-ci.

4 Choisissez autant de livres (ou de produits) que vous voulez. Le contenu du panier indique les articles choisis, avec

sous-total et total. Pour valider la commande que vous venez d'effectuer, cliquez sur **Confirmer la commande**.

La recherche rapide

La page d'accueil de Renaud-Bray propose une fonction de recherche via la case située à gauche. Tapez le nom de l'auteur, le titre ou le sujet du livre et cliquez sur **Rechercher**. Une liste de livres répondant au critère choisi s'affiche.

Recherche combinée

Vous pouvez mieux cibler le champ de vos recherches avec la fonction Recherche combinée. Parmi les critères possibles, vous aurez le titre, le nom de l'auteur et celui de l'éditeur.

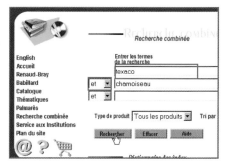

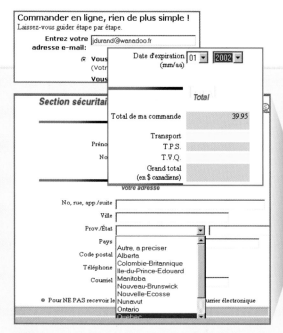

Commander en ligne, rien de plus simple !
Laissez-vous guider étape par étape.

Entrez votre
adresse e-mail: jdurand@wanadoo.fr

Date d'expiration 01 ▾ 2002 ▾
(mm/aa)

Section sécurit...

Total

Total de ma commande 39.95

Transport
T.P.S.
T.V.Q.
Grand total
(en $ canadiens)

Votre adresse

No, rue, app./suite
Ville
Prov./État
Pays
Code postal
Téléphone
Courriel

Autre, a preciser
Alberta
Colombie-Britannique
Ile-du-Prince-Edouard
Manitoba
Nouveau-Brunswick
Nouvelle-Ecosse
Nunavut
Ontario
Quebec

◉ Pour NE PAS recevoir le ...

*Achetez votre musique sur Internet;
vous ferez peut-être des économies. Ici
nous utilisons le site Web
d'Archambault (www.archambault.ca).*

MATÉRIEL INFORMATIQUE

Adresse 🔗 http://www.archambault.ca/:   MAGASINS   ACCÈS

ARCHAMBAULT   MUSIQUE   LIVRES

RECHERCHE AVANCÉE   CHERCHEZ: Zachary Richard   Tous le...

les nouveautés
Musique
vre
D/VHS

es trouvailles
Nouveaux livres
Musique urbaine
Pop francophone
Classique
Pop Rock
Jazz, blues et
musiques du
monde

produits vedettes

Rowling, J.K.
Harry Potter et la
Coupe de Feu
23,99 $
🛒 ajouter au panier

Variés
Big Shiny Tunes 5
16,99 $
🛒 ajouter au panier

quoi...

Un cad...
temps...
Pour vo...
recevoi...
cadea...
consult...
délais d...
vous fe...
sapin!

Donne...
Noël ap...
le temp...
Pierre-...
décemb...
faim!

les nouveautés
Musique
Livre
DVD/VHS

les trouvailles
Nouveaux livres
Musique urbaine
Pop francophone
ssique
p Rock
zz, blues et
musiques du
monde

les
incontournables
Musique classique
Chanson
québécoise -
Années 60

Richard, Zachary

Cap enragé

Richard, Zachary

1	Cap enragé	♪
2	Marjolaine	♪
3	Petit codiac	♪
4	Au bord de lac Bijou	♪
5	J'peux pas m'empêcher	♪
6	Dans le Nord Canadien	
7		
8		
9		
10		
11		

📷 **19,99 $**
🛒 *ajouter au panier*

5 Une page s'affiche vous informant sur les différents modes de paiement mis à votre disposition, la sécurité du site et sa confidentialité. Suivez les instructions pour valider votre achat. Vous pouvez annuler la transaction jusqu'à la dernière minute. Lorsque vous avez terminé, il ne vous reste plus qu'à attendre la livraison.

6 Dans la zone d'adresse de votre navigateur Web. Tapez « www.archambault.ca » et cliquez sur **OK** ou appuyez sur **Entrée**. Dans la page qui apparaît, utilisez la fonction de Recherche avancée si vous savez ce que vous voulez trouver : dans notre exemple, le nom du chanteur cajun et l'onglet Musique.

7 Cliquez sur **Cap enragé**. Une page comportant la table des matières du disque s'ouvre. Dans certains cas, vous trouverez des liens à des fichiers audio qui vous permettront d'écouter un échantillon de la musique proposée sur le CD. Pour mettre un article dans votre panier virtuel, cliquez sur l'icône **Ajouter au panier**.

Astuce
Si vous hésitez à donner des informations concernant votre carte bancaire sur Internet, regardez s'il est possible de commander par télécopie, par téléphone ou par courrier.

Écoutez avant d'acheter

Le programme RealPlayer vous permet d'entendre la musique quand vous cliquez sur les liens qu'offrent les sites commerciaux. Vous pouvez donc écouter avant d'acheter. Vous pouvez télécharger gratuitement RealPlayer à www.realplayer.com.

Personnalisez votre achat

*Pour personnaliser votre achat,
ajoutez un court message.*

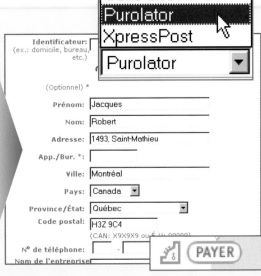

8 Un récapitulatif de ce que vous avez choisi s'affiche : la quantité et le prix sont précisés. Si vous avez acheté plusieurs articles,

cliquez sur le bouton **Mettre à jour** pour obtenir le montant total de vos achats. Si vous êtes satisfait, cliquez sur le lien **Commander**.

9 De nombreuses informations vous sont demandées pour que la livraison soit effectuée dans les meilleures conditions. Entrez ensuite

vos coordonnées personnelles et cliquez sur le lien **Calcul total** pour accéder à la fenêtre vous permettant de régler votre achat.

10 Choisissez votre carte de crédit (le vendeur utilise une technique d'encodage pour brouiller le numéro de la carte lors de son transfert sur Internet) et

cliquez sur le bouton **Valider la commande**. Vous recevrez une confirmation. Ensuite, il ne vous reste qu'à attendre la livraison.

Cela peut valoir la peine d'acheter à l'étranger. Certains vêtements et matériels informatiques sont parfois moins chers aux États-Unis, même avec les frais d'importation et les taxes. Mais commencez par vous informer sur le cours de la monnaie utilisée sur le site. De nombreux sites tels que iAgora (http://www.iagora.com) mettent à votre disposition des convertisseurs monétaires. Tapez la somme à convertir et choisissez la devise. Le résultat s'affiche dans une fenêtre.

Les antiquités sur le Web

Trouvez la pièce rare sur le réseau !

Internet est une source d'informations idéale pour les collectionneurs de disques, de modèles réduits, de tableaux, de meubles anciens… Pour les passionnés d'antiquités, le Web représente une nouvelle façon d'acheter et de négocier grâce aux nombreux sites spécialisés dans les enchères virtuelles. Les collectionneurs trouveront, en outre, tous les renseignements souhaités sur les ébénistes, peintres, graveurs et autres artisans de génie. Ils pourront également échanger des informations avec d'autres passionnés, organiser des ventes et des achats ou simplement discuter de leur violon d'Ingres.

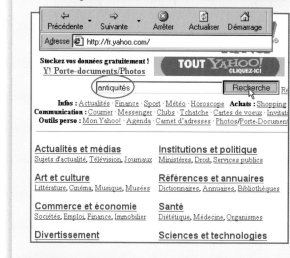

> *Faites une liste des catégories ou des mots-clés à utiliser pour la recherche. Ainsi, si vos recherches sont infructueuses sur un premier mot, vous passerez au mot suivant sans perdre de temps.*

AVANT DE COMMENCER

1 Connectez-vous à Internet. Dans la zone d'adresse du navigateur, tapez l'adresse d'un moteur de recherche et appuyez sur **Entrée**. Tapez un mot clé dans la zone de recherche (« antiquités » dans notre exemple), puis cliquez sur le bouton **Recherche** ou sur l'une des catégories proposées si l'une d'entre elles vous convient.

Les moteurs de recherche

Les moteurs de recherche les plus répandus sont :
- www.altavista.com
- www.google.com
- www.lycos.com
- www.yahoo.ca
- www.excite.com
- www.toile.qc.ca

Astuce

Si vous achetez un objet aux enchères dans une devise étrangère, vérifiez le taux de change. Le prix sera calculé d'après le taux de change du dernier jour des enchères. Renseignez-vous auprès du commissaire-priseur.

Attention

Si vous vous joignez à une discussion en ligne, ne donnez jamais votre numéro de téléphone ni votre adresse personnelle aux autres membres du groupe et respectez les règles du forum.

2 Au bout de quelques secondes, une liste de sites Web relatifs aux antiquités s'affiche. Chacun des sites retenus par le moteur de recherche est accompagné d'un bref descriptif. Pour en visiter un, cliquez sur son nom (lien hypertexte bleu). Si vous souhaitez revenir à la liste des sites, cliquez sur le bouton **Précédente** de votre navigateur Web.

3 Soyez très précis dans le choix de vos mots clés pour affiner votre recherche dès le début. Tapez par exemple « secrétaire Louis-Philippe » pour réduire le nombre de sites Web proposés. Ces sites incluent des éditeurs de livres, des revendeurs, des passionnés et des experts.

4 L'un des sites proposés pour le mobilier de style Louis-Philippe est la Gazette (www.gazette-drouot.com), le site de la salle des ventes de l'hôtel Drouot. Ce site recense l'ensemble des ventes publiques de France. Vous y trouverez un guide pratique, des informations sur les cotes des objets et bien d'autres rubriques.

Les enchères virtuelles

Sur le Web, les enchères se déroulent selon les mêmes principes que les enchères traditionnelles. Les objets sont présentés (souvent à l'aide de photos sur le site), puis les enchères démarrent. Lorsqu'elles se terminent, au bout d'un certain nombre de jours ou de semaines, c'est celui qui a fait l'offre la plus élevée qui acquiert l'objet. En principe, les responsables des enchères sont honnêtes, mais ce n'est pas toujours le cas. N'hésitez pas à leur poser des questions. Interrogez-les sur la manière dont ils gèrent les transactions et demandez-leur si vous devez prévoir des frais supplémentaires.

Surfer sur Internet

Il existe plusieurs méthodes pour parcourir les sites Web, ou surfer sur le Net. Ouvrez un site en tapant son adresse dans la zone prévue à cet effet dans le navigateur Web. Appuyez sur la touche **Entrée**, ou bien cliquez sur son lien (texte souligné) proposé sur un autre site. N'oubliez pas non plus la barre d'outils du navigateur, qui permet d'accéder aux pages précédentes et aux pages suivantes.

Gros plan
Internet Explorer permet de chercher et de parcourir les sites Web dans une seule fenêtre. Lorsque vous affichez le volet de recherche, le cadre de gauche propose le moteur de recherche ainsi que les résultats. Cliquez sur un site à gauche : il apparaît dans le cadre de droite.

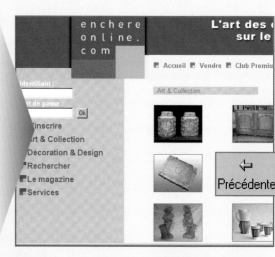

5 Certains sites fournissent des informations et des rubriques pratiques fort utiles. Cliquez par exemple sur **Art-antiques.com** (www.search-antiques.com). Ce site rassemble un grand nombre d'informations sur le monde de l'art et des antiquités. Cliquez sur le guide des styles de mobilier.

6 Une nouvelle page s'affiche. Elle passe en revue tous les styles de mobilier connus. Cliquez sur celui qui vous intéresse (dans notre exemple, « Régence ») pour obtenir des explications détaillées accompagnées de photographies. Le site Art-antiques.com regroupe un nombre important d'informations sur le monde des antiquités.

7 Enchère online.com, (www.enchere online.com), est un autre site qui se présente comme une salle d'exposition virtuelle. Il permet de voir et d'acheter des objets à partir d'un catalogue. Si vous souhaitez revoir une page, cliquez sur le bouton **Précédente** du navigateur, puis sur la page en question.

Chercher une image

Si vous êtes à la recherche d'une image particulière, Lycos vous sera bien utile. En effet, celui-ci indexe également des images. Tapez « http://www.lycos.fr » dans la zone d'adresse, puis cliquez sur **Images & Sons** dans la rubrique « Recherche » et appuyez sur **Entrée**. Tapez le mot clé (ici, « céramique ») dans la zone de recherche. Les résultats s'affichent dans une nouvelle fenêtre.

Raccourci

*La barre des tâches de Windows 98 permet d'accéder directement à Internet. Cliquez dessus avec le bouton droit de la souris, sélectionnez **Barres d'outils** dans le menu local qui s'affiche et cliquez sur **Adresse**. Tapez une adresse Web (URL) dans la zone d'adresse proposée.*

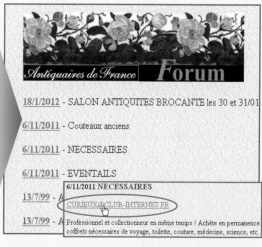

8 De nombreux sites permettent de parler avec d'autres collectionneurs. Les plus connus possèdent leur propre espace de discussion.

Allez sur un site de vente en ligne d'antiquités, Antiquaires de France (www.antiquites.com). Cliquez sur **Forum** pour visiter les salons de conversation.

9 Si vous souhaitez discuter avec d'autres passionnés de brocante ou passer une annonce, inscrivez-vous en tapant votre adresse

électronique dans la fenêtre qui s'affiche. Donnez un titre à votre message, puis tapez-en le contenu. Cliquez sur le bouton **Envoyer**.

10 Pour consulter un message, cliquez sur un des liens proposés : son contenu s'affiche. Pour

répondre à l'un d'eux, cliquez directement sur l'adresse électronique de l'expéditeur.

Bien utiliser les moteurs de recherche

Chaque moteur de recherche permet d'affiner ou d'élargir vos recherches selon ses propres moyens. Sur la page d'accueil, vous trouverez des rubriques d'aide qui vous permettront d'utiliser efficacement la fonction de recherche.

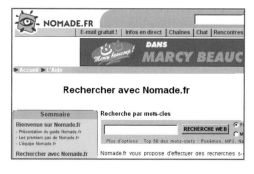

Créez votre site Web

Et inscrivez votre marque personnelle dans le monde d'Internet !

Et voici le projet le plus passionnant à réaliser sur Internet : créez votre propre site Web. C'est l'opportunité d'envoyer un message à des millions de gens !

Concevez un site Web pour promouvoir une association ou une société, ou bien pour communiquer avec d'autres personnes sur les sujets qui vous tiennent à cœur. Pas besoin d'être en ligne : créez votre site dans Word. Ensuite, il ne

faut que quelques minutes pour vous connecter à Internet et publier vos pages grâce à l'Assistant Publication de sites Web qu'offre Windows 98.

Avec Windows 95, vous avez besoin d'un programme de publication de sites Web distinct. Ensuite, tout le monde peut consulter vos pages. En outre, que vous soyez en ligne ou non, le site reste accessible à tous.

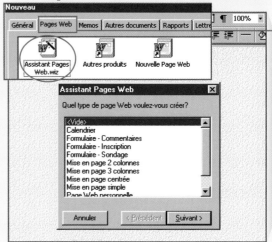

Vous avez besoin d'un espace et d'une adresse Web chez votre fournisseur d'accès à Internet (voir p. 90). Il vous faut l'option de création de pages Web de Word et l'Assistant Publication de sites Web de Windows.

► AVANT DE COMMENCER

1 Appuyez sur le bouton **Démarrer**, cliquez sur **Programmes** puis sur **Microsoft Word**. Ouvrez le menu **Fichier** et sélectionnez **Nouveau**. Cliquez sur l'onglet **Pages** **Web**. Ensuite, cliquez deux fois sur l'icône **Assistant Pages Web**. Dans la boîte de dialogue qui s'affiche, sélectionnez « **<Vide>** », puis cliquez sur le bouton **Suivant**.

Installer le créateur de pages Web

Si vous ne voyez pas l'onglet Pages Web, vous devez installer ce module. Pour cela, fermez vos programmes, ouvrez le menu **Démarrer** et sélectionnez **Paramètres**, **Panneau de configuration**, puis **Ajout/Suppression de programmes**. Sélectionnez **Office** dans la liste, cliquez sur **Ajouter/Supprimer** et insérez votre CD-ROM. Cliquez à nouveau sur **Ajouter/Supprimer**, puis cochez la case **Création de pages Web (HTML)**. Cliquez sur **Continuer** pour lancer l'installation.

Attention
Certaines boîtes de dialogue et options présentées ici diffèrent peut-être de celles que vous voyez sur votre PC. Cela dépend des options choisies lors de l'installation de Windows ou d'Office, ou des mises à jour effectuées via Internet. Le projet reste toutefois réalisable.

Mot-clé
Page d'accueil Il s'agit de la page qui fournit le point d'accès à un ensemble de pages liées dans un site Web. Une page d'accueil peut toutefois se suffire à elle-même et ne pas comporter de liens.

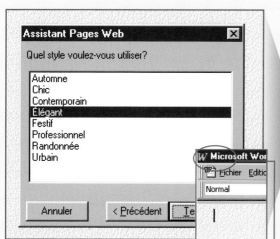

2 Dans la boîte de dialogue suivante, sélectionnez un style pour vos pages. Cliquez sur une des options proposées (**Élégant** dans notre exemple), puis sur **Terminer**. Une page Web vierge s'affiche à l'écran. Donnez-lui un nom et enregistrez-la (voir ci-dessous).

3 Tapez le titre et éventuellement un texte de présentation à afficher en haut de la page Web. Pour définir le style du texte, sélectionnez-le, puis ouvrez le menu **Format** et cliquez sur **Police**. Choisissez une police, un style, une taille, une couleur et un attribut. Cliquez sur **OK**.

4 Pour obtenir une page bien structurée, utilisez un tableau. Positionnez le curseur sur la page en appuyant sur la touche **Entrée**, ouvrez le menu **Tableau** et sélectionnez **Insérer un tableau**. Dans la boîte de dialogue qui s'affiche, indiquez le nombre de colonnes et de lignes que vous souhaitez insérer et cliquez sur **OK**.

Enregistrez la page au format HTML

Les pages Web sont créées dans un langage appelé HTML (*HyperText Markup Language*). Vous n'avez toutefois pas besoin de connaître ce langage, car Word crée le format HTML à votre place. Lorsque la page vierge apparaît, ouvrez le menu **Fichier** et sélectionnez **Enregistrer au format HTML**. Si cette commande n'est pas proposée, sélectionnez **Enregistrer sous** et choisissez **HTML Document** dans la zone « Type de fichier ». Créez un nouveau dossier et donnez un nom à votre fichier. Le nom d'un fichier destiné au Web doit toujours être composé d'un seul mot, en minuscules, les serveurs tournant sous UNIX ne reconnaissant pas les noms de fichier en majuscules ou avec des espaces. Pour modifier votre page, sélectionnez **Ouvrir** dans le menu **Fichier**, puis utilisez la boîte de dialogue qui s'affiche pour la retrouver. Pour l'afficher dans le navigateur et vérifier les liens avant de la publier, cliquez deux fois sur l'icône du fichier.

Pourquoi un tableau ?

Le tableau permet de définir la structure de votre page Web. Sinon, il est plus difficile de positionner correctement le texte et les images. Pour ce projet, nous avons choisi deux colonnes, une pour les images et une pour le texte. Quatre lignes suffiront pour le contenu de la page. Vérifiez que le curseur se trouve bien là où vous souhaitez créer le tableau.

Attention

*Pas de panique si vous ne voyez pas votre tableau alors que vous venez de l'insérer ! Pour le faire apparaître, ouvrez le menu **Tableau** et sélectionnez **Afficher le quadrillage**.*

Astuce

Word propose différents éléments à utiliser lors de la création de vos pages Web. Vous trouverez d'autres choix d'arrière-plans, de boutons et de filets sur le Web et sur les CD offerts dans les magazines d'informatique.

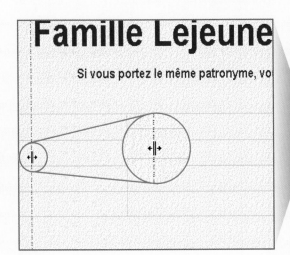

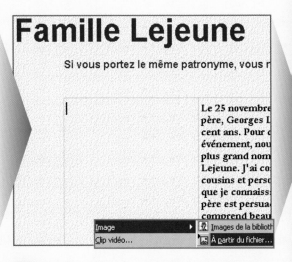

5 Pour régler la largeur d'une colonne, amenez le pointeur de la souris sur sa bordure. Celui-ci prend alors la forme d'une flèche à deux têtes ; cliquez sur le bouton gauche de celle-ci, maintenez-le enfoncé et faites glisser la bordure.

6 Pour placer le texte dans le tableau, cliquez dans la colonne et la ligne souhaitées et tapez le texte en question. La ligne s'agrandit au fur et à mesure de la frappe afin de contenir la totalité du texte. Définissez le style comme dans l'étape 3.

7 Pour insérer des images dans le tableau, cliquez dans la ligne et la colonne souhaitées (la première ligne de la première colonne dans notre exemple). Ouvrez le menu **Insertion** et sélectionnez **Image**, puis **À partir du fichier**. Il est maintenant possible d'importer des photos numérisées depuis le disque dur.

Préparer les images

Pour que vos pages Web se téléchargent rapidement, faites en sorte que les images utilisent le moins de mémoire possible. Il est préférable d'utiliser de petites images enregistrées dans un format compressé. Pour cela, il vous faut un logiciel de traitement des images tel que Paint.

Ouvrez l'image et, dans le menu **Image**, sélectionnez **Attributs**. Spécifiez 171 pixels pour la hauteur et réduisez d'autant la largeur (afin de réduire la quantité de mémoire requise par le fichier). Cliquez sur **OK**. Ouvrez le menu **Fichier** et sélectionnez **Enregistrer sous**. Choisissez **JPEG** (*Joint Photographic Experts Group*) ou **GIF** (*Graphic Image Format*) dans la zone « Type ». Le format JPEG convient mieux aux images possédant des dégradés de couleurs, alors que le format GIF s'utilise plutôt avec des images aux couleurs unies. Dans les deux cas, les images sont compressées. Donnez un nom au fichier et enregistrez-le dans votre dossier Web.

Si les fichiers de vos images ne se trouvent pas déjà dans votre dossier de publication, vous devez les y enregistrer. Elles doivent en effet s'y trouver absolument au moment de la publication.

Le Web est constitué de millions de pages liées. Vous pouvez très bien ajouter des liens depuis votre page d'accueil vers d'autres pages que vous avez créées ou vers d'autres sites Web.

LIER DES PAGES WEB

Insérer une image

Regarder dans: ☐ Web

- Anne
- Grand-Père
- Paul

...me, vous nous intér...

Le 25 novembre 2000, mon gr... Georges Lejeune fêtera ses ce... célébrer cet événement, nous... réunir le plus grand nombre p... Lejeune. J'ai contacté tous les... personnes apparentées que je... Or mon grand-père est persu... famille comprend beaucoup p... membres que nous aurions pe... de vue ou dont nous ignorerio... l'existence ! En effet, il a enter... d'un oncle qui aurait émigré a... fin du XIXe siècle et d'un cous... serait installé en Australie au... siècle dernier.

Famille Lejeune
Album Photos

Voici ma femme Anne Lejeune en compagnie de nos deux enfants, Laura (6 ans) et Paul (4 ans). La photo a été prise à Quimper (Finistère), où nous avons séjourné l'été dernier

Me voici, Jacques Lejeune. Eh, oui, c'est bien moi, celui qui porte des lunettes !

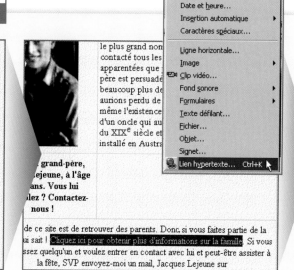

le plus grand nom... contacté tous les... apparentées que... père est persuadé... beaucoup plus de... aurions perdu de... même l'existence... d'un oncle qui au... du XIXe siècle et... installé en Austra...

...grand-père, ...ejeune, à l'âge ...ns. Vous lui ...lez ? Contactez- nous !

Insertion Format Outils Tableau
- Date et heure...
- Insertion automatique
- Caractères spéciaux...
- Ligne horizontale...
- Image
- Clip vidéo...
- Fond sonore
- Formulaires
- Texte défilant...
- Fichier...
- Objet...
- Signet...
- Lien hypertexte... Ctrl+K

de ce site est de retrouver des parents. Donc, si vous faites partie de la ...ui sait ! Cliquez ici pour obtenir plus d'informations sur la famille. Si vous ...ssez quelqu'un et voulez entrer en contact avec lui et peut-être assister à la fête, SVP envoyez-moi un mail, Jacques Lejeune sur

---

8 Une boîte de dialogue s'affiche. Localisez le dossier où se trouvent vos images dans la zone « Regarder dans ». Cliquez sur celle que vous voulez importer, puis sur

Insérer. L'image apparaît dans le tableau. Pour la redimensionner, cliquez dessus, puis sur un point d'angle. Faites glisser la souris tout en maintenant la touche enfoncée.

9 Pour créer une autre page dans votre site, ouvrez une nouvelle page Web vierge comme dans l'étape 1. Enregistrez-la dans le

même dossier que la première. Ensuite, insérez un tableau, tapez le texte et définissez le même style que pour la page précédente.

10 Pour lier cette deuxième page à la page d'accueil, définissez un lien hypertexte. Ouvrez la page d'accueil,

soulignez un ou plusieurs mots à utiliser comme lien, puis ouvrez le menu **Insertion** et cliquez sur **Lien hypertexte**.

Mot-clé

Lien *Un lien est un groupe de mots ou une image qui, lorsque vous cliquez dessus, donne accès à une autre page du Web. Les liens hypertextes sont généralement soulignés et affichés dans une autre couleur.*

Gros plan

*Pour supprimer un lien, sélectionnez les mots qui l'activent, ouvrez le menu **Insertion** et sélectionnez **Lien hypertexte**. Dans la boîte de dialogue « Modifier le lien hypertexte », cliquez sur le bouton **Supprimer le lien**.*

Windows propose l'Assistant Publication de sites Web qui vous guidera pas à pas dans la connexion à Internet et dans la publication de vos pages.

PUBLIER VOS PAGES WEB

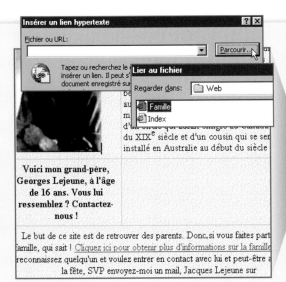

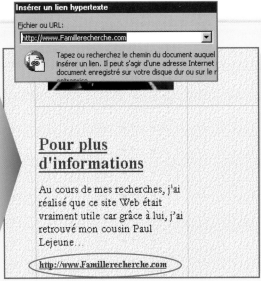

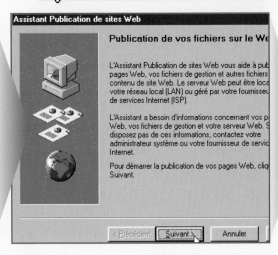

11 La boîte de dialogue « Insérer un lien hypertexte » s'affiche. Cliquez sur le bouton **Parcourir** pour localiser la deuxième page. Lorsque vous l'avez trouvée, cliquez dessus, puis sur **OK**. Le texte que vous avez sélectionné au cours de l'étape 10 est désormais souligné. Le lien est donc créé. Cliquez dessus pour afficher la page liée.

12 Pour créer des liens vers d'autres sites Web, tapez une adresse Web dans la page, puis sélectionnez-la. Ouvrez le menu **Insertion** et sélectionnez **Lien hypertexte**. Cliquez sur **OK** dans la boîte de dialogue. Le lien s'affiche dans votre page. Il mènera directement à ce site.

13 Pour mettre vos pages sur le Net, vous avez besoin de l'aide de l'Assistant Publication de sites Web (voir ci-dessous). Pour lancer cet Assistant, ouvrez le menu **Démarrer** et sélectionnez **Programmes**, puis **Accessoires**, **Outils Internet** et enfin **Assistant Publication de sites Web**. Cliquez sur **Suivant** pour continuer.

Installer l'Assistant Web

Pour installer l'Assistant Publication de sites Web de Microsoft, ouvrez le menu **Démarrer** et sélectionnez **Paramètres**, puis **Panneau de configuration**. Cliquez deux fois sur l'icône **Ajout/Suppression de programmes.** Dans la boîte de dialogue qui s'affiche, cliquez sur l'onglet **Installation de Windows**. Cliquez deux fois sur **Outils Internet**. Dans la liste « Composants », cochez la case **Assistant Publication de sites Web**. Cliquez sur **OK**. Cliquez à nouveau sur **OK**. Insérez votre CD-ROM Windows, suivez les instructions pour terminer l'installation.

Attention
Vérifiez que vous êtes connecté à Internet avant de publier vos pages sur Internet. Si vous n'êtes pas connecté, l'Assistant Publication de sites Web ne pourra pas les mettre sur le Net.

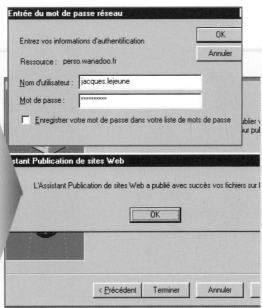

14 Cliquez sur le bouton **Parcourir les dossiers** et sélectionnez le dossier où se trouvent vos pages Web et les images. Cliquez sur

Suivant. Indiquez le nom du serveur sur lequel vous allez publier vos pages (Wanadoo dans notre exemple). Cliquez sur **Suivant**.

15 D'autres informations vous sont demandées, telles que votre adresse Web. Cliquez sur **Suivant** puis sur **Terminer**. Cliquez sur

le fichier qui sera votre page d'accueil (dans notre exemple, **index.htm**) puis cliquez sur **OK**. Vos pages sont dès lors envoyées sur le Web.

16 Ouvrez votre navigateur Web et tapez l'adresse Web correspondant à vos pages dans la zone d'adresse. Cliquez sur **OK** ou appuyez

sur **Entrée**. Dès que vous êtes connecté au Web, votre page d'accueil est localisée puis s'affiche. N'importe quel internaute pourra y accéder.

Mot-clé
__Serveur__ Il s'agit de l'ordinateur qui héberge vos pages Web. En effet, lorsque vous les publiez, vous les transférez sur cet ordinateur. Autrement dit, vous n'avez pas besoin d'être vous-même connecté pour que quelqu'un consulte vos pages.

La recherche sur le Net

Utilisez les techniques d'aujourd'hui pour en savoir plus sur hier

Le Web est l'outil idéal pour des recherches historiques. Quel que soit votre centre d'intérêt, il y a de fortes chances pour que vous le trouviez abordé sur des sites, dans des groupes de discussion et dans les fonds bibliographiques disponibles.

Si vous vous intéressez par exemple à la Première Guerre mondiale, vous trouverez des milliers de réponses sur le Web. Il s'agira tantôt de pages créées par des historiens amateurs, tantôt de sites éducatifs destinés aux enfants, voire de textes de niveau universitaire.

Commencez par effectuer une recherche. Dans ce projet, nous avons utilisé le moteur de recherche Yahoo, mais libre à vous d'en choisir un autre.

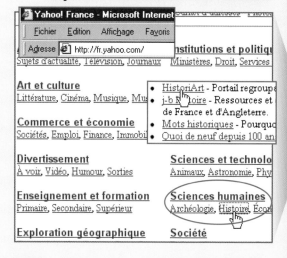

> Sachez à l'avance dans quelle direction orienter vos recherches. Soyez aussi précis que possible et évitez les termes approximatifs. Par exemple, cherchez « Verdun » plutôt que « Batailles ».

AVANT DE COMMENCER

1 Connectez-vous à Internet. Dans la zone d'adresse de votre navigateur Web, tapez l'adresse d'un moteur de recherche et appuyez sur **Entrée**. La page d'accueil de ce moteur de recherche s'affiche. Cliquez sur **Sciences humaines** puis sur **Histoire**, enfin sur **HistoriArt**, portail regroupant les ressources en histoire.

Les sites les plus connus sur la Première Guerre mondiale

Voici quelques adresses de sites intéressants :

- www.pages.infinit.net/jade20/repertoire/index.htm (portail histoire et art)
- www.encyclopedies.hachette-multimedia.fr (encyclopédie en ligne gratuite)
- www.histoire.org/1gm/ (forums, articles et documents)
- www.alapage.com (grande base de données de livres)

Mot-clé

Page d'accueil C'est la première page que vous voyez d'un site Web. Elle présente le contenu et propose des liens vers les différentes parties du site.

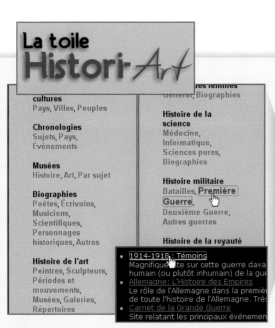

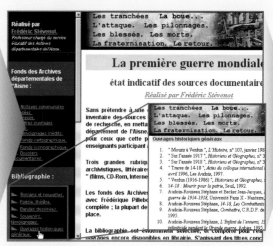

2 Au bout de quelques secondes, une liste de sites Web s'affiche. La Première Guerre mondiale passionne nombre d'internautes. Certains sites sont consacrés au rôle des femmes durant cette période, d'autres aux images d'archives et aux témoignages. Faites défiler la liste et cliquez sur le site **1914-1918 : Témoins**.

3 La page d'accueil apparaît et propose une liste de rubriques. Faites-la défiler et cliquez sur **Ressources**. C'est l'endroit le plus approprié pour commencer vos recherches historiques. Vous y trouverez des bibliographies, des cartes, des références filmographiques, des illustrations et même des enregistrements d'époque.

4 Cette bibliographie donne accès à une quantité impressionnante de données. Cliquez sur une des catégories proposées pour accéder aux informations de votre choix.

Moteur par banque de questions

La fonction de recherche de CyberTrouvetout est particulièrement innovante. Elle fait appel à des personnes en chair et en os chargées de trouver la bonne réponse pour vous. Ce système est encore plus simple d'utilisation que les moteurs de recherche classiques. Il vous suffit de saisir une phrase en langage naturel dans un formulaire proposé. Ce service va alors chercher dans une base de données de questions préalablement définies celle qui s'en rapproche le plus.

N'oubliez pas les boutons Précédente et

Suivante de votre navigateur. Ils vous permettent de revenir sur des sites ou des pages Web que vous avez consultés depuis que vous êtes en ligne.

Astuce

Lorsque vous tombez sur des sites particulièrement intéressants, ajoutez un signet (voir p. 98). Vous y accéderez alors directement, sans taper leur adresse dans la zone d'adresse du navigateur.

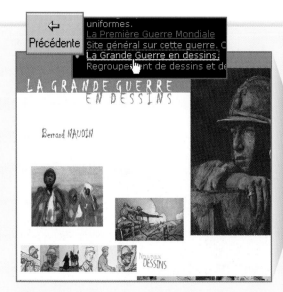

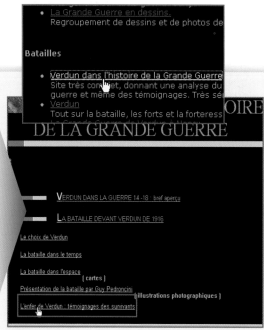

5 Pour trouver d'autres sites intéressants, cliquez sur le bouton **Précédente** du navigateur pour revenir au site HistoriArt. Cliquez sur un autre site, par exemple

La Grande Guerre en dessins. Ce site rassemble des illustrations réalisées par des artistes contemporains du conflit ; elles sont accompagnées de témoignages poignants.

6 Revenez ensuite à la page de la liste des sites issue de votre recherche. Intéressez-vous aux autres catégories

proposées. Cliquez sur **Verdun dans l'histoire de la Grande Guerre** par exemple, puis sur **L'enfer de Verdun**.

7 Maintenant, explorez cette rubrique. Cliquez par exemple sur **La bataille de Verdun dans l'espace** pour voir la ligne de front,

des photos, etc. Lorsque vous avez terminé, cliquez sur un autre lien ou utilisez le bouton **Précédente** de votre navigateur pour revenir à la liste.

La fonction de recherche de Nomade classe les sites Web par éditeur, par pays d'origine, par type (association, personnel, éducatif, gouvernemental, etc.) et informe sur le public visé.

1. La première bataille de la Marne en 1914
Cette bataille, qui a eu lieu en septembre 1914, se dév
Verdun. Découvrez l'histoire de ce moment important d
de documents divers, la progression des armées, l'inte
Éditeur : Association Cavalerie · Nature : Association · Pa
Publics
Sciences humaines et sociales...1900 à nos jours : 1ere G
Adresse : http://perso.club-internet.fr/batmarn1/

2. La grande guerre en dessins
Découvrez le témoignage des poilus de la grande guer
dessins de leurs contemporains (l'aviation, la marine, l
une liste de liens sont également disponibles.
Éditeur : Chassaing, Laurent · Nature : Personnel · Pays
Sciences humaines et sociales...1900 à nos jours : 1ere G
Adresse : http://www.multimania.com/dessins1418

Imprimer une page Web

Pour imprimer une page Web, ouvrez le menu **Fichier** de la barre des menus de votre navigateur, proposée en haut de la fenêtre, et cliquez sur **Imprimer**.

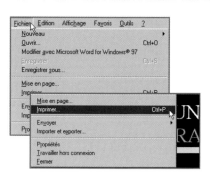

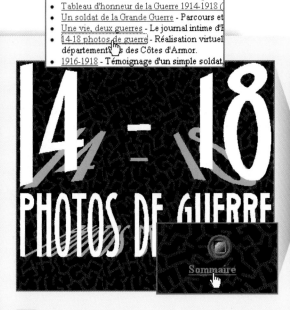

8 Retournez sur Yahoo puis cliquez sur **14-18 photos de guerre**. Ce site est une exposition virtuelle exposée aux archives départementales des Côtes-d'Armor.

Faites défiler la page d'accueil, puis cliquez sur **Sommaire**. Vous accédez alors à un ensemble de rubriques retraçant les grands moments de la Première Guerre mondiale.

9 Ce site est très complet et regorge d'informations, d'images et de témoignages sur les hommes qui ont fait cette guerre. Cliquez sur **Soldats et témoins**. Vous

accédez aux témoignages et aux carnets de guerre de deux poilus bretons qui ont participé au conflit et photographié leur quotidien dans les tranchées.

10 Si vous voulez voir des images de cette guerre, revenez au sommaire, puis cliquez sur **La tranchée**. La rubrique

contient des récits de la vie dans les tranchées ainsi que des photographies que vous pouvez agrandir en cliquant dessus.

Enregistrer une image

Pour enregistrer une image sur votre disque dur, cliquez dessus avec le bouton droit de la souris et sélectionnez **Enregistrer l'image sous**… dans le menu local qui s'affiche. Cliquez sur la flèche proposée au bout de la case « Dans », faites défiler la liste et sélectionnez le dossier dans lequel vous voulez enregistrer l'image. Tapez un nom pour cette image dans la case « Nom » et cliquez sur **Enregistrer**.

Le primaire sur le Net

Aidez vos enfants à faire des progrès grâce à Internet

Internet réserve une place de plus en plus importante à l'éducation et aux enfants. Il offre entre autres des espaces où ils peuvent s'amuser, mais aussi enrichir leurs connaissances, se perfectionner dans diverses matières scolaires et acquérir ainsi des bases qu'ils utiliseront pendant toute leur scolarité, voire au-delà. En fait, il existe des milliers de sites tout aussi utiles pour les enfants que pour les parents. Ce projet présente une sélection de sites ; certains sont interactifs, d'autres sont consacrés aux programmes scolaires.

> *Établissez un emploi du temps précis des sujets que vous souhaitez travailler. Vous aurez ainsi une meilleure maîtrise des temps de connexion.*

► AVANT DE COMMENCER

1 Connectez-vous à Internet. Dans la zone d'adresse du navigateur, tapez l'adresse d'un moteur de recherche, telle que **cf.yahoo.com**. Cliquez sur le lien **Enfants** de la rubrique « Société ». Ensuite, cliquez sur **Yahoo! pour les enfants**. Dans la page d'accueil, tapez un mot-clé dans la case et cliquez sur **Recherche**.

Recherche par catégorie

Outre une case de recherche, certains moteurs de recherche proposent des catégories. Pour affiner une recherche, cliquez sur les sous-catégories. C'est plus pratique pour les enfants, qui risquent de mal orthographier les mots-clés.

- Art et baz'art *(302)*
- École et écoliers *(169)*
- Ordinateurs et jeux vidéo *(105)* NOUVEAU!
- Sciences et bizarreries *(86)*
- Sports et loisirs *(105)* NOUVEAU!
- Sur la planète *(169)* NOUVEAU!

Gros plan

Gardez une trace des adresses des sites Web visités en les ajoutant dans les Favoris ou dans les signets du navigateur (voir p. 98). Il suffira alors de sélectionner le nom du site dans le menu au lieu de taper son adresse dans la zone d'adresse du navigateur Web.

*Cliquez sur le bouton **Précédente** pour revoir les sites et les pages que vous avez déjà consultés depuis que vous êtes connecté.*

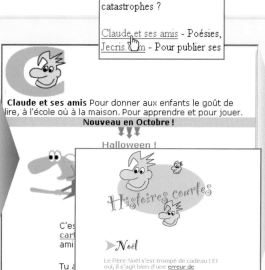

2 Le moteur de recherche affiche la liste des sites qu'il a trouvés, en commençant par ceux qui s'approchent le plus de votre demande. Utilisez la barre de défilement proposée sur le côté droit de la page pour faire défiler cette liste.

3 Pour accéder à un site Web, cliquez sur son nom souligné. Sa page d'accueil s'affiche. Cliquez sur les boutons ou les liens (un texte souligné d'une couleur différente) pour explorer le site. Pour revenir à la liste des sites proposés par le moteur de recherche, cliquez sur le bouton **Précédente**.

4 Le site « Le petit déjeuner d'Ali » est très réussi. Cliquez sur son nom. Dans sa page d'accueil, cliquez sur l'image principale puis sur les liens. Pour copier une image sur votre PC, cliquez dessus avec le bouton droit, sélectionnez **Enregistrer l'image sous** dans le menu, puis enregistrez-la sur votre disque dur.

La plupart des moteurs de recherche fournissent une brève description du contenu des sites Web. Cela permet de savoir si un site est susceptible de vous intéresser ou non.

Sites éducatifs intéressants

- www.petitmonde.qc.ca (site québécois)
- www.lescale.net (site qui suit les programmes du ministère de l'Éducation du Québec)
- www.hachette.net/junior (moteur de recherche destiné aux enfants)
- www.overgame.com (divertissements et jeux pour tous les âges)
- www.freezone.com (possibilité de créer des pages d'accueil)
- www.fnh.org/ (site de la fondation Nicolas-Hulot sur l'éducation à l'environnement)

Astuce

*Apprenez à vos enfants à lire les pages Web volumineuses hors ligne (c'est-à-dire sans rester connecté sur le réseau téléphonique) pour éviter les factures trop élevées. Si vous utilisez Internet Explorer, ouvrez le menu **Fichier** et cliquez sur **Travailler hors connexion**.*

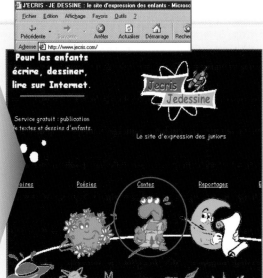

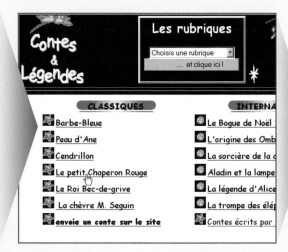

5 Pensez à explorer tous les liens menant aux autres pages du site ou vers des sites apparentés. N'oubliez pas toutefois que le temps passé sur Internet vous coûte de l'argent.

6 La lecture et les histoires sont des éléments clés de l'enseignement. Le site J'écris Je dessine (http://www.jecris.com) est très intéressant. Il propose un espace d'expression aux enfants de 7 à 12 ans, contenant des histoires, des poésies, des quiz, etc. Cliquez sur **Contes** pour vous offrir une agréable séance de lecture.

7 Quand le pointeur de la souris passe sur un lien, il prend la forme d'une main. Sur le site, les histoires sont classées par titres et thèmes. Dans la rubrique, cliquez sur le titre de l'histoire qui vous intéresse pour ouvrir le lien correspondant.

*Pour imprimer une page qui contient des informations utiles, cliquez sur le texte et ouvrez le menu **Fichier**, puis sélectionnez **Imprimer**.*

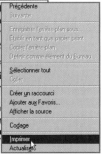

Le site J'écris Je dessine s'adresse aussi bien aux enfants qu'aux parents. Il les informe sur les raisons de la création de ce site et leur propose une adresse électronique qui permet de contacter les administrateurs du site.

page 2/4 *Au fil de votre lecture sur le site J'écris Je dessine, un compteur de pages affiché dans la partie supérieure de l'écran vous permet de savoir où vous en êtes.*

Des sites Web bien conçus tels que celui présenté ci-dessous sont dignes de confiance : leurs pages et les sites qu'ils contiennent sont des espaces adaptés aux enfants.

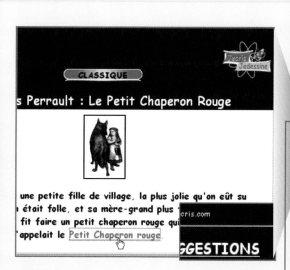

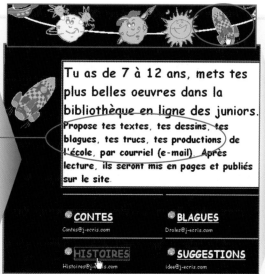

8 Les histoires s'affichent à l'écran, conte après conte. Cliquez sur les liens pour voir les illustrations d'origine qui les accompagnaient. Pour passer à l'histoire suivante, cliquez sur le bouton **Suivant** situé en bas de chaque page.

9 L'aspect le plus intéressant de ce site est sans doute qu'il encourage les enfants à écrire leurs propres histoires, à en découvrir de nouvelles et à envoyer leurs suggestions à propos de celles qu'ils préfèrent. Cliquez sur **Publier** (la fusée), puis sur une rubrique en bas de page.

10 On apprend plus vite en s'amusant. Le site sssplash (www.sssplash.fr/sssplash.html) offre du mouvement, de la couleur et de l'énergie. Ce moteur de recherche spécialement conçu pour les enfants gagne à être connu. Il recense les sites éducatifs mais aussi ludiques disponibles sur le réseau.

Le site J'écris Je dessine offre la possibilité aux jeunes de participer à la vie du site en publiant leurs propres récits ou tout simplement des blagues, des dessins, etc.

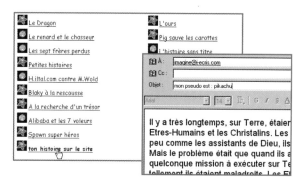

Gros plan
Les liens vers d'autres pages et sites Web sont généralement soulignés et affichés dans une couleur différente de celle du texte normal de la page. Le pointeur de la souris prend la forme d'une main quand il arrive dessus. Cliquez pour ouvrir un lien.

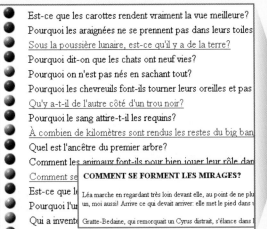
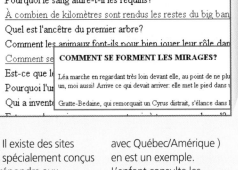

11 Il existe des sites spécialement conçus pour répondre aux questions les plus insolites des enfants. Cyrus (www.osiris.com/cyrus/) , un site construit en accord avec Québec/Amérique) en est un exemple. L'enfant consulte les questions les plus souvent posées, clique sur celle qui l'intéresse pour avoir la réponse.

12 Le courrier électronique constitue également un outil d'apprentissage (www.epals.com/index_fr. html). Epals est un organisme Internet qui relie des salles de classe du monde entier grâce au courrier électronique. Des élèves du même âge peuvent alors correspondre à propos de sujets communs.

13 Les parents dont les enfants sont au primaire peuvent aussi utiliser Internet pour prospecter les sites Web concernant les écoles primaires et les collèges. Le Net des Cartables (http://cartables.net) est l'un d'entre eux.

Se déplacer entre les fenêtres

Parfois, lorsque vous cliquez sur un lien menant à un autre site, une nouvelle fenêtre s'affiche devant la précédente. Pour revenir au site d'origine, activez sa fenêtre.

Pour activer la fenêtre précédente, réduisez ou fermez la nouvelle fenêtre, puis cliquez dans la fenêtre d'origine (le bouton Précédente de la nouvelle fenêtre ne vous permettra pas de revenir en arrière).

Mot-clé

Courrier électronique (e-mail) *Un moyen de communication très rapide offert par Internet. Des messages sont envoyés à l'autre bout du monde via le réseau téléphonique, en quelques secondes seulement.*

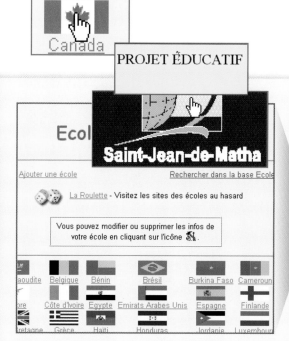

PROJET ÉDUCATIF

Saint-Jean-de-Matha

- EncyclopéWeb *(maj le 03/10/2000)*
  L'encyclopédie des connaissances sur le W
- Liens pour la classe *(maj le 01/10/2000)*
  Histoire, o, sciences, éducation civique, fr
- Espace enfants *(maj le 25/06/2000)*

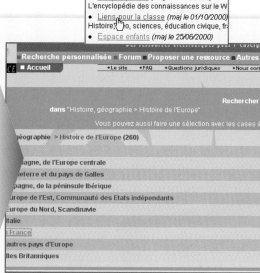

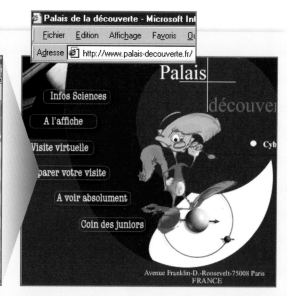

14 Cliquez sur le lien **Canada** et attendez que la page se charge. Ensuite, cliquez sur le lien de l'école qui vous intéresse lorsque celle-ci possède un site Web.

15 Utilisez le bouton **Précédente** du navigateur pour revenir à la page d'accueil du Net des Cartables et cliquez sur **Liens pour la classe**. Cette page comporte de nombreux liens vers des documents sélectionnés par l'éditeur du site, en rapport avec le programme scolaire.

16 Pour finir, amusez-vous tout en apprenant. Visitez le site du Palais de la découverte (www.palais-decouverte.fr). Allez dans Coin des juniors pour faire des expériences, voir des animations, etc.

Le secondaire sur le Net

Collectez des informations qui vous aideront dans vos révisions

Internet est une aide précieuse pour tous ceux qui font des études. Les moteurs de recherche permettent de trouver des informations pour les devoirs scolaires, mais il existe aussi de nombreuses possibilités pour se préparer à des exposés.

Certains sites aident les élèves dans leurs préparations aux examens, proposent des corrigés,

établissent des séances de questions/réponses, offrent des espaces de discussion entre étudiants. Cependant, l'apprentissage via le Web n'est pas systématiquement tourné vers les examens. Les étudiants en langues amélioreront leur niveau grâce à des magazines étrangers en ligne. Pour tous, il existe des moyens de se perfectionner dans des domaines variés.

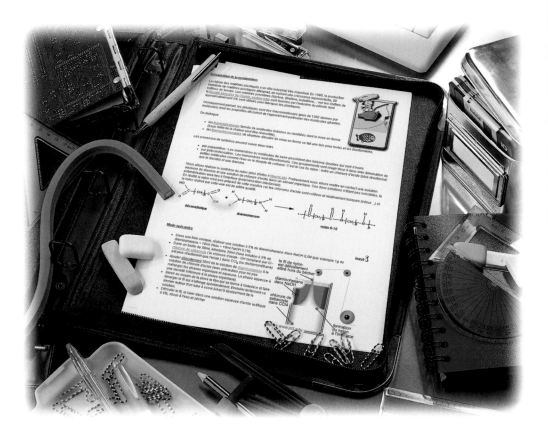

Commencez par établir la liste des sujets qui vous intéressent, puis notez les mots clés et les expressions appropriées pour lancer une recherche.

▶ AVANT DE COMMENCER

1 Connectez-vous à Internet. Dans la zone d'adresse du navigateur Web, tapez l'adresse d'un moteur de recherche (par exemple www.nomade.fr), puis cliquez sur **OK** ou appuyez sur **Retour**. Au bout de quelques secondes, la page d'accueil du moteur de recherche s'affiche.

Gros plan
Bien que l'adresse complète des sites Web comporte « http:// » avant « www… », vous n'avez pas besoin de taper ces lettres dans la zone d'adresse. Pour la plupart des sites Web, commencez simplement par « www ».

Le moteur de recherche Nomade vous indique quels sont les auteurs des sites proposés : personnel, entreprise, association, éducation, public, etc.

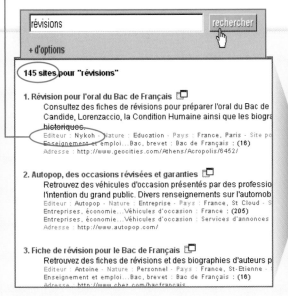

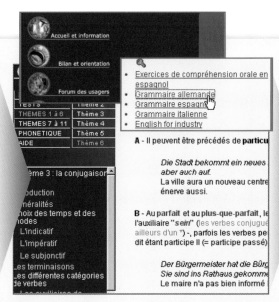

Attention

Lorsque vous effectuez une recherche à l'aide d'un mot, soyez très précis. Si vous cherchez « Examens du bac », vous obtiendrez peut-être des sites qui n'ont rien à voir avec le Bac. Voir p. 96 pour plus de détails sur les recherches.

2 Tapez un mot-clé ou une expression dans la case de recherche. Cliquez sur **Rechercher** ou appuyez sur **Entrée**. La liste des sites Web trouvés s'affiche et leur nombre est indiqué en haut de la page. Faites défiler la page. Pour ouvrir l'un de ces sites, cliquez sur son adresse.

3 Un site idéal pour les études générales, c'est Educasource, moteur de recherche créé par le ministère de l'Éducation nationale en France (www.educasource.education.fr). Vous y trouverez des informations sur les matières des programmes. Cliquez sur l'une d'elles pour l'ouvrir.

4 Certains sites nécessitent un abonnement. Les usagers paient pour accéder à des services et des informations non accessibles à tous les visiteurs. Généralement, un aperçu du contenu vous permet de décider s'il vous sera utile de vous abonner.

Logiciel en plus

L'interactivité dans certains sites requiert l'extension Shockwave Player si vous voulez y intervenir. Si vous ne l'avez pas déjà, téléchargez-la sur le site www.macromedia.fr. (Pour plus d'informations sur les extensions, voir p. 102.)

Conseils pour l'inscription

Des services Internet bien conçus donnent la possibilité de s'inscrire soit en ligne, soit par télécopie. Lisez attentivement les conditions d'inscription. Si vous devez payer en ligne, le serveur doit être sécurisé et les informations de votre carte de crédit ne doivent pas être vues par d'autres personnes.

5 Un autre site donne des informations utiles ; Rescol (www.rescol.ca). Sur la page d'accueil, cliquez sur **Ressources** **pédagogiques** pour accéder à la liste alphabétique des programmes d'études. Cliquez sur ceux-ci pour explorer leur contenu.

6 Le site des Débrouillards (www.lesdebrouillards. com) propose quant à lui des informations sur tout ce qui relève du domaine scientifique : on y trouve des pages consacrées à la chimie, mais également à la physique, à la biologie et à toutes sortes de sujets.

7 Les moteurs de recherche vous aideront à trouver des sites conçus par des universitaires passionnés. Le labyrinthe (http://perso.cybercable.fr/ naintern/labyrinthe/accueil .html) est, par exemple, le site personnel d'une amoureuse de la littérature qui propose, entre autres, les biographies d'écrivains français.

Des infos par courrier

Les liens vers d'autres sites Web ne sont pas les seuls textes soulignés sur une page. Il existe en effet des liens vers des adresses électroniques. Sur netScool et Prof en ligne (voir p.137) par exemple, il est possible d'adresser des courriers électroniques à des professeurs en ligne, chargés de répondre à toutes les questions que vous leur soumettez dans les différentes matières scolaires.

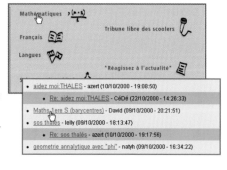

Avis aux parents

Attention à la conversation en ligne : vos enfants risquent de devenir accros ! Si vous les laissez discuter avec d'autres jeunes de leur âge sur le Web, imposez-leur un temps limite, de la même manière que vous ne restez pas des heures au téléphone.

Il existe plusieurs programmes qui affichent le temps de connexion, pour connaître le temps passé sur Internet ainsi que son prix. Certains permettent le réglage d'une alarme qui se déclenche quand la somme maximale autorisée est atteinte.

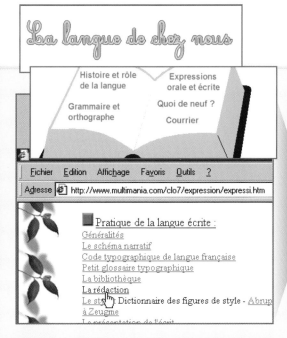

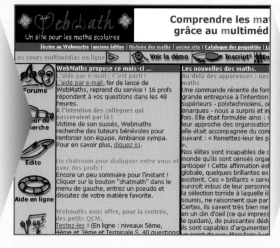

8 Si vous avez besoin d'aide dans le domaine de l'écriture, consultez www. multimania.com/clo7/, qui aborde l'histoire de la langue française et explique en détail comment mener des recherches, faire un plan, rédiger un essai ou un poème…

9 Dans le domaine de l'art, les grands musées du monde possèdent leur site sur le Web, et proposent même des visites guidées virtuelles. Visitez par exemple le musée du Louvre (www.louvre.fr.) ou le Musée national d'art moderne du Centre Pompidou (www. cnac.gp.fr/Pompidou).

10 Vous trouverez de nombreux sites de mathématiques sur le Net. Web Maths (www.webmaths.com) offre un espace, des cours et des exercices gratuits de mathématiques à tous ceux qui le désirent. Parcourez les pages pour entrer dans un forum de discussion ou vous pencher sur un sujet qui vous intéresse.

Ne perdez pas de vue votre objectif

Il est très facile de se laisser distraire au cours d'une recherche. Astreignez-vous à évaluer rapidement chaque page pour décider si un site est susceptible de vous donner les informations dont vous avez besoin. Si c'est le cas, placez un signet sur ce site ou ajoutez-le à vos Favoris (voir p. 98). Ensuite, cliquez sur le bouton **Précédente** pour revenir à la page des résultats.

Sites éducatifs

Les sites Web suivants s'adressent à des élèves du secondaire et à des cégépiens :

- www.infinit.com/sections/1-education-secondaire.html
- www.isci.ca
- www. mdq.org/enigmes/index.html
- www.mondami.org

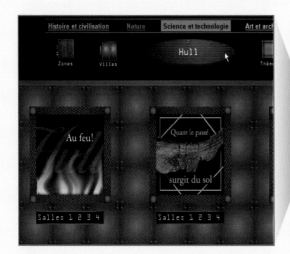

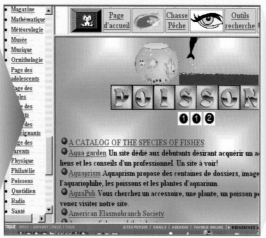

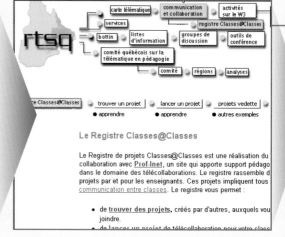

11 Muséopolis (www.museopolis. com), dans l'Outaouais, a l'appui du ministère de l'Éducation du Québec.

Vous y trouverez de nombreuses pages interactives qui vous permettront de tester vos connaissances.

12 Parmi les sites éducatifs les plus intéressants, iquebec.com est varié et offre un index

détaillé avec de nombreux sujets ainsi que de multiples listes bibliographiques.

13 Le réseau de télématique scolaire québécois (www.io.rtsq. qc.ca) s'adresse tout particulièrement aux

enseignants qui peuvent ainsi partager leurs expériences et communiquer avec des collègues.

Lien perdu

Les sites Web sont en constante évolution sur Internet. Il vous arrivera de cliquer sur un lien et d'obtenir un message disant que la page n'existe plus ou que la connexion avec le serveur n'a pas pu être établie (ce qui signifie souvent que la page n'existe plus). C'est bon à savoir !

Interactivité des liens

Passez la souris sur l'une des rubriques du site Sciences Physiques (http://perso.infonie. fr/jf_noblet/). La matière choisie est surlignée en jaune ; un texte expliquant ce qu'elle contient apparaît à droite de l'écran. Sélectionnez celle qui vous intéresse.

Attention
Si vous utilisez Internet pour étudier et réviser des cours, vérifiez auprès du professeur que les informations trouvées correspondent bien à ce cours particulier.

Astuce
Pour plus d'informations sur la rédaction d'un curriculum vitae, voir p. 156.

14 L'Infobourg (www.infobourg.qc.ca) comporte des pages qui s'adressent aux parents, mais également aux élèves, aux professeurs ainsi qu'au personnel de direction d'école.

15 Prof en ligne (www.cssh.qc.ca/coll/profenligne) est bien connu du public internaute. Les élèves peuvent y faire appel quand vient le temps des devoirs.

16 Si vous êtes à la recherche de votre premier emploi, des conseils sur la réalisation d'un curriculum vitae seront les bienvenus. Visitez par exemple le site Monster (http://francais.monster.ca).

Travailler hors ligne

Si vous tombez sur une page au contenu très important, vous passerez sans doute pas mal de temps à tout lire. N'oubliez pas qu'il est possible de travailler hors connexion afin de réduire le temps passé sur Internet. Par exemple, dans Internet Explorer, ouvrez le menu **Fichier** et cliquez sur **Travailler hors connexion**.

Les jeux sur Internet

Vous trouverez toujours un partenaire pour jouer sur le Net

Internet reste sans rival tant en matière de jeux qu'en matière d'informations. En fait, il est même plus intéressant dans ce domaine, car il fournit non seulement les jeux, mais aussi les joueurs.

Les jeux en ligne sont souvent des jeux d'aventure ou d'action, mais il existe aussi de nombreux sites de jeux plus variés. Vous trouverez notamment plusieurs sites consacrés au jeu d'échecs, dont certains permettent de jouer en temps réel contre des adversaires du monde entier. Si toutefois vous ne souhaitez pas dépenser trop d'argent en restant connecté, optez pour des jeux par courrier électronique, ou bien téléchargez ceux qui vous intéressent pour occuper vos loisirs.

Pour jouer à un jeu de société par courrier électronique, il vaut mieux posséder le jeu chez soi afin de visualiser vos pièces et celles de l'adversaire.

JOUER PAR E-MAIL

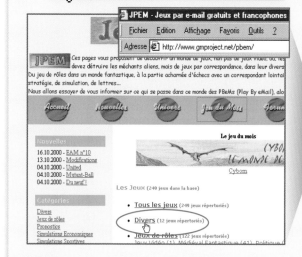

1 Connectez-vous à Internet. Pour jouer à des jeux via le courrier électronique, visitez le site Jeux par e-mail. Dans la zone d'adresse de votre navigateur, tapez « http://www. gmproject.net/pbem/ ». Quand la page apparaît, cliquez sur le lien **Divers**, puis sur **Zwyggle**. Laissez-vous guider pas à pas.

Explorez le site Jeux par e-mail pour trouver des conseils, vous inscrire par exemple au forum de discussion ou accéder à d'autres sites de jeux par correspondance.

L'Univers des Jeux par e-Mail
- La liste de Diffusion : Discussions autour de la création/ge Abonnez-vous - Archives
- Le Newsgroup : un espace réservé au jeu par corresponda existe désormais, ça se passe à fr.rec.jeux.correspondance
- Générez des meta-tag à insérer dans votre site pour être re de recherche (Merci à l'équipe de TEAM I) **NOUVEAU**

D'autres sites sur les Jeux par correspondance
- Les sites de Jeu par correspondance courrier (JPC) **NOUVE**

- Greg Lindahl PBM's Page (Tous les jeux)
- JPeM Lusophones (en portugais)
- JPeM Germanophones (en allemand)

- La page JPeM de Davduf
- Sondage sur les JPeM

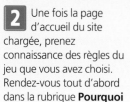

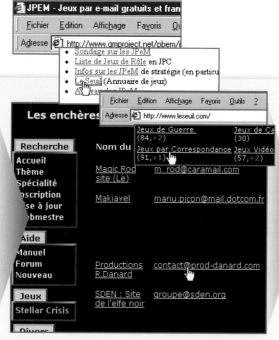

2 Une fois la page d'accueil du site chargée, prenez connaissance des règles du jeu que vous avez choisi. Rendez-vous tout d'abord dans la rubrique **Pourquoi** **et quand pratiquer le Zwyggle**, puis parcourez **le mode d'emploi complet** pour savoir comment se déroule une partie et combien de temps elle peut durer.

3 Lorsque vous savez comment se déroule le jeu, cliquez sur l'enveloppe située en bas, dans la partie gauche de l'écran, pour envoyer votre réponse. Un message électronique contenant les coordonnées de votre adversaire s'ouvre. Envoyez votre message. Une réponse vous informant si vous avez gagné ou perdu vous sera envoyée.

4 Pour trouver d'autres jeux, retournez à la page d'accueil de « Jeux par e-mail ». Cliquez sur **Le Seuil** (www.leseuil.com). Faites défiler la page, puis cliquez sur **Jeux par correspondance**. Une liste de liens vous est alors proposée. Sélectionnez celui qui vous intéresse.

Inscription

Avant d'entrer dans une salle de jeux par correspondance, vous devez vous inscrire et donner votre nom, votre adresse électronique. Grâce à ces informations, vous pourrez participer à la partie qui se déroule.

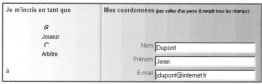

Trouvez d'autres joueurs

Pensez aux groupes de discussion pour trouver d'autres joueurs. Commencez par **www.foorum.fr**. Cliquez sur **Loisirs-Divertissements**, puis sur **Jeux** ou tapez un mot-clé dans la zone de recherche et appuyez sur **Entrée**. Une liste des forums de discussion s'affiche. Dans la page des résultats, cliquez sur les liens qui vous intéressent pour les ouvrir (fr.rec.jeux. correspondance, par exemple).

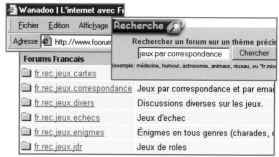

Certains jeux peuvent être téléchargés gratuitement, mais parfois avec certaines restrictions. Lisez le contrat de licence avant de jouer.

LICENCES DES JEUX

Attention

Les sites Web naissent et meurent très vite sur Internet. Attendez-vous par conséquent à tomber un jour sur un site qui n'existe malheureusement plus.

5 Le site Gamespot propose un vaste choix de jeux en ligne mais aussi que vous pouvez télécharger. Dans la zone d'adresse de votre navigateur, tapez « www.gamespot.fr » et cliquez sur **OK** ou appuyez sur **Entrée**. Attendez que la page d'accueil s'affiche.

6 Les jeux disponibles sont accessibles de plusieurs façons : ils sont classés par thèmes ; il vous suffit alors de cliquer sur la rubrique qui vous intéresse. Si vous recherchez un jeu particulier, tapez un mot-clé dans la zone de recherche proposée à droite de l'écran (ici « puzzles ») et cliquez sur **Trouver**.

7 Le mot « puzzles » aboutit à une liste de jeux de réflexion. Cliquez sur celui qui vous intéresse. Un écran d'informations détaillées présentant votre jeu s'affiche. Si celui-ci vous plaît, téléchargez-le sur votre ordinateur.

Logiciels gratuits...

● **Shareware** : c'est un logiciel distribué gratuitement et utilisable pendant une période donnée. Lorsque la licence arrive à expiration, vous devez acheter le programme si vous voulez continuer à l'utiliser.

● **Freeware** : c'est un logiciel distribué gratuitement et qui peut être utilisé indéfiniment. En revanche, il n'y a en général aucune assistance proposée aux utilisateurs.

● **Logiciel de démonstration** : c'est une version réduite d'un programme vendu sur le marché. Cela permet de se faire une idée avant d'acheter la version complète.

Taille des fichiers

Lorsque vous téléchargez un jeu depuis Internet, vous êtes généralement averti de la taille du fichier. Si quelques centaines de kilooctets se téléchargent en quelques secondes seulement, un fichier de plusieurs mégaoctets peut prendre une heure ou plus. Les jeux aux graphismes compliqués sont les plus longs à télécharger.

Fichier :
mspuzzle.exe

Taille : 2485 ko

Télécharger

Astuce
Ne jetez pas vos fichiers téléchargés lorsque vous avez installé les programmes. Sauvegardez-les si possible dans un répertoire particulier ou sur un périphérique de stockage externe. Peut-être en aurez-vous un jour besoin.

8 Cliquez sur l'icône de téléchargement à droite de l'écran. Vous êtes invité à confirmer l'enregistrement du fichier sur votre disque dur. Cliquez sur **OK**. La boîte de dialogue « Enregistrer sous » s'affiche. Indiquez où enregistrer le fichier et cliquez sur **OK**. Pour plus de commodité, il est préférable de le placer sur le bureau.

9 Une fois que le fichier est téléchargé, installez-le sur le disque dur. Fermez votre connexion Internet et cliquez deux fois sur l'icône du fichier téléchargé sur le bureau. L'installation automatique commence. Suivez simplement les instructions qui s'affichent à l'écran.

10 Appuyez sur le bouton **Démarrer**, cliquez sur **Programmes**, puis sur son icône pour ouvrir le logiciel. Dans le jeu de lettres que nous venons de télécharger, le joueur doit reconstituer un mot à partir des lettres proposées par l'ordinateur. Pour débuter une partie, cliquez sur le bouton **Démarrer**. Pour quitter le jeu, cliquez sur **Abandon**.

Regardez l'horloge

Vous aurez souvent une estimation du temps nécessaire au téléchargement du fichier. Cependant, celle-ci ne correspond pas toujours à la réalité. Vous en aurez une idée plus précise en surveillant la vitesse de l'horloge. N'oubliez pas en effet que vous payez le temps de connexion. Cliquez sur le bouton **Annuler** pour annuler le téléchargement.

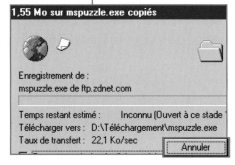

Fichiers compressés

Certains programmes téléchargés depuis Internet utilisent un utilitaire spécial, WinZip, pour compresser plusieurs fichiers en un seul, ce qui accélère le téléchargement. Pour plus de détails sur la décompression de ces fichiers, voir p. 351.

Les jeux d'échecs en ligne sont très répandus. Vous jouez en temps réel. Déterminez en début de partie un temps limite pour chaque coup afin de réduire les coûts de connexion.

JEUX D'ÉCHECS EN LIGNE

Astuce

Avant de commencer une partie d'échecs, imprimez un exemplaire des règles du jeu ainsi que tous les conseils que vous pourrez trouver sur les us et coutumes du jeu en ligne. Étudiez-les ensuite à tête reposée.

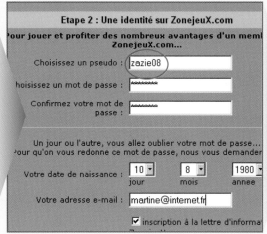

11 Pour jouer aux échecs en ligne, tapez « http://v2.zonejeux .com » dans la zone d'adresse de votre navigateur et appuyez sur

Retour. Dans la page d'accueil, cliquez sur le lien **Créer un nouveau compte** ; une page s'affiche et décrit le fonctionnement du site.

12 Vous devez ensuite répondre à quelques questions. Tapez un pseudonyme (votre nom de joueur) et un mot de passe, puis cliquez sur

Jouer. N'oubliez pas votre mot de passe : vous en aurez besoin ultérieurement pour vous connecter au site.

13 Vous êtes alors accueilli sur le site. Tout d'abord, un récapitulatif des règles

à suivre s'affiche. Pour commencer votre première partie d'échecs, cliquez sur le lien **Créer une partie**.

Essayez avant d'acheter

Certains sites de jeux en ligne vous proposent d'acheter tous les jeux auxquels vous pouvez jouer sur leur site. C'est le cas du site ZonejeuX utilisé dans notre exemple.

L'étiquette sur le Net

Lorsque vous participez à des jeux en ligne, n'oubliez pas que vous avez souvent affaire à des personnes, et non à un ordinateur, de sorte que les règles de base d'une certaine étiquette doivent être observées.

Ainsi, ne quittez jamais votre ordinateur sans avoir au préalable averti votre adversaire et décidé ensuite d'un commun accord d'arrêter la partie. Une des règles spécifiques au site Caissa stipule de ne jamais prolonger une partie que de toute évidence vous allez perdre. Tout cela fait partie d'un ensemble de conventions non écrites en vigueur sur le Net, qu'on regroupe sous l'appellation de « Nétiquette ».

14 Commencez par jouer contre l'ordinateur pour vous entraîner ; ainsi, vous verrez comment fonctionne ZonejeuX. Pour jouer, cliquez sur le bouton **Jouer**, puis sur le bouton **Lancer une partie en solo**.

15 Pour déplacer les pièces, cliquez dessus et faites-les glisser avec la souris. Les liens situés dans la partie droite de l'échiquier vous permettent d'annuler un coup, de suspendre la partie, etc. Cliquez sur l'un d'entre eux. Si vous êtes sûr de perdre, cliquez sur **Abandonner en accordant la victoire à son adversaire**.

16 Lorsque vous êtes suffisamment sûr de vous pour jouer contre un adversaire, allez dans la salle des parties en cours (cliquez sur le bouton **Précédente** de votre navigateur), puis sur **Rejoindre une partie**. Choisissez un joueur dans l'onglet « Partie en cours » et commencez la partie.

Assister à une partie

Si vous voulez en savoir davantage avant de commencer à jouer, regardez une partie. Cliquez sur le bouton **Rejoindre une partie**, situé en bas de la page de la salle des parties en cours du site ZonejeuX.

Projets pratiques pour la maison

Dans cette partie, laissez-vous guider étape par étape pour mener à bien 37 projets pratiques. Chaque tâche est un tout et ne nécessite pas une connaissance préalable du programme utilisé. Des suggestions vous indiquent comment regrouper les projets en vue de réalisations plus ambitieuses, telles que l'organisation d'une réunion.

Dans cette partie

Le poids des mots `146-187`

Apprenez à créer différents types de documents, qu'il s'agisse d'un en-tête personnalisé et d'un courrier administratif, d'un CV, d'une base de données d'adresses ou encore d'étiquettes pour le courrier.

L'image en plus `188-231`

Pour donner plus d'impact à vos textes, utilisez la bibliothèque d'images ou de ClipArts fournie avec les programmes Microsoft. Si vous avez un scanner, importez vos propres photographies ou créez vos propres images avec Paint, l'accessoire de Windows.

Un son parfait `232-249`

Transformez votre PC en un véritable studio d'enregistrement. Procurez-vous le logiciel adéquat et apprenez à lire les partitions de musique. Branchez un instrument compatible et vous deviendrez même compositeur !

Le budget familial `250-275`

Tout sera désormais plus facile : le contrôle de vos dépenses personnelles, les frais à prévoir, le budget à gérer et même la comptabilité !

La vie de famille `276-297`

Impliquez votre PC dans vos projets domestiques. Vous pouvez grâce à lui tenir des archives, faire un arbre généalogique, un livre de recettes, tenir le « carnet de bord » de bébé, réorganiser une pièce ou encore, organiser un déménagement.

Les loisirs autrement `298-317`

Apprenez à mieux profiter de vos loisirs grâce à votre PC. Vous découvrirez qu'il peut devenir un allié précieux, à la fois imaginatif et surprenant aussi bien en matière de jardinage que de sports, de travaux manuels, de gestion de collections ou de voyages.

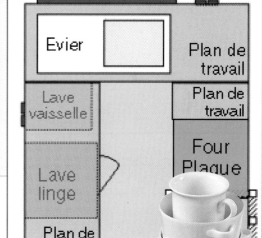

Les différents programmes fournis avec votre PC ou achetés dans des boutiques informatiques ou sur Internet permettent de réaliser un certain nombre de projets.

Créez un en-tête de lettre

Réalisez votre papier à lettres personnel

Personnalisez votre correspondance ! Concevez votre propre en-tête de lettre et, fort de cette première expérience, imaginez-en d'autres adaptées à différentes occasions et — pourquoi pas — à vos besoins professionnels.

Une fois votre en-tête créé, enregistrez-le comme modèle. Ainsi, vous l'utiliserez chaque fois que vous en aurez besoin pour une correspondance. Par ailleurs, si vous déménagez, changez d'adresse électronique ou achetez un téléphone portable, il suffira de modifier le modèle pour reporter les nouvelles informations dans votre en-tête.

Suzanne Marillon
104, rue Victor-Hugo
Laval (Québec) H7N 4W8
Tél. : (450) 667-8061

Chère Suzanne

Adaptez vos en-têtes à l'usage que vous en faites. Pour des lettres à la famille et aux amis, faites preuve de fantaisie, ne serait-ce que dans le choix des polices.

▶ AVANT DE COMMENCER

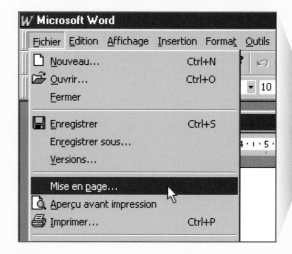

1 Appuyez sur le bouton **Démarrer**, cliquez sur **Programmes** et sur **Microsoft Word**. Un nouveau document s'ouvre automatiquement lors du lancement du traitement de texte. Vous devez d'abord déterminer la taille des marges de votre lettre. Pour cela, ouvrez le menu **Fichier**, puis sélectionnez **Mise en page**.

*Créez un en-tête de lettre avec Microsoft Works. Ouvrez ce programme puis, dans le Lanceur de tâches, cliquez sur l'onglet **Modules de Works** puis sur **Traitement de texte**.*

▶ AUTRES PROGRAMMES

Astuce
Si vous disposez d'une adresse électronique, n'oubliez pas de l'inclure dans votre en-tête de lettre.

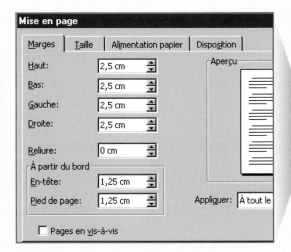

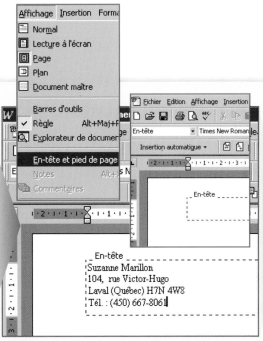

2 Dans **Mise en page**, spécifiez : la dimension des marges « Haut », « Bas », « Gauche », « Droite » ; la distance entre le haut de la page et l'en-tête, et le bas de la page et le pied de page. Choisissez de préférence une valeur identique pour les marges du haut et du bas. Procédez de même pour les marges des côtés.

3 Vous allez créer votre en-tête de lettre dans la section « En-tête » du document. Ouvrez le menu **Affichage** et cliquez sur **En-tête et pied de page**.

Le curseur s'affiche automatiquement dans la section « En-tête ». Vous pouvez maintenant taper vos coordonnées (nom, adresse, numéro de téléphone...).

4 Sélectionnez maintenant votre nom, ouvrez le menu **Format** et cliquez sur **Police**. Dans la boîte de dialogue, choisissez une police, un style et une taille de caractères et regardez le résultat dans la zone « Aperçu ». Lorsque vous êtes satisfait de votre document, cliquez sur **OK**. Procédez de la même façon pour l'adresse.

Mot clé
En-tête et pied de page *Ces deux termes désignent le texte qui se répète en haut (en-tête) et en bas (pied de page) de chaque page d'un document, tels qu'un titre, une référence ou les numéros de page.*

Laissez l'Assistant vous aider

Pour la création d'un en-tête de lettre, Microsoft Works propose une aide précieuse, un assistant. Lorsque vous ouvrez Microsoft Works, l'onglet Assistants est automatiquement sélectionné dans le Lanceur de tâches. Cliquez deux fois sur **En-tête**, situé dans le dossier Tâches courantes, pour lancer l'assistant qui vous aidera à créer votre en-tête. Ensuite, suivez simplement les instructions qui s'affichent.

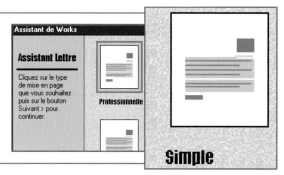

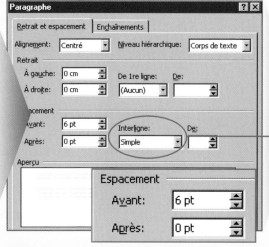

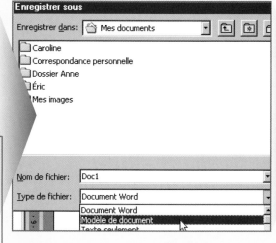

5 Pour amener l'en-tête au centre de la page, sélectionnez tout le texte de la section « En-tête ». Ouvrez ensuite le menu **Format** et cliquez sur **Paragraphe**. Dans la boîte de dialogue qui s'affiche, ouvrez la liste de l'option « Alignement » et cliquez sur **Centré**, puis sur **OK**.

6 Pour définir l'espace au-dessus ou au-dessous du texte, sélectionnez les lignes concernées, ouvrez le menu **Format** et cliquez sur **Paragraphe**. Dans « Espacement », cliquez sur les flèches des options « Avant » ou « Après » pour augmenter ou réduire l'espacement.

7 Lorsque votre en-tête de lettre vous satisfait pleinement, enregistrez-le comme modèle. Ouvrez le menu **Fichier** et sélectionnez **Enregistrer sous**. Dans la boîte de dialogue qui s'affiche, ouvrez la liste « Type de fichier » et cliquez sur **Modèle de document**.

L'avantage de la barre d'outils

Pour définir rapidement le style du texte, utilisez la barre d'outils figurant en haut de la fenêtre. Sélectionnez le texte, puis cliquez sur le bouton « G »,» « I » ou « S » pour le mettre en gras, en italique ou pour le souligner. Ensuite, cliquez sur l'icône d'alignement souhaitée pour aligner le texte à gauche, le centrer ou l'aligner à droite.

Pour définir l'espace entre les lignes, sélectionnez le texte, ouvrez le menu Format et cliquez sur Paragraphe. Cliquez sur la flèche de l'option « Interligne » et sélectionnez la valeur souhaitée. Cliquez sur OK.

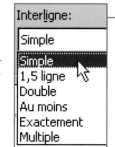

Un modèle dans Works

Pour enregistrer votre en-tête comme modèle dans Microsoft Works, ouvrez le menu **Fichier** et sélectionnez **Enregistrer sous**. Dans la boîte de dialogue qui s'affiche, cliquez sur **Modèle** en bas à droite. Dans « Enregistrer comme modèle », tapez un nom pour le modèle et cliquez sur **OK**.

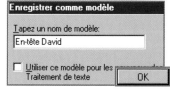

Astuce

*Gagnez du temps en datant automatiquement vos lettres. Cliquez à l'endroit où vous voulez que la date apparaisse dans votre document, ouvrez le menu **Insertion** et cliquez sur **Date et heure**. Dans la boîte de dialogue qui s'affiche, cliquez sur le style de date souhaité, puis cliquez sur **OK**.*

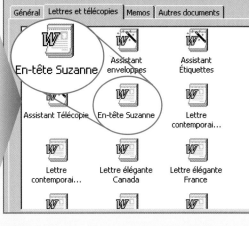

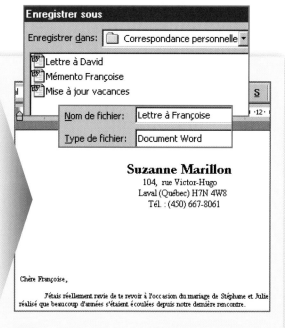

8 Word propose automatiquement d'enregistrer votre document dans son propre dossier de modèles dans « Enregistrer dans ».

Enregistrez-le dans ce dossier ou dans un autre. Tapez un nom pour le modèle dans la zone « Nom de fichier ». Puis cliquez sur **Enregistrer**.

9 Pour utiliser votre modèle, ouvrez simplement un nouveau document Word et, dans le menu **Fichier**, cliquez sur **Nouveau**. Localisez

votre modèle en cliquant sur les différents onglets proposés en haut de la fenêtre. Puis cliquez deux fois sur l'icône de votre en-tête de lettre.

10 Le modèle s'ouvre. Allez dans le menu **Fichier,** puis cliquez sur **Enregistrer sous**. Sélectionnez un dossier dans lequel enregistrer

votre lettre, puis cliquez sur **Enregistrer**. Le curseur clignote sous votre en-tête. Appuyez sur **Retour** environ cinq fois. Commencez à taper.

Modifier le modèle

Dans Word, ouvrez le menu **Fichier** et sélectionnez **Ouvrir**. Dans la zone « Type de fichier », sélectionnez **Modèles de document**. Cliquez deux fois sur votre modèle dans le dossier des modèles, effectuez les changements souhaités et enregistrez-le.

Dans Works, cliquez sur l'onglet Assistants dans le Lanceur de tâches. Cliquez deux fois sur votre en-tête dans le dossier des modèles définis par l'utilisateur, puis modifiez-le. Ouvrez le menu **Fichier** et sélectionnez **Enregistrer sous**. Cliquez deux fois sur l'ancien fichier dans le dossier des modèles pour le remplacer.

Pourquoi ne pas agrémenter votre en-tête de lettre d'un dessin issu de la bibliothèque fournie gratuitement avec Word et Works ? Pour plus de détails, voir p.188.

SUGGESTIONS

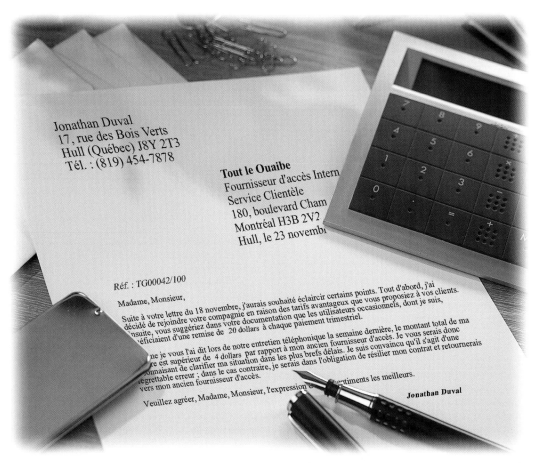

1 Appuyez sur le bouton **Démarrer**, cliquez sur **Programmes** puis sur **Microsoft Word.** Enregistrez votre nouveau document : ouvrez le menu **Fichier** et cliquez sur **Enregistrer sous**. Sélectionnez ensuite un dossier de destination dans la zone « Enregistrer dans », tapez un nom pour le fichier et cliquez sur **Enregistrer**.

Le courrier administratif

Donnez un aspect professionnel à vos lettres administratives

Rédiger un courrier administratif ou professionnel sera toujours fastidieux ; mais cela devient sans conteste beaucoup plus facile avec un ordinateur ! Faites en sorte que toute votre correspondance mentionne votre nom, votre adresse et la date du jour. Habituellement, le courrier comporte le nom et la fonction de la personne à qui vous vous adressez.

Par ailleurs, pensez à ajouter une référence, par exemple votre numéro de compte si la lettre s'adresse à votre banquier. Et, lorsque vous répondez à un courrier, reprenez la référence s'il en comporte une.

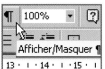

Pour savoir combien de fois vous avez appuyé sur la touche Retour pour insérer une ligne, cliquez sur le bouton **Afficher/Masquer** de la barre d'outils.

Attention

Vous risquez de perdre votre travail si vous ne l'enregistrez pas régulièrement. Prenez l'habitude d'enregistrer votre lettre à chaque ajout ou modification importants.

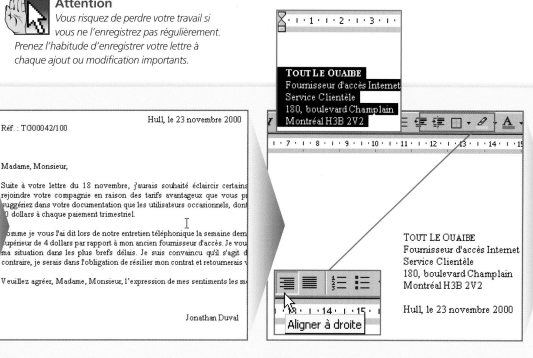

2 Tapez votre nom, votre adresse et éventuellement votre numéro de téléphone dans le document. Pour bien séparer chaque bloc de texte, insérez une ligne vierge entre chaque section : appuyez sur la touche **Retour**. Ensuite, tapez la fonction et le nom du destinataire, la date et, accessoirement, une référence.

3 Laissez une ou plusieurs lignes avant de débuter votre lettre afin d'aérer l'ensemble. Commencez votre document par « Madame, Monsieur » et terminez par une formule de politesse appropriée, par exemple « Veuillez agréer, Madame, Monsieur, l'expression de mes sentiments les meilleurs ».

4 Les coordonnées du destinataire peuvent figurer sur le côté droit de la page de votre lettre. Pour déplacer le texte vers la droite, commencez par le sélectionner. Il vous suffit ensuite de cliquer sur le bouton **Aligner à droite**, de la barre d'outils.

Laisser les Assistants vous aider

Microsoft Word et Microsoft Works proposent tous deux des Assistants, qui sont chargés de vous aider à créer votre lettre.
Dans Word, ouvrez un nouveau document et sélectionnez **Assistant Courrier** dans le menu **Outils**. Dans Works, l'onglet Assistants est automatiquement sélectionné dans le Lanceur de tâches. Dans la liste « Tâches courantes », cliquez deux fois sur **Lettre**. Dans les deux programmes, il suffit ensuite de suivre les instructions.

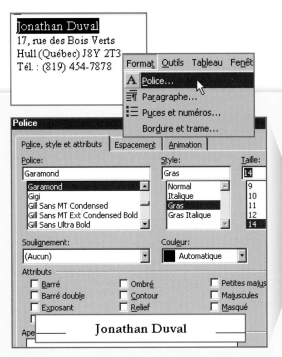

Le bouton **ABC** de la barre d'outils lance aussi la fonction de vérification de l'orthographe.

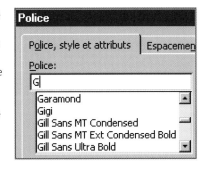

5 Pour définir le style de votre lettre, sélectionnez votre nom en haut de la page. Ensuite, ouvrez le menu **Format** et sélectionnez **Police**. Dans la boîte de dialogue qui s'affiche, choisissez une police, un style et une taille de caractères et visualisez le résultat obtenu dans la zone « Aperçu ». Essayez-en plusieurs, faites votre choix puis cliquez sur **OK**.

6 Procédez de même pour définir le style du reste du document en sélectionnant à chaque fois la section concernée. De plus, il existe un moyen d'aller plus vite en utilisant directement les deux listes proposées dans la barre d'outils comme ci-dessus.

7 Pour vous assurer que votre document ne contient aucune faute d'orthographe ou de grammaire, ouvrez le menu **Outils**, puis sélectionnez **Grammaire et orthographe**. Si vous souhaitez simplement vérifier une partie de votre document, sélectionnez d'abord le texte en question avant de choisir cette commande.

Choisir une police

Si vous savez déjà quelle police vous allez utiliser, tapez la première lettre de son nom dans la zone « Police » afin de vous éviter de faire défiler la liste complète. Toutes les polices commençant par cette lettre apparaissent en haut de la liste.

Le zoom

Pour que votre document soit plus facile à lire, inutile de choisir une taille de caractères supérieure, servez-vous du Zoom de la barre d'outils. Ouvrez la liste de la boîte Zoom et sélectionnez une valeur. Si vous ne voyez pas cette case, agrandissez la fenêtre.

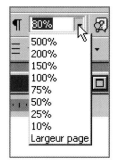

Astuce
*Avant d'envoyer votre lettre, relisez-
la attentivement, puis faites-la relire
par un ami afin qu'il vous dise si elle est claire
et bien rédigée.*

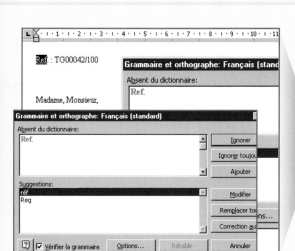

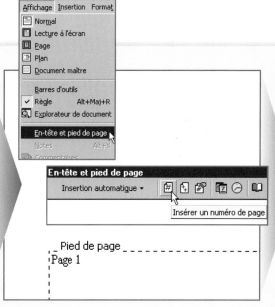

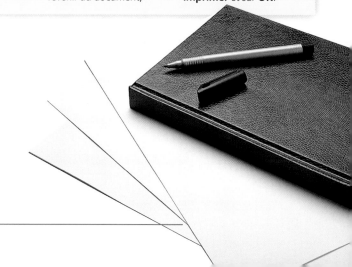

8 Si Word détecte un mot qu'il ne connaît pas, cliquez sur **Ignorer** ou sur **Remplacer** selon que vous voulez ou non utiliser le terme de substitution qu'il vous propose.

Au besoin, faites appel au dictionnaire des synonymes : ouvrez le menu **Outils** et sélectionnez **Langue** puis **Synonymes**.

9 Pour ajouter des numéros de page à votre lettre, ouvrez le menu **Affichage** et sélectionnez **En-tête et pied de page**. Cliquez dans la section

« Pied de page », puis sur **Insérer un numéro de page** dans la barre d'outils « En-tête et pied de page ». Si vous le souhaitez, ajoutez « Page » avant le numéro.

10 Pour voir à quoi ressemblera votre lettre une fois terminée, ouvrez le menu **Fichier**, puis cliquez sur **Aperçu avant impression**. Pour revenir au document,

cliquez sur le bouton **Fermer** de la barre d'outils. Lorsque vous êtes satisfait du résultat, cliquez sur **Fichier**, sur **Enregistrer**, puis sur **Imprimer** et sur **OK**.

Point par point

Si vous faites une énumération dans votre lettre et que vous souhaitez attirer l'attention du lecteur, présentez-la sous forme de paragraphes distincts séparés par une ligne de blanc. Sélectionnez le texte en question et cliquez sur le bouton **Puces** de la barre d'outils.

Secrétaire d'un club :

Que vous vous occupiez d'un club de tennis
ou de tarot ou encore d'un groupe de
chanteurs d'opéra amateurs, votre PC peut se
charger pour vous des tâches administratives.

D ans un club qui réussit on
trouve forcément un secrétaire
rigoureux. Le secrétaire doit à
la fois tenir compte des détails et savoir gérer les priorités d'une longue
liste de tâches. Il faut aussi qu'il ait le
goût pour les chiffres.

La simplicité et la convivialité des
logiciels d'aujourd'hui lui facilitent
grandement la vie.

L'une des premières tâches d'un
secrétaire consiste alors à établir une
base de données des membres, avec
leur adresse, leur numéro de téléphone, leur niveau, etc. Il est très
utile par exemple de créer un formulaire standard, stocké sur le PC
puis imprimé à l'intention des futurs
membres du club.

Une fois la base de données
réalisée, il est désormais facile de
créer des étiquettes pour la correspondance du club.

Responsable du projet

*Créez un dossier et donnez-lui
le nom du club. Ajoutez autant
de sous-dossiers que la gestion
du club l'exige.*

- Club de tennis
  - Membres
  - Budget
  - Comptes rendus
  - Communication
  - Publicité
  - Résultats &
    événements

améliorez votre service

En utilisant une deuxième base de données, le secrétaire d'une association sportive peut, par exemple, créer des tables récapitulant les rencontres, les résultats et les classements.

La comptabilité du club et le suivi des abonnements deviennent simples dès lors que vous disposez d'une feuille de calcul. Celle-ci peut, en outre, servir de base à la déclaration fiscale.

Pour la correspondance avec d'autres organismes, créez votre propre papier à en-tête. Dessinez vous-même le logo du club dans Paint ou tout autre programme de dessin. Vous en ferez usage ensuite en le faisant figurer sur le bulletin d'informations du club ou sur des cravates, des porte-clés... Envisagez, pourquoi pas, de créer un historique du club en images. Rédigez ou faites rédiger un bref récapitulatif à l'intention des membres.

Établissez un carnet d'adresses électroniques des membres connectés, cela vous permettra de leur communiquer à tous en même temps le classement, les rencontres prévues et les différentes manifestations du club. Il est même possible de les placer sur le site Web du club que, bien sûr, vous aurez conçu vous-même...

Maintenant que les banques proposent également des services en ligne, le suivi des comptes du club devient vraiment très simple. De plus, si vous disposez du logiciel de comptabilité adéquat, vous pouvez télécharger directement des données depuis la banque vers vos feuilles de calcul et même régler vos factures en ligne.

Donnez le coup d'envoi

- Collectez toutes les informations relatives aux membres et transférez-les dans votre base de données.
- Transférez une copie des comptes du club dans une feuille de calcul sur votre ordinateur.
- Établissez un compte bancaire en ligne.
- Créez un logo pour toutes vos correspondances.
- Organisez-vous pour envoyer par courrier électronique les infos du club à tous les membres en même temps.

Suggestions

Adaptez les idées et projets suivants aux besoins de votre club. Ainsi, vous passerez moins de temps à vous occuper de la gestion et vous profiterez donc plus des avantages. Une fois les documents de base créés, il ne vous restera plus qu'à les tenir à jour.

 168 Base de données des membres
Créez un document de référence pour disposer des coordonnées de tous les membres.

 272 Comptabilité du club
Faites le suivi des recettes et des dépenses et établissez un budget pour les projets.

 196 Illustrez votre papier à en-tête
Dynamisez votre correspondance en utilisant un papier à en-tête représentatif du club.

 192 Créez vos cartes de vœux
Envoyez aux membres des cartes pour le nouvel an ou pour annoncer un événement du club.

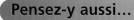 **224 À vos pinceaux virtuels !**
Créez votre propre logo ou dessin pour le papier à en-tête, les affiches du club ou Internet.

Pensez-y aussi...

Maintenant que la paperasse est réduite au minimum, pourquoi ne pas vous brancher sur Internet ?

116 Créez votre page Web
Dirigez les membres vers votre site Web pour économiser de nombreux appels téléphoniques.

Un CV accrocheur

Sachez mettre en avant votre expérience et vos réalisations

Votre CV, ou curriculum vitae, doit avant tout faire bonne impression auprès des employeurs potentiels. Ne vous contentez pas d'énumérer les sociétés pour lesquelles vous avez travaillé ; expliquez aussi quelles étaient vos responsabilités et ce que cet emploi vous a apporté.

Votre CV doit être bref et concis. Essayez si possible de le faire tenir sur une page. Optez pour une police facile à lire et ne cédez pas à la tentation de réduire la taille des caractères pour tout faire tenir. De plus, la mise en page doit être simple, avec des sections séparées, pour présenter au mieux les informations.

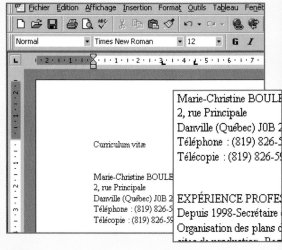

Vérifiez que les dates de vos différents emplois sont exactes ; reprenez vos bulletins de salaire pour reporter les informations.

AVANT DE COMMENCER

1 Appuyez sur le bouton **Démarrer**, cliquez sur **Programmes** et sur **Microsoft Word**. Un document vierge s'ouvre. Commencez par « Curriculum vitae » puis tapez les informations adéquates. Appuyez sur la touche **Retour** afin de bien faire la distinction entre chaque section.

*Microsoft Works vous donne aussi la possibilité de créer un CV. Ouvrez-le et, dans le Lanceur de tâches, cliquez sur l'onglet **Modules de Works** puis sur le bouton **Traitement de texte**.*

AUTRES PROGRAMMES

Attention
Vous risquez de perdre votre travail si vous ne l'enregistrez pas. Ouvrez le menu **Fichier** *et sélectionnez* **Enregistrer** *ou maintenez enfoncée la touche* **Ctrl** *et appuyez sur la touche* **S**.

N'oubliez pas d'utiliser les touches de fonction du clavier pour les commandes les plus sollicitées. Par exemple, appuyez sur **F7** pour lancer la vérification de l'orthographe.

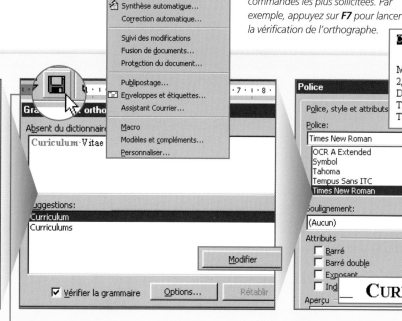

- ¶
- Marie-Christine·BOULET·¶
  2,·rue·Principale·¶
  Danville·(Québec)·J0B·2H0·¶
  Téléphone·:·(819)·826–5931·¶
  Télécopie·:·(819)·826–5932·¶
  ¶
- EXPÉRIENCE·PROFESSIONNELLE·¶

- Depuis·1998→Secrétaire·de·direction·bilingue·
  Organisation·des·plans·de·travail·et·tenue·des·a
  voyages·de·la·direction·sur·les·sites·de·product
  provenance·et·à·destination·des·fournisseurs·an

- 1992-1998 → Secrétaire·de·direction·-·Auberg

2 Commencez par taper les dates, dans la rubrique « Expérience professionnelle ». Appuyez sur la touche **Tab** et faites un exposé détaillé de votre travail actuel. Appuyez sur la touche **Retour**. Procédez de la même façon pour les rubriques « Formation » et « Loisirs ».

3 Enregistrez votre CV lorsque vous avez fini d'apporter toutes les informations nécessaires. Prenez également le temps de relire et de vérifier soigneusement l'orthographe avant de l'imprimer et de l'envoyer. Ouvrez le menu **Outils** et sélectionnez **Grammaire et orthographe**.

4 Cliquez sur **Centré** pour centrer le titre de votre CV sur la page. Pour en définir le style, cliquez sur le menu **Format** et sélectionnez **Police**. Choisissez une police, un style et une taille de caractères et visualisez le résultat dans la zone « Aperçu ». Puis cliquez sur **OK**.

Astuce
Tapez les informations requises sous les rubriques « Objectifs », « Formation », « Expérience professionnelle », « Hobbies ». Énumérez vos emplois et vos qualifications par ordre chronologique, les plus récents d'abord.

Le bouton **Enregistrer** *de la barre d'outils ouvre la boîte de dialogue Enregistrer sous. Une fois que vous avez décidé dans quel dossier enregistrer votre CV, tapez un nom de fichier et cliquez sur* **Enregistrer**.

Laisser faire l'Assistant

Microsoft Works propose un assistant pour vous aider à créer votre CV. Ouvrez le programme. Le Lanceur de tâches de Works s'affiche à l'écran et propose l'onglet Assistants. Faites défiler la fenêtre et cliquez deux fois sur **Emploi**. Suivez les instructions des différents écrans pour créer un CV selon vos besoins.

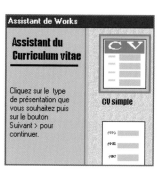

Astuce

Soyez toujours prêt ! Mettez régulièrement à jour votre CV ; n'oubliez pas de mentionner les nouvelles formations, ainsi que vos nouveaux centres d'intérêt et domaines de compétence.

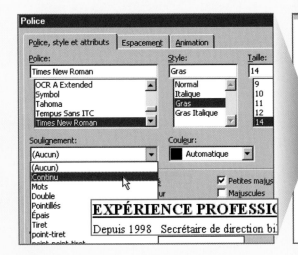

5 Laissez le reste du texte de votre document aligné à gauche , mais choisissez toutefois une police et une taille de caractères différentes. Faites ressortir les titres en sélectionnant les attributs « Gras » et « Petites majuscules » ainsi qu'en choisissant un type de soulignement.

6 Pour une meilleure lisibilité de votre CV, n'oubliez pas de bien distinguer chaque emploi occupé et chaque établissement scolaire fréquenté durant votre formation. Choisissez par ailleurs une taille de caractères plus grande pour la première ligne, et mettez cette ligne en gras.

7 Sélectionnez les lignes du texte des différentes sections, cliquez sur **Format** puis sur **Tabulations**. Tapez « 5 cm » dans la zone « Position ». Cliquez sur **OK**. La deuxième partie de ces lignes se décale et le texte est parfaitement aligné. Au besoin, réglez l'espacement.

Utilisez la barre d'outils

Vous irez plus vite en cliquant sur le bouton Souligné de la barre d'outils pour placer un trait sous le texte. Sélectionnez le texte en question, puis cliquez sur le bouton ; c'est aussi simple que ça !

Astuce

Lors de la rédaction de votre lettre de motivation, utilisez les mêmes polices que dans le CV. Ainsi vous leur donnerez une apparence plus professionnelle, car n'oubliez pas que la lettre et le CV se complètent l'un l'autre. Un employeur potentiel appréciera votre goût du détail.

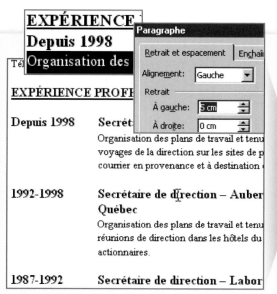

Raccourci
Pour refermer la fenêtre Aperçu avant impression et revenir dans le document, appuyez sur la touche Échap du clavier.

Imprimez votre CV une première fois pour voir si le résultat obtenu vous satisfait. Utilisez un papier de meilleure qualité pour l'impression définitive.

TOUCHE FINALE

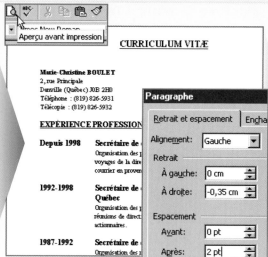

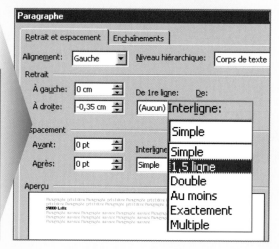

8 Sélectionnez les lignes décrivant chaque emploi, cliquez sur le menu **Format** puis sur **Paragraphe**. Dans la rubrique « Retrait » de la boîte de dialogue qui s'affiche, tapez dans la zone à gauche la même valeur que celle utilisée pour les tabulations lors de l'étape 7. Cliquez sur **OK**.

9 Pour voir à quoi ressemble votre CV, cliquez sur **Aperçu avant impression**. Appuyez sur **Échap**, sélectionnez un titre, cliquez sur **Format** puis **Paragraphe** pour augmenter l'espace entre le titre et la rubrique. Dans « Espacement », cliquez sur la flèche du haut de la zone « Après ».

10 Pour définir l'espace entre les lignes, sélectionnez ces lignes, cliquez sur **Format** puis sur **Paragraphe**. Dans la rubrique « Interligne », ouvrez la liste et cliquez sur une option. Lorsque vous êtes satisfait de votre CV, ouvrez le menu **Fichier** et sélectionnez **Enregistrer** et **Imprimer**.

Les numéros de page

Pour ajouter des numéros de page dans Word, ouvrez le menu **Affichage** et sélectionnez **En-tête et pied de page**. Cliquez dans la section « Pied de page » de votre CV puis, dans la barre d'outils de « En-tête et pied de page », cliquez sur **Insertion automatique** et sur **PAGE**. Dans Works, cliquez dans la section du pied de page, ouvrez le menu **Insertion** et cliquez sur **Numéro de page**. Dans la section du pied de page apparaît « *page* ». Sélectionnez-le et tapez le numéro de page. Les autres pages se numérotent automatiquement.

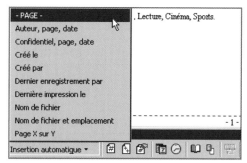

AVANT DE COMMENCER

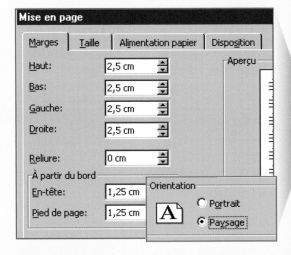

1 Utilisez **Microsoft Word** pour créer vos menus. Lancez le programme, puis cliquez sur le menu **Fichier** et sur **Mise en page**. Définissez des marges de 2,5 cm.

Dans l'onglet **Taille**, choisissez l'option « Paysage » puis cliquez sur **OK**. Ensuite, définissez le nombre et déterminez la taille des colonnes (voir ci-dessus à droite).

Le style du texte et l'ajout de ClipArt peuvent s'effectuer dans Works, mais comme il est impossible de placer le texte dans un tableau, vous aurez du mal à définir la taille des marque-places.

AUTRES PROGRAMMES

Menus et marque-places

Impressionnez vos invités avec une table décorée par vos soins

Des mets délicieux et des convives agréables sont les ingrédients principaux d'un dîner réussi mais, pour une soirée vraiment spéciale, vous devez fignoler les détails. Apportez une note élégante en créant vos propres menus et marque-places. Que ce soit pour un dîner professionnel, familial, festif ou à thème, vous trouverez toujours les bonnes polices, les couleurs mais aussi les illustrations sur votre ordinateur.

Pour définir les colonnes, ouvrez le menu **Format** et sélectionnez **Colonnes**. Choisissez **Deux** dans la rubrique Prédéfinir et cliquez sur **OK**.

Astuce

Pour sélectionner le tableau, par exemple pour changer la couleur de la bordure, appuyez sur la touche **Alt**, maintenez-la enfoncée, et cliquez deux fois n'importe où dans le tableau.

Si vous ne voyez pas les symboles « Retour », cliquez sur le bouton **Afficher/Masquer ¶** de la barre d'outils.

(Dans Microsoft Works, ouvrez le menu **Affichage** et cliquez sur **Tous les caractères**.)

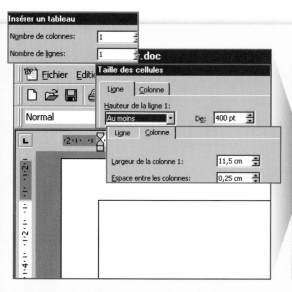

2 Ouvrez le menu **Tableau** et cliquez sur **Insérer un tableau**. Choisissez « 1 ligne » et « 1 colonne ». Cliquez sur **OK**. Revenez dans le menu **Tableau** et cliquez sur **Taille des cellules**. Dans l'onglet **Ligne**, choisissez « Au moins » et « 400pt ». Dans l'onglet **Colonne**, choisissez comme largeur « 11,5 cm ». Enfin, cliquez sur **OK**.

3 Tapez le texte dans le tableau que vous venez de créer. Séparez chaque plat du menu en appuyant deux fois sur **Retour**. Sélectionnez le texte et cliquez sur le bouton **Centré** de la barre d'outils. Ouvrez le menu **Format** et cliquez sur l'onglet **Police**. Déterminez la police, le style et la taille du texte et cliquez sur **OK**.

4 Réglons l'espace entre les plats. Sélectionnez le premier symbole « Retour ». Dans le menu **Format**, cliquez sur **Paragraphe**. Dans la section « Espacement », utilisez les flèches des cases « Avant » et « Après » jusqu'à ce que le résultat vous convienne. Répétez cette opération pour tout le menu.

Vérifier l'orthographe

Les mots que l'ordinateur ne reconnaît pas s'affichent à l'écran avec un trait de soulignement ondulé rouge. Pour vérifier l'orthographe de ces mots, ouvrez le menu **Outils** et sélectionnez **Grammaire et orthographe**. Mais ce n'est pas parce que l'ordinateur ne connaît pas un mot qu'il n'existe pas. Mieux vaut vérifier dans un dictionnaire.

Laisser faire l'Assistant

Microsoft Works propose des modèles pour deux types de menu (élégant ou moderne) et quatre types de marque-places (jazz, festif, moderne, élégant).

Ouvrez Works et, dans le Lanceur de tâches, dans l'onglet Assistants, cliquez sur **Modèles définis par l'utilisateur**. Une liste de modèles s'affiche. Cliquez deux fois sur le menu ou la carte que vous souhaitez pour l'ouvrir, puis suivez les instructions.

Astuce
Au lieu de créer la bordure dans Word ou Works, essayez les contours plus décoratifs de la bibliothèque de ClipArts de Microsoft.

Par souci d'homogénéité, il est préférable d'utiliser le même ClipArt et les mêmes polices que dans le menu.

LES MARQUE-PLACES

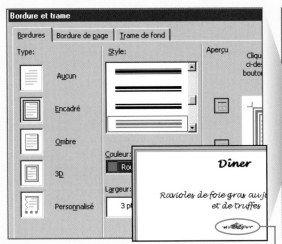

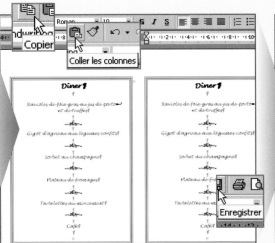

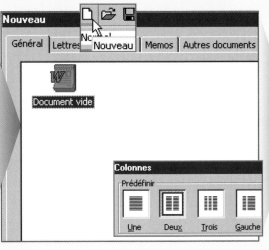

5 Pour ajouter une bordure à votre menu, appuyez sur **Alt** puis cliquez deux fois sur le tableau pour le sélectionner. Dans le menu

Format, cliquez sur **Bordure et trame**. Dans l'onglet **Bordures**, choisissez un type, un style, une couleur et une largeur. Cliquez sur **OK**.

6 Sélectionnez le tableau et cliquez sur le bouton **Copier** de la barre d'outils. Cliquez sous le tableau et appuyez sur la touche **Retour**. Cliquez

sur le bouton **Coller les cellules** de la barre d'outils. Ensuite, cliquez sur **Enregistrer** afin de donner un nom à votre fichier.

7 Cliquez sur le menu **Fichier** puis sur **Nouveau**. Dans la boîte de dialogue qui s'affiche, l'icône d'un document vierge est sélectionnée.

Cliquez sur **OK**. Dans le menu **Format,** cliquez sur **Colonnes**. Cliquez sur « Deux » dans la section « Prédéfinir » puis sur **OK**. Enregistrez.

Ajouter un ClipArt

Décorez votre menu à l'aide de ClipArts. Cliquez dans le document, ouvrez le menu **Insertion** et sélectionnez **Image** puis **Images de la bibliothèque**. Parcourez les différentes catégories, cliquez sur une image qui vous plaît et cliquez sur **Insérer**. Elle apparaît dans votre document. Pour savoir comment changer sa taille et sa position, voir page 188.

Si vous séparez visuellement les plats, comme dans notre exemple, vous ne laisserez pas le texte entourer l'image. Ouvrez le menu **Format** et sélectionnez **Image**. Cliquez sur l'onglet **Habillage**, sélectionnez **Aucun** et cliquez sur **OK**. Maintenant copiez le ClipArt et collez-le entre chaque plat à l'aide des boutons **Copier** et **Coller** de la barre d'outils.

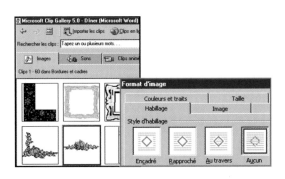

Lorsque vous définissez la largeur des colonnes, l'espace qui les sépare se règle automatiquement.

Ajoutez une image ClipArt comme pour le menu. Voir étape 5.

Gros plan

Vos marque-places ne tiendront peut-être pas sur une seule feuille de papier A4. Pour ajouter une autre page à votre document, appuyez sur la touche **Retour** à la fin de la première page : une deuxième page apparaît automatiquement.

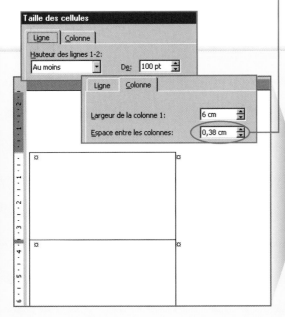

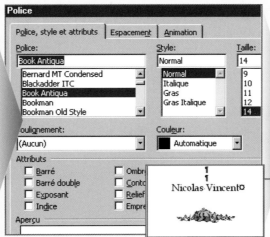

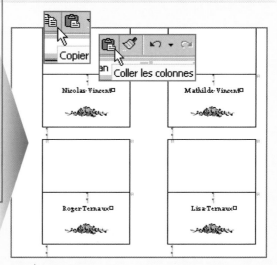

8 Insérez un tableau, en choisissant 1 colonne et 2 lignes. Dans le menu **Tableau**, sélectionnez **Taille des cellules**. Choisissez « Au moins » dans « Hauteur des lignes » et réglez la hauteur à 100 pt. Dans l'onglet **Colonne**, déterminez une largeur de 6 cm. Cliquez sur **OK**.

9 Cliquez dans la cellule du bas. Appuyez deux fois sur la touche **Retour** et tapez le nom d'un invité. Sélectionnez-le puis, dans le menu **Format,** cliquez sur **Police**. Choisissez une police, une taille de caractères et un style. Cliquez sur **OK** puis sur le bouton **Centré**.

10 Pour dupliquer la carte, sélectionnez le tableau et cliquez sur le bouton **Copier**. Cliquez sous le tableau et appuyez deux fois sur la touche **Retour**. Ensuite, cliquez sur le bouton **Coller les cellules**. Sélectionnez le nom et tapez celui d'un autre invité. Répétez pour tous les invités.

Astuce

Cela vaut peut-être la peine d'acheter un massicot pour découper vos marque-places une fois que vous les aurez imprimés. Les bords seront plus nets qu'avec une paire de ciseaux.

Vous gagneriez peut-être à créer une liste de recettes avant de réaliser votre menu. Reportez-vous p. 280 pour plus de détails.

SUGGESTIONS

La gazette familiale

Restez en contact avec votre famille ou vos amis qui sont loin

Grâce à un bulletin d'information régulier, les membres de votre famille resteront en contact. Demandez à chacun s'il a des nouvelles à donner, telles qu'un nouvel emploi ou la réussite à un examen. Prévoyez aussi une rubrique pour des recettes de cuisine ou des poèmes ; ils sont généralement très appréciés !

Imposez un délai pour l'envoi des documents, sur disquette ou, mieux encore, par courrier électronique, afin de vous éviter de retaper le texte.

Lorsque vous avez tout reçu, rédigez vos propres textes et incorporez-les dans le bulletin. Puis, donnez un nom idéal à ce journal, celui dans lequel tout le monde se reconnaîtra.

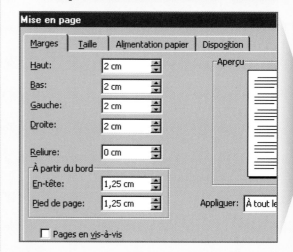

S'il n'y a pas assez de place pour toutes les nouvelles dans le bulletin, insérez-les par priorité et gardez certains textes pour le prochain numéro.

AVANT DE COMMENCER

1 Appuyez sur le bouton **Démarrer** et cliquez sur **Programmes** puis **Word**. Ouvrez le menu **Fichier** et cliquez sur **Mise en page**.

Déterminez la taille des marges « Haut », « Bas », « Gauche » et « Droite » dans l'onglet **Marges**. Une fois celles-ci définies, cliquez sur **OK**.

*Microsoft Works permet également de créer ce type de document. Lancez-le et, dans le Lanceur de tâches, cliquez sur l'onglet **Modules de Works** puis sur le bouton **Traitement de texte**.*

AUTRES PROGRAMMES

*Définissez la disposition du texte autour de l'image ClipArt dans l'onglet **Habillage**. Cliquez sur l'icône **Rapproché** dans la rubrique « Style d'habillage ». Cliquez sur **OK**.*

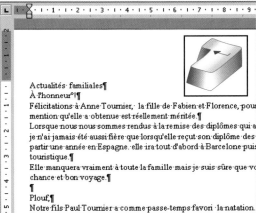

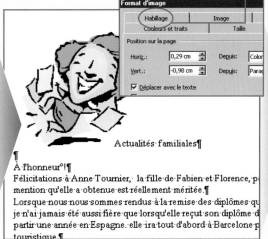

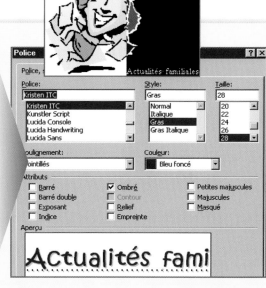

2 Commencez par taper le titre de votre bulletin, appuyez ensuite sur la touche **Retour**. Enfin, tapez le contenu de vos articles, sans oublier de donner un titre à chacun. Appuyez sur la touche **Retour** afin de bien séparer chaque rubrique par un saut de ligne.

3 Ajoutez une image ClipArt pour égayer votre document (voir ci-dessous). Dès que celui-ci a atteint la taille désirée, ouvrez le menu **Format** et cliquez sur **Image**. Dans l'onglet **Position**, cochez « Dissocier du texte » pour avoir un meilleur contrôle de l'image. Cliquez sur **OK**.

4 Sélectionnez le titre et, dans le menu **Format**, cliquez sur **Police**. Choisissez une police, un style, une taille et une couleur. Pour ce document, choisissez une police fantaisie et même un effet en cochant la case Ombré. Choisissez « Pointillés » dans la section « Soulignement ».

Ajouter des numéros de page

Pour ajouter des numéros de page dans Word, ouvrez le menu **Affichage,** cliquez sur **En-tête et pied de page** puis, dans la section « Pied de page » du document et, dans la barre d'outils d' « En-tête et pied de page », cliquez sur **Insertion automatique** puis sur **PAGE**.

Dans Works, cliquez dans la section du pied de page, ouvrez le menu **Insertion** et cliquez sur **Numéro de page**. Dans le pied de page, vous voyez apparaître « *page* ». Works remplace ce texte par le numéro de page approprié lorsque vous imprimez le document.

Ajouter des images

Pour importer un ClipArt, placez le curseur en haut du document, ouvrez le menu **Insertion** et sélectionnez **Image** puis **Images de la bibliothèque**. Choisissez une image et cliquez sur le bouton **Insérer**. Pour redimensionner l'image, cliquez sur un angle et faites glisser la souris en diagonale.

Pour importer des photos, scannez-les et enregistrez-les sur votre PC (pour plus de détails, voir p. 206). Ouvrez le menu **Insertion**, sélectionnez **Image** et cliquez sur **A partir du fichier**. Localisez votre photographie et cliquez sur **Insérer**. Pour plus de détails sur l'insertion et l'utilisation d'images ClipArt et de photos, voir les pages 188 et 212.

Gros plan
*Pour voir votre texte disposé
en colonnes, ouvrez le
menu Affichage et cliquez sur Page.*

Astuce
*Pour donner un aspect professionnel à votre
bulletin, utilisez la même police et les mêmes
attributs de texte pour tous les titres. N'utilisez la couleur
que pour les titres : le texte risquerait d'être difficile à lire.*

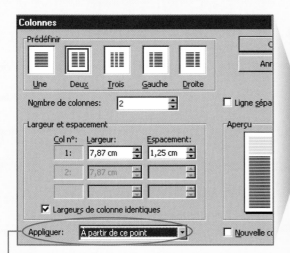

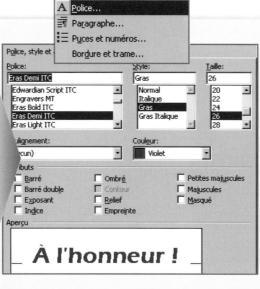

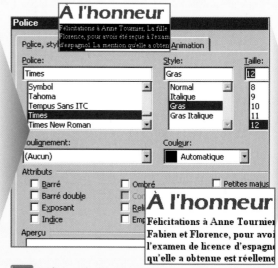

5 Amenez le curseur au début du premier article et dans le menu **Format**, cliquez sur **Colonnes**. Choisissez « Deux » dans **Prédéfinir**.

Réglez l'espacement et la largeur des colonnes. N'oubliez pas de vérifier que « Ligne séparatrice » est cochée. Puis, cliquez sur **OK**.

6 Sélectionnez le titre du premier article, ouvrez le menu **Format** et cliquez sur **Police**. Choisissez une police, un style et une taille de

caractères. Si vous possédez une imprimante couleur, faites défiler les couleurs de la liste Couleur, sélectionnez-en une. Puis, cliquez sur **OK**.

7 Définissez la mise en forme du premier texte du premier article de la même manière. Cochez « Gras » pour faire ressortir le texte.

Répétez l'opération pour le reste du premier article, en sélectionnant cette fois un style de caractères normal.

Appliquer les options
Pour appliquer la disposition en deux colonnes à la portion du document située sous le titre, cliquez sur la flèche de l'option **Appliquer** et cliquez sur **A partir de ce point**.

Des colonnes dans Works
Pour définir des colonnes dans Microsoft Works, ouvrez le menu **Format** et cliquez sur **Colonnes**. Indiquez le nombre de colonnes souhaité et réglez l'espace qui les sépare. Cochez la case « Ligne entre colonnes » et cliquez sur **OK**. Notez que tout le texte de votre bulletin se répartit dans les colonnes.

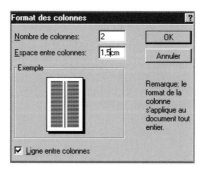

*Dans la boîte de dialogue « Lettrine », cliquez sur l'icône **Dans le texte** de la rubrique Position. Indiquez sur combien de lignes la lettrine doit descendre dans le texte dans la case « Hauteur (lignes) ». Cliquez sur **OK**.*

Si votre bulletin doit paraître régulièrement, enregistrez le premier en tant que modèle. Il vous suffira de le modifier pour les prochains numéros.

CRÉER UN MODÈLE

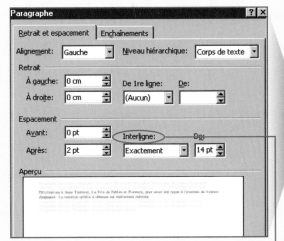

8 Pour régler l'espace entre les lignes, sélectionnez le premier article de votre bulletin (sans le titre). Ouvrez le menu **Format** et cliquez sur **Paragraphe**. Reportez les valeurs saisies dans la boîte de dialogue ci-dessous. Procédez de la même façon pour tous les autres articles.

9 Placez le curseur dans le premier paragraphe. Dans le menu **Format**, cliquez sur **Lettrine**. Reportez les paramètres de notre boîte de dialogue ci-dessus. Cliquez sur **OK**. Pour voir l'aspect du document, ouvrez le menu **Fichier** et sélectionnez **Aperçu avant impression**.

10 Cliquez sur le menu **Fichier** puis sur **Enregistrer sous**. Tapez un nom dans « Nom de fichier ». Dans la liste « Type de fichier », cliquez sur **Modèle de document**. Word propose d'enregistrer votre bulletin dans son dossier de modèles. Cliquez ensuite sur **Enregistrer**.

L'interlignage

Pour régler l'espace entre les lignes, cliquez sur la flèche à droite de la case « Interligne ». Une liste d'options d'interligne s'ouvre. Si vous savez exactement ce que vous voulez, cliquez sur **Exactement** et sélectionnez la valeur dans la zone « De ». Pour augmenter l'espace entre les paragraphes, cliquez dans la boîte Après de la rubrique Espacement. Pour finir, cliquez sur **OK**.

Touche finale

N'oubliez pas d'ajouter votre nom et vos coordonnées à la fin du bulletin. Indiquez également comment vous soumettre des articles pour les prochains numéros.

▶ AVANT DE COMMENCER

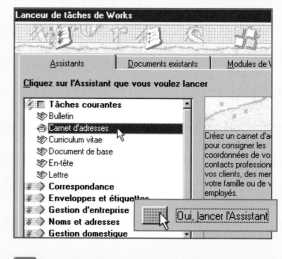

1 Appuyez sur le bouton **Démarrer**, cliquez sur **Programmes** puis **Works**. Ensuite, cliquez deux fois sur

Carnet d'adresses dans le dossier Tâches courantes. Cliquez sur le bouton « Oui, lancer l'Assistant ».

Votre liste d'adresses

Facile de rester en contact avec vos amis et connaissances !

L'utilisation la plus efficace que vous puissiez faire d'une base de données est de créer une liste d'adresses. Cela présente de nombreux avantages sur un PC : il est très facile de la réactualiser lorsque les gens déménagent ou changent de nom, ou de trier les adresses par rubriques (famille ou collègues de travail…). Si vous ne vous rappelez plus du nom exact d'une personne, lancez une recherche sur un mot dont vous vous souvenez. Par ailleurs, vous avez toujours la possibilité d'imprimer la liste.

*Outlook permet de créer une liste d'adresses. Lancez-le et cliquez sur l'icône **Contacts** dans le volet gauche de la fenêtre. Appuyez en même temps sur **Ctrl** et **N** pour ouvrir le formulaire.*

▶ AUTRES PROGRAMMES

Mot clé

Champ Il s'agit d'une catégorie d'informations de la base de données qui existe dans toutes les entrées. Par exemple, « Nom », « Code postal » et « Téléphone » sont des champs.

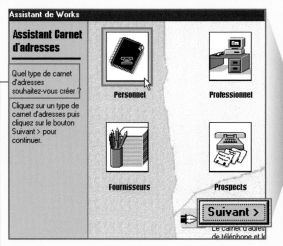

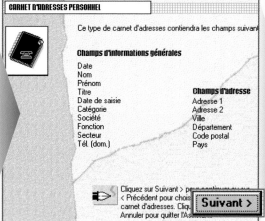

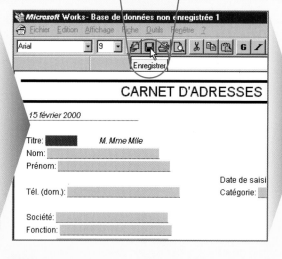

2 Différents types de carnets d'adresses vous sont alors proposés.

Cliquez sur **Personnel** puis sur le bouton **Suivant** pour continuer.

3 Dans la fenêtre qui s'affiche figure le nom de chaque champ de la liste d'adresses. Au besoin, vous pourrez les changer plus tard. Cliquez sur **Suivant** pour continuer, puis sur **Créer!** (voir ci-dessous). Cliquez sur **Créer le document**.

4 La base de données d'adresses s'affiche à l'écran, dans le mode appelé Formulaire. Enregistrez le document et donnez-lui un nom en cliquant sur le bouton **Enregistrer** de la barre d'outils. La boîte de dialogue « Enregistrer sous » s'affiche.

Works fournit six modèles de carnet d'adresses ; modifiez-les pour insérer les champs dont vous avez besoin. Ces six modèles sont :

- *Personnel* Pour la famille et les amis.
- *Professionnel* Pour les sociétés et les gens avec qui vous travaillez.
- *Clients* Coordonnées et infos bancaires de vos clients.
- *Fournisseurs* Coordonnées et infos bancaires de vos fournisseurs.
- *Prospects* Clients potentiels et chefs des ventes.
- *Employés* Infos sur des contacts et offres d'emploi.

Accès à votre liste d'adresses

Microsoft Works vous permet d'accéder à tout moment à votre liste d'adresses grâce au bouton Carnet d'adresses proposé sur la barre d'outils. Une fois que vous avez cliqué sur le bouton **Créer!**, la boîte de dialogue suivante demande si le carnet d'adresses que vous voulez créer sera celui qui s'ouvre via le bouton de la barre d'outils. Cliquez sur le bouton **Oui...**, puis cliquez sur **Créer le document**.

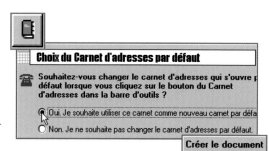

*Pour passer au champ suivant, appuyez sur la touche **Tab**. Pour revenir en arrière, maintenez la touche **Maj** enfoncée et appuyez sur **Tab**.*

Modèle de formulaire

Raccourci

*Pour déplacer plusieurs champs en même temps, maintenez la touche **Ctrl** enfoncée et cliquez sur les champs en question. Relâchez la touche **Ctrl** et faites glisser la sélection à l'aide de la souris.*

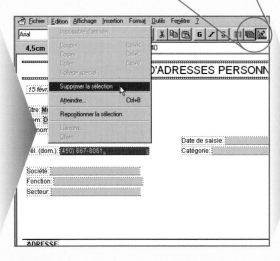

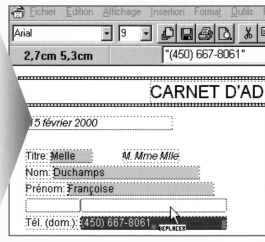

5 Pour saisir les données : cliquez dans le premier champ et tapez « M », « Mme », ou « Mlle » dans la zone Titre de la première fiche.

Complétez les autres champs. Dans le dernier champ, appuyez sur **Tab** pour passer au premier champ de l'entrée suivante.

6 Pour supprimer un champ, cliquez sur le bouton **Modèle de formulaire**. Cliquez d'abord sur le champ que vous voulez supprimer puis

sur **Supprimer la sélection** du menu **Edition**. Confirmez ensuite votre demande. Pour ajouter un champ, voir ci-dessous.

7 Au besoin, vous pouvez réorganiser les champs ainsi que réduire ou augmenter l'espace qui les sépare. Dans **Modèle de**

formulaire, cliquez sur un champ, maintenez le bouton de la souris enfoncé et faites glisser le champ à l'emplacement désiré.

Les différents modes d'habillage

Il existe trois façons d'afficher votre liste d'adresses :

 Mode Liste : parfait pour une vue de référence. Vous voyez de nombreuses entrées en même temps.

 Mode Formulaire : affiche une entrée à la fois. Ce mode est parfait pour saisir des données.

 Modèle de formulaire : vous permet d'ajouter/supprimer des champs et de changer leur disposition.

Ajouter des champs

Pour ajouter un champ, par exemple un numéro de téléphone professionnel, cliquez sur le bouton **Modèle de formulaire** de la barre d'outils. Amenez le curseur à l'endroit où vous voulez insérer le champ, ouvrez le menu **Insertion d'un champ** et cliquez sur **Champ**. Dans la boîte de dialogue qui s'affiche, tapez le nom du nouveau champ. Vérifiez que l'option **Standard** est sélectionnée dans la rubrique Format et cliquez sur **OK**.

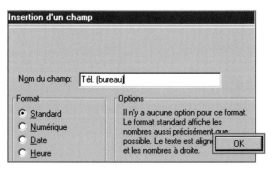

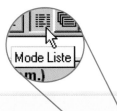

Mode Liste

L'option Croissant trie les fiches de A à Z. L'option Décroissant les trie de Z à A.

○ Croissant
○ Décroissant

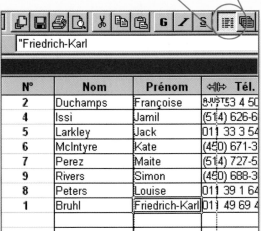

"Friedrich-Karl

N°	Nom	Prénom	⊪⊪ Tél.
2	Duchamps	Françoise	AJUST 53 4 50
4	Issi	Jamil	(514) 626-6
5	Larkley	Jack	011 33 3 54
6	McIntyre	Kate	(450) 671-3
7	Perez	Maite	(514) 727-5
9	Rivers	Simon	(450) 688-3
8	Peters	Louise	011 39 1 64
1	Bruhl	Friedrich-Karl	011 49 69 4

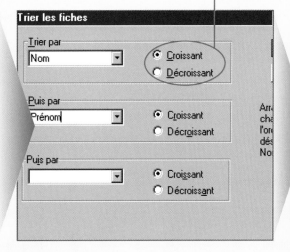

Trier les fiches

Trier par
Nom ▾
○ Croissant
○ Décroissant

Puis par
Prénom ▾
○ Croissant
○ Décroissant

Puis par
▾
○ Croissant
○ Décroissant

Liste des correspondants

✔		Date	Nom	Prénom	Tél.
□	1	02/00	Bruhl	Friedrich-Karl	011 49 69 4
□	2	02/00	Duchamps	Françoise	011 33 4 50
□	3	02/00	Issi	Jamil	(514) 626-6
□	4	02/00	Larkley	Jack	011 33 3 54
□	5	02/00	McIntyre	Kate	(450) 671-3
□	6	02/00	Perez	Maite	(514) 727-5
□	7	02/00	Peters	Louise	011 39 1 64
□	8	02/00	Rivers	Simon	(450) 688-3
□	9				
□	10				
□	11				
□	12				
□	13				
□	14				
□	15				
□	16				
□	17				
□	18				

Gras

8 Enregistrez le fichier et cliquez sur le bouton **Mode Liste** de la barre d'outils. Si vous ne voyez pas toutes les données, amenez le curseur sur le bord droit du titre de la colonne, maintenez le bouton gauche de la souris enfoncé et faites glisser ce bord à l'endroit voulu.

9 Trions la liste par ordre alphabétique. Dans le menu **Fiche**, cliquez sur **Trier les fiches**. Cliquez sur la flèche de la première zone de tri et choisissez « Nom ». Dans la deuxième zone de tri, choisissez « Prénom ». Cliquez ensuite sur **Croissant** puis sur **OK**.

10 Tous les noms sont alors classés par ordre alphabétique. Dans une liste d'adresses, « Nom » est évidemment le champ le plus important : mettez-le en gras. Cliquez sur le titre de la colonne « Nom » pour la sélectionner et cliquez sur le bouton **Gras** de la barre d'outils.

Définir une date

Works crée automatiquement un champ de date pour votre carnet d'adresses et il insère la date de création des adresses. Dans le mode Liste, la date est au départ affichée sous forme de symboles. Augmentez la largeur de la colonne pour la voir en entier, avec le mois et l'année. Pour changer le format de la date, ouvrez le menu **Format** et sélectionnez **Champ**. Cliquez sur un autre style dans la liste Format et cliquez sur **OK**.

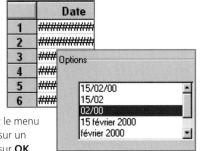

	Date
1	#########
2	#########
3	####
4	####
5	####
6	####

Options

15/02/00
15/02
02/00
15 février 2000
février 2000

Maintenant que vous disposez d'une liste d'adresses, pourquoi ne pas l'utiliser pour imprimer des étiquettes ? Reportez-vous p. 172.

▶ SUGGESTIONS

Vos propres étiquettes

Gagnez du temps : imprimez vos adresses sur des étiquettes !

Vous apprécierez votre ordinateur à sa juste valeur quand vous devrez réaliser des tâches répétitives ou qui demandent beaucoup de temps. C'est le cas notamment si vous envoyez régulièrement des colis. Utilisez donc votre PC pour créer et imprimer des étiquettes. Vos paquets auront ainsi bien plus fière allure !

En outre, vous disposez d'un grand choix de styles de texte et de formats. N'hésitez pas non plus à personnaliser ou égayer votre correspondance par des dessins décoratifs.

Les adresses que vous souhaitez imprimer doivent être répertoriées dans une base de données. Reportez-vous pour cela à « Votre liste d'adresses » p. 168. Achetez des étiquettes autocollantes.

▶ AVANT DE COMMENCER

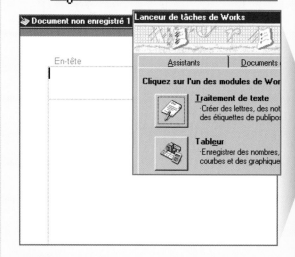

1 Appuyez sur le bouton **Démarrer**, cliquez sur **Programmes** puis **Microsoft Works**. Dans le Lanceur de tâches, cliquez sur l'onglet **Modules de Works**, puis sur le bouton **Traitement de texte**. Un nouveau document apparaît.

*Microsoft Word permet également de créer des étiquettes. Ouvrez-le, et, dans le menu **Outils**, sélectionnez **Publipostage**. Suivez les instructions de la fenêtre Aide au publipostage.*

▶ AUTRES PROGRAMMES

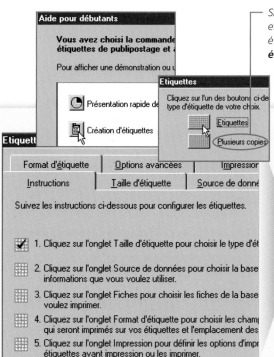

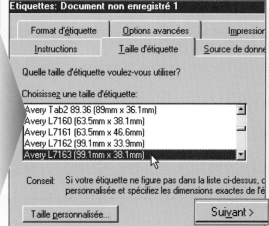

*Si vous n'avez pas créé de base de données d'adresses et que vous souhaitez simplement imprimer quelques étiquettes, cliquez sur **Plusieurs copies d'une étiquette**. Suivez les instructions apparaissant à l'écran.*

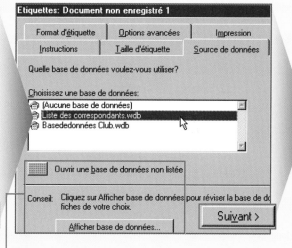

2 Dans le menu **Outils**, cliquez sur **Etiquettes**. Si « Aide pour débutants » s'affiche, cliquez sur **Pour créer des étiquettes**, puis sur le bouton **Etiquettes**. La boîte de dialogue qui s'affiche propose l'onglet Instructions.

3 Cliquez sur l'onglet **Taille d'étiquette**. Sélectionnez le format que vous souhaitez. Cliquez sur **Suivant**. Si le format de vos étiquettes ne figure pas dans la liste, cliquez sur **Taille personnalisée** et tapez les dimensions.

4 Maintenant, cliquez sur l'onglet **Source de données**. La liste « Choisissez une base de données » répertorie tous les fichiers de base de données que vous avez créés dans Works. Cliquez sur votre liste d'adresses, puis sur **Suivant**.

Gros plan

Les étiquettes de publipostage existent en plusieurs tailles, chaque format possédant son propre numéro de référence. Optez pour celles qui tiennent sur une page A4. Par ailleurs, il existe des étiquettes spécialement conçues pour les disquettes, les vidéos, les cassettes, etc. Un des formats les plus courants est le modèle L7163 : 14 étiquettes de publipostage par feuille A4.

Rechercher une base de données

Pour utiliser des bases de données qui ne figurent pas dans la liste, cliquez sur le bouton **Ouvrir une base de données non listée**. Vous disposez peut-être de plusieurs listes d'adresses, une pour la famille et les amis, une pour les contacts professionnels et une autre pour les membres d'une association. Pour vérifier brièvement une liste avant de l'ouvrir, cliquez sur **Afficher base de données...**.

Si vous désirez modifier l'ordre des champs sur votre étiquette, cliquez sur **Supprimer tout** *et reprenez depuis le début.*

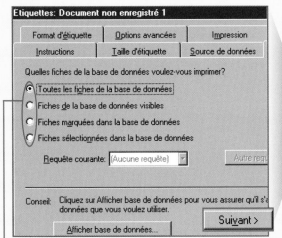

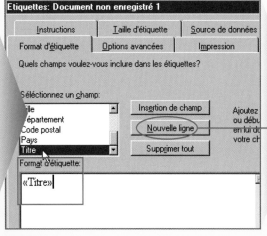

5 Cliquez sur l'onglet **Fiches**. Si vous avez besoin des étiquettes de toutes les personnes répertoriées dans la base de données, vérifiez que l'option « Toutes les fiches de la base de données » est sélectionnée, puis cliquez sur **Suivant**.

6 Dans la rubrique « Sélectionnez un champ » de **Format d'étiquette**, cliquez sur le champ à placer en première position. Ensuite, cliquez sur **Insertion de champ**. Répétez ceci pour tous les autres champs. Cliquez sur **Suivant**.

7 Cliquez sur l'onglet **Options avancées** puis sur **Modifier** pour définir le style de l'étiquette. Pour changer de police, sélectionnez le texte et cliquez sur une autre police de la liste. Au besoin, cliquez sur le bouton **Gras**.

Choisir les fiches

Pour n'imprimer les étiquettes que de quelques fiches choisies dans la base de données, sélectionnez **Fiches marquées dans la base de données**, puis cliquez sur **Afficher base de données**. Sélectionnez les personnes pour qui vous voulez imprimer des étiquettes en cochant la case située devant la première colonne . Si vous sélectionnez une ligne à tort, cliquez à nouveau dessus pour annuler sa sélection.

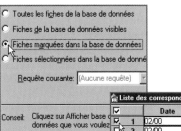

Pour placer un champ sur une ligne différente, cliquez sur **Nouvelle ligne**.

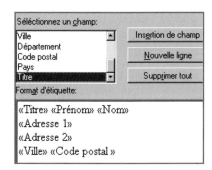

Raccourci
*Si vous connaissez le nom de l'image que vous souhaitez utiliser, tapez-le dans la zone « Rechercher les clips » en haut de Microsoft Clip Gallery et appuyez sur **Retour**.*

Attention
Ne gaspillez pas vos étiquettes autocollantes. Imprimez les premiers essais sur une feuille de papier normal, et superposez celle-ci sur les étiquettes pour vérifier que le positionnement est correct.

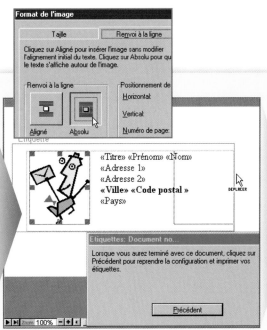

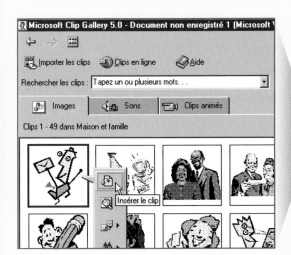

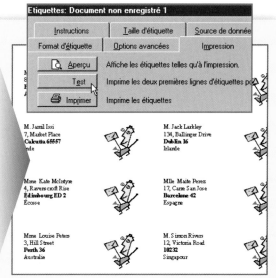

8 Si vous souhaitez ajouter une image à votre étiquette, cliquez tout d'abord à l'endroit approprié. Ensuite, ouvrez le menu **Insertion** et sélectionnez **ClipArt**. Cliquez sur une catégorie pour en voir le contenu. Cliquez sur l'image qui vous intéresse puis sur l'icône **Insérer le clip**.

9 Cliquez sur l'image avec le bouton droit et sélectionnez **Mise en forme de l'image**. Dans l'onglet **Renvoi à la ligne**, cliquez sur **Absolu,** puis sur **OK**. Repositionnez l'image en la faisant glisser. Ensuite, cliquez sur **Précédent**.

10 Dans l'onglet **Impression**, cliquez sur **Aperçu**, puis sur **Test** pour imprimer les deux premières rangées d'étiquettes. Au besoin, cliquez sur l'onglet **Taille d'étiquette** et choisissez un autre format. Cliquez sur **Imprimer**.

La taille des images
Réduisez ou augmentez la taille de l'image ClipArt. Pour cela, cliquez sur une des poignées d'angle et faites-la glisser dans la direction voulue.

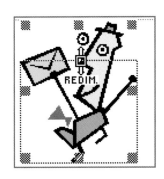

Astuce
Si votre étiquette vous plaît et que vous pensez réutiliser ce style, n'oubliez pas de l'enregistrer. Un message vous le proposera de toute manière au moment où vous refermerez le document.

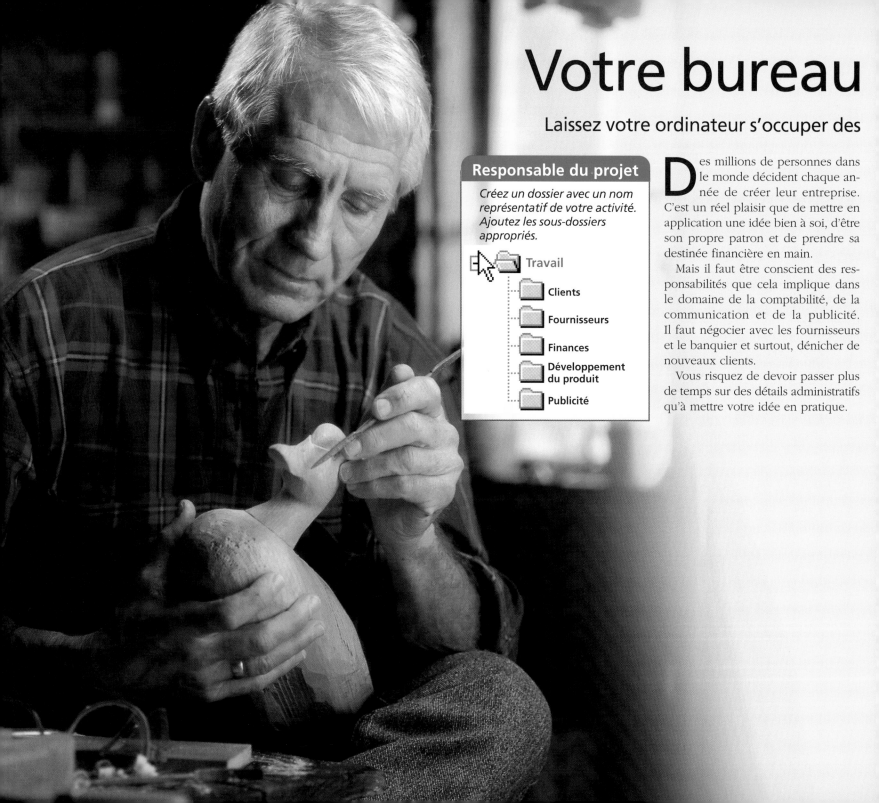

Votre bureau

Laissez votre ordinateur s'occuper des

Responsable du projet

Créez un dossier avec un nom représentatif de votre activité. Ajoutez les sous-dossiers appropriés.

- 📁 Travail
  - 📁 **Clients**
  - 📁 **Fournisseurs**
  - 📁 **Finances**
  - 📁 **Développement du produit**
  - 📁 **Publicité**

Des millions de personnes dans le monde décident chaque année de créer leur entreprise. C'est un réel plaisir que de mettre en application une idée bien à soi, d'être son propre patron et de prendre sa destinée financière en main.

Mais il faut être conscient des responsabilités que cela implique dans le domaine de la comptabilité, de la communication et de la publicité. Il faut négocier avec les fournisseurs et le banquier et surtout, dénicher de nouveaux clients.

Vous risquez de devoir passer plus de temps sur des détails administratifs qu'à mettre votre idée en pratique.

à domicile !

détails et concentrez-vous sur les bénéfices

C'est là qu'intervient votre PC ; il s'occupera pour vous de la plupart de ces tâches. Il peut même vous aider à bien cerner l'activité que vous souhaitez développer avant que vous ne vous investissiez à fond.

Imaginez votre propre logo pour votre correspondance et la publicité, à l'aide de Paint ou d'un autre programme de dessin. Réalisez votre papier à en-tête, rédigez votre courrier à partir d'un modèle et gardez alors une trace de votre correspondance sur le disque dur ou sur des disques de sauvegarde amovibles.

Créez une base de données pour répertorier vos clients ; utilisez-la pour imprimer leur nom et adresse sur des étiquettes de publipostage. Peur de manquer un rendez-vous ?

Ouvrez votre agenda depuis le bureau. Si vous vous déplacez en voiture, incluez les kilomètres parcourus dans vos dépenses professionnelles. Gérez votre comptabilité à l'aide de votre tableur, vous épargnant ainsi quelques maux de tête.

Grâce à votre PC, réalisez vous-même vos cartes de visite, ou encore concevez un site Web pour la promotion de votre activité.

Pensez à Internet ! Correspondez par courrier électronique, étudiez le marché et surfez sur le Web pour rechercher une information liée à votre activité professionnelle.

Votre ordinateur deviendra vite votre plus fidèle assistant et vous aurez tout le loisir de vous consacrer à l'essentiel.

Pour votre activité

- Faites une étude de marché.
- Déterminez le prix et les coûts de votre produit par rapport au marché.
- Préparez un plan commercial.
- Prévoyez l'argent nécessaire au démarrage.
- Demandez conseil à un comptable en lui expliquant bien vos projets.
- Immatriculez-vous auprès de l'organisme concerné.

Idées et suggestions

Les suggestions suivantes vous aideront à consacrer moins de temps aux tâches administratives et à gérer plus efficacement votre affaire.

Adaptez les projets proposés à votre cas personnel. Si vous avez créé votre entreprise avec des associés, n'hésitez pas à répartir les tâches !

252 Comptabilité
Notez les recettes et les dépenses et faites des prévisions budgétaires.

196 Papier à en-tête illustré
Mettez en image votre profil commercial et enrichissez la communication.

168 Base de données de clients
Vous ne perdrez plus les coordonnées de quiconque ! Les fiches sont faciles à mettre à jour.

182 Votre agenda professionnel
Notez tous vos rendez-vous et les diverses tâches tributaires d'une date dans un agenda sur l'écran.

116 Votre propre page Web
Faites la promotion de votre entreprise et invitez les clients à vous contacter par courriel.

Pensez-y aussi...

Les images sont aussi efficaces que les mots pour vendre votre produit ; délivrez le message à domicile.

220 L'affaire en images
Utilisez les mêmes techniques qu'avec l'album photos et créez un publipostage ou une brochure.

Déterminez à l'avance ce que vous allez inscrire sur votre carte de visite et vérifiez que le texte est correct.

AVANT DE COMMENCER

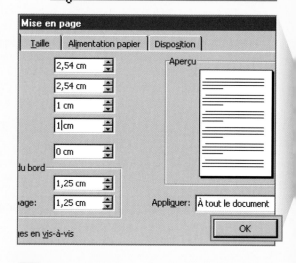

1 Lancez **Microsoft Word**. Dans le menu **Fichier**, cliquez sur **Mise en page**. Dans la boîte de dialogue qui s'affiche, définissez des marges « Gauche » et « Droite » de 1 cm , dans l'onglet **Marges**, afin de faire tenir deux cartes côte à côte sur une feuille A4. Cliquez sur **OK**.

Vos cartes de visite

Épatez vos collègues, vos associés et vos amis

Une carte de visite bien conçue aura un énorme impact sur vos clients potentiels et vos partenaires. Elle est le reflet de votre professionnalisme, et vous permet de suggérer l'essentiel de votre activité. Dans Word, il est très facile de créer une carte de visite, professionnelle ou non. Choisissez avec soin le style du texte et les illustrations. Ainsi, un pâtissier qui intègre la photographie d'une pièce montée et utilise un style de caractères traditionnel attirera certainement une clientèle plus importante que celui qui illustre sa carte d'un gâteau tout simple, avec une police de caractères moderne.

Le traitement de texte de Works permet de définir le style du texte et d'importer des images. Toutefois, il n'est pas très facile de redimensionner la carte ; il est préférable d'utiliser Word.

AUTRES PROGRAMMES

Gros plan

*Lorsque vous insérez un tableau, des règles en haut et à gauche du document sont d'une aide précieuse. Si vous ne les voyez pas, ouvrez le menu **Affichage** et cliquez sur **Règle**.*

L'espacement entre les colonnes s'ajuste automatiquement en fonction de la largeur que vous spécifiez dans « Largeur et espacement ».

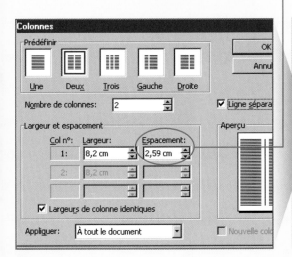

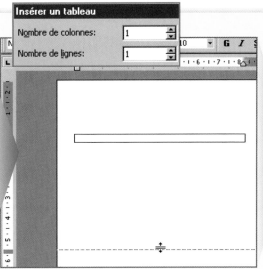

2 Dans le menu **Format**, cliquez sur **Colonnes**. Cliquez sur **Deux** sous « Prédéfinir ». Optez ensuite pour une « Largeur » de 8,2 cm.

D'autre part, les cases « Largeurs de colonne identiques » et « Ligne séparatrice » doivent également être cochées.

3 Dans le menu **Tableau,** cliquez sur **Insérer un tableau**. Choisissez 1 colonne et 1 ligne. Dans le cadre qui apparaît, amenez le pointeur de la souris sur le bord inférieur. Quand vous voyez la flèche à deux têtes, faites glisser la souris jusqu'à 5,5 cm de la règle de gauche.

4 Cliquez dans le tableau et tapez votre texte. Pour le centrer, sélectionnez-le et cliquez sur le bouton **Centré** de la barre d'outils. Pour définir un style pour chaque portion de texte, ouvrez le menu **Format** et cliquez sur **Police**. Choisissez une police, une taille et un style appropriés.

Enregistrer le document

N'oubliez pas d'enregistrer votre nouveau document Word dès qu'il est ouvert. Ouvrez le menu **Fichier** et sélectionnez **Enregistrer sous** ou cliquez sur le bouton **Enregistrer** de la barre d'outils. Stockez vos cartes de visite dans un dossier approprié.

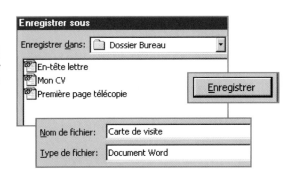

Attention

Si une police inhabituelle vous plaît particulièrement, assurez-vous que le texte est lisible. En effet, vous ne devez pas perdre de vue l'objectif d'une carte de visite !

Attention
Positionnez votre image ClipArt de telle sorte que l'espace soit équitablement réparti tout autour : plus équilibrée, votre carte aura un aspect plus professionnel.

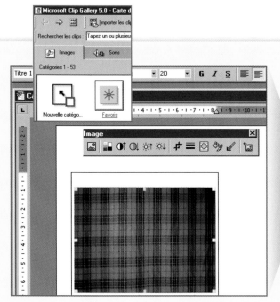

5 Dans le menu **Insertion**, cliquez sur **Image** et sur **Images de la bibliothèque**. Cliquez sur une catégorie, trouvez l'image qui vous convient puis, cliquez sur **OK**. Cette image apparaît au-dessus du tableau. D'autre part, la barre d'outils Image s'affiche.

6 Pour amener l'image dans le tableau, cliquez dessus, ouvrez le menu **Format** et cliquez sur **Image**. Dans la boîte de dialogue qui s'affiche et dans l'onglet **Position**, vérifiez que la case « Dissocier du texte » n'est pas cochée. Si elle l'est, cliquez dedans. Cliquez sur **OK** pour continuer.

7 Pour modifier la taille du ClipArt, cliquez tout d'abord sur l'un de ses bords et faites glisser la souris en avant ou en arrière en fonction de la taille que vous désirez obtenir. Si vous souhaitez amener l'image au milieu de la carte, sélectionnez-la et cliquez sur le bouton **Centré** de la barre d'outils.

Ajouter de l'espace autour du ClipArt

Pour ajouter de l'espace autour de l'image, cliquez dessus et ouvrez le menu **Format** puis sélectionnez **Paragraphe**. Dans Espacement, cliquez sur les flèches du haut des options « Avant » et « Après » pour augmenter la valeur proposée. Recommencez jusqu'à ce que vous obteniez le résultat souhaité.

Annuler les changements

Après de multiples essais de mise en forme, vous ne serez pas forcément satisfait du résultat. Fort heureusement, il existe un moyen très rapide d'annuler les changements indésirables : le bouton **Annuler** de la barre d'outils de Word. Chaque clic sur ce bouton vous ramène à l'étape précédente. Autrement dit, vous pouvez annuler plusieurs changements à la suite.

Astuce

Imprimez vos cartes sur du papier d'au moins 250 g pour obtenir un résultat satisfaisant. La plupart des imprimantes n'acceptent pas de papier de plus de 160 g. Dans ce cas, faites appel à un imprimeur.

Gros plan

*Pour supprimer une carte, cliquez dessus, ouvrez le menu **Tableau** et cliquez sur **Sélectionner le tableau**. Revenez dans le menu **Tableau** et sélectionnez **Supprimer les lignes**.*

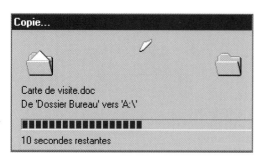

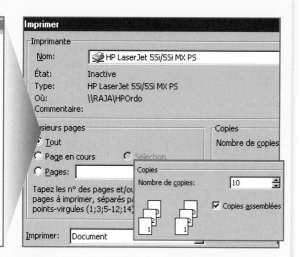

8 Pour créer plusieurs cartes de visite sur une même page, il suffit de copier et de coller l'original. Cliquez dans le tableau, ouvrez le menu **Tableau** et cliquez sur **Sélectionner le tableau**. Dans le menu **Edition**, cliquez sur **Copier**. Une copie de votre carte est alors stockée en mémoire.

9 Cliquez sous le tableau et appuyez sur la touche **Retour**. Dans le menu **Edition**, sélectionnez **Coller les cellules**. Une deuxième carte apparaît. Continuez pour remplir la page. Au bas de la première colonne, Word passe automatiquement à la colonne suivante.

10 Lorsque vous êtes satisfait de vos cartes de visite, ouvrez le menu **Fichier** et sélectionnez **Imprimer**. Déterminez quelles seront les pages à imprimer ainsi que le nombre de copies à réaliser. Ensuite, cliquez sur **OK**.

Si vous allez chez l'imprimeur

Si vous souhaitez confier vos cartes de visite à un imprimeur, enregistrez le document sur votre disque dur puis copiez-le sur une disquette. Introduisez la disquette dans le lecteur de disquette, cliquez sur l'icône **Poste de travail** sur le bureau, puis sur **Disquette 3½ [A:]**. Faites glisser l'icône du document de votre carte de visite dans la fenêtre de la disquette.

Créez votre agenda

Planifiez votre temps : rien de plus facile avec votre PC

Les journées sont parfois tellement chargées qu'il est facile d'oublier un événement important. Cependant, vous ne manquerez plus jamais de rendez-vous si vous créez votre propre agenda à l'aide de Microsoft Outlook.

Notez-y vos rendez-vous, les réunions et tâches à effectuer, puis consultez votre emploi du temps quotidien, hebdomadaire ou mensuel. Imprimez-le, joignez-y des documents essentiels et demandez même à l'ordinateur de vous avertir peu avant vos rendez-vous.

Voyez avec votre famille ou vos collègues de travail quels sont les événements, tâches ou rendez-vous à ajouter dans votre agenda.

AVANT DE COMMENCER

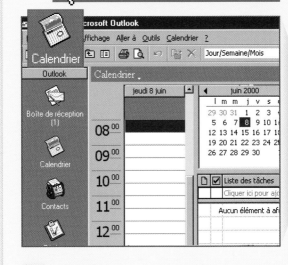

1 Appuyez sur le bouton **Démarrer**, cliquez sur **Programmes** et **Microsoft Outlook**. Cliquez sur l'icône **Calendrier**.

Un emploi du temps vide s'affiche, où figurent toutes les heures de la journée, une vue des deux prochains mois et une liste des tâches à faire.

*Dans Microsoft Works, utilisez un assistant pour créer un agenda. Ouvrez Works et, dans le Lanceur de tâches, cliquez sur **Gestion d'entreprise** puis sur **Emploi du temps**.*

AUTRES PROGRAMMES

Astuce

Les petites flèches à côté du nom de chaque mois dans l'affichage par Jour ou Semaine permettent d'accéder rapidement au mois précédent ou suivant.

Raccourci

Pour ajouter un nouveau rendez-vous au moment où vous affichez l'agenda du jour, cliquez deux fois sur l'heure de ce rendez-vous et fournissez les détails.

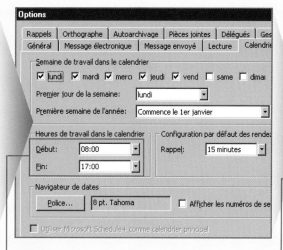

2 Adaptez votre agenda à vos goûts personnels en modifiant l'affichage. Pour obtenir une vision hebdomadaire de votre emploi du temps, cliquez sur le chiffre **7** dans la barre d'outils. Pour afficher un mois entier à l'écran, cliquez sur **31**. Pour revenir à l'affichage Jour, cliquez sur **1**.

3 Modifiez les options du calendrier selon vos besoins. Dans le menu **Outils**, cliquez sur **Options**. Dans l'onglet **Calendrier**, cliquez sur les différents menus déroulants et déterminez, par exemple, quels seront vos jours et vos horaires de travail. Puis, cliquez sur **OK**.

4 Pour inscrire un rendez-vous, cliquez sur **Nouveau rendez-vous**. Remplissez toutes les zones. Pour définir une heure de rappel et déclencher l'alarme, cochez « Rappel ». Indiquez combien de temps à l'avance vous désirez être averti. Lorsque vous avez terminé, cliquez sur **Enregistrer et fermer**.

Terminologie d'Outlook

Outlook permet d'effectuer quatre types de saisie par l'intermédiaire des menus Fichier et Calendrier :

- Un rendez-vous, selon Outlook, ne concerne que vous.
- Une réunion, par contre, implique que d'autres personnes sont concernées.
- Un événement est une activité qui dure au moins 24 heures. Il s'affiche sous forme de bannière.
- Une tâche est une activité qui a une fin. Vous pouvez vérifier qu'elle est terminée.

Heures de travail

Les « Heures de travail dans le calendrier » que vous définissez sont affichées en blanc, alors que les autres apparaissent en gris. Tout changement dans les heures est reporté dans l'agenda.

06⁰⁰	
07⁰⁰	
08⁰⁰	
09⁰⁰	
10⁰⁰	

Votre alarme ne peut fonctionner que si Outlook est ouvert. Habituez-vous à ouvrir le programme dès le début de la journée et réduisez-le à une icône sur la barre des tâches.

Pour supprimer une tâche de la liste des tâches, cliquez dessus puis sur le bouton **Supprimer** de la barre des tâches.

Raccourci

*Pour supprimer une tâche dans votre agenda, cliquez dessus avec le bouton droit de la souris et sélectionnez **Supprimer** dans le menu local.*

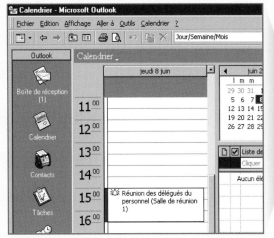

5 Pour consulter les notes que vous avez saisies dans votre agenda, faites défiler à l'écran le jour qui vous intéresse. Pour changer l'heure d'une réunion, cliquez sur la barre de couleur située à sa gauche et faites glisser la souris sur la nouvelle heure.

6 Pour ajouter une tâche dans votre agenda, cliquez deux fois sur **Cliquer ici pour ajouter un nouvel élément**. Tapez les informations nécessaires dans les différentes zones proposées et cliquez sur **Enregistrer et fermer**. Cochez la tâche une fois qu'elle a été effectuée.

7 Pour ajouter un événement, ouvrez le menu **Calendrier** et cliquez sur **Nouvel événement**. Spécifiez les informations dans la fenêtre qui s'ouvre et cliquez sur **Enregistrer et fermer**. L'événement s'affiche comme bannière en haut de chaque jour concerné.

Les modifications

Pour modifier la durée d'un rendez-vous, cliquez dessus pour le sélectionner. Amenez le curseur sur le bord supérieur ou inférieur ; lorsque le pointeur prend la forme d'une flèche à deux têtes, faites-le glisser vers le haut ou vers le bas.

L'affichage

Il existe différentes façons d'afficher l'agenda. Ouvrez le menu **Affichage**, sélectionnez **Affichage actuel** et cliquez sur une des options proposées.

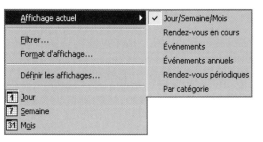

Gros plan

Pas besoin d'enregistrer l'agenda comme vous le faites pour tout autre document : il s'enregistre de lui-même quand vous le fermez. Lorsque vous ouvrez de nouveau Outlook, il s'affiche automatiquement.

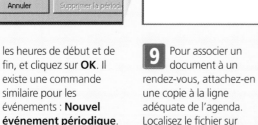

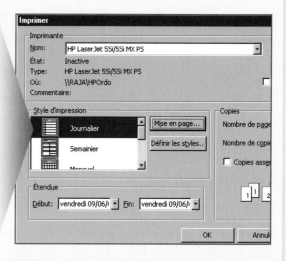

8 Pour planifier un rendez-vous périodique, cliquez sur **Calendrier** puis sur **Nouveau rendez-vous périodique**. Affectez-lui les heures de début et de fin, et cliquez sur **OK**. Il existe une commande similaire pour les événements : **Nouvel événement périodique**.

9 Pour associer un document à un rendez-vous, attachez-en une copie à la ligne adéquate de l'agenda. Localisez le fichier sur l'ordinateur, puis, cliquez dessus et faites-le glisser dans la fenêtre du rendez-vous. Enfin, relâchez le bouton de la souris pour copier le fichier.

10 Pour imprimer un agenda journalier, ouvrez le menu **Fichier** et sélectionnez **Mise en page** puis **Journalier**. Sélectionnez les options qui vous intéressent (voir ci-dessous à gauche) et cliquez sur **Imprimer**. Dans la boîte de dialogue « Imprimer », cliquez sur **OK**.

Options d'impression

La boîte de dialogue « Mise en page » permet de définir des options d'impression pour votre agenda.

Il est ainsi possible d'imprimer une journée sur une ou deux pages, d'ajouter la liste des tâches, de choisir des heures de la journée ainsi que les polices.

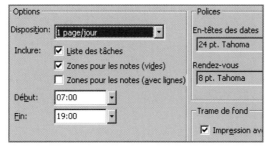

Touche finale

Ajoutez un titre et une date à votre agenda. Dans la boîte de dialogue « Mise en page », cliquez sur l'onglet **En-tête/pied de page**. Tapez un titre dans la section En-tête et la date de création de l'agenda dans la section Pied de page (vous pouvez aussi ajouter un numéro de page et votre nom). Cliquez sur le bouton **Police** et choisissez une police et une taille de caractères dans la boîte de dialogue.

Créez votre propre

Pour sauvegarder la forêt tropicale ou juste le parc de votre ville,

De plus en plus de gens se constituent en association pour défendre des causes à l'échelle du globe, d'un pays, d'une région ou plus modestement d'un quartier.

Si vous souhaitez à votre tour vous mobiliser pour une cause qui vous tient à cœur, créez votre propre association. Votre ordinateur se révélera un allié précieux pour recruter des membres, puis organiser votre campagne d'action.

Les associations s'appuient de plus en plus sur Internet pour délivrer leur message. Les moteurs de recherche en ligne constituent évidemment un bon point de départ. De nombreux sites éducatifs et de recherche diffusent des comptes rendus via le Net. De plus, dans certains pays, le gouvernement lui-même publie sur le Web de nombreuses informations officielles ainsi que des statistiques, ce qui peut s'avérer une aide fort précieuse.

Responsable du projet

Créez un dossier avec un nom correspondant à votre projet. Créez autant de sous-dossiers que l'association l'exige.

- Association
  - Recherches
  - Contacts
  - Communication
  - Membres
  - Publicité
  - Budget

association

un PC vous aidera à délivrer votre message

Les groupes de discussion sur Internet se révèlent également une excellente source d'informations pour une association, surtout si des spécialistes des questions qui vous intéressent y participent. Des forums et des « panneaux d'affichage » spéciaux permettent d'échanger des informations et de suivre des débats. L'efficacité d'une association se juge à sa façon de communiquer. Il faut délivrer un message simple et clair aussi bien pour attirer de nouveaux membres que pour recueillir de nouvelles informations.

Par ailleurs, un site Web est le support publicitaire le plus intéressant d'un point de vue financier,

surtout si on considère le nombre de contacts potentiels. Les coûts de maintenance d'un site sont en outre très réduits.

Votre ordinateur vous aide non seulement à effectuer vos recherches et à diffuser votre publicité, mais aussi à administrer votre association. Créez une base de données des membres dans Microsoft Works, utilisez un tableur pour la gestion des finances et réalisez des bulletins d'information avec un traitement de texte. Imaginez des questionnaires ou des pétitions grâce à votre base de données et contactez directement des personnes influentes via le courrier électronique.

Votre plan d'action

- Prévoyez les lieu/date/heure de lancement de l'association.
- Annoncez la réunion du lancement.
- Conviez les officiels concernés.
- Créez des affiches, collectez des signatures et recrutez de nouveaux membres.
- Planifiez une manifestation locale ou une campagne de publicité.
- Réalisez des supports publicitaires et des dépliants.

Idées et suggestions

Adaptez les projets et idées qui suivent à votre propre situation pour améliorer l'efficacité de votre association, attirer de nouveaux membres et utiliser au mieux le temps et les idées des adhérents. N'hésitez pas à rechercher d'autres façons d'employer vos connaissances et votre ordinateur.

96 **Recherche sur Internet**
Découvrez de quoi alimenter votre argumentation ou restez en contact avec d'autres groupes.

168 **Liste d'adresses**
Créez un fichier pour référencer facilement tous les membres et les contacts.

164 **Bulletin d'information**
Informez les membres des événements à venir et de l'évolution de l'association.

34 **Questionnaire**
Utilisez votre programme de base de données pour collecter des informations sur les membres.

272 **Comptabilité**
Établissez une feuille de calcul pour gérer les abonnements, les dons et les dépenses.

Pensez-y aussi...

Une fois que votre association est créée et bien établie, pensez à faciliter le publipostage.

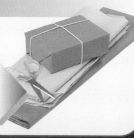

172 **Étiquettes**
Utilisez votre base de données de membres pour imprimer rapidement des étiquettes.

Attention

*L'insertion de ClipArts dans Works ne se déroule pas tout à fait comme dans Word. Dans Works, il suffit d'ouvrir le menu **Insertion** et de sélectionner **ClipArt**. Il n'y a pas de commande Image.*

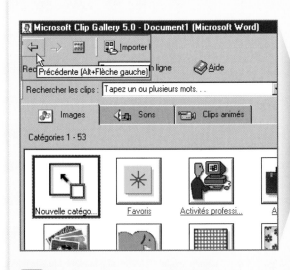

1 Pour insérer un ClipArt dans Word, placez le curseur à l'endroit où vous voulez qu'il apparaisse. Ouvrez le menu **Insertion**, cliquez sur **Image** puis sur **Images de la bibliothèque**. Parcourez les catégories. Cliquez sur **Suivante** pour revenir au menu principal.

Les images ClipArt

Laissez s'exprimer votre créativité en ajoutant des illustrations

L es ClipArts sont des images prêtes à l'emploi que vous incorporez dans un document pour lui conférer un aspect plus attrayant. Ces images sont fournies gratuitement avec Word et Works.

Elles sont habituellement rangées par catégories telles que « Grandes occasions », « Scolarité » ou « Humour ». Utilisez-les comme logos, bordures ou simplement comme objets décoratifs. N'hésitez pas à découper une image, à l'encadrer ou à la colorer si vous le souhaitez.

Il n'est pas facile de créer soi-même des dessins satisfaisants ; aussi, commencez par des ClipArts. Bientôt, vous réaliserez vous-même vos cartes de vœux, vos invitations, vos cartes de visite et vos étiquettes de publipostage.

Une bibliothèque de ClipArts est fournie avec Word et Works. Au besoin, achetez-en d'autres sur CD-ROM ou téléchargez-les depuis Internet. Scannez vos dessins ou images pour les utiliser.

 **AUTRES SOURCES**

Insère l'image

Offre une vue agrandie de l'image

Ajoute l'image aux Favoris ou à une autre catégorie

Trouve des images similaires à celle choisie

Pour afficher la barre d'outils Image de Word, ouvrez le menu **Affichage** et sélectionnez **Barres d'outils** puis **Image**. Pour savoir à quoi sert chaque bouton, amenez le pointeur de la souris dessus : un texte descriptif s'affiche.

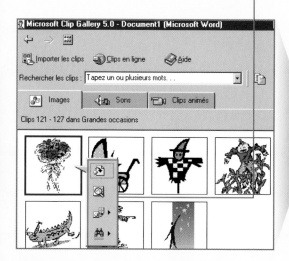

2 Pour trouver une image en particulier, tapez un mot clé dans la zone de recherche et appuyez sur **Entrée**. Les images répondant aux critères définis s'affichent. Lorsque vous cliquez sur une image, une barre d'outils apparaît et propose quatre options (voir ci-dessus).

3 Pour insérer une image dans le document, cliquez sur le bouton **Insérer le clip**. Pour la redimensionner tout en conservant ses proportions, faites-la glisser jusqu'à l'apparition de la poignée d'angle. Pour la déplacer, faites glisser l'image ClipArt à l'emplacement voulu.

4 Lorsque vous tapez du texte dans le document, celui-ci se place automatiquement au-dessus de l'image ou sous elle, à l'endroit où se trouve le curseur. Pour positionner le texte à côté de l'image, cliquez sur **Habillage du texte** de la barre d'outils Image et choisissez **Carré**.

Utiliser ses propres images

Pour insérer un ClipArt à partir d'un CD, insérez d'abord le CD. Ouvrez le menu **Insertion** et sélectionnez **Image** puis **À partir du fichier**. Dans la boîte de dialogue, sélectionnez votre lecteur de CD-ROM dans la zone « Regarder dans ». Parcourez les images et les dossiers du CD ; cliquez sur celles qui vous intéressent pour les afficher, enfin sur celle que vous voulez utiliser. Vérifiez que la case « Dissocier du texte » est cochée, et cliquez sur **Insérer**.

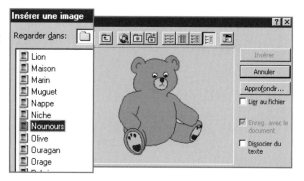

Le texte dans Works

Dans Microsoft Works, vous ne disposez que de deux options pour positionner le texte : au-dessus et en dessous de l'image (option « Aligné ») ou autour (option « Absolu »). Pour définir ce paramètre, ouvrez le menu **Format** et cliquez sur **Renvoi à la ligne**. Cliquez sur une des deux icônes proposées dans la rubrique « Renvoi à la ligne ». Seule l'option « Absolu » permet de déplacer (faire glisser) l'image.

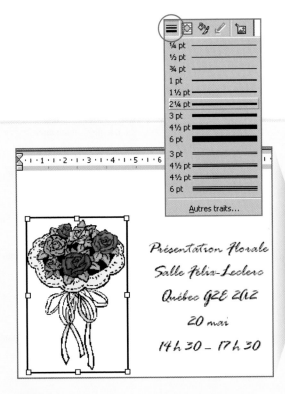

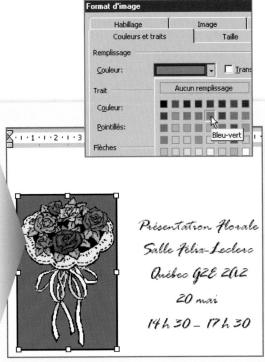

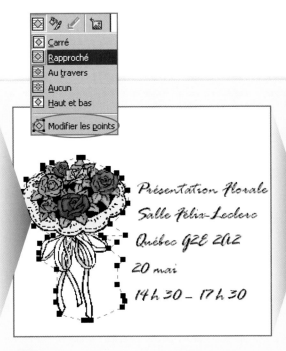

5 Pour ajouter une bordure à votre image, cliquez sur le bouton **Style de trait** dans la barre d'outils Image et sélectionnez une épaisseur de trait dans le menu. Pour obtenir un trait en pointillés, cliquez sur **Autres traits** et choisissez un effet dans Pointillés.

6 Pour ajouter un fond, cliquez sur **Style de trait** puis sur **Autres traits**. Dans Remplissage, choisissez une couleur dans Couleur.

Pour supprimer le cadre ainsi que la couleur de fond, cliquez sur **Aucun remplissage** dans Couleur puis sur **Aucun trait** dans Trait.

7 Pour que votre texte suive le contour de l'image, cliquez sur le bouton **Habillage du texte** et sur **Rapproché**. Pour redéfinir l'habillage, cliquez sur **Modifier les points de l'habillage** dans le menu Habillage du texte. Cliquez sur les points que vous souhaitez déplacer.

Des images avec du texte

Si vous voulez combiner du texte avec des ClipArts sur une page dactylographiée, les images doivent « flotter » au-dessus du texte. Autrement dit, il doit être possible de déplacer l'image dans tout le texte et de disposer le texte autour. Cliquez sur l'image, ouvrez le menu **Format** et sélectionnez **Image**. Cliquez sur l'onglet **Position**. Vérifiez que la case « Dissocier du texte » est cochée. Au besoin, cliquez dedans pour la cocher. Les options de l'onglet **Habillage** sont alors actives afin de disposer le texte autour de l'image. Cliquez sur **OK** lorsque vous avez terminé.

Si vous n'êtes pas satisfait du résultat des modifications que vous avez apportées à l'image, cliquez sur le bouton **Rétablir l'image** de la barre d'outils. Vous retrouvez alors l'image telle que vous l'avez insérée.

Astuce

*Word permet de personnaliser les ClipArts. Cliquez sur l'image, ouvrez le menu **Affichage**, sélectionnez **Barres d'outils** puis cliquez sur **Dessin**. Dans la barre d'outils, cliquez sur **Dessin** et sélectionnez **Dissocier**. Cliquez hors de l'image. Sélectionnez une portion de l'image, changez les couleurs ou ajoutez un effet 3D ou une ombre.*

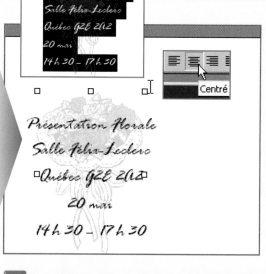

8 Pour rogner l'image, cliquez sur le bouton **Rogner** de la barre d'outils puis sur l'image. Faites glisser une poignée vers l'intérieur de l'image.

Cliquez à nouveau sur **Rogner** pour désactiver la fonction. Pour annuler, sélectionnez le bouton **Rogner** et remettez la poignée à sa place.

9 Si vous sélectionnez l'option **Aucun** dans Habillage du texte, le texte se superpose à l'image ; le tout devient réellement illisible. Pour faire ressortir le texte, réduisez l'éclat de l'image. Cliquez sur cette dernière, puis sur le bouton **Contrôle de l'image** et sélectionnez **Filigrane**.

10 Pour centrer votre texte au-dessus de l'image, commencez par le sélectionner et cliquez sur le bouton

Centré de la barre d'outils principale. Faites glisser l'image pour la positionner en dessous de celui-ci.

Modifier l'image

Pour changer l'aspect de votre ClipArt, cliquez sur le bouton **Contrôle de l'image** dans la barre d'outils Image et choisissez une ou plusieurs options.

- **Automatique** donne une image normale. C'est l'option par défaut.
- **Nuances de gris** produit une image monochrome avec quelques variations de gris.
- **Noir et blanc** donne une image monochrome.
- **Filigrane** donne une image aux couleurs estompées.

Si vous voulez intervenir sur le contraste et la luminosité de l'image, utilisez ces quatre boutons de la barre d'outils.

Contraste plus accentué

Contraste moins accentué

Luminosité plus accentuée

Luminosité moins accentuée

Vos cartes de vœux

Joignez un message personnel aux cartes créées par vos soins

réez vos propres cartes de vœux : les destinataires apprécieront à leur juste valeur la créativité et le travail que cela représente. De plus, grâce à la combinaison de textes et d'images personnalisés, quelle que soit l'occasion, vous aurez toujours la bonne carte !

Insérez par exemple, sur une carte de bonne année, une série de photographies de votre famille : c'est une belle façon de passer en revue l'année qui vient de s'écouler. Numérisez les dessins de vos enfants pour personnaliser une carte d'anniversaire (voir p. 224).

Consultez le mode d'emploi de l'imprimante pour connaître l'épaisseur maximale qu'elle est capable d'accepter. Envisagez éventuellement de coller du papier plus fin sur la carte.

AVANT DE COMMENCER

1 Dans le menu **Démarrer**, cliquez sur **Programmes** puis **Microsoft Word**. Dans le menu **Fichier**, pour donner un nom au fichier et

l'enregistrer, cliquez sur **Enregistrer**. Sélectionnez dans « Enregistrer dans » un dossier, donnez un nom au fichier et cliquez sur **Enregistrer**.

Microsoft Works permet aussi de créer des cartes de vœux. Ouvrez le programme et, dans le Lanceur de tâches, cliquez sur l'onglet **Modules de Works** puis sur **Traitement de texte**.

AUTRES PROGRAMMES

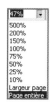

*Pour voir la page dans son intégralité, ouvrez le menu **Affichage** et cliquez sur **Page**. Ensuite, cliquez sur la flèche au bout de la case « Zoom » sur la barre d'outils et sélectionnez **Page entière**.*

*Si vous ne voyez pas les règles dans votre document, ouvrez le menu **Affichage** et cliquez sur **Règle**.*

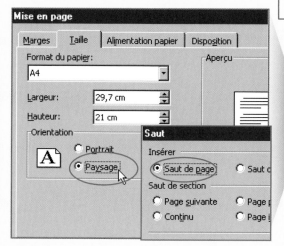

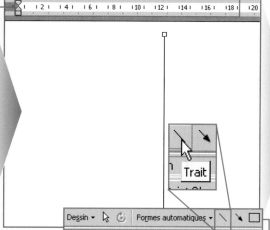

2 Cliquez sur **Mise en page** dans le menu **Fichier**. Dans l'onglet **Taille**, cliquez sur **A4**, **Paysage**, puis sur **OK**. Si vous voulez créer des pages recto et verso différentes, ouvrez le menu **Insertion** et cliquez sur **Saut**. Puis cochez la case **Saut de page**.

3 Placez-vous en haut de la page pour tracer le trait de la pliure. Cliquez sur le bouton **Trait** de la barre d'outils Dessin. N'hésitez pas à vous aider des règles pour tracer ce trait vertical divisant la page en deux. La partie à droite du trait sera le devant de la carte.

4 Ouvrez le menu **Insertion** et cliquez sur **Image**, sur **Images de la bibliothèque**. Cliquez sur une des catégories proposées, puis sur l'image qui vous intéresse et enfin sur le bouton **Insérer**. Redimensionnez et repositionnez l'image (pour plus de détails, voir p.188).

Montage

Si votre imprimante n'accepte pas le papier cartonné, appliquez votre feuille sur du carton de couleur. Choisissez une couleur qui se marie bien avec celles de l'image. Découpez le carton (de préférence avec un massicot pour obtenir des bords bien nets) à une taille supérieure à celle de l'image, ou rognez l'image afin de laisser une bordure. Pour finir, vérifiez que vous possédez des enveloppes assez grandes pour vos cartes.

*La barre d'outils Dessin figure normalement au bas du document. Si elle n'y figure pas, ouvrez le menu **Affichage** et sélectionnez **Barres d'outils** puis **Dessin**.*

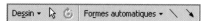

Mot clé

WordArt Il s'agit d'une bibliothèque Microsoft proposant des formats de texte. Il vous suffit de sélectionner un type de WordArt et de taper votre texte. Choisissez la couleur et le style que vous voulez.

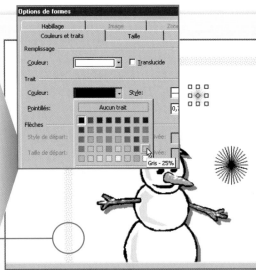

Faites glisser votre WordArt à l'emplacement souhaité. Pour changer sa taille, faites glisser une de ses poignées d'angle.

5 Cliquez ensuite sur le bouton **Formes automatiques** de la barre d'outils Dessin, puis sur **Étoiles et bannières**. Cliquez sur la forme

désirée et faites glisser la souris pour lui donner la forme souhaitée. Utilisez les poignées blanches pour changer la taille et les jaunes pour la forme.

6 Cliquez sur un des flocons avec le bouton droit de la souris et sélectionnez **Format de la forme** pour les colorer. Dans l'onglet **Couleurs et**

traits, cliquez sur la flèche de l'option **Couleur de Remplissage** puis choisissez une des couleurs proposées. Cliquez sur **OK**.

7 Ajoutez un texte sur le devant de la carte. Ouvrez le menu **Insertion**, cliquez sur **Image** puis sur **WordArt**. Dans la bibliothèque, cliquez sur

un des styles proposés puis sur **OK**. Tapez votre texte dans la fenêtre qui s'affiche et choisissez une police, une taille ainsi qu'un style.

Créer un cadre

Il est très facile de placer une bordure autour de la carte. Cliquez sur le bouton **Formes automatiques** de la barre d'outils Dessin et sélectionnez **Formes de base** puis **Rectangle**. Faites glisser la souris dans le document pour créer le cadre sur le devant de la carte. Cliquez sur le bouton

Couleur du contour de la barre d'outils, puis sur **Lignes avec motif** dans le menu. Choisissez un motif, une couleur de premier plan et une couleur de fond, puis cliquez sur **OK**.
Cliquez sur le bouton **Couleur de remplissage** puis sur **Aucun remplissage** pour que l'image reste visible.

Colorer le WordArt

Pour changer la couleur de votre WordArt, cliquez sur le bouton **Format WordArt** de la barre d'outils WordArt. L'onglet Couleurs et traits est sélectionné dans la boîte de dialogue. Dans **Remplissage**, choisissez une couleur pour le texte et dans **Flèches** choisissez une couleur et un style pour le contour du texte. Cliquez sur **OK**.

Pour modifier le texte d'un WordArt, cliquez deux fois dessus et tapez le nouveau texte. Pour modifier le format, cliquez sur le bouton **Effets prédéfinis** de la barre d'outils WordArt, puis cliquez deux fois sur le style souhaité. Le texte ne change pas.

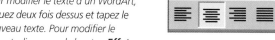

Utilisez les boutons d'alignement pour positionner le texte dans la zone de texte.

Avant d'imprimer votre carte, supprimez les traits de pliage que vous avez utilisés comme guides. Cliquez dessus, puis sur la touche **Suppression**.

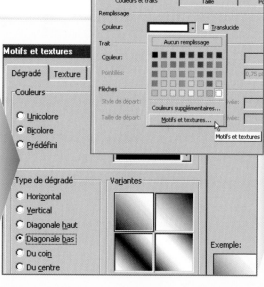

8 Répétez le trait de l'étape 3 sur la seconde page. Dans le menu **Insertion**, cliquez sur **Zone de texte** et faites glisser la souris pour créer la zone. Tapez le texte, sélectionnez-le et dans le menu **Format** cliquez sur **Police**. Choisissez la police, la taille et le style.

9 Pour ajouter une couleur de fond, cliquez deux fois sur le bord de la zone. Dans la rubrique « Remplissage », cliquez sur la flèche de l'option « Couleur » et choisissez **Motifs et textures**. Dans l'onglet Dégradé, choisissez les couleurs, le type de dégradé et les variantes.

10 Ouvrez le menu **Fichier** puis **Aperçu avant impression**. Si vous êtes satisfait du résultat obtenu, choisissez **Fichier** et **Imprimer**.

N'imprimez qu'une page, puis remettez le papier ou la carte dans l'imprimante (déterminez le sens), et imprimez la page 2.

Enlevez la bordure autour du texte avant d'imprimer. Cliquez deux fois sur cette bordure et, dans la rubrique « Trait » de la boîte de dialogue, cliquez sur la flèche de l'option « Couleur » et choisissez **Aucun trait**. Cliquez sur **OK**.

Votre papier à lettres

Imaginez un logo, un en-tête illustré

Sur vos lettres, vos cartes de visite ou tout autre type de support, un logo fera toute la différence. En effet, une image à côté d'un en-tête professionnel éclaire tout de suite le destinataire sur la nature de votre activité. Dans vos lettres personnelles, des illustrations seront également le reflet de votre personnalité et la marque de votre style.

Grâce à votre ordinateur, vous obtiendrez facilement pour ces images une qualité tout à fait honorable. Les programmes Word et Works offrent un vaste choix de polices, de styles et de couleurs, ainsi qu'une bibliothèque de clipArts bien garnie. Mais rien ne vous empêche d'insérer une photographie personnelle sur votre papier à lettres.

> *Vérifiez que vous avez toutes les informations sous la main, notamment le code postal et l'adresse électronique.*

▶ AVANT DE COMMENCER

1 Appuyez sur le bouton **Démarrer**, cliquez sur **Programmes** puis sur **Microsoft Word**. Pour enregistrer le nouveau document, ouvrez le menu **Fichier**, puis cliquez sur **Enregistrer sous**. Sélectionnez un dossier dans « Enregistrer dans ». Nommez votre fichier « En-tête illustré » et cliquez sur **Enregistrer**.

> *Vous pouvez aussi créer un papier à en-tête avec Microsoft Works. Ouvrez le programme et, dans le Lanceur de tâches, cliquez sur l'onglet **Modules de Works** puis sur **Traitement de texte**.*

▶ AUTRES PROGRAMMES

Pour faciliter le positionnement de l'image, ouvrez le menu **Format** et cliquez sur **Image**. Cliquez sur l'onglet **Position** et vérifiez que l'option « Dissocier du texte » est cochée (au besoin, cliquez dessus). Pour plus de détails, voir p. 188.

Mot clé
Modèle Il s'agit d'un fichier contenant déjà une mise en forme et un style particuliers. Un modèle est utile pour tout type de document standard, comme une facture ou un papier à en-tête.

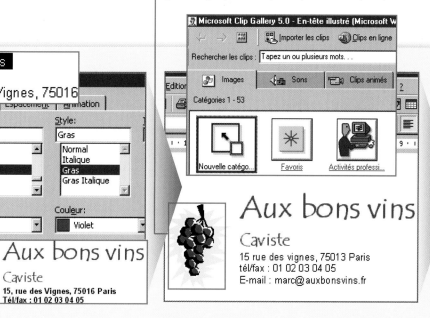

2 Tapez le nom de votre société et ses coordonnées. Sélectionnez ensuite le nom, ouvrez le menu **Format** et cliquez sur **Police**. Choisissez une police, un style, une taille, une couleur et un attribut, puis cliquez sur **OK**. Procédez de la même façon pour le reste du texte de l'en-tête.

3 Pour insérer une image, cliquez sur **Insertion**, sur **Image** puis sur **Images de la bibliothèque**. Recherchez l'image qui convient en parcourant les différentes catégories. Cliquez dessus puis sur le bouton **Insérer**. Pour redimensionner et repositionner l'image, voir ci-dessus.

4 Sélectionnez le menu **Fichier** puis **Enregistrer sous**. Ouvrez la liste « Type de fichier » et cliquez sur **Modèle de document**. Word suggère d'enregistrer votre document dans son dossier des modèles. Tapez un nom dans la zone « Nom de fichier » et cliquez sur **Enregistrer**.

L'adresse électronique

Quand vous tapez une adresse électronique dans Word, le programme essaie de créer un lien vers Microsoft Outlook, votre logiciel de messagerie électronique. Pour désactiver cette fonction et définir le style que vous voulez, ouvrez le menu **Outils** et sélectionnez **Correction automatique**. Cliquez sur l'onglet **Lors de la frappe**. Décochez la case « Adresses Internet et réseau par des liens hypertexte » en cliquant dessus.

marc@auxbonsvins.fr

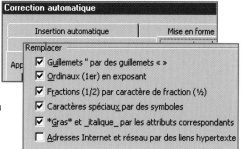

Laissez faire l'Assistant

Microsoft Works possède un Assistant, un allié précieux chargé de vous aider à créer votre papier à en-tête. Quand vous ouvrez Works, le Lanceur de tâches s'affiche. Dans le dossier Tâches courantes, cliquez deux fois sur **En-tête** et suivez les instructions.

Gros plan
Il est impossible de coller un clipArt dans une zone de texte. Aussi, pour copier et coller un texte à partir de votre modèle d'en-tête, vous devez d'abord supprimer l'image. Lorsque vous refermez le modèle, n'enregistrez pas les changements.

*Les boutons Copier et Coller de la barre d'outils permettent de dupliquer un texte. Cliquez et faites glisser la souris sur le texte en question pour le sélectionner, puis cliquez sur le bouton **Copier**. Cliquez sur le bouton **Coller** pour insérer le texte.*

Une fois votre papier à en-tête créé, copiez et collez les éléments sur votre carte de visite, des cartons d'invitation ou d'autres supports.

AUTRES UTILISATIONS

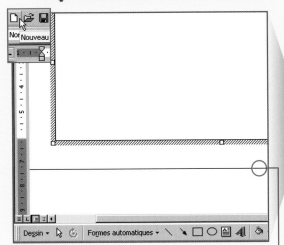

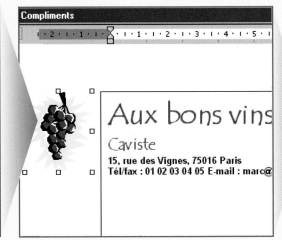

5 Cliquez sur **Nouveau** dans la barre d'outils pour ouvrir un nouveau document. Définissez la page (voir ci-dessous) et enregistrez le fichier. Cliquez sur **Insertion** puis sur **Zone de texte**. Cliquez en haut de la page et faites glisser la souris en diagonale pour créer la zone de texte.

6 Ouvrez le modèle d'en-tête que vous avez créé à l'étape 4, supprimez le clipArt et copiez le texte (voir ci-dessus à droite). Cliquez dans la nouvelle zone de texte et collez le texte. Appuyez sur **Entrée**. Définissez le style du texte (voir étape 2), puis faites glisser la zone de texte à l'endroit souhaité.

7 Cliquez en dehors de la zone de texte et insérez le clipArt que vous avez utilisé pour le papier à en-tête (voir étape 3). Réglez la taille et repositionnez l'image au même endroit sur la carte.

Mise en page

Une feuille A4 peut contenir trois cartes grand format. Pour agrandir la zone d'impression, cliquez sur le menu **Fichier** puis sur **Mise en page**. Tapez « 0 cm » pour les marges Haut et Bas et cliquez sur **OK**. Un message d'alerte vous avertit que les marges sont trop petites. Cliquez sur **Corriger** et sur **OK**.

Ajouter des repères

Divisez votre page en trois à l'aide de repères. Affichez la barre d'outils Dessin : ouvrez le menu **Affichage** et sélectionnez **Barres d'outils** puis **Dessin**.
Cliquez sur le bouton **Trait**. Amenez le curseur tout près de la graduation 10 cm sur la règle verticale et faites glisser la souris sur la page. Tracez le deuxième trait à 20 cm.

Raccourci
Si un jour vous devez modifier des informations dans votre en-tête, changez d'abord le texte du papier à lettres, puis copiez et collez ce texte sur les autres supports.

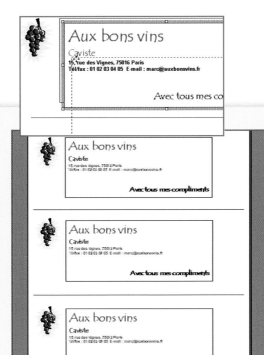

Vous n'imprimerez évidemment pas vos repères. Pour les supprimer, cliquez tour à tour sur chacun d'eux, puis appuyez sur la touche **Suppression**.

Votre carte de visite contiendra les mêmes informations et la même illustration que votre papier à en-tête.

CARTE DE VISITE

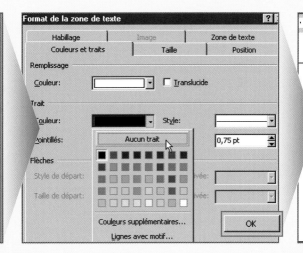

Aux bons vins

Caviste

15, rue des Vignes, 75016 Paris
Tél/fax : 01 02 03 04 05
E-mail : marc@auxbonsvins.fr

MARC DULONG
Gérant

8 Cliquez sur un bord de la zone de texte avec le bouton droit et sélectionnez **Copier**. Cliquez hors de la zone avec le bouton droit et sélectionnez **Coller.** Une autre zone de texte apparaît devant la première. Déplacez-la en dessous. Recommencez pour la troisième carte.

9 Pour ne pas imprimer la bordure, cliquez sur le cadre, ouvrez le menu **Format** et sélectionnez **Zone de texte**. Dans l'onglet Couleurs et traits, cliquez sur la case **Couleur** dans « Trait », puis sur **Aucun trait** et **OK**. Sélectionnez ensuite le menu **Fichier** puis cliquez sur **Imprimer**.

10 Maintenant que vous êtes en mesure de créer vous-même un en-tête de lettre adapté à vos goûts personnels, rien ne vous empêche de réaliser votre carte de visite selon le même procédé. Pour plus de détails, voir p. 178.

Dans Works

Dans Works, vous saisissez le texte dans un cadre que vous déplacerez ensuite sur la page.
Ouvrez le menu **Insertion** et cliquez sur **Dessin**. Dans la fenêtre qui s'affiche, cliquez sur le **Rectangle**. Puis, cliquez sur la page et faites glisser la souris en diagonale pour créer un cadre (faites glisser un angle pour le redimensionner).

Cliquez sur le bouton **Texte** et tapez le texte dans la zone. Utilisez le menu **Texte** pour définir le style et la police que vous souhaitez appliquer.
Refermez la fenêtre pour insérer le dessin dans la page Works. Cliquez dessus et faites-le glisser à l'emplacement souhaité. Ajoutez une image comme dans l'étape 3.

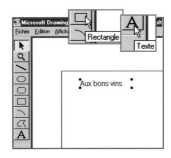

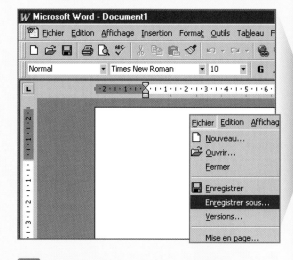

1 Appuyez sur le bouton **Démarrer**, cliquez sur **Programmes** puis sur **Microsoft Word**. Pour enregistrer le nouveau document : sélectionnez le menu **Fichier** puis **Enregistrer sous**. Spécifiez un dossier dans « Enregistrer dans », tapez un nom de fichier puis cliquez sur **Enregistrer**.

Vos cartes d'invitation

Une occasion pour exercer votre créativité

Réalisez vous-même vos invitations ! Créez une carte qui reflète le type d'événement que vous fêtez. Pour une fête animée, choisissez des couleurs vives et des polices gaies. Pour une soirée plus conventionnelle, optez pour des couleurs subtiles et des polices traditionnelles.

Commencez par noter les informations dont auront besoin les invités, notamment la date, l'heure et le lieu de l'événement. Précisez eventuellement le style vestimentaire ; il serait en effet dommage que certains viennent en costume et d'autres en bermuda !

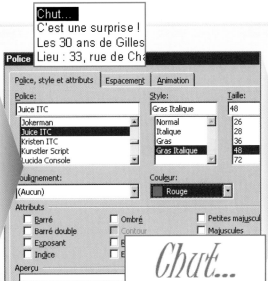

Mise en page

| Marges | Taille | Alimentation papier | Disposition |

Format du papier :
A4

Largeur : 21 cm
Hauteur : 29,7 cm

Orientation
Portrait
Paysage

Mise en page

| Marges | Taille | Aliment |

Haut : 0 cm
Bas : 0 cm
Gauche : 3,17 cm
Droite : 3,17 cm

⚠ Une ou plusieurs marges ont été définies au-delà de la z...
bouton « Corriger » pour augmenter les marges voulues

Corriger   Ignorer

Police

| Police, style et attributs | Espacement | Animation |

Police :
Juice ITC
Jokerman
Juice ITC
Kristen ITC
Kunstler Script
Lucida Console

Style :
Gras Italique
Normal
Italique
Gras
Gras Italique

Taille :
48
26
28
36
48
72

Soulignement :
(Aucun)

Couleur :
Rouge

Attributs
Barré   Ombré   Petites majuscul
Barré double   Contour   Majuscules
Exposant
Indice

Aperçu
Chut...

Chut...
C'est une surprise !
Les 30 ans de Gilles
Lieu : 33, rue de Ch

Chut...

C'est une surprise

Les 30 ans de Gilles

Lieu : 33, rue de Champlain, Montréal H2L 2L2
Date : 4 décembre
Heure : soyez là vers 18 h 30
Confirmer : Alice (514) 279-5088

Couper

2 Ouvrez le menu **Fichier** puis cliquez sur **Mise en page**. ensuite, cliquez sur l'onglet **Taille** ; « A4 » doit être sélectionné dans « Format

du papier ». Dans l'onglet **Marges**, réglez les marges « Haut » et « Bas » sur « 0 cm ». Dans la fenêtre d'alerte, cliquez sur **Corriger** puis sur **OK**.

3 Tapez votre texte. Pour en définir le style, sélectionnez la première partie de celui-ci et choisissez **Format** puis **Police**. Ensuite,

déterminez une police, une taille, une couleur et un attribut, puis cliquez sur **OK**. Procédez de la même façon pour tout le texte ou utilisez un WordArt.

4 La bibliothèque WordArt offre la possibilité d'ajouter un effet spécial à votre texte. Adaptez-le à votre convenance grâce aux

différentes formes prédéfinies : sélectionnez-le et cliquez sur **Couper** dans la barre d'outils. Le texte est alors stocké dans la mémoire du PC.

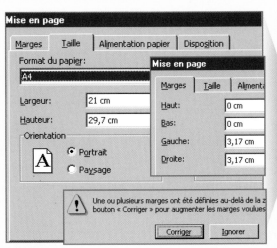

Gros plan
Pour une invitation simple et traditionnelle, les polices suivantes conviennent tout à fait : Baskerville Old Face, Book Antiqua, Brush Script MT, Copperplate Gothic Light ou Garamond. Pour insister sur le côté festif et bon enfant, utilisez Beesknees ITC, Comic Sans MS, Curlz MT, Juice ITC ou Lucida Handwriting.

Laissez faire l'Assistant
Microsoft Works propose un Assistant chargé de vous aider à créer une invitation. Dans le menu **Démarrer**, sélectionnez **Programmes** puis **Microsoft Works**. Dans le Lanceur de tâches, l'onglet Assistants est déjà sélectionné. Cliquez deux fois sur le dossier **Correspondance** dans la fenêtre puis cliquez deux fois sur **Brochure**. Suivez les instructions.

Assistant Brochure

Cliquez sur le type de mise en page que vous souhaitez puis sur le bouton Créer ! pour continuer.

A deux vo

Maintenez la touche **Ctrl** enfoncée et appuyez en même temps sur la touche **V** pour coller le texte préalablement coupé ou copié.

Si vous voulez exagérer la forme du WordArt, cliquez sur une des poignées jaunes et faites-la glisser sur l'écran.

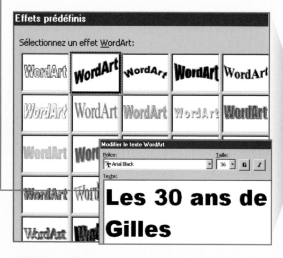

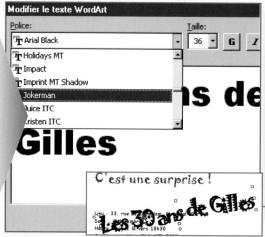

5 Ouvrez le menu **Insertion**, cliquez sur **Image** puis sur **WordArt**. Cliquez ensuite sur l'effet souhaité, puis sur **OK**. Vous êtes alors invité à taper votre texte. Maintenez la touche **Ctrl** enfoncée et appuyez sur la touche **V** pour coller votre texte dans la boîte de dialogue.

6 Dans la même boîte de dialogue, choisissez une police, une taille et le style, gras ou italique. Lorsque vous êtes satisfait du résultat, cliquez sur **OK**. Votre texte s'affiche alors dans le document, et apparaît avec l'effet que vous avez choisi. Au besoin, changez sa couleur.

7 Pour déplacer le WordArt, sélectionnez-le et faites-le glisser avec la souris. Pour changer sa taille, cliquez sur une de ses poignées d'angle et faites-la glisser. Pour ajouter davantage d'espace autour, cliquez à la fin de la ligne précédente et appuyez sur la touche **Entrée**.

L'espace entre les lettres dans un WordArt

Pour modifier l'espace entre les lettres d'un WordArt, cliquez sur le bouton **Espacement** de la barre d'outils WordArt, puis sélectionnez l'espacement souhaité dans le menu local.

La couleur du WordArt

Pour changer la couleur du WordArt, cliquez sur le bouton **Format WordArt** de la barre d'outils WordArt. L'onglet Couleurs et traits est sélectionné. Dans la rubrique Remplissage, choisissez une couleur pour le texte. Dans la rubrique Trait, indiquez la couleur du contour (du noir pour un effet d'ombre). Cliquez sur **OK**.

Astuce

Pour faire plus professionnel, imprimez vos invitations sur du papier cartonné. Si votre imprimante n'accepte pas ce type de papier, copiez le document sur une disquette et confiez-le à un imprimeur.

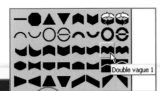

Copier

Coller

8 Pour modifier ou ajuster la forme du WordArt, cliquez dessus puis sur le bouton **Forme WordArt** de la barre d'outils WordArt. Une palette s'affiche proposant différents effets. Cliquez sur celui qui vous intéresse.

9 Pour positionner le reste de votre texte, sélectionnez chaque portion en question et cliquez sur les boutons **Gauche, Centré** et **Droite** de la barre d'outils. Ajoutez une image clipArt si vous le désirez. Maintenant, vous allez copier votre invitation sur l'autre moitié de la page.

10 Maintenez la touche **Ctrl** et appuyez sur **A** pour sélectionner le texte et l'image. Cliquez sur le bouton **Copier**. Amenez le curseur à la fin du texte, appuyez plusieurs fois sur **Retour** et cliquez sur le bouton **Coller** ; au besoin, réglez l'espacement. Puis imprimez vos invitations.

Ajouter un clipArt

Amenez le curseur à l'endroit où vous voulez placer le clipArt, ouvrez le menu **Insertion** et sélectionnez **Image** puis **Images de la bibliothèque**. Cliquez sur l'image de votre choix puis sur le bouton **Insérer**. Dans le menu **Format**, sélectionnez **Image**. Dans la boîte de dialogue, cliquez sur l'onglet **Position** et vérifiez que l'option « Dissocier du texte » est sélectionnée. Pour plus de détails sur la manipulation de l'image, voir p. 188.

Format d'image

| Habillage | Image |
| Couleurs et traits | Ta |

Position sur la page

Horiz. : 0,63 cm Depuis :

Vert. : 0,26 cm Depuis :

☑ Déplacer avec le texte

☑ Dissocier du texte

Une fête de

Grâce à votre ordinateur, l'événement restera

Une soirée agréable, entre amis, à la maison est une chose. L'organisation d'une grande fête dont vos parents, amis et relations parleront encore dans dix ans en est une autre.

Noces d'or, anniversaires, mariages, baptêmes sont autant d'occasions exception-nelles dont tout le monde souhaite avoir le meilleur souvenir. Les préparatifs commencent souvent plusieurs mois à l'avance — location de la salle, restauration, animation, invitations, hébergement pour ceux qui viennent de loin… —, et chaque détail doit être minutieusement réglé. Il faut également prévoir le coût global.

Votre ordinateur vous aidera tout d'abord à établir la liste des invités. La base de données de Microsoft Works stockera les coordonnées de

Responsable du projet

Créez un dossier « Fête ». Ajoutez les sous-dossiers nécessaires.

- Fête
  - Liste des invités
  - Invitations
  - Courriers aux fournisseurs
  - Budget
  - Menus
  - Aide-mémoire

famille idéale

à coup sûr gravé dans les mémoires

chacun d'eux, ainsi que les fournisseurs les plus importants tels que le traiteur. Réalisez vous-même les invitations et envoyez-les sur des enveloppes imprimées par vos soins à partir de la liste des invités ! Au fur et à mesure que les gens répondent, complétez la base de données avec la confirmation de leur participation.

Grâce à la base de données, vous ne compilerez votre liste qu'une seule fois, puis vous l'utiliserez pour inclure des détails tels que le nombre de personnes, le nombre d'enfants, etc. Une fois que vous avez une idée du nombre d'invités, créez une feuille de calcul pour établir un budget. Prévoyez une certaine somme pour la salle et l'animation, puis faites une estimation approximative du prix du repas par personne. Pour demander des devis à des traiteurs, des animateurs, etc, rédigez un courrier dans votre traitement de texte en indiquant ce que vous souhaitez et pour quel budget. Imaginez vous-même les menus et les cartes marque-place.

Ensuite, créez une feuille de calcul de type « Compte à rebours » pour les autres tâches à effectuer.

Une fois que tout cela est fait, il ne vous reste plus qu'à vous détendre en attendant le jour J.

À ne pas oublier

- Établir la liste des invités
- Louer une salle
- Prévoir un traiteur
- Réaliser et envoyer les invitations
- Prévoir l'animation
- Constituer la liste des tâches
- Rédiger et envoyer des rappels et des itinéraires

Idées et suggestions

Ces suggestions vous aideront à organiser vous-même une fête. Tous les projets peuvent s'adapter à une autre occasion. Ainsi, ajoutez votre adresse électronique sur votre invitation si vous voulez que les invités vous répondent par courrier électronique.

168 Liste des invités
Établissez une liste d'invités pour n'oublier personne.

200 Créez une invitation
Un peu d'imagination et l'assistance de Word ou de Works garantiront une réponse enthousiaste.

150 Courriers
Utilisez Word pour rédiger les éventuels courriers à des fournisseurs.

272 Budget
Constituez une feuille de calcul pour noter toutes les dépenses.

302 Compte à rebours
Prévoyez une feuille de calcul pour les tâches de dernière minute.

Pensez-y aussi...

Que vous fassiez appel à un traiteur ou que vous cuisiniez vous-même, personnalisez votre menu.

160 Menus
Vous économiserez de l'argent en réalisant vous-même des menus que vos invités apprécieront.

Utilisez vos images !

Scannez vos photos préférées pour illustrer vos documents

N'oubliez pas que vous disposez de nombreuses images pour illustrer vos documents. Si vous avez un scanner, vous pouvez transférer sur votre ordinateur des photographies ou des illustrations tirées d'un magazine ou d'un livre.

Un scanner réalise une copie numérique de l'image et, au moyen de son propre logiciel, il l'affiche sur votre écran. Une fois l'image numérisée, effectuez les retouches nécessaires avant de l'insérer dans un bulletin ou une carte (veillez à respecter les lois de copyright relatives à l'utilisation des images).

Dans ce projet, nous avons utilisé le scanner Canon FS 2700. Peu importe le modèle dont vous disposez : la procédure reste la même. Toutefois, consultez le mode d'emploi pour effectuer des opérations spécifiques.

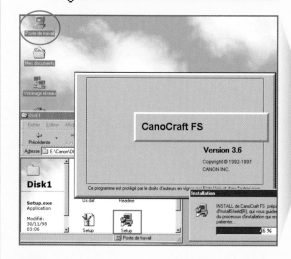

Branchez votre scanner sur l'unité centrale et déverrouillez la tête de numérisation (protection pendant le transport). Voir le mode d'emploi.

▶ AVANT DE COMMENCER

1 Insérez le CD du logiciel dans votre lecteur de CD. Cliquez deux fois sur **Poste de travail**, puis sur l'icône du **CD-ROM**. Cliquez sur le dossier **Disk1** puis sur le fichier **Setup** et suivez les instructions. À la fin de l'installation, éteignez le PC, allumez le scanner et redémarrez l'ordinateur.

Attention

La plupart des images imprimées tombent sous le coup des lois sur le droit de reproduction. Vous n'avez le droit de les utiliser que pour votre usage personnel ; vous ne devez pas les distribuer. Par exemple, si vous réalisez un bulletin d'information ou une affiche, vous violez les lois des droits de reproduction si vous utilisez des images sans l'accord de leur propriétaire.

La plupart des scanners proposent une option de numérisation rapide qui effectue tout le travail à votre place. Ouvrez le menu **Paramètres,** puis, dans la zone « Type d'image », sélectionnez l'option correspondant à votre image.

Pour recadrer la zone à numériser, amenez le curseur sur un des traits en pointillés et, lorsqu'il prend la forme d'une flèche à deux têtes, cliquez et faites glisser ce trait à l'endroit voulu.

Noir & blanc
8 bits Niveaux de gris
✓ Couleur 24 bits

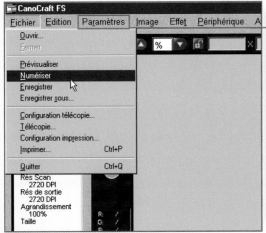

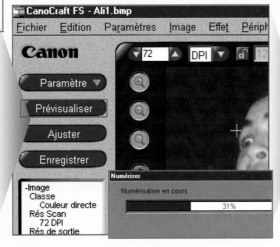

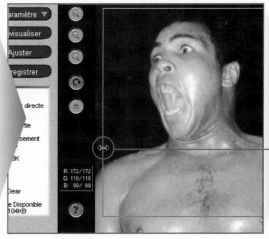

2 Pour numériser une image, mettez une photo dans le scanner. Appuyez sur le bouton **Démarrer** et cliquez sur **Programmes**, sur **Canon** **CanoCraft FS**, puis sur **CanoCraft FS**. Ensuite, ouvrez le menu **Fichier** et cliquez sur **Numériser**. La fenêtre principale de numérisation s'affiche.

3 Avant de définir les options, mieux vaut prévisualiser l'image. Pour cela, le scanner effectue une numérisation rapide. Dans le cas où la procédure ne se lancerait pas automatiquement, appuyez sur le bouton **Prévisualiser**. L'image s'affiche alors dans une fenêtre d'aperçu.

4 Pour délimiter la zone à numériser, cliquez à l'endroit souhaité en haut à gauche de l'image et faites glisser la souris en diagonale, jusqu'à ce que vous obteniez la sélection voulue. Un cadre vous aide dans cette opération.

Mise en place d'une carte SCSI

La plupart des scanners se connectent directement à un port d'imprimante de l'ordinateur. D'autres, toutefois, nécessitent une carte d'extension spéciale, dite carte SCSI, à installer dans l'unité centrale. SCSI est l'acronyme de *Small Computer Systems Interface*. Le câble du scanner se branche dans le port de la carte.

Les slots des cartes d'extension sont blancs et mesurent environ 8,5 cm (voir p. 18 pour plus de détails). Pour mettre en place une carte SCSI, commencez par ouvrir l'unité centrale. Repérez un slot libre puis retirez, de l'intérieur, la plaque métallique située à l'arrière du boîtier du PC, en face du slot d'extension que vous allez utiliser.
Retirez la vis située en haut de cette plaque et mettez-la de côté. Enfoncez doucement la carte SCSI dans le slot,

en prenant soin de placer le connecteur vers l'arrière du PC. Fixez la carte à l'aide de la vis et refermez le boîtier. Si vous utilisez une connexion SCSI et que le scanner est le seul matériel branché sur le PC, assurez-vous que le commutateur de terminaison, à l'arrière du scanner, est sur la position ON. Cette terminaison permet aux matériels SCSI de communiquer correctement. Reportez-vous au mode d'emploi du scanner pour toute autre information.

Mot clé

Résolution *Ce terme désigne la qualité de l'image. La résolution se mesure en points par pouce. Plus cette valeur est élevée, plus l'image est nette et plus elle utilise de mémoire.*

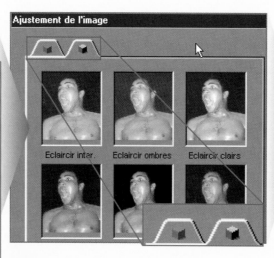

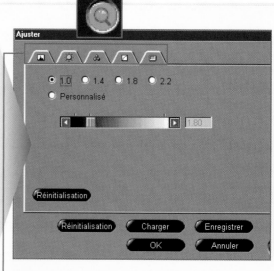

5 Maintenant, réglez les paramètres. Choisissez une résolution de 72 dpi (généralement, c'est le réglage par défaut du scanner). Vos images seront de bonne qualité et ne prendront pas beaucoup de place sur le disque dur.

6 Pour corriger la luminosité et les couleurs de votre image, ouvrez le menu **Fichier** puis sélectionnez **Mode réglage facile**. Cliquez sur les différents échantillons proposés dans les deux onglets. Faites de nombreux essais jusqu'à ce que vous obteniez l'effet souhaité.

7 Pour retoucher des portions d'image dotées d'ombres ou d'éclats intenses ou pour intensifier les dégradés des niveaux de gris, utilisez les outils proposés en mode de réglage avancé. Réglez tous les paramètres par le biais d'histogrammes pour modifier l'aspect initial de votre image.

Économiser l'espace

La quantité d'espace qu'utilise un fichier dépend à la fois de la résolution à laquelle l'image a été numérisée et de ses dimensions (hauteur et largeur). Par exemple, si vous augmentez juste la résolution de 72 à 200 pp, la mémoire utilisée passe de 760 Ko à 250025 Ko.

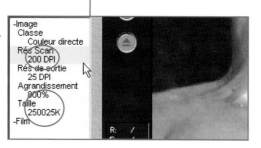

Courbe de tons : équilibre les données d'entrée et de sortie.

Gamma : crée des couleurs les plus proches de l'originale.

Luminosité/Contraste : permet d'appliquer des zones claires lors de la numérisation.

Balance des couleurs : règle la balance RVB dans les images couleur.

Histogramme : pour les portions d'image dotées d'éclats intense.

Astuce

Essayez différents réglages jusqu'à ce que vous obteniez l'effet voulu. Votre image n'aura pas forcément le même aspect que dans son contexte original ; n'hésitez pas à renforcer son impact en fonction de l'utilisation que vous souhaitez en faire.

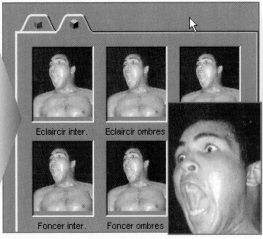

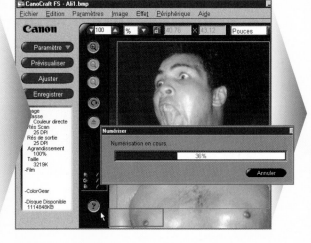

8 La numérisation risque de produire une image un peu floue. Réglez la netteté : ouvrez **Paramètres**, sélectionnez **Mise au point**. Dans la boîte de dialogue qui s'affiche, faites glisser le curseur ou entrez une valeur.

9 Il est possible d'afficher en noir et blanc l'image couleur que vous numérisez. Dans le menu **Paramètres,** sélectionnez **Type d'image**, puis, dans la boîte de dialogue, **Noir & blanc**. Le résultat s'affiche immédiatement.

10 Une fois les paramètres choisis, numérisez l'image : ouvrez le menu **Fichier**, puis cliquez sur **Numériser**. Le scanner émet un bruit quand la tête passe sur l'image et lit les données. Par ailleurs, une fenêtre permet de suivre le déroulement de l'opération.

Numériser une image imprimée

Si vous numérisez l'illustration d'un journal, le résultat risque d'être légèrement déformé. Cela est dû à la forme hexagonale des points d'encre que produit l'impression.
Vous trouverez peut-être une option proposant une autre valeur pour les « lignes par pouce ».

Pour numériser une image imprimée sur un papier glacé, choisissez entre 133 et 200 lignes par pouce. Pour un journal, choisissez entre 65 et 120 lignes par pouce. Si vous n'avez pas ces options, essayez de réduire la valeur de netteté pour amoindrir la distorsion (voir étape 8).

Vérifiez que le format de fichier bitmap (.BMP) est sélectionné dans la zone du format de fichier. Ainsi, le fichier numérisé est exploitable dans Word, Works et Paint, l'accessoire que propose Windows.

*Créez différents effets à l'aide de la palette d'outils et des menus de Paint. Par exemple, retournez l'image, cliquez sur le menu **Image** puis sur **Retourner/Faire pivoter** et indiquez le sens (**Retourner verticalement** ou **Retourner horizontalement**). Pour plus de détails, voir p. 212.*

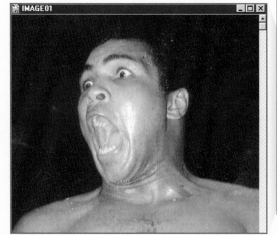

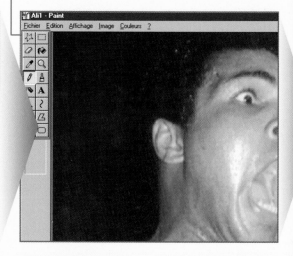

11 L'image numérisée s'affiche dans sa propre fenêtre. (Si elle est cachée par les outils de contrôle de l'image, réduisez la fenêtre des outils.) Si vous n'êtes pas satisfait, redéfinissez les paramètres. Vous n'aurez peut-être pas à renumériser l'image.

12 Pour enregistrer l'image que vous venez de numériser, ouvrez le menu **Fichier** puis cliquez sur **Enregistrer sous**.

Tapez un nom (dans notre exemple, « Ali1 ») et spécifiez un dossier, puis cliquez sur le bouton **Enregistrer**.

13 Modifiez l'image dans le logiciel fourni avec le scanner ou dans Paint. Appuyez sur le bouton **Démarrer** et cliquez sur **Programmes**, **Accessoires**, puis **Paint**. Choisissez **Fichier** puis **Ouvrir**. Localisez l'image et retouchez-la.

Le papier peint

Numérisez une photographie et utilisez-la comme papier peint pour orner le bureau de votre PC. Ouvrez le menu **Démarrer**, sélectionnez **Programmes**, puis **Accessoires** et **Paint**. Dans le menu **Fichier**, cliquez sur **Ouvrir**. Localisez votre photo et cliquez sur **Ouvrir**. Choisissez **Fichier** puis **Papier peint par défaut** (en mosaïque ou centré sur l'écran). Cliquez sur **OK**.

Essayez de placer votre image numérisée dans un document pour créer par exemple une carte, un petit magazine ou un bulletin d'information.

*Pour rogner l'image, cliquez sur l'outil **Rogner** de la barre d'outils Image puis cliquez sur une des poignées latérales et faites-la glisser vers l'intérieur. Pour redimensionner l'image, faites glisser une des poignées d'angle en diagonale.*

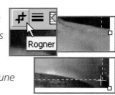

▶ NOUVEAU PROGRAMME

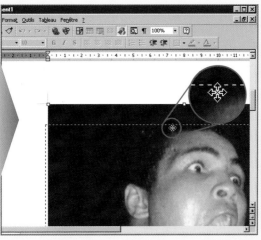

LE PLUS GRAND...

14 Pour placer l'image numérisée dans un document Word, ouvrez ce document et amenez le curseur là où vous voulez insérer l'image. Ouvrez le menu **Insertion,** cliquez sur **Image**, puis sur **À partir du fichier**. Localisez l'image dans **Regarder dans**. Enfin, cliquez sur **Insérer**.

15 Pour déplacer l'image, amenez le pointeur de la souris sur un bord. Lorsqu'il prend la forme d'une flèche à quatre têtes, cliquez et faites glisser la souris. Pour redimensionner et rogner l'image, voir plus de détails ci-dessus.

16 Pour ajouter un texte, ouvrez le menu I**nsertion**, puis cliquez sur **Zone de texte**. Le curseur se transforme en une grande croix. Dessinez deux boîtes : une pour le titre et une pour la légende. Redimensionnez-les. Cliquez dedans et tapez le texte.

Des photos dans Works

 Pour insérer une photographie dans un document Works, vous devez d'abord importer l'image dans Paint, l'accessoire de Windows. Ouvrez-le et sélectionnez **Fichier** puis **Ouvrir**. Localisez votre photo numérisée, cliquez dessus, puis sur **Ouvrir**. Cliquez sur l'outil **Sélection** et faites glisser le pointeur sur la photographie.

Ouvrez le menu **Edition** et cliquez sur **Copier**. Ensuite, cliquez dans votre document Works et cliquez sur le menu **Edition**, puis sur **Coller**. Pour repositionner l'image, cliquez dessus et faites glisser la souris. Pour la redimensionner, cliquez sur un point d'angle et faites-le glisser.

Votre photographie doit être numérisée par vos soins ou par un professionnel (voir p. 206). Vérifiez qu'elle est enregistrée au format bitmap (.BMP) de façon à ce que Paint puisse l'exploiter.

AVANT DE COMMENCER

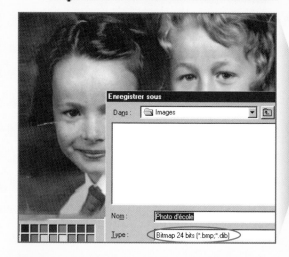

1 Appuyez sur le bouton **Démarrer** cliquez sur **Programmes**, **Accessoires**, puis **Paint**. Ouvrez le menu **Fichier** puis cliquez sur **Ouvrir**.

Sélectionnez votre image et cliquez sur **Ouvrir**. Choisissez **Fichier** puis **Enregistrer sous** et choisissez le format de fichier Bitmap 24 bits.

La retouche d'image

Comment restaurer ou améliorer une photo avec un PC

De vieilles photographies évoquent parfois des souvenirs très émouvants. Alors, il est évidemment bien triste de les regarder pâlir, se déchirer ou s'abîmer. Fort heureusement vous trouverez Paint dans les accessoires de Windows, prêt à vous aider à restaurer vos photographies. Il est même capable d'améliorer l'image originale, en supprimant par exemple l'effet « yeux rouges » ou des objets indésirables. Vous saurez vite ajouter des effets spéciaux et transférer des éléments d'une photo à une autre.

Paint est fourni avec Windows et permet de s'initier à la retouche d'image. Il existe d'autres programmes plus sophistiqués, tels qu'Adobe Photoshop, Corel Photo-Paint et Paint Shop Pro de JASC.

AUTRES PROGRAMMES

Attention

Pour supprimer une rayure, il faut utiliser plusieurs couleurs. Prélevez au fur à mesure la couleur adéquate dans les zones adjacentes (voir étape 3).

Mot clé

Pixel Sur un ordinateur, une image se compose de rangées de toutes petites cases de couleur : ce sont les pixels. Ceux-ci ne sont pas visibles à l'œil nu, sauf si vous agrandissez l'image via le menu Affichage.

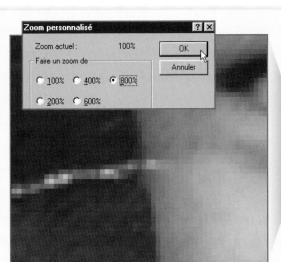

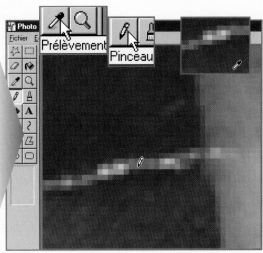

2 Pour faire disparaître une rayure, commencez par agrandir l'image. Ouvrez le menu **Affichage** puis cliquez sur **Zoom** et **Personnaliser**.

Dans la boîte de dialogue, cochez « 800% », puis cliquez sur **OK**. Utilisez les barres de défilement pour localiser la zone à retoucher sur l'image.

3 Cliquez sur l'outil **Prélèvement d'une couleur**, puis sur une couleur proche du ton souhaité. Cliquez ensuite sur le **Pinceau** et faites

glisser la souris sur la partie endommagée. Si la couleur ne convient pas, prélevez-en une autre. Recommencez l'opération pour toutes les zones.

4 Lorsque vous avez terminé une zone, ouvrez le menu **Affichage**, puis cliquez sur **Zoom** et sur **Taille normale**. Regardez le

résultat. Au besoin, répétez les étapes 2 et 3. Lorsque vous êtes satisfait du résultat, sélectionnez le menu **Fichier** puis cliquez sur **Enregistrer**.

L'effet « yeux rouges »

L'un des problèmes les plus courants en photographie est l'effet « yeux rouges », causé par le flash.

Il est possible de corriger ce défaut dans Paint, mais vous devrez certainement utiliser plusieurs couleurs pour que l'œil garde un aspect naturel.

Voir ci-contre à droite pour plus de détails sur la palette de Paint.

Créer de nouvelles couleurs

Pour ajouter une nouvelle couleur à la palette standard de Paint, modifiez-en une qui existe déjà. Cliquez deux fois sur la couleur à modifier en bas de la fenêtre. Dans la boîte de dialogue Modification des couleurs, cliquez sur le bouton **Définir les couleurs personnalisées**. Déplacez le curseur situé à côté de la palette

des dégradés jusqu'à ce que vous obteniez la teinte souhaitée dans la case Couleur/Unie. Pour mémoriser votre couleur, cliquez sur le bouton **Ajouter aux couleurs personnalisées**. Pour la réutiliser, cliquez sur la case de la couleur que vous avez personnalisée. Dans la boîte de dialogue, cette nouvelle couleur figure dans « Couleurs personnalisées ». Cliquez dessus.

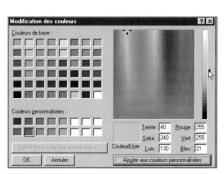

Sylvie, Paul 1972

Sylvie, Paul 1972

5 Pour ajouter une légende, ouvrez le menu **Image** et cliquez sur **Attributs**. Dans la zone « Hauteur », augmentez la valeur autour de 100 pixels, puis cliquez sur **OK**. En bas de la fenêtre, une zone blanche apparaît sous l'image.

6 Cliquez sur l'outil **Texte** et faites glisser la souris dans la zone blanche pour créer une zone de texte. Tapez le texte de la légende. Dans la barre d'outils texte, choisissez une police, une taille et un style de caractères. Au besoin, sélectionnez **Affichage** et **Barre d'outils texte**.

7 Lorsque vous êtes satisfait du résultat, sélectionnez le menu **Fichier** puis cliquez sur **Enregistrer.** Retournez au menu **Fichier** et cliquez sur **Aperçu avant impression** pour voir l'image avant de l'imprimer. Imprimez-la vous-même ou faites appel à un imprimeur.

Les vieilles photos

La restauration de photos anciennes en noir et blanc donne des résultats particulièrement satisfaisants dans Paint. Utilisez les mêmes techniques que pour une photo en couleurs et rappelez-vous que les nuances de gris varient dans la photo. Vous verrez bien toutes ces nuances en agrandissant l'image.

Corriger le texte

Une fois que vous avez cliqué en dehors de la zone de texte, vous ne pouvez plus sélectionner les mots pour les modifier. Si vous réagissez à temps, vous avez la possibilité de revenir sur les trois dernières actions ou commandes grâce à la commande **Annuler** du menu **Edition**. La zone de texte est alors réouverte. Si vous vous rendez compte de l'erreur alors que vous avez dépassé ces trois actions, cliquez sur l'outil **Sélection** et faites glisser la souris pour tracer un rectangle autour du texte. Ouvrez le menu **Edition** et sélectionnez **Effacer la sélection**. Il ne vous reste plus qu'à créer une nouvelle zone de texte et à retaper celui-ci.

Avec Paint, ajoutez les éléments d'une photographie dans une autre. Pour cela, sélectionnez-les et copiez-les. Ensuite, collez-les sur l'autre photographie.

RÉUNIR DEUX IMAGES

Astuce

Si possible, collez l'image sur un fond uni. Le montage n'en sera que plus discret.

8 Numérisez tout d'abord vos deux photos. Ensuite, ouvrez le fichier image à partir duquel vous désirez copier un élément. Cliquez sur l'outil **Sélection libre**, puis faites glisser le pointeur délicatement autour de la zone à copier. Ouvrez le menu **Edition** et cliquez sur **Copier**.

9 Ouvrez le deuxième fichier image. Sélectionnez le menu **Edition** puis cliquez sur **Coller**. L'élément copié s'affiche dans un cadre blanc. Cliquez sur l'outil **Transparent** pour supprimer le fond. Cliquez sur l'image collée et faites-la glisser à l'endroit désiré. Ensuite, cliquez en dehors.

10 Utilisez la technique de remplissage couleur (étapes 2-4) pour supprimer le trait autour de l'image collée et pour bien fusionner les deux images. Enregistrez quand vous êtes satisfait.

Gros plan

*Avant de sélectionner la zone de l'image que vous souhaitez copier et coller, agrandissez l'image au maximum pour qu'elle occupe toute la fenêtre (voir l'étape 2). En cas de fausse manœuvre, choisissez **Edition** puis **Annuler** et recommencez l'opération.*

Suggestion

Si vous voulez simplement supprimer un détail de la photo, sélectionnez l'image et choisissez **Edition** puis **Couper**. Pour remplir l'espace ainsi vidé, cliquez sur l'outil **Prélèvement d'une couleur** et prélevez une couleur dans une zone adjacente. Cliquez sur l'outil **Remplissage** puis dans l'espace vide.

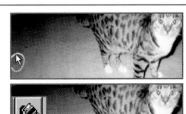

Une affiche bien à vous

Conjuguez judicieusement texte et images dans votre affiche

Pour annoncer un événement, rien ne vaut une belle affiche en couleurs. Mettez votre créativité au service d'une occasion spéciale, un dîner entre anciens collègues ou une vente de charité, par exemple. Grâce à l'ordinateur, nul besoin de don artistique pour créer une affiche efficace.

Elle doit avant tout attirer l'attention et donner les informations liées à l'événement, telles que la date, l'heure, le lieu, le prix d'entrée, etc. Néanmoins, prenez garde de ne pas surcharger l'ensemble ou de combiner des clipArts, des polices et des formats de texte graphiques (WordArt) qui ne s'accordent pas.

Vérifiez d'abord les informations avant de les intégrer dans votre affiche. Ensuite, déterminez quel type d'image conviendra le mieux.

AVANT DE COMMENCER

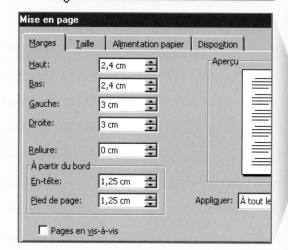

1 Appuyez sur le bouton **Démarrer**, cliquez sur **Programmes** puis sur **Microsoft Word**. Ouvrez le menu **Fichier**, puis cliquez sur **Mise en** **page**. Dans la boîte de dialogue, spécifiez les marges « Haut », « Bas », « Gauche » et « Droite » (au moins 1 cm). Cliquez ensuite sur **OK**.

*Vous pouvez aussi créer une affiche avec Microsoft Works. Ouvrez le programme et, dans le Lanceur de tâches, cliquez sur l'onglet **Modules de Works** puis sur **Traitement de texte**.*

AUTRES PROGRAMMES

Astuce

Certaines polices sont conçues tout spécialement pour les titres. Choisissez par exemple Arial Black, Gills Sans Ultra Bold, Copperplate Gothic old ou Eras Ultra. D'une manière générale, essayez celles dont le nom comporte « Black » ou « Ultra ».

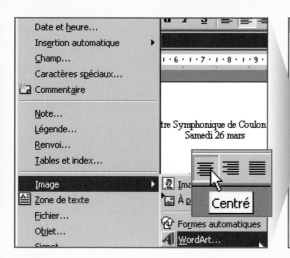

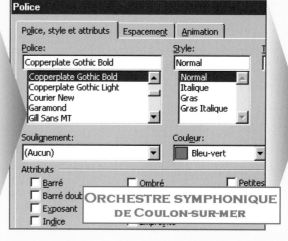

2 Tapez votre texte. Sélectionnez-le et cliquez sur le bouton **Centré** de la barre d'outils pour le placer au centre de la page. Si vous souhaitez insérer un WordArt, amenez le curseur à l'endroit désiré et sélectionnez le menu **Insertion** ; cliquez sur **Image** puis sur **WordArt**.

3 Une bibliothèque de formats de texte prédéfinis s'affiche. Faites votre choix et cliquez sur **OK**. Tapez le titre dans la fenêtre qui s'affiche , puis choisissez une police et une taille de caractères. Le titre s'affiche alors dans le document et apparaît avec l'effet de texte spécial que vous avez choisi.

4 Définissez ensuite le style du reste du document : sélectionnez chaque portion de texte, puis ouvrez le menu **Format** et cliquez sur **Police**. Spécifiez la police, le style et la taille des caractères. De nombreux effets sont également à votre disposition, par exemple « Relief ».

Le format de la page

Le format A4 est le format papier sélectionné par défaut, avec l'orientation portrait (verticale). Pour choisir un autre format, cliquez sur l'onglet **Taille** de la boîte de dialogue **Mise en page**. Cliquez sur la flèche de l'option « Format du papier » de votre choix. Pour changer l'orientation du papier, sélectionnez l'option **Paysage**.

Utiliser un WordArt

Pour déplacer le WordArt sur la page, cliquez sur l'image et faites-la glisser. Pour changer sa taille, cliquez sur une des poignées et faites-la glisser. Pour accentuer l'effet artistique, déplacez les cases jaunes. Dans Works, ces effets de texte sont moins sophistiqués. Pour modifier son apparence, sélectionnez le WordArt dans Works, cliquez sur **Format** puis sur **Rotation et effets spéciaux**. Pour positionner le texte plus facilement, cliquez en dehors du WordArt, cliquez sur **Format** puis sur **Renvoi à la ligne**. Ensuite, cliquez sur **Absolu**.

Ouverture des portes : 20h
Concert gratuit

Paragraphe

Retrait et espacement | Enchaînements

Alignement : Gauche — Niveau hiérarchique : Niveau 3

Retrait

À gauche : 0 cm — De 1re ligne : De :

À droite : 0 cm — (Aucun)

Espacement

Avant : 0 pt — Interligne : De :

Après : 30 pt — Simple

Aperçu

Ouverture des portes : 20h

Concert gratuit

Microsoft Clip Gallery 5.0 - La Mus

Importer les clips — Clips en ligne

Rechercher les clips : Musique

Images | Sons

Clips 1 - 3 correspondant à Musique

...E MOZART

ORCHESTRE SYMPHONIQUE
DE COULON-SUR-MER

*Si la barre d'outils Image
ne s'affiche pas, choisissez
Affichage et **Barres d'outils**
puis cliquez sur **Image**.*

Image

Carré
Rapproché
Au travers
Aucun
Haut et bas
Modifier les poi...

Samedi 26 mars

5 Pour espacer les lignes de texte, placez le curseur à la fin de chaque portion de texte puis appuyez sur la touche **Retour**. Pour obtenir un réglage plus précis, sélectionnez le menu **Format** puis **Paragraphe**. Dans « Espacement », cliquez sur la flèche du haut de l'option « Après ».

6 Pour ajouter un clipArt, placez le curseur à l'endroit désiré et sélectionnez le menu **Insertion**, **Image** puis **Images de la** **bibliothèque**. Tapez le sujet de votre affiche dans « Rechercher les clips » et appuyez sur **Retour**. Cliquez sur une image puis sur l'icône **Insérer le clip**.

7 Au besoin, déplacez et redimensionnez l'image que vous avez choisi d'insérer. Ajoutez autant d'images que nécessaire. Pour disposer le texte autour d'une image, cliquez tout d'abord sur l'image, puis dans la barre d'outils Image, sur **Habillage du texte**, puis sur une option.

Importer des images

Si vous voulez utiliser une image d'un CD-ROM ou votre dossier personnel de photos numérisées, choisissez **Insertion**, **Image** puis **À partir du fichier**. Localisez l'image qui vous intéresse, cliquez dessus pour la sélectionner, puis sur **Insérer**.

Insérer une image

Regarder dans : Poste de travail

Disquette 3½
(C:)
Données (D:)

Bureau
Poste de travail
Disquette 3½ (A
(C:)
Voisinage réseau
Mes documents
Porte-documents
Adresses Internet (F
Ajouter/Modifier de

Rogner les images

Si vous ne voulez pas utiliser la totalité de l'image clipArt dans votre affiche, ôtez les parties indésirables. Cliquez sur l'outil **Rogner** de la barre d'outils Image et faites glisser l'une des poignées de l'image, vers l'intérieur ou l'extérieur selon que vous voulez couper ou restaurer les zones de l'image.

Rogner

Attention

Si l'image clipArt est trop grande pour l'espace que vous lui réservez, elle déborde sur la page suivante. Réduisez sa taille à l'aide des poignées d'angle : cliquez dessus et faites-les glisser.

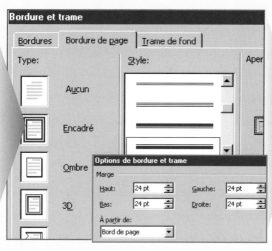

8 L'option « Carré » dispose le texte proprement en haut, en bas et sur les côtés de l'image. « Rapproché » applique le texte contre

l'image. L'option « Modifier les points de l'habillage » permet de définir le contour exact que doit suivre le texte autour de l'image.

9 Pour ajouter une bordure, ouvrez le menu **Format** puis **Bordure et trame**. Cliquez sur l'onglet **Bordure de page**.

Spécifiez le style, la couleur et l'épaisseur. (Au besoin, cliquez sur **Options** et réglez l'intervalle entre la bordure et le bord de la page.) Cliquez sur **OK**.

10 Pour avoir un aperçu de votre affiche avant l'impression finale, sélectionnez le menu **Fichier** puis cliquez sur **Aperçu avant**

impression. Pour faire d'autres modifications, appuyez sur la touche **Échap**. Pour imprimer l'affiche, cliquez sur le bouton **Imprimer**.

Ajouter un retrait

Dans un nouveau document, le texte que vous tapez s'aligne automatiquement sur le côté gauche de la page. Il est toutefois possible d'augmenter l'espace entre le texte et le bord de la page en réglant le retrait gauche. Sélectionnez le texte et cliquez sur le bouton **Augmenter le retrait** de la barre d'outils, jusqu'à ce que le résultat vous satisfasse. Cliquez sur le bouton **Diminuer le retrait** (à sa gauche) pour réduire le retrait.

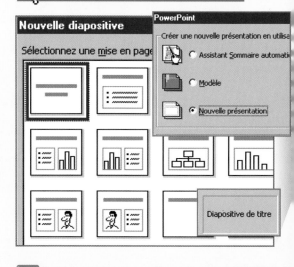

Pour créer un album photos, numérisez vos photos. Faites-le vous-même (voir p. 206) ou faites appel à un photographe. Le plus simple est d'utiliser un appareil photo numérique.

AVANT DE COMMENCER

1 Appuyez sur le bouton **Démarrer**, cliquez sur **Programmes** puis **Microsoft PowerPoint**. Ensuite, sélectionnez l'option **Nouvelle présentation** et cliquez sur **OK**. Dans la boîte de dialogue Nouvelle diapositive, cliquez sur la mise en page **Diapositive de titre**, puis sur **OK**.

Votre album photos

Créez un album facile à regarder avec vos photos préférées

Nous avons tous tendance à prendre plus de photographies que nous n'en rangerons jamais dans des albums. Et c'est ainsi que des boîtes à chaussures pleines de souvenirs ne voient que très rarement la lumière du jour…

Transférez vos photographies sur votre ordinateur et créez un album photos virtuel. Saisissez cette occasion pour ajouter un arrière-plan, une légende ou une date. Utilisez par exemple PowerPoint de Microsoft Office pour intégrer vos photos dans un diaporama et associez-y des effets spéciaux, tels qu'une musique ou un texte de narration.

Et si votre ordinateur se charge de stocker et d'afficher vos photographies, rassurez-vous, les originaux restent bien à l'abri, sans risque d'être endommagés.

Microsoft Works permet également d'insérer des photographies dans un album et de leur ajouter un titre et une date. Cependant, la création d'un diaporama animé n'est pas réalisable.

AUTRES PROGRAMMES

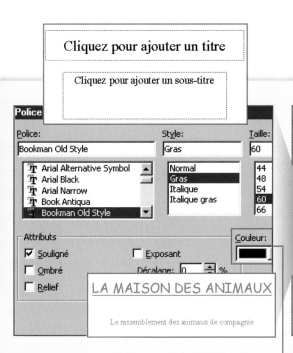

Nouvelle diapositive

Sélectionnez une mise en page automatique:

Félix le chat

- Portrait
- Félix, 12 ans, européen. Il passe son temps à manger des poissons, à chasser les souris et à jouer avec des pelotes de laine. Il aime voyager mais fuit la compagnie des chiens.

Double-cliquez pour ajouter une image de la bibliothèque

Insérer une image

Regarder dans : Animaux

Félix
Scoubidou.bmp
Animaux.ppt

Félix le chat

- Portrait
- Félix, 12 ans, européen. Il passe son temps à manger des poissons, à chasser les souris

Double-cliquez pour ajouter une image de la bibliothèque

Félix le chat

2 Une page s'affiche avec des zones de texte pour un titre et un sous-titre. Cliquez sur celle du titre et tapez le texte de votre choix. Sélectionnez votre titre et ouvrez le menu **Format** puis cliquez sur **Police**. Définissez le style du texte. Procédez de la même façon pour le sous–titre.

3 Sélectionnez le menu **Insertion** puis cliquez sur **Nouvelle diapositive**. Cliquez sur **Image de la bibliothèque et texte**.

Cliquez dans la zone de titre et tapez un titre pour la première photo. Dans l'autre zone, tapez une légende. Définissez le style du texte et enregistrez.

4 Pour insérer une photo, sélectionnez le menu **Insertion**, puis cliquez sur **Image** et sur **À partir du fichier**. Localisez votre dossier de photos. Cliquez sur celle qui vous intéresse, puis sur **Insérer**. Cliquez sur l'image dans la page et faites-la glisser ensuite dans la zone de l'image.

Ajouter de la couleur

PowerPoint propose différentes options de couleur pour le texte. Cliquez sur la flèche de l'option **Couleur**, puis sur **Couleurs supplémentaires**. Un cercle chromatique s'affiche. Cliquez sur la couleur souhaitée puis sur **OK**.

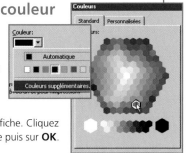

Pour redimensionner une zone de texte, cliquez sur l'angle inférieur droit et faites glisser la souris dans la direction adéquate.

Félix le chat

Astuce

Ajoutez des légendes humoristiques pour bien mettre en valeur vos photographies. Demandez aux membres de la famille d'y participer. Votre diaporama n'en sera que plus vivant.

Astuce
Rognez vos photographies de façon à ce que le personnage ou l'objet principal soit au milieu de l'image.

5 Pour redimensionner l'image, cliquez sur une poignée d'angle et faites glisser la souris en diagonale. Pour rogner la photo (supprimer des éléments), cliquez sur **Rogner** de la barre d'outils Image. Faites glisser une poignée vers l'intérieur.

6 Pour ajouter une bordure autour de la photo, sélectionnez le menu **Format** puis cliquez sur **Couleurs et traits**. Dans la rubrique « Trait », choisissez une couleur, une épaisseur et une apparence pour la bordure puis cliquez sur **OK**.

7 Pour créer d'autres diapositives, répétez les étapes de 3 à 6. Utilisez le même style pour toutes les diapositives ou variez les polices, les couleurs et les effets. Utilisez la barre de défilement à droite pour vous déplacer d'une diapositive à l'autre.

Une couleur de fond

Pour ajouter une couleur de fond à une diapositive, choisissez **Format** et cliquez sur **Arrière-plan**.
Cliquez dans la case vide de la rubrique **Remplissage de l'arrière-plan**. Cliquez sur l'une des couleurs proposées puis sur **Motifs et textures**. Dans la boîte de dialogue Motifs et textures, cliquez sur les onglets **Dégradé**, **Texture** et **Motif**, sélectionnez les options voulues et cliquez sur **OK**. Dans la boîte de dialogue Arrière-plan, cliquez sur **Appliquer**.

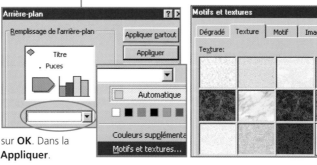

Une image commentée

Pourquoi ne pas enregistrer un texte de présentation ? Tout d'abord, rédigez sur papier ce que vous souhaitez dire, puis vérifiez qu'un microphone est branché sur votre PC. Choisissez **Diaporama**, puis cliquez sur **Enregistrer la narration** et sur **OK**. Commencez le commentaire et cliquez à chaque fois que vous souhaitez passer à la diapositive suivante. Après la dernière diapositive, cliquez sur **Oui** dans les deux fenêtres de message. Pour écouter votre commentaire, choisissez **Diaporama** puis **Visionner le diaporama**.

Grâce aux effets spéciaux et aux options d'animation proposés par PowerPoint, vos photos se transformeront en un superbe diaporama.

Astuce
*PowerPoint permet également d'imprimer vos diapositives et d'en disposer jusqu'à six par page. Choisissez **Fichier** puis **Imprimer**, puis cliquez sur **Imprimer**. Dans la liste qui s'affiche, sélectionnez **Documents (6 diapositives par page)** et cliquez sur **OK**.*

UN VÉRITABLE SPECTACLE

8 Ouvrez le menu **Diaporama** puis cliquez sur **Vérification du minutage**. La première diapositive s'affiche, munie d'un minuteur en bas à droite.

Cliquez sur **Lecture** pour passer à la suivante. Si vous ajoutez un commentaire, restez assez de temps sur chaque photo.

9 Un message s'affiche lorsque les diapositives ont été passées en revue. Cliquez sur **Oui** et encore sur **Oui** pour passer en mode

Trieuse de diapositives. Déplacez-en certaines si vous voulez modifier leur ordre d'apparition. La durée est indiquée sous chacune d'elles.

10 Lorsque vous êtes satisfait du choix, de l'ordre et des effets spéciaux de vos diapositives, sélectionnez

le menu **Diaporama** puis cliquez sur **Visionner le diaporama**. Votre présentation se mettra alors à défiler.

Des effets spéciaux

Vos diapositives peuvent s'afficher de différentes manières. Cliquez sur l'une d'elles dans le mode d'affichage Trieuse de diapositives, cliquez sur la flèche à côté de Sans Transition et choisissez une transition dans la liste.

Il existe aussi différentes options pour les légendes. Cliquez sur la flèche à côté de Sans compilation et choisissez un effet dans la liste.

Maintenant, ouvrez le menu **Diaporama** et choisissez **Visionner le diaporama** pour voir le résultat.

Apprenez à peindre !

Certains logiciels vous proposent des crayons et des pinceaux…

Amusant, polyvalent et facile à utiliser, Paint est un des accessoires les plus intéressants de Windows. Même si vous n'avez jamais manié de pinceau, vous serez capable de créer un dessin dont vous serez fier. Imaginez des peintures abstraites ou reproduisez des éléments familiers, puis transformez vos plus étonnantes créations en cartes de vœux ou en cartes d'invitation.

Paint propose un assortiment de pinceaux, crayons et aérographes et vous donne la possibilité d'inventer vos couleurs. Il permet également de reproduire vos dessins en de multiples exemplaires !

Un croquis rapide tracé au crayon vous aidera sans conteste à réaliser l'image souhaitée sur votre ordinateur.

AVANT DE COMMENCER

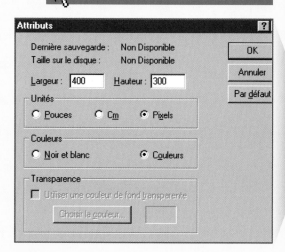

1 Appuyez sur le bouton **Démarrer**, cliquez sur **Programmes**, **Accessoires**, puis **Paint**. Ouvrez le menu **Image** puis cliquez sur **Attributs**.

Sélectionnez l'unité de mesure souhaitée dans la rubrique « Unités », puis définissez la largeur et la hauteur de votre dessin. Cliquez sur **OK**.

Paint est le seul programme de dessin proposé dans Windows. Si vous le souhaitez, procurez-vous un logiciel plus sophistiqué, tel que CorelDraw.

AUTRES PROGRAMMES

Gros plan
Les attributs par défaut pour la taille de l'image sont de 400 x 300 pixels, ce qui équivaut approximativement à 10,5 sur 8 cm. Un pixel est la plus petite zone de l'image que vous pouvez colorer.

 Attention
Lorsque vous utilisez l'outil Remplissage dans une zone fermée, la couleur n'apparaît que dans cette zone. Si celle-ci n'est pas hermétiquement fermée, la couleur fuira sur toute l'image.

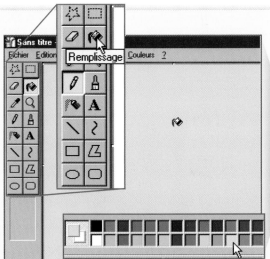

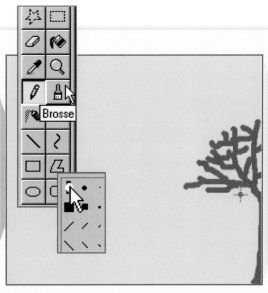

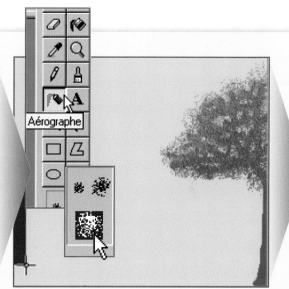

2 Pour commencer, ajoutez une couleur de fond. Cliquez sur l'outil **Remplissage** puis sur la couleur de votre choix dans la palette de couleurs au bas de l'écran. Enfin, cliquez dans la zone de travail pour y appliquer cette couleur.

3 Commencez à peindre. Tout d'abord, sélectionnez l'outil **Brosse**, puis cliquez sur un des types de brosse proposés. Choisissez une couleur dans la palette. Cliquez dans la zone de travail et faites glisser le pointeur de la souris.

4 Vous pouvez ajouter un effet de vaporisation à votre dessin. Cliquez sur l'outil **Aérographe** et déterminez son rayon d'action dans les options qui s'affichent en dessous. Ensuite, sélectionnez une couleur et appliquez-la comme lors de l'étape 3.

La boîte à outils

Certains outils, dont la brosse, existent sous différentes formes, proposées sous la palette. Cliquez sur un style avant d'utiliser l'outil. Ces outils sont détaillés ci-dessous (les outils des formes géométriques sont précisés p. 226).

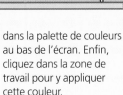 **Sélection libre** Permet de sélectionner une zone irrégulière. Cliquez et faites glisser le pointeur.

 Sélection Permet de sélectionner une zone rectangulaire. Cliquez et faites glisser le pointeur.

 Gomme/Gomme une couleur Cliquez et faites glisser le pointeur sur la zone à effacer.

 Remplissage Applique une couleur unie dans une zone. Choisissez-en une et cliquez dans la zone.

 Prélèvement d'une couleur Prélève une couleur pour l'appliquer ailleurs à l'aide d'un autre outil.

 Loupe Gros plan sur une zone. Cliquez simplement sur la zone. Permet ensuite de réduire la zone agrandie.

 Pinceau Pour tracer un trait fin à main levée. Cliquez et faites glisser le pointeur.

 Brosse Pour tracer des traits plus gros. Choisissez un style de brosse et faites glisser le pointeur.

 Aérographe Pour créer un effet de pistolet. Choisissez le rayon et faites glisser le pointeur.

 Texte Insère un texte dans le dessin. Cliquez sur l'outil, créez un cadre de texte, puis tapez le texte.

 Ligne Pour tracer une ligne droite. Indiquez l'épaisseur, cliquez et faites glisser le pointeur.

Courbe Pour tracer une courbe. Dessinez un trait, cliquez dessus et faites-le glisser pour créer la courbe.

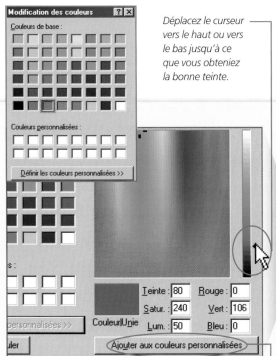

Déplacez le curseur vers le haut ou vers le bas jusqu'à ce que vous obteniez la bonne teinte.

Mot clé

Couleur de fond *C'est la couleur d'arrière-plan de votre image. Vous la manipulez exactement comme la couleur des éléments de l'image.*

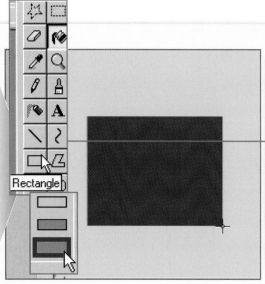

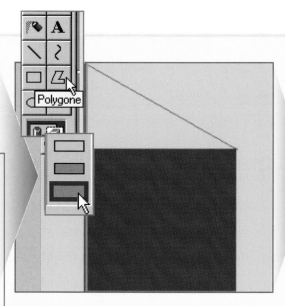

5 Pour créer une nouvelle couleur, personnalisez une teinte existante. Cliquez deux fois sur une couleur de la palette. Dans la boîte de dialogue qui s'affiche, cliquez sur **Définir les couleurs personnalisées**. Créez votre couleur (voir ci-dessus), puis cliquez sur **OK**.

6 Pour ajouter une forme géométrique, cliquez sur l'outil correspondant (voir ci-dessous), puis sur un style dans les options proposées sous les outils. Choisissez une couleur dans la palette, puis cliquez dans la zone de travail et faites glisser le pointeur de la souris pour dessiner.

7 Pour dessiner un triangle, cliquez sur l'outil **Polygone**. Faites glisser le pointeur pour tracer le premier trait. Relâchez le bouton de la souris et cliquez pour placer la fin du second trait. Un trait s'affiche entre ce point et le premier côté. Répétez l'opération pour créer le triangle.

*Pour mémoriser votre nouvelle couleur, cliquez sur le bouton **Ajouter aux couleurs personnalisées**. Pour la réutiliser, cliquez sur la case de la couleur que vous avez créée. Dans la boîte de dialogue, votre nouvelle couleur est présentée dans la rubrique « Couleurs personnalisées ». Cliquez dessus pour la sélectionner.*

Les formes

Quatre outils permettent de dessiner des formes géométriques : Rectangle, Polygone (formes irrégulières), Rectangle arrondi et Ellipse.
Pour chaque forme, vous avez le choix entre trois styles, proposés sous la boîte à outils. Le premier trace un contour de la couleur de votre choix et le deuxième dessine un contour en couleur et remplit la forme avec la couleur de fond. Quant au dernier, il crée la forme souhaitée, sans les contours, et la remplit avec la couleur de votre choix.

Attention
Si vous sélectionnez une portion de l'image pour la déplacer, ne cliquez en dehors de cette zone que si vous êtes satisfait de son emplacement. En effet, une fois que vous avez cliqué ailleurs, vous ne pouvez plus la déplacer.

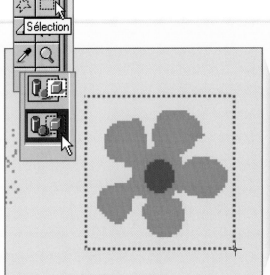

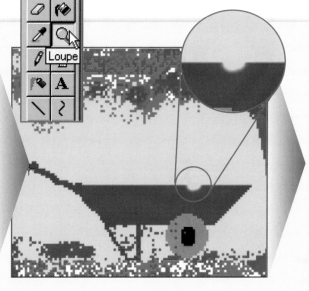

8 Pour répéter un dessin, cliquez sur l'outil **Sélection**. Puis, choisissez la deuxième option parmi les deux qui sont proposées sous la boîte à outils. Cliquez et faites glisser le pointeur sur le dessin choisi, sélectionnez le menu **Edition** puis cliquez sur **Copier**.

9 Sélectionnez le menu **Edition** puis cliquez sur **Coller**. Le dessin copié s'affiche en haut de l'écran. Faites-le glisser à l'endroit désiré.

Pour modifier sa couleur, cliquez sur l'outil **Remplissage**, choisissez une autre couleur dans la palette puis cliquez sur le dessin.

10 Utilisez la Loupe pour détecter les éventuelles erreurs. Vous avez peut-être peint sur un autre objet ; pour y remédier, cliquez sur l'outil

Prélèvement d'une couleur puis sur la bonne couleur dans l'image. Cliquez sur la **Brosse**, puis sur un style, et peignez la zone concernée.

Étirer et incliner

Pour étirer ou incliner une partie de l'image, ouvrez le menu **Image** et choisissez **Étirer/Incliner**. Essayez plusieurs valeurs dans les rubriques Étirement ou Inclinaison.

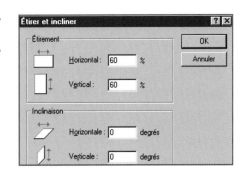

Retourner et faire pivoter

Pour retourner ou faire pivoter une partie de votre image, cliquez sur l'outil **Sélection** et sélectionnez la zone en question. Ouvrez le menu **Image** et cliquez sur **Retourner/Faire pivoter**. Pour changer le sens, sélectionnez l'option **Retourner horizontalement** ou **Retourner verticalement**. Pour déplacer l'élément par incréments de 90°, sélectionnez l'option **Faire pivoter d'un angle** de et cliquez sur la valeur souhaitée.

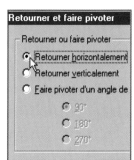

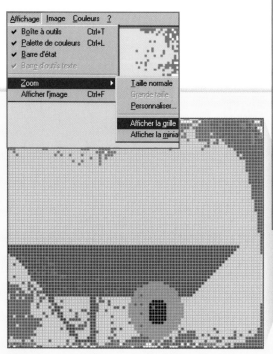

Il existe deux types de zone de texte :

Cette option permet d'ajouter une couleur de fond. Cliquez sur **Remplissage**, choisissez une couleur et cliquez dans la zone de texte.

Cette option crée une zone de texte transparente, qui laisse passer la couleur de fond.

Une fois que vous avez créé une image avec Paint, enregistrez-la sous divers formats, rendant ainsi possibles les utilisations les plus variées.

UTILISER VOTRE IMAGE

Venez à notre barbecue !
Samedi 22 mai à 17h
12, rue des Hautes-Granges
(418) 555-7419

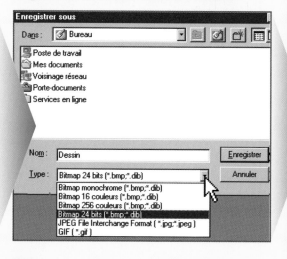

11 Pour travailler avec précision sur les détails de votre dessin, agrandissez la zone en question et sélectionnez le menu **Affichage**, puis cliquez sur **Zoom** et sur **Afficher la grille**. Maintenant, il vous est possible de modifier le dessin en intervenant sur un pixel à la fois.

12 Pour ajouter un texte, cliquez sur l'outil **Texte** puis sur un style de cadre (voir ci-dessus). Faites glisser le pointeur pour tracer le cadre. Cliquez sur une couleur et tapez le texte. Pour définir son style, sélectionnez-le et ouvrez le menu **Affichage** puis **Barre d'outils texte**.

13 Sélectionnez le menu **Fichier** puis cliquez sur **Enregistrer sous**. Choisissez un dossier et tapez un nom de fichier. Pour insérer un fichier Paint dans d'autres documents, optez pour **Bitmap 24 bits** dans « Type ». (Pour un message ou une page Web, choisissez **GIF** ou **JPEG**.)

En cas d'erreur

Il existe différentes façons de corriger une erreur :

Annuler Trois changements de suite peuvent être annulés : choisissez **Edition** puis **Annuler** pour chaque correction. Raccourci : appuyez sur **Ctrl + Z** (en même temps).

Gomme Cliquez sur l'outil **Gomme** et sélectionnez un style, puis effacez la zone en question sur l'image. Attention, car la gomme efface toute la couleur.

Repeindre Masquez l'erreur en repeignant la zone. Cliquez sur l'outil **Prélèvement d'une couleur**, puis cliquez sur la couleur souhaitée dans l'image. Sélectionnez une brosse et repeignez la zone.

Intervention sur les pixels Cliquez sur l'outil **Loupe**, puis sur la zone à corriger dans l'image. Ouvrez le menu **Affichage** et sélectionnez **Zoom** puis **Afficher la grille**. Ensuite, travaillez chaque pixel.

Gros plan

Le papier peint décorant le bureau de votre PC peut être centré ou répété sur le bureau ; autrement dit, l'image est placée au centre de l'écran ou répétée de manière à le recouvrir entièrement.

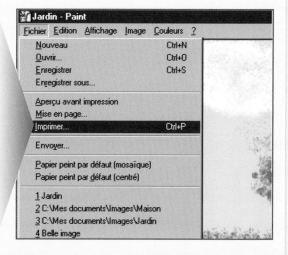

14 Pour utiliser l'image comme clipArt, ouvrez un document texte. Ouvrez le menu **Insertion**, cliquez sur **Image** puis sur **Images de la** bibliothèque. Cliquez sur **Importer les clips**, sélectionnez votre image puis **Importer**. Cliquez deux fois dessus pour l'insérer.

15 Pour utiliser l'image comme papier peint, ouvrez le menu **Fichier**, cliquez sur **Papier peint par défaut** (centré ou mosaïque). Pour changer de papier peint, choisissez **Démarrer**, **Paramètres**, **Panneau de configuration** puis **Thèmes du bureau**, et choisissez un autre motif.

16 Dans Paint, l'impression se déroule comme dans les autres programmes. Sélectionnez **Fichier** puis cliquez sur **Mise en page** pour définir les marges et l'orientation. Choisissez **Fichier**, puis **Aperçu avant impression** pour vérifier le document et enfin **Imprimer**.

Dès que vous maîtriserez les outils de Paint, lancez-vous dans la retouche de photographies ou d'autres images. Voir p. 212 pour plus de détails.

► SUGGESTIONS

Un PC au comité

Pour tout planifier

Responsable du projet

*Créez un dossier « Fête ».
Ajoutez les sous-dossiers
nécessaires à la planification.*

- Fête
  - Correspondance
  - Publicité
  - Budget
  - Idées
  - Agenda du jour J
  - Plan de table

Le secret d'une fête vraiment réussie réside tout d'abord dans une bonne planification et une solide organisation. En effet, tout doit être impérativement prêt pour le jour J. Votre mission ne s'arrête pas là. Elle consiste également à faire en sorte que chacun s'amuse ce jour-là.

Vous avez tellement de choses à orchestrer qu'il est préférable de déléguer certaines tâches à d'autres personnes. Formez une équipe et répartissez les rôles ; quelqu'un sera chargé de s'occuper de la publicité, une autre personne cherchera des commanditaires ou des subventions et un troisième sera le trésorier (une fonction particulièrement importante si la fête doit contribuer à aider une association). Ensuite, décidez du lieu où se fera la fête.

Désignez un membre du comité qui prendra des notes pour faire circuler les informations après chaque réunion. Peut-être inviterez-vous aussi une personnalité locale à prendre part à l'une de vos réunions.

des fêtes
(sauf le temps qu'il fera)

Lorsque vous aurez déterminé une date et choisi un lieu, l'ordinateur vous facilitera tout le travail d'organisation. Créez une base de données pour établir la liste des tâches en fonction d'un emploi du temps précis. Cochez les tâches une fois effectuées : de cette façon, grâce à la fonction de tri, vous écartez ce qui a déjà été fait afin de vous concentrer sur ce qui reste à faire. Établissez, par exemple, un calendrier hebdomadaire.

Si vous recherchez des commanditaires ou des partenaires pour les lots d'une kermesse ou d'une loterie, rédigez une lettre type. Si vous possédez une messagerie électronique ou un fax-modem, utilisez-les pour prendre contact avec les clubs et organismes devant participer à la fête. Dans le même temps, utilisez votre PC pour planifier l'installation des stands sur le site.

Pour annoncer votre fête, réalisez des affiches et des dépliants sur votre ordinateur. N'oubliez pas alors d'évoquer les principaux divertissements proposés (insérez des photographies et des images si cela s'avère nécessaire).

Enfin, il ne vous reste plus qu'à vous détendre et à profiter vous aussi de la fête.

Organiser l'événement

- Formez un comité d'organisation. Établissez l'emploi du temps mensuel ou hebdomadaire.
- Déterminez une date et choisissez l'association bénéficiaire.
- Réservez le lieu.
- Contactez les autorités locales pour vous assurer que la date et le lieu sont possibles.
- Recherchez descommanditaires.
- Informez la presse locale à l'avance et aussi le jour J.
- Trouvez des idées de publicité.

Idées et suggestions

Les projets suivants peuvent s'adapter à n'importe quel événement. N'hésitez pas à déléguer autant de tâches que possible à d'autres personnes, mais utilisez votre ordinateur pour vous assurer que tout se déroule correctement.

182 **Base de données avec délais**
Ne laissez rien au hasard : établissez un calendrier quotidien avec les tâches à effectuer.

146 **Lettre type**
Pour correspondre avec fournisseurs et commanditaires potentiels, utilisez une lettre type.

216 **Affiche spéciale**
Annoncez la date, l'heure et le lieu de l'événement dans votre région, en citant les attractions.

272 **Base de données budgétaire**
Inscrivez toutes les dépenses et les bénéfices dans une feuille de calcul.

292 **Disposition des stands**
Créez un simple plan en 2D du lieu et organisez les stands sur cet espace.

Pensez-y aussi...

Si votre emploi du temps et vos responsabilités le justifient, le projet suivant vous facilitera le travail.

164 **Bulletin d'information**
Informez régulièrement toutes les personnes concernées de l'évolution des préparatifs.

À la découverte du son

Amusez-vous avec les fonctions audio de votre ordinateur

Si vous avez installé une carte son sur votre ordinateur et branché des haut-parleurs, amusez-vous à modifier le son de sa « voix », car Windows facilite la réalisation de toutes sortes d'opérations sur le son et la musique. En outre, avec le son, vos jeux seront bien plus amusants. Par ailleurs, si vous n'utilisez pas le lecteur de CD-ROM pendant que vous travaillez, écoutez de la musique.

Les fonctions audio de votre PC, utilisées de pair avec un logiciel spécial, vous permettent même de composer votre musique !

Créez vos sons et affectez-les à des tâches qu'effectue l'ordinateur, par exemple à l'allumage ou au démarrage d'un logiciel. Windows est fourni avec un assortiment de thèmes, de quoi changer toute l'acoustique du système !

Vérifiez que les haut-parleurs sont branchés sur les bons connecteurs de la carte son (à l'arrière de l'unité centrale) et qu'ils sont allumés.

▶ AVANT DE COMMENCER

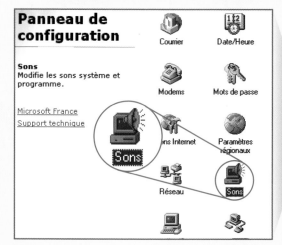

1 Pour affecter des sons à des événements de programme, utilisez les sons préétablis de Windows que le PC émet lors de certaines actions. Appuyez sur **Démarrer**, cliquez sur **Paramètres**, puis sur **Panneau de configuration** et enfin deux fois sur **Sons**.

Attention
*Lorsque vous sélectionnez un autre
modèle de son, un message propose
̇ ̇ ̇ ̇ ̇ ̇ ̇ vous ne l'avez pas déjà fait.
sur OK.*

*Pour supprimer un son pour un événement,
cliquez sur l'événement en question et
sélectionnez [aucun] dans la zone « Nom »
de la rubrique Son.*

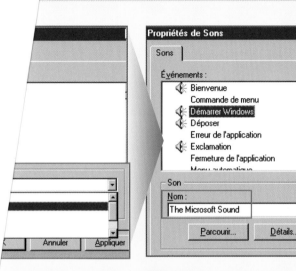

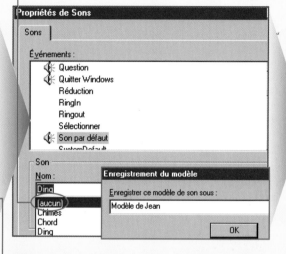

(sauf « Pas de son ») pour
le sélectionner. Les sons
que vous affectez aux
événements de
programme feront partie
de ce modèle.

3 La liste
« Événements »
indique les actions
auxquelles un son peut
être affecté. De plus,
l'icône du haut-parleur

signale qu'un son est déjà
défini. Pour connaître le
nom de ce son, cliquez
sur l'événement de
programme puis regardez
dans la zone « Nom ».

4 Pour changer
un son, cliquez
sur l'événement de
programme concerné,
parcourez les options de la
zone « Nom » et cliquez

sur l'une d'elles. Cliquez
sur **Enregistrer sous**.
Dans la fenêtre qui
s'affiche, tapez un nom
pour le nouveau modèle
et cliquez sur **OK**.

Les événements sur le PC

Affectez des sons aux principaux événements,
ou actions, qui ont lieu sur le PC :
- Lancement de Windows
- Ouverture d'un programme
- Erreur dans un programme
- Fermeture d'un programme
- Agrandissement des fenêtres
- Réduction des fenêtres

*Pour écouter le son
affecté à un événement,
cliquez d'abord sur
l'événement, puis sur le
symbole **Lecture**.*

Gros plan
*Le dernier modèle que vous
avez enregistré s'active
automatiquement lorsque vous allumez
le PC. Il est inutile de le choisir à nouveau
dans le Panneau de configuration.*

Amusez-vous à enregistrer vos propres
sons et affectez-les à des événements.
Pour cela, vous devez vous munir d'un
microphone.

ENREGISTREMENT DE SONS

Astuce
Avant d'ouvrir le magnétophone, assurez-vous
que le microphone est allumé. Si vous ne voulez
pas enregistrer votre propre voix, enregistrez de la musique
ou un dialogue depuis une autre source.

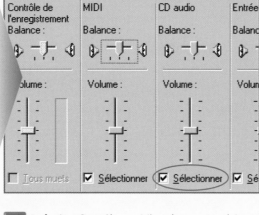

5 Appuyez sur le bouton **Démarrer.** Cliquez sur **Programmes**, **Accessoires**, **Divertissement** et **Contrôle du volume**.

Dans la boîte de dialogue qui s'affiche, ouvrez le menu **Options**. Cliquez sur **Propriétés**, puis sur **Enregistrement** et enfin sur **OK**.

6 La fenêtre Contrôle de l'enregistrement s'affiche. Vérifiez que la case Sélectionner, tout en bas de la rubrique

Microphone est cochée pour indiquer que vous allez utiliser un microphone comme source. Refermez la boîte de dialogue.

7 Pour ouvrir le magnétophone de Microsoft, appuyez sur le bouton **Démarrer**, cliquez sur **Programmes**, sur **Accessoires**, sur

Divertissement puis sur **Magnétophone**. Le PC est maintenant prêt à enregistrer le son en provenance du microphone.

Préparer l'enregistrement
Branchez le microphone sur la carte son à l'arrière de l'unité centrale, à côté des prises des haut-parleurs (ceux-ci doivent déjà être branchés). La prise du microphone est généralement libellée « mic », ou bien elle est représentée par le dessin d'un microphone. Si celui-ci est doté d'un commutateur Marche/Arrêt, vérifiez qu'il est sur la position Marche. S'il requiert une batterie, assurez-vous qu'il en a une.

D'autres sources son
En plus d'enregistrer vos propres sons, vous pouvez en télécharger depuis Internet. Pour que Windows puisse les lire, ils doivent être au format .wav ; autrement dit, leur nom doit se terminer par « .wav ».

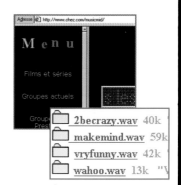

Attention

Si vous éteignez les haut-parleurs lorsque vous avez fini d'utiliser votre PC, n'oubliez pas de les rallumer si vous voulez entendre les sons.

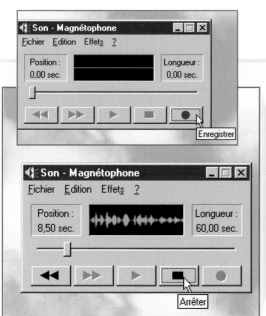

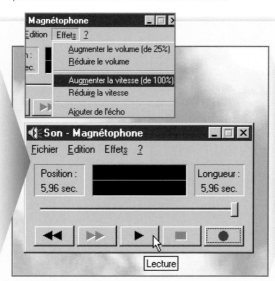

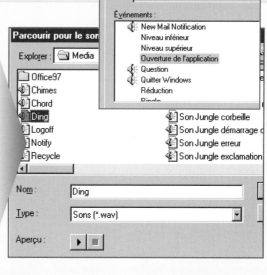

8 Cliquez sur le bouton **Enregistrer** (le point rouge) ; parlez ou produisez un son préenregistré dans le microphone. Pour offrir une représentation visuelle du son, le trait vert se déforme dans la fenêtre Son-Magnétophone. À la fin, cliquez sur le bouton **Arrêter**.

9 Pour accélérer, ralentir, inverser, ajouter un écho ou modifier le volume du son, ouvrez le menu **Effets**, puis cliquez sur l'option désirée. Cliquez sur le bouton **Lecture** pour écouter le résultat. Pour stocker le son, choisissez **Fichier** puis **Enregistrer sous** (voir ci-dessous).

10 Pour affecter vos sons à des événements, ouvrez la fenêtre Propriétés de Sons (voir étapes 1 à 4) et cliquez sur un événement. Cliquez sur **Parcourir** et cherchez votre dossier de sons sur le disque dur. Sélectionnez votre son et cliquez sur **OK**.

Où placer les fichiers son ?

Enregistrez tous vos sons dans le même dossier de façon à pouvoir facilement les retrouver. Créez un nouveau dossier dans Mes documents, ou bien placez-les dans le dossier Media de Windows ; pour ce faire, cliquez deux fois sur **Poste de travail**, puis sur **[C:]**, **Windows** et enfin **Media**. C'est dans ce dossier que Windows recherche automatiquement les fichiers son.

Un clavier musical en plus

Votre PC devient instrument de musique

Il existe différents moyens de transformer votre PC en studio d'enregistrement. Avec le logiciel approprié et une bonne carte son (qui doit déjà être installée dans l'unité centrale), vous produisez des sons sans instruments de musique. Par exemple, enregistrez votre voix ou utilisez des fichiers son en provenance d'Internet ou d'un CD. Si vous avez branché un clavier sur votre PC à l'aide d'un connecteur MIDI (*Musical Instrument Digital Interface*), enregistrez vos propres morceaux. Ensuite, réécoutez votre musique, modifiez-la ou réécrivez-la et réalisez l'arrangement et l'orchestration.

Il existe par ailleurs des logiciels qui permettent d'écrire des notes de musique : c'est beaucoup plus rapide que de les écrire à la main sur des portées.

Le clavier musical requiert une carte son compatible MIDI, un logiciel de musique, des haut-parleurs, un instrument équipé de prises MIDI et des câbles de connexion MIDI.

AVANT DE COMMENCER

Cubase VST pour Windows CD-ROM

INSTALL

CUBASE VST 5

Quitter   Explorer CD-Rom   Steinberg

1 Insérez le CD du logiciel de montage audio dans le lecteur. L'ordinateur le reconnaît automatiquement et lance l'installation. En outre, vous avez la possibilité de le parcourir via l'Explorateur ou de quitter à tout moment l'installation.

Pour ce projet, nous avons utilisé le logiciel Cubase VST et un clavier Yamaha PSR-220. Cakewalk est également un logiciel très connu. Tous deux permettent d'afficher et d'imprimer des partitions. Quel que soit le logiciel choisi, la procédure de base est la même.

AUTRES PROGRAMMES

Attention

L'utilisation conjointe de l'interface MIDI et de l'utilitaire d'enregistrement de sons monopolise les ressources du PC. Si celui-ci n'est pas assez puissant, le programme sera ralenti. Par conséquent, tenez compte de la puissance du PC pour choisir la bonne version du logiciel.

Gros plan

Pour que le clavier puisse communiquer avec le PC, installez-le correctement. Suivez les instructions fournies dans le mode d'emploi du clavier.

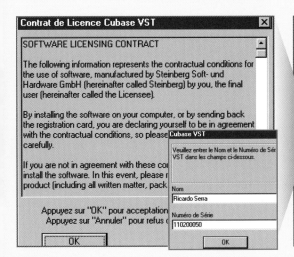
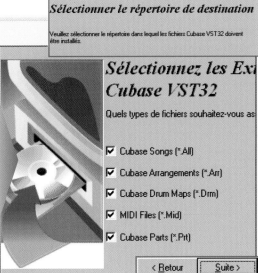
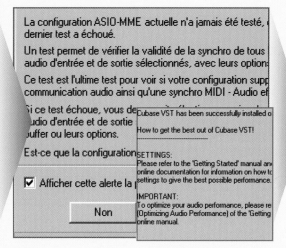

2 Ensuite, vous êtes invité à choisir la langue du logiciel et à accepter les termes de la licence. Indiquez votre nom et le numéro de série du logiciel (il se trouve avec la documentation qui accompagne le CD). Enfin, confirmez ces informations en cliquant sur **OK**.

3 Pour installer le logiciel, cliquez sur **Suite**. Le PC suggère un dossier d'installation. Cliquez sur **Suite** si vous l'acceptez ou sur **Parcourir** pour en choisir un autre. Vous avez la possibilité de choisir les modules à installer, cliquez sur ceux qui vous intéressent puis sur **Suite**.

4 Le logiciel est prêt à être installé; cliquez sur **Suivant**. Lisez les informations qui s'affichent et cliquez sur **OK**. Si vous êtes invité à effectuer des essais de configuration pour vérifier la carte son, cliquez sur **Suite**. Une fois la configuration optimisée, cliquez sur **Terminer**.

Faire les bons branchements

Branchez le câble MIDI sur la carte son à l'arrière de l'unité centrale (généralement dans le port de la manette de jeu). L'autre extrémité du câble se scinde en deux. Les deux fiches se branchent dans les prises de sortie MIDI *(MIDI Out)* et d'entrée MIDI *(MIDI In)* du clavier. Si elles ne sont pas clairement identifiées, renseignez-vous auprès du fournisseur du logiciel. Puis branchez le clavier sur une prise secteur et mettez-le sous tension. Pour lutter contre le piratage, certaines sociétés fabriquent un adaptateur spécial qu'il faut placer dans le port d'imprimante.

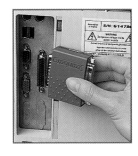

Attention
Vous devrez peut-être redémarrer l'ordinateur pour que l'installation du logiciel puisse se terminer. La configuration du PC aura alors changé et le logiciel se situera dans le dossier Programmes du menu Démarrer, ou sous la forme d'un raccourci sur le bureau.

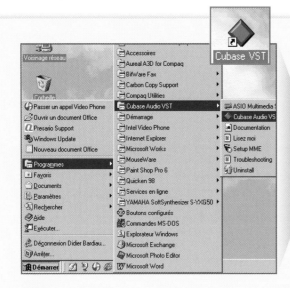

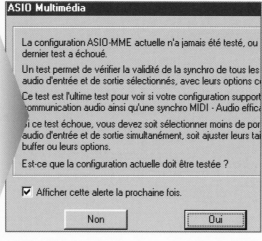

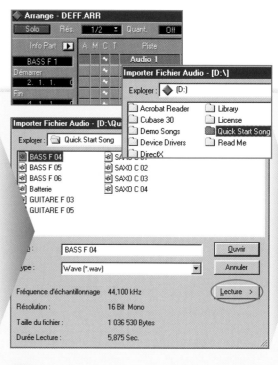

5 Un raccourci pour accéder au nouveau logiciel a été créé sur le Bureau ainsi que dans le menu Démarrer. Cliquez deux fois sur l'icône du Bureau pour l'ouvrir ou appuyez sur le bouton **Démarrer**, sélectionnez **Programmes** puis Cubase VST.

6 Tout logiciel MIDI nécessite un pilote MIDI pour s'exécuter. Comme c'est la première fois que vous ouvrez votre logiciel MIDI, il lance une procédure de vérification de la configuration du pilote. Cliquez sur **Oui** pour l'accepter.

7 Vérifiez que tout fonctionne. Cliquez sur **Audio 1** et choisissez **Fichier** puis **Importer Fichier Audio.** Sélectionnez le lecteur de CD-ROM et cliquez deux fois sur **Quick Start Song**. Cliquez sur un fichier puis sur **Lecture**. Si vous entendez le son, le logiciel fonctionne correctement.

Que signifie MIDI ?

MIDI est l'acronyme de *Musical Instrument Digital Interface*. Il s'agit d'un standard technique qui permet d'échanger des données musicales entre différents ordinateurs et des instruments de musique équipés en conséquence. Ce standard n'enregistre pas de sons spécifiques : il enregistre des informations sur les notes que vous souhaitez utiliser dans votre musique en utilisant un langage universel que peut comprendre n'importe quel ordinateur. L'ordinateur peut ensuite restituer le morceau s'il est relié à une source audio MIDI.

Les commandes classiques

Dans Cubase, cette barre fonctionne exactement comme sur un appareil hi-fi traditionnel. Outre les boutons Arrêt, Lecture, Enregistrement (jaune, vert et rouge), Arrière et Avant, vous pouvez régler le tempo et le *time signature*.

Gros plan

Les claviers sont parfaits pour émuler les sons créés par d'autres instruments, et ce sont les instruments MIDI les plus courants. Mais il existe d'autres instruments MIDI qui permettent d'enregistrer et de jouer des airs de guitare et de batterie.

*Pour revenir au début d'un morceau, que vous soyez en train de le jouer ou de l'enregistrer, cliquez deux fois sur **Arrêt** (bouton jaune). Pour jouer une partie du morceau, cliquez sur **Arrêt** et faites glisser le trait à l'endroit où doit démarrer la lecture.*

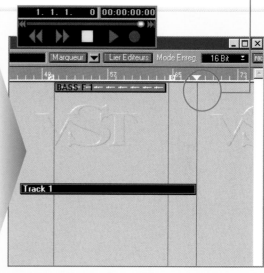

8 Pour écouter ce que vous jouez tout en enregistrant, vérifiez que la configuration MIDI est correcte. Ouvrez le menu **Options** puis cliquez sur **Configuration MIDI.** Dans la boîte de dialogue, cochez la case « Activé » de la rubrique MIDI Thru. Cliquez sur **Sortie**.

9 Pour réaliser un enregistrement MIDI, démarrez un nouveau morceau et cliquez sur **Track 1**. (Ne sélectionnez pas Audio, car il s'agit des fichiers son situés sur le disque dur). Cliquez sur le bouton **Enregistrer** (rouge), jouez le morceau, puis cliquez sur **Arrêt** (bouton jaune).

10 Regardez l'entrée et la sortie de la barre de contrôle lors de l'enregistrement pour vous assurer que le PC reçoit bien le signal du clavier. Votre morceau correspond à « Track 1 » dans la fenêtre Arrangement. Cliquez sur **Lecture**. Le PC et le clavier sont désormais parfaitement synchronisés.

À la découverte du clavier

Les claviers offrent différentes possibilités. Comme les synthétiseurs électroniques, certains sont plus sophistiqués que d'autres. Ils proposent parfois deux bibliothèques intégrées, une pour les voix instrumentales et une autre pour les rythmes. Certains permettent de créer et de mémoriser vos propres rythmes. D'autres fonctions sont très utiles, par exemple la possibilité de partager le clavier en deux voix différentes, l'intégration d'un métronome pour marquer la pulsation rythmique et contrôler la régularité du temps, l'harmonisation automatique et la faculté de modifier automatiquement la mesure.

À vous la musique !

Procurez-vous un logiciel spécialisé et créez vos airs de musique

Votre PC peut devenir un fabuleux outil pour créer de simples airs ou un arrangement plus complexe. En fait, avec une carte son et/ou un instrument MIDI, vous disposez d'un orchestre virtuel.

Il n'est pas nécessaire d'être doué en musique pour composer vos propres morceaux. Toutefois, plus vous possédez de connaissances dans ce domaine, mieux vous saurez exploiter les possibili-

tés de votre PC. Avec un logiciel spécialisé, même un novice peut expérimenter les effets sonores, qu'il s'agisse d'augmenter ou de réduire le volume, d'étirer ou de compresser le son, etc.

Dans ce projet, nous utilisons un clavier MIDI pour créer un arrangement simple composé de deux morceaux de piano joués en boucle, d'une piste pour le rythme et d'une piste pour la batterie.

Les logiciels spécialisés

Des logiciels tels que Cubase permettent d'enregistrer séparément autant de morceaux de musique que vous le souhaitez, puis de les restituer tous ensemble sous la forme d'une seule composition musicale ou d'un seul arrangement. Ces morceaux peuvent ensuite être modifiés : notes déplacées, allongées, écho ajouté, etc. Il est même possible d'écrire des notes de musique à l'écran puis de les jouer via la carte son et/ou l'instrument MIDI.

Les morceaux sont enregistrés sur des pistes. Cubase en propose sept types, dont Audio, MIDI et Rythm. Les pistes « Audio » sont des enregistrements de son stockés sur votre disque dur. Les pistes « MIDI » sont des séquences de notes et d'accords. Les pistes « Rythm. » stockent des séquences à la batterie. Créez autant de pistes que vous voulez pour obtenir la composition musicale souhaitée.

Un instrument MIDI

L'utilisation conjointe de votre logiciel et d'un instrument MIDI en plus de votre PC élargit le champ des possibilités et donne de meilleurs résultats. Installez un clavier MIDI et enregistrez des notes jouées sur un type d'instrument, puis restituez-les sur un autre. Par exemple, enregistrez un morceau joué au piano, changez le réglage du clavier, puis rejouez-le sur un clavecin.

Enregistrer des voix

Enregistrez des voix sur les pistes audio de votre disque dur. Cependant, prenez garde à ne pas trop en stocker, car elles occupent beaucoup de place ; vous aurez besoin d'un disque dur de grande capacité.

> *L'arrangement a été réalisé avec le logiciel Cubase VST. Quel que soit le logiciel utilisé, les principes de base sont les mêmes. Consultez le mode d'emploi de votre logiciel pour plus de détails.*

AUTRES PROGRAMMES

Pour plus de détails sur l'installation du clavier musical, du logiciel et pour vous familiariser avec Cubase, voir p.236-239.

*Si vous souhaitez utiliser un métronome pour contrôler la régularité des temps lorsque vous jouez un morceau, cliquez sur le bouton **Click**.*

> **▶ AVANT DE COMMENCER**

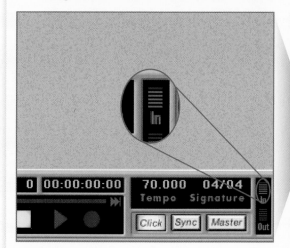

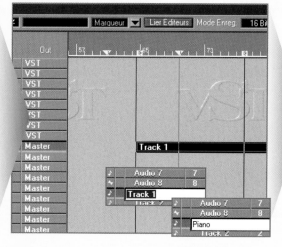

1 Appuyez sur le bouton **Démarrer** puis sélectionnez **Programmes** et cliquez sur votre logiciel spécialisé. Pour vérifier qu'il reçoit bien un signal externe, jouez une note au clavier. Si le signal est effectivement transmis, le vumètre rouge d'entrée, au bas de l'écran, répond.

2 Pour enregistrer le premier morceau, cliquez sur **Track 1**. Cliquez sur le bouton **Enregistrer** de la barre de commande et jouez votre morceau. Cliquez sur le bouton jaune **Arrêt** lorsque vous avez fini. Ce nouveau morceau est enregistré dans « Track 1 », dans la partie droite de la fenêtre.

3 Pour écouter le morceau, cliquez deux fois sur le bouton **Arrêt**, puis sur le bouton **Lecture**. Le curseur de défilement se déplace dans le morceau qui se joue. Pour attribuer un nom à la piste, cliquez deux fois sur son étiquette et tapez un nom. Appuyez sur **Entrée**.

La fenêtre d'arrangement

Lorsque vous ouvrez le programme, une fenêtre d'arrangement s'affiche. Elle contient une liste de morceaux. Si vous avez déjà enregistré des pistes MIDI, celles-ci sont peut-être identifiées comme instruments de musique. Dans le cas contraire, elles s'affichent généralement sous la forme d'une liste de pistes numérotées.

La fenêtre d'arrangement contient également une zone offrant une représentation visuelle de chaque piste enregistrée. En haut, vous voyez une barre graduée en secondes. Chaque morceau enregistré peut être mesuré à l'aide de cette barre. Si vous disposez de plusieurs pistes enregistrées, comparez le début et la fin de chacune d'elle avec les autres.

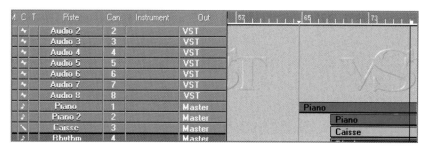

Gros plan
*Si vous faites des erreurs au cours de vos
enregistrements, ne vous inquiétez pas. Arrêtez
simplement la lecture et cliquez sur le bouton **Arrêt** (jaune).
Ensuite, cliquez sur le morceau que vous avez enregistré
et appuyez sur la touche **Suppression**.*

 Mot clé
***Boucle** Air ou chanson constitués des
mêmes morceaux qui se suivent
à intervalles réguliers, et sur le même tempo.*

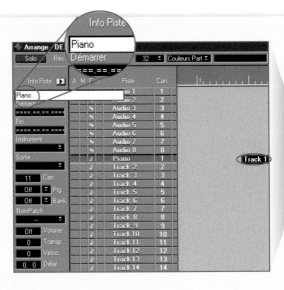

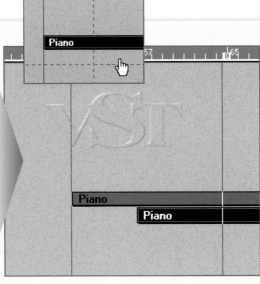

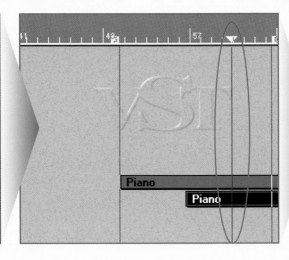

4 Pour donner un nom au morceau (la série de notes enregistrées, à droite dans la fenêtre), cliquez dessus, puis tapez un nom dans la zone

« Info Piste » située en haut à gauche. Appuyez sur **Entrée**. Si vous le souhaitez, enregistrez un autre morceau sur une nouvelle piste.

5 Pour répéter un morceau, copiez-le. Maintenez la touche **Alt** enfoncée et cliquez sur le morceau en question. Faites-le glisser vers le bas

à droite de manière à ce qu'il commence juste après la première piste (les repères en pointillés vous aident à le positionner correctement).

6 Le curseur de défilement du morceau vous aide à placer le deuxième morceau. Il traverse

l'arrangement de gauche à droite pendant la lecture. Observez-le pour savoir à quel endroit doit démarrer le deuxième morceau.

La barre de commande du lecteur

Quel que soit le programme que vous utilisez, vous avez à votre
disposition un ensemble de commandes destinées à gérer vos
compositions. Dans Cubase, il s'agit de la barre représentée ci-dessous.
Vous l'affichez et la masquez grâce à la touche de fonction **F12**.
Dans cette barre, vous jouez et enregistrez des morceaux, et vous réglez
leur tempo ainsi que d'autres caractéristiques.

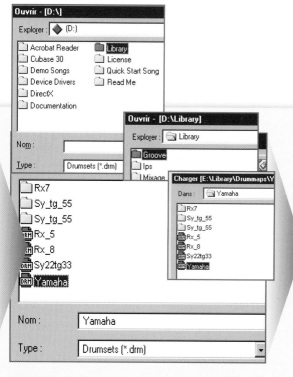

Il n'est pas toujours nécessaire d'enregistrer les morceaux. Créez par exemple les airs de batterie à droite dans la fenêtre d'arrangement, ensuite inscrivez les notes, le tempo, etc.

CRÉER UNE PISTE

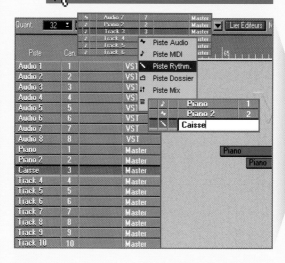

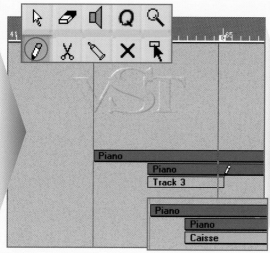

7 Pour ajouter la batterie, cliquez sur une nouvelle piste et cliquez avec le bouton droit de la souris sur le symbole de la colonne C.

Cliquez sur **Piste Rythm** dans la liste. Le symbole se transforme en baguette. Donnez un nom à la piste. Maintenant, créez le morceau de batterie.

8 Appuyez sur le bouton droit de la souris : des outils s'affichent. Cliquez sur le crayon. Faites glisser le pointeur pour dessiner le morceau. Donnez-lui un nom (voir étape 4). Maintenant, choisissez un type de batterie (voir ci-dessous).

9 Insérez le CD-ROM du logiciel. Ouvrez le menu **Fichier** puis cliquez sur **Ouvrir**. Sélectionnez le lecteur de **CD-ROM** dans « Explorer » et

« Drumsets » comme type de fichier. Cliquez deux fois sur le dossier **Library**, sur **Drummaps**, sur **Yamaha**, puis sur un type de batterie.

Les séquences de batterie

Votre logiciel fournit différents types de séquences à la batterie. Chacune se compose de 64 sons au maximum que vous utiliserez pour créer votre propre morceau. Si possible, sélectionnez le type de séquence qui correspond à la marque de votre clavier (ou de votre carte son). Ainsi, les sons indiqués correspondront exactement à ceux que peut produire votre instrument. Si vous ne voyez pas votre

clavier dans la liste, passez dans le dossier **Roland** et sélectionnez **Gs_stand**. C'est un morceau de batterie MIDI générique qui fonctionne avec la plupart des claviers MIDI. Pour créer le rythme, cliquez sur la grille pour ajouter des battements aux sons appropriés. Utilisez la barre graduée en haut de la grille pour vous aider à les positionner correctement. En cas d'erreur, cliquez simplement sur un battement pour le supprimer.

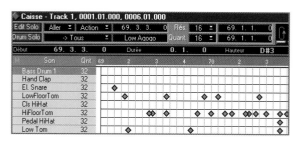

*Pour écouter une piste parmi toutes celles que vous avez enregistrées, cliquez dessus, puis sur le bouton **Solo** de l'écran principal. Ensuite, cliquez sur le bouton **Lecture**.*

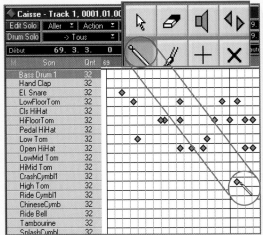

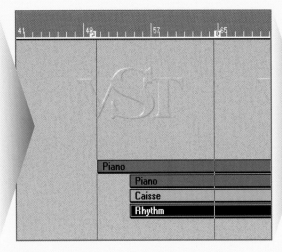

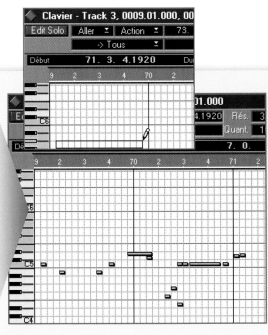

10 Pour passer en mode « Édition », cliquez deux fois sur le morceau de batterie. Sélectionnez l'outil de la batterie (la baguette) et cliquez sur la grille pour placer les percussions. Cliquez sur le bouton **Lecture**. Lorsque vous êtes satisfait, ouvrez le menu **Fichier** puis cliquez sur **Fermer**.

11 Ce mode permet également de composer un morceau. Cliquez sur une nouvelle piste, sélectionnez l'outil Crayon et tracez la longueur du morceau dans la fenêtre d'arrangement. Donnez un nom à la piste et au morceau. Cliquez deux fois sur le morceau pour le modifier.

12 À gauche de l'écran figure un clavier vertical. Cliquez sur n'importe quelle touche pour jouer une note. Sélectionnez l'outil Crayon et placez les notes sur la grille. Vous pouvez leur attribuer la longueur que vous souhaitez. Pour écouter le résultat, cliquez sur le bouton **Lecture**.

Les effets spéciaux

Certains logiciels fournissent leurs propres effets spéciaux. Vous pouvez aussi en acheter d'autres dans des boutiques d'informatique ou via Internet. L'effet Chorus, par exemple, ajoute une profondeur et de l'animation aux sons en les décalant, en envoyant du retour ou en les élargissant. L'effet Autopanoramique envoie le son alternativement sur le haut-parleur gauche et le haut-parleur droit et l'effet Réverbération ajoute une ambiance. Ils sont tous disponibles dans Cubase.

Astuce

*Pour réorganiser les pistes en les classant par groupes (intro, chœur, etc.), ouvrez le menu **Structure** et cliquez sur **Définir Groupe**. Sélectionnez et ajoutez les morceaux à inclure dans le groupe. Ensuite, déplacez celui-ci ou répétez-le dans l'arrangement, ce qui facilite les changements dans la chanson.*

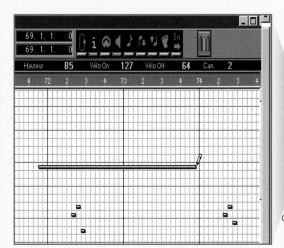

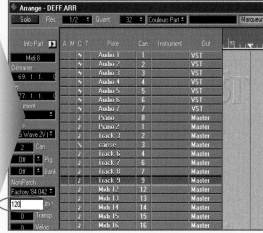

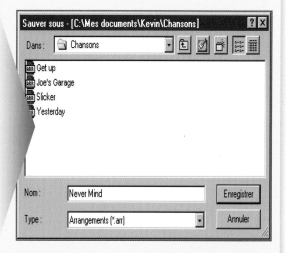

13 Pour créer une fin bien nette, où toutes les pistes se terminent en même temps, cliquez sur chaque morceau et, avec l'outil Crayon, sur la dernière note. Faites-la glisser à la fin du morceau. Le curseur de défilement du morceau vous aidera.

14 Le volet de contrôle permet d'intervenir sur la façon dont les morceaux de l'arrangement cohabitent (voir ci-dessous). Pour modifier le volume d'une piste par exemple, cliquez sur celle-ci et tapez une nouvelle valeur dans la zone **Volume** située en bas à gauche de la fenêtre.

15 Pour enregistrer l'arrangement, ouvrez le menu **Fichier** puis cliquez sur **Sauver sous.** Sélectionnez un dossier, tapez un nom de fichier et cliquez sur le bouton **Enregistrer**.

Le volet de contrôle

Dans la fenêtre « Arrangement », vous voyez, à gauche de la liste des pistes, un volet de contrôle appelé « Info Part ». Celui-ci permet d'intervenir sur les propriétés des morceaux. Modifiez par exemple le paramètre de transposition de façon à ce que toutes les notes du morceau soient jouées plus haut ou plus bas sur le clavier. Cela permet d'expérimenter des changements de clé. Si ces changements vous satisfont, rendez-les permanents au moyen de la commande **Geler Paramètres** du menu **Fonctions**. Pour afficher/masquer le volet de contrôle, cliquez sur le petit bouton dans l'angle inférieur gauche de la fenêtre d'arrangement.

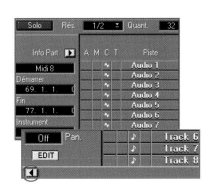

La notation musicale

Votre ordinateur vous enseigne les principes du solfège

Il n'est pas nécessaire de savoir lire la musique pour la composer sur votre ordinateur, ni de connaître le nom des différentes notes pour pouvoir les jouer ou composer un air. Toutefois, plus vous serez à l'aise dans vos compositions, plus vous aurez envie d'apprendre à lire la musique. Divers logiciels spécialisés vont vous y aider.

Dans ce projet, nous avons utilisé le programme « Initiation à la musique » de Génération 5, qui convient plus particulièrement aux enfants et aux débutants. Il permet aux novices d'apprendre tous les secrets de la notation grâce à des leçons simples et détaillées. Il existe évidemment d'autres logiciels, qui fonctionnent selon les mêmes principes.

Vérifiez que votre ordinateur possède la configuration minimale requise avant de lancer le logiciel de musique.

► AVANT DE COMMENCER

1 Insérez le CD Rom dans votre lecteur pour lancer le logiciel de musique. L'écran d'accueil s'affiche avec un fond musical. Cliquez n'importe où pour accéder à la page suivante. Une présentation sonore du logiciel vous est proposée.

Vous trouverez aussi sur Internet différents logiciels d'apprentissage de la musique, tels que Happy Note! (http:www.happynote.com). Visualisez-les et téléchargez ceux qui vous intéressent.

► AUTRES PROGRAMMES

2 Les leçons proposées dans le menu principal vont vous faire découvrir les bases de la musique de manière simple et conviviale.

Cliquez sur l'une d'entre elles (**Hauteur** dans notre exemple). Un menu composé de plusieurs leçons et de jeux correspondants s'affiche.

3 Sélectionnez par exemple **Échelle des sons** pour commencer votre apprentissage musical. Dans ce module, vous

apprendrez à reconnaître la différence entre les sons aigus et les sons graves. Vous allez entendre une succession de sons variant dans la hauteur.

4 Une fois la leçon achevée, une page s'affiche. Elle annonce le début du jeu destiné à mettre en pratique ce que vous avez appris. Dans

notre exemple, il faut déterminer si les sons joués par le joueur de flûtiau montent ou descendent. Placez la grenouille au bon endroit sur l'échelle.

Comment sortir

Sur chaque page du logiciel, une porte figure en bas de l'écran. La porte « Fini », située en bas à gauche sur la page d'accueil (la page à partir de laquelle vous accédez aux différentes leçons), vous permet de quitter le logiciel. Sur chacune des autres pages, vous trouverez une porte de sortie à droite vous permettant de quitter la leçon en cours et de revenir au menu principal.

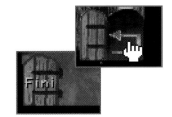

Crôa la Diva

Cette sympathique petite grenouille vous suit tout au long de votre initiation musicale. Elle vous guide dans chaque étape du logiciel. Munie de sa baguette de chef d'orchestre, elle donne les

bases de la musique, vous explique le fonctionnement des jeux et vous fournit les indications nécessaires à votre progression. En outre, elle est chargée de vous aider à accomplir la totalité des leçons tout en égayant votre apprentissage.

Attention
Avant de lancer le logiciel, réglez le volume de votre ordinateur à votre convenance, car il vous sera impossible de le faire après.

DO RÉ MI FA SOL LA SI

5 À la fin d'une leçon, vous pouvez recommencer cette dernière ou aller dans le menu principal et en essayer une autre. Cliquez sur **Hauteur** puis sélectionnez **Gamme**. Avec « Les notes de la gamme », vous serez initié aux principes de base du solfège.

6 Cette animation vous apprend que les notes peuvent aussi bien se placer sur les lignes qu'entre les lignes, ou encore au-delà. La grenouille vous invite à écouter la gamme et vous montre comment placer les notes sur une portée.

7 Le jeu débute : dans cet exercice, vous devez retrouver la position de la note sur la portée après avoir entendu le musicien la jouer. Ensuite, vous êtes invité à cliquer sur la bonne ligne. Un trait rouge vous aide à la positionner.

Le joueur de flûtiau

Un musicien apparaît lorsque vous démarrez l'un des jeux proposés. Il est chargé de jouer la note ou la mélodie que vous devrez par la suite reproduire ou reconnaître. En outre, c'est lui qui joue les comptines et les airs connus.

Évaluer ses progrès

Deux systèmes d'évaluation sont utilisés lors des jeux. Ils vous permettent de visualiser les progrès que vous avez effectués. Dans certains jeux, une succession de grenouilles s'affiche dans l'angle supérieur droit de la page : lorsque vous en avez accumulé cinq, c'est gagné ! Parfois, c'est la « course en sac » qu'il faut gagner pour achever une étape du jeu.

Mot clé

Portée *Ce terme désigne les cinq lignes sur lesquelles les notes sont placées. Le son de la note change selon l'endroit où elle figure.*

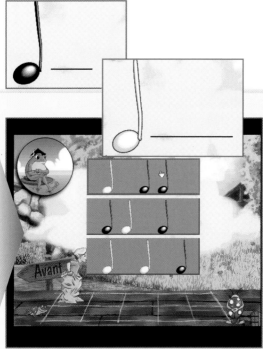

8 Cliquez sur **Durée et Rythme**, puis choisissez **Blanches et Noires**. La grenouille vous fait découvrir la différence entre les sons courts et les sons longs. Vous apprendrez que les durées sont représentées par des notes blanches et noires.

9 Le jeu se lance. Il vous incite à appliquer ce que vous avez appris au cours de la leçon précédente. Tout d'abord, le musicien joue une séquence de trois notes en alternant sons courts et sons longs. Trois séquences vous sont alors proposées : vous êtes invité à choisir celle qui correspond à ce qui vient d'être joué.

10 « Initiation à la musique » propose une bibliothèque de chansons populaires et de comptines à écouter. Cliquez sur **Chansons** puis sur l'une d'entre elles dans la liste. La partition de la chanson s'affiche, vous permettant de suivre les paroles et la musique.

Maestro Bis

La coccinelle entre en scène lorsque vous souhaitez réécouter une note ou une mélodie précédemment jouées par le joueur de flûtiau lors d'un jeu. Pour cela, il vous suffit de cliquer dessus.

Se déplacer

Utilisez les panneaux Avant et Après pour vous déplacer dans le logiciel. Ils figurent sur toutes les pages, aussi bien de leçons que de jeux. « Avant » permet de revenir sur l'écran précédent. Cliquez sur **Après** pour passer à l'activité suivante.

Devenez un

Optimisez vos investissements boursiers en utilisant votre PC

Club d'investissement

Créez un dossier « Club d'investissement ». Ajoutez les sous-dossiers nécessaires.

- 📁 Club d'investissement
  - 📁 Membres
  - 📁 Recherche
  - 📁 Comptes
  - 📁 Communications
  - 📁 Investissements
  - 📁 Contacts

Depuis plusieurs années déjà, les clubs d'investissement fleurissent un peu partout dans le monde. Cette nouvelle pratique d'épargne pédagogique et conviviale attire de plus en plus de candidats. Ces clubs regroupent des personnes qui ont envie d'apprendre les mécanismes de la Bourse en choisissant, achetant puis vendant des titres, parfois avec des conditions fiscales très avantageuses. D'ailleurs, les plus performants dépassent même les professionnels !

Ce type de club s'est développé en parallèle avec l'informatisation des échanges boursiers. Ainsi, sans appartenir au monde fermé des financiers, vous pouvez gérer vous-même votre argent, en utilisant votre ordinateur pour accéder aux données financières et participer en temps réel aux échanges boursiers. Le cours des actions est en effet réactualisé de façon instantanée sur Internet.

Si vous souhaitez découvrir le monde de la Bourse, Internet est la première étape obligée. Visitez les nombreux sites où vous seront données des explications simples et détaillées sur le fonctionnement des grandes places boursières. Vous y trouverez également des indications claires et précises sur les titres qui vous intéressent (leur valeur

investisseur avisé

comme fenêtre sur les marchés financiers

actuelle, les prévisions, etc.). En fait, vous trouverez tout ce qu'il vous faut savoir pour devenir un investisseur avisé.

De nombreux sites d'information donnent les valeurs d'échange, ce qui vous permet de suivre le cours des titres qui vous intéressent ou de ceux que vous avez déjà achetés. Collez ainsi les données collectées dans la feuille de calcul de votre portefeuille ; cela vous permettra de réaliser des simulations sur vos dividendes.

Faites appel à un courtier en ligne et ouvrez un compte. Ensuite, vous aurez accès à toutes les places de marché pour échanger vos titres à votre guise, sans quitter votre domicile !

Si vous ouvrez un compte bancaire en ligne pour votre club, il vous sera de même possible de connaître votre santé financière en quelques secondes.

Une fois le portefeuille constitué, utilisez votre PC pour gérer votre club. Créez par exemple une base de données de ses membres, en y incluant des informations utiles, telles que les domaines ou les pays que refuse l'investisseur. Réalisez un bulletin d'information.

Si vous voulez diversifier vos investissements, Internet contient toutes les informations utiles. Vous pouvez, par exemple, vous spécialiser dans le commerce des antiquités, visiter les sites de vente aux enchères, etc.

Préparatifs

- Recrutez des membres et établissez les objectifs, le niveau d'investissement souhaité et les règles du club
- Formez un comité exécutif et définissez le rôle de chacun
- Choisissez un courtier en ligne
- Ouvrez un compte bancaire pour le club et choisissez les signataires
- Établissez des procédures bancaires en ligne
- Imprimez des exemplaires des résultats de vos recherches initiales à l'intention des membres

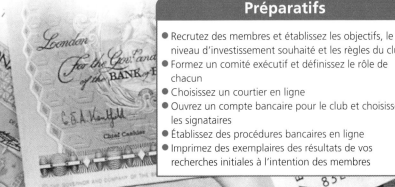

Idées et suggestions

Adaptez les projets suivants à votre propre club d'investissement. Vous n'aurez peut-être pas besoin de tous ces projets ; aussi, ne créez que les documents nécessaires à votre projet personnel.

96 Recherche sur Internet
Utilisez le Web pour trouver des courtiers en ligne, échanger des titres et suivre leur cours.

268 Votre portefeuille d'actions
Établissez une feuille de calcul pour suivre les performances de votre club d'investissement.

272 Suivi des comptes
Utilisez des feuilles distinctes dans un classeur pour garder une trace des investissements de chacun.

164 Bulletin d'information
Informez tous les membres des performances du club, éventuellement par courrier électronique.

150 Courrier officiel
Soyez professionnel dans votre correspondance officielle et la publicité qui l'accompagne.

Pensez-y aussi…

Si vous avez utilisé les éléments ci-dessus pour créer votre club d'investissement et désirez aller plus loin.

308 Base de données des membres
Stockez les informations sur les membres et leurs préférences en matière d'investissement.

Votre budget familial

Ayez l'œil sur toutes les rentrées et sorties d'argent de la maison !

Pour surveiller les frais quotidiens tout en prévoyant les périodes où vous devez honorer les grosses factures (les vacances par exemple), il faut garder une trace des comptes de la famille… et songer à économiser.

Dans ce cas, la meilleure solution est de se servir des feuilles de calcul des tableurs. Un tel programme vous permet en effet d'élaborer des feuilles de compte faciles à utiliser, car il se charge de tous les calculs. Une fois votre document finalisé, il suffit d'inscrire vos revenus et vos dépenses, et le programme met à jour automatiquement votre solde.

Les explications qui suivent sont destinées à la gestion des comptes domestiques, mais elles peuvent également servir pour des feuilles de calcul de comptabilité professionnelle.

Rassemblez toutes les informations dont vous avez besoin pour créer votre feuille de calcul. Gardez le détail de vos revenus et dépenses à portée de main.

▶ AVANT DE COMMENCER

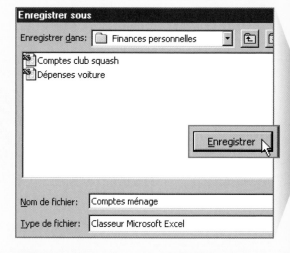

1 Appuyez sur le bouton **Démarrer**, puis cliquez sur **Programmes** et **Microsoft Excel**. Ouvrez le menu **Fichier** et cliquez sur **Enregistrer**. Dans « Enregistrer dans », sélectionnez un dossier et tapez un nom de fichier, puis cliquez sur **Enregistrer**.

*Microsoft Works permet de créer des feuilles de calcul analogues. Ouvrez Microsoft Works et, dans le Lanceur de tâches, cliquez sur l'onglet **Modules de Works**, puis sur le bouton **Tableur**.*

▶ AUTRES PROGRAMMES

Pour taper un texte en majuscules, utilisez la touche Verrouillage Majuscules. Appuyez dessus avant de commencer à taper, et à nouveau lorsque vous avez terminé.

Solde reporté

Ajoutez une ligne « Solde reporté » pour transférer le crédit ou le débit du mois précédent.

Raccourci
*Pour définir le style de tous les titres en même temps, maintenez la touche **Ctrl** enfoncée et cliquez sur chacun d'eux. Définissez le style comme vous avez l'habitude de le faire.*

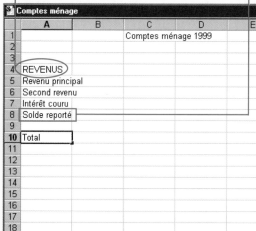

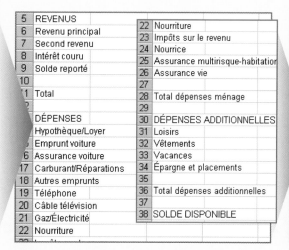

2 Cliquez tout d'abord dans la cellule **C1** afin de donner un titre à votre feuille de calcul. Cliquez ensuite dans la cellule **A4** et tapez

« Revenus », puis tapez vos sources de revenus en dessous, dans la colonne A. Pour finir, cliquez sur la cellule située deux lignes plus bas et tapez « Total ».

3 Cliquez dans la cellule deux lignes sous « Total » et tapez « Dépenses ». Indiquez les types de dépenses en dessous. Ensuite, tapez

« Total dépenses ménage ». Pensez aux éventuels extras en créant une ligne « Dépenses additionnelles ». Terminez par « Solde disponible ».

4 Pour définir le style du titre, cliquez sur la cellule **C1**, puis sur le bouton **Gras** de la barre d'outils. Cliquez sur la flèche de la liste **Taille** de

la police sur la barre d'outils et choisissez une taille qui vous convient. Définissez le style du reste du texte selon le même procédé.

Changer le format

Lorsque vous tapez du texte dans une feuille de calcul, son style est déterminé par le format de la cellule. Pour changer de format, cliquez sur la cellule, ouvrez le menu **Format** et sélectionnez **Cellule**. Cliquez sur l'onglet **Police** et choisissez une police, une taille de caractère, un style et une couleur dans les listes proposées.

Insérer de nouvelles données

Pour insérer une nouvelle ligne de dépenses ou de revenus, cliquez sur la case grise numérotée de la ligne avant laquelle vous souhaitez insérer la nouvelle. Ouvrez le menu **Insertion** et cliquez sur **Lignes**. Une nouvelle ligne apparaît au-dessus de celle sur laquelle vous avez cliqué.

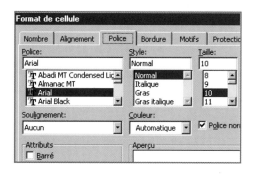

Pour modifier la largeur d'une colonne, amenez le pointeur de la souris sur le bord droit de sa case grise numérotée. Lorsqu'il prend la forme d'une flèche à deux têtes, maintenez le bouton gauche de la souris enfoncé et faites glisser le bord de la colonne à la largeur voulue.

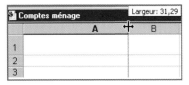

*Si la plage de cellules sélectionnée par la fonction Somme automatique n'est pas correcte, utilisez la souris pour sélectionner les cellules appropriées et appuyez sur la touche **Entrée**.*

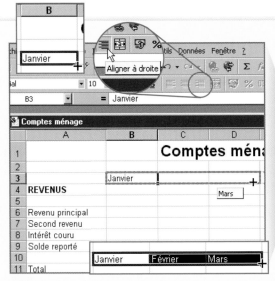

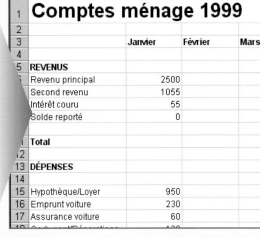

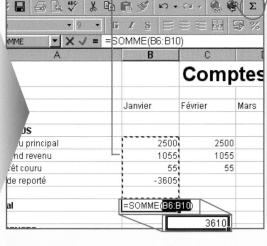

5 Réglez la largeur des colonnes et tapez « Janvier » dans B3. Placez le pointeur de la souris en bas à droite de B3. Avec la croix, cliquez et faites glisser vers la droite. Les mois suivants s'affichent dans les cellules. Sélectionnez la ligne et cliquez sur **Gras** et **Aligner à droite**.

6 Commencez à la cellule B6 pour saisir tous les montants de vos revenus et de vos dépenses du mois de janvier. Dans les cellules où vous n'avez rien à indiquer, tapez zéro.

7 Pour totaliser les revenus de janvier (et les dépenses), cliquez sur la cellule appropriée de la colonne B, puis sur le bouton **Somme automatique**. Une formule apparaît avec la série de cellules à additionner. Si elle est correcte, appuyez sur **Entrée**.

Fractionner l'écran

Excel permet de fractionner l'écran afin de visionner plus facilement les lignes et les colonnes de chiffres.
Ouvrez le menu **Fenêtre** et cliquez sur **Fractionner**. Placez le pointeur de la souris sur la ligne de « partage ». Quand il change d'aspect, maintenez le bouton gauche de la souris enfoncé et faites glisser la ligne à l'endroit souhaité. Vous pouvez alors faire défiler chaque portion de l'écran séparément.

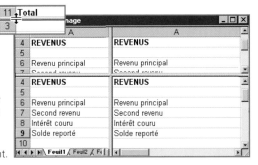

Ajouter de la couleur

Ajoutez des couleurs de fond à votre feuille de calcul pour mieux identifier les différentes rubriques. Cliquez sur les cellules concernées, puis sur la flèche à côté du bouton **Couleur de remplissage** de la barre d'outils. Ensuite, cliquez sur la couleur de votre choix dans la palette qui s'affiche.

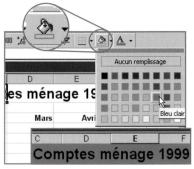

Calculer les données d'une feuille de calcul peut être assez complexe. Les outils de Works facilitent grandement la tâche. Pour plus de détails, voir p. 30.

CALCULER DES DONNÉES

Raccourci

Vous n'êtes pas obligé de taper vous-même les références des cellules dans la Barre de formule. Il est beaucoup plus simple de cliquer sur la cellule désirée. Excel et Works insèrent automatiquement la référence de la cellule dans la formule.

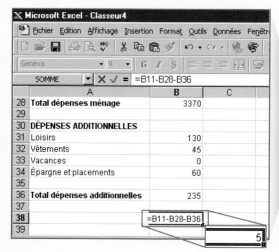

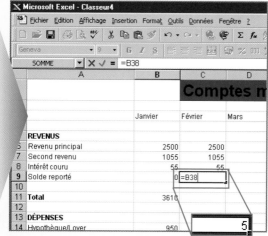

8 Pour calculer le solde disponible, cliquez sur la cellule adéquate et tapez la formule suivante dans la Barre de formule

pour soustraire les dépenses de vos revenus : tapez « = », puis utilisez les références de cellule. Appuyez sur **Entrée**.

9 Tapez les montants pour le mois de février. Pour reporter le solde du mois de janvier, cliquez sur la cellule adéquate (ici, C9) et tapez

« = », puis la référence de la cellule du solde de janvier. Appuyez sur la touche **Entrée**. Maintenant, calculez les totaux pour l'année.

10 Amenez le pointeur de la souris en bas à droite de la cellule des revenus du mois de janvier (B11). Lorsqu'il a pris la forme d'une croix, cliquez

et faites-le glisser vers la droite. La formule est alors copiée dans les cellules de tous les autres mois. Recommencez pour les autres totaux.

Planifier votre budget

Une fois que vous avez créé votre feuille de calcul, mettez-la à jour régulièrement (chaque semaine). Inscrivez si possible les dépenses à venir. Ainsi, vous aurez une idée plus précise de l'argent dont vous disposerez à la fin de chaque mois.

	A	B	C	D	E
1			Comptes ména		
2					
3		Janvier	Février	Mars	Avril
4					
5	REVENUS				
6	Revenu principal	2500	2500	2500	
7	Second revenu	1055	1055	1055	
8	Intérêt couru	55	55	55	
9	Solde reporté	0	-60	100	
10					
11	Total	3610	3550	3710	
12					

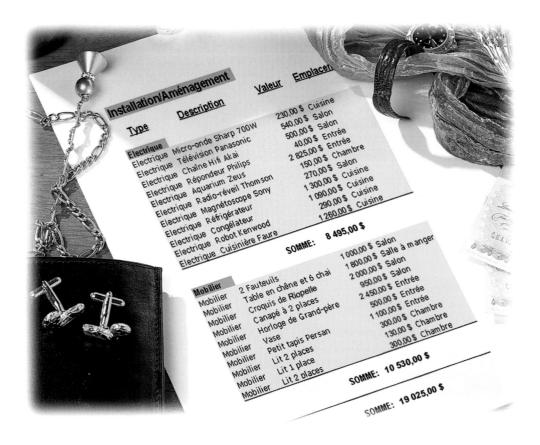

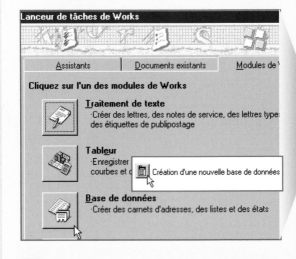

Rassemblez toutes les données dont vous aurez besoin : les dates d'achat, la valeur, les bons de garantie, etc.

AVANT DE COMMENCER

1 Appuyez sur le bouton **Démarrer**, puis sélectionnez **Programmes** et cliquez sur **Microsoft Works**. Dans le Lanceur de tâches, cliquez sur l'onglet **Modules de Works**. Cliquez sur le bouton **Base de données**, puis sur le bouton « Création d'une nouvelle base de données ».

Faites un inventaire

Faites le tour de la maison et répertoriez vos biens

S'il vous est déjà arrivé de chercher une facture ou une garantie en vue de faire réparer un appareil défectueux, vous savez combien cette recherche peut s'avérer contrariante. Réaliser un inventaire de vos biens en y incluant leur valeur est intéressant avant de renouveler ou de changer votre assurance. Ne perdez plus votre temps à trier de vieilles factures. Créez une base de données et répertoriez vos biens. Et chaque fois que vous aurez besoin d'une information particulière, vous la trouverez en un clin d'œil !

Microsoft Excel permet également de créer une base de données. Tapez les titres et utilisez la fonction de filtrage pour produire les états souhaités.

AUTRES PROGRAMMES

Raccourci

Pour la liste de vos biens, utilisez un champ de référence numéroté. Le PC affectera automatiquement un numéro à chaque élément de la liste, ce qui vous évitera de le faire vous-même.

Attention

Ne perdez pas les informations de votre base de données : enregistrez-la et donnez-lui un nom dès sa création. Par la suite, enregistrez régulièrement votre travail, surtout après des modifications importantes.

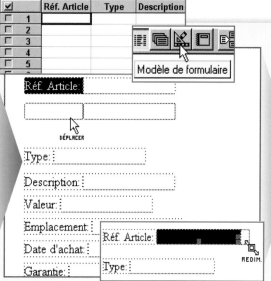

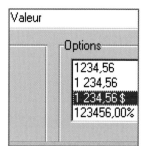

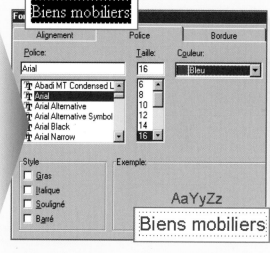

2 Dans cette boîte de dialogue, créez les champs (les catégories de données) et spécifiez leur format, par exemple « Texte » ou « Numérique » (utilisez la liste ci-dessous). Une fois chaque champ défini, cliquez sur le bouton **Ajouter**.

3 Lorsque vous avez créé tous les champs, cliquez sur **Terminé**. Cliquez sur le bouton **Modèle de formulaire** pour personnaliser votre base de données. Faites glisser les zones de texte pour les déplacer. Ensuite, faites glisser le coin en bas à droite pour régler la taille.

4 Cliquez en haut de la page et tapez un titre. Pour définir le style des textes, vous devez d'abord les sélectionner et ouvrir le menu **Format**, puis cliquer sur **Police et style de caractères**. Déterminez la police, la taille, le style et la couleur. Dans l'onglet **Alignement**, sélectionnez « Gauche ».

Champs et formats

Champ	Format
Réf. article	Série
Type article	Texte
Description	Texte
Date d'achat	Date
Valeur	Numérique
Réf. produit	Texte
Garantie	Texte
Emplacement	Texte
Acheté	Texte

Style du format

Lorsque vous sélectionnez le format Numérique, Date, Heure ou Fraction, une liste d'options vous est proposée. Cliquez sur le style souhaité.

Les différents modes d'affichage

Votre base de données peut s'afficher de différentes façons :

Mode Liste : idéal pour avoir une vision globale, car plusieurs entrées apparaissent en même temps.

Mode Formulaire : affiche une entrée à la fois ; parfait pour la saisie des données.

Modèle de formulaire : ne permet pas de saisir des données. Dans ce mode, vous ajoutez, supprimez, déplacez et redimensionnez des champs, changez le style et ajoutez des couleurs.

Raccourci

*Pour définir le style de plusieurs zones de texte en même temps, sélectionnez-les en maintenant la touche **Ctrl** enfoncée et en cliquant dessus. Le style sera appliqué à toutes les zones.*

Il est possible d'extraire des données en cas de besoin. Par exemple, créez l'inventaire de vos meubles et de vos appareils avant de louer votre maison.

CRÉER UN ÉTAT

Mot clé

__État__ Il s'agit d'une synthèse imprimée des données d'une base de données. Par exemple, imprimez un état des biens qui sont assurés et de ceux qui ne le sont pas.

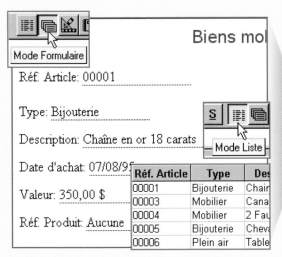

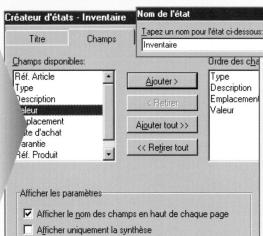

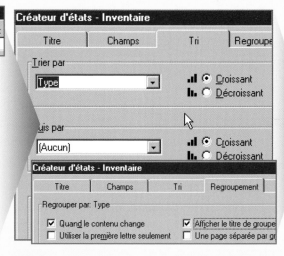

5 Cliquez sur le bouton **Mode formulaire**. Cliquez sur une zone de texte et tapez les données. Appuyez sur

Tab pour passer au champ ou à la fiche suivants et sur **Maj + Tab** pour revenir en arrière. Cliquez sur **Mode Liste** pour voir votre liste.

6 Ouvrez le menu **Outils**, puis cliquez sur **Créateur d'états**. Tapez un nom et cliquez sur **OK**. Dans l'écran suivant, cliquez sur l'onglet

Champs. Dans « Champs disponibles », cliquez sur les champs à intégrer dans l'état (dans l'ordre souhaité) et cliquez sur **Ajouter**, puis sur **Suivant**.

7 L'onglet Tri est sélectionné. Pour trier les données, cliquez sur la flèche de « Trier par » et sélectionnez **Type**. Regroupez les entrées de

même type en cliquant sur l'onglet **Regroupement**, puis sur « Quand le contenu change » et « Afficher le titre de groupe ».

Chercher des informations

Pour rechercher des données spécifiques, ouvrez le menu **Édition** et cliquez sur **Rechercher**. Tapez un ou des mot(s) clé(s) relatifs à ce que vous recherchez, sélectionnez l'option « Toutes les fiches », puis cliquez sur **OK**. L'affichage change et n'apparaissent que les fiches qui correspondent à vos critères de recherche. Pour revenir à la vue d'ensemble, ouvrez le menu **Fiche**, sélectionnez **Afficher**, puis cliquez sur **Toutes les fiches**.

Dans le Mode Formulaire, les flèches situées de chaque côté du compteur de fiches, au bas de l'écran, facilitent le déplacement rapide d'une entrée à l'autre.

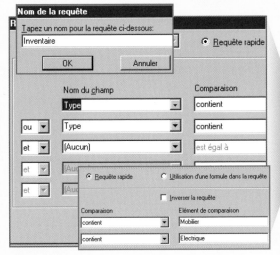

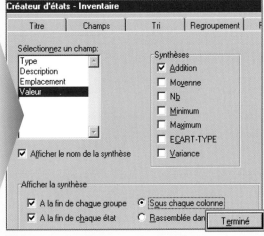

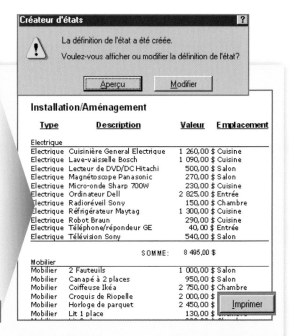

*Microsoft Works enregistre automatiquement les états que vous créez. Pour imprimer ou mettre à jour un ancien état, ouvrez le menu **Affichage** et cliquez sur **État**. La liste de vos états s'affiche. Cliquez sur celui qui vous intéresse, puis sur **Aperçu** ou **Modifier**.*

8 Dans **Requête,** cliquez sur **Créer une nouvelle requête.** Tapez un nom. Cliquez sur **OK.** Dans « Nom du champ », sélectionnez le champ **Type.** Dans « Comparaison », sélectionnez **contient.** Dans « Élément de comparaison », tapez « Mobilier ». Sélectionnez **ou, Type, contient** et tapez « Électrique ». Appuyez sur **Entrée.**

9 Pour additionner tous les chiffres de votre champ « Valeur », cliquez d'abord sur l'onglet **Synthèses,** puis sur **Valeur** dans la zone de sélection des champs, enfin sur **Addition.** Dans « Afficher la synthèse », cliquez sur les options comme ci-dessus. Cliquez sur **Terminé.**

10 Un message apparaît, demandant si vous souhaitez afficher ou modifier l'état. Cliquez sur **Modifier** pour revoir le style de l'état (voir ci-dessous). Cliquez sur **Aperçu** pour afficher l'état. Lorsque vous êtes satisfait, cliquez sur le bouton **Imprimer** pour imprimer l'état.

L'apparence de vos états

Pour créer des états plus professionnels, changez de police, de taille des caractères et ajoutez de la couleur. Cliquez sur le bouton **Mode Etat.** Cliquez sur la cellule ou la ligne dont vous voulez définir le style. Ouvrez le menu **Format,** puis cliquez sur **Police et style de caractères.** Dans la boîte de dialogue **Format,** sélectionnez la police, la taille, le style, la couleur et les motifs de fond dans les différents onglets. Si les colonnes sont trop proches les unes des autres, changez leur largeur. Placez le curseur sur le bord droit du titre de la colonne, maintenez le bouton de la souris enfoncé et faites glisser le bord selon la largeur souhaitée.

Analyse de votre budget

Gardez une trace de vos dépenses pour mieux prévoir l'avenir

Une feuille de calcul est sans aucun doute la solution idéale pour garder une trace de vos dépenses courantes pour la maison. Elle vous permet de mieux évaluer les frais à venir. Non seulement vous répertoriez les frais usuels, tels que le téléphone et l'électricité, mais vous intégrez également les factures à régler une fois par an, comme la taxe scolaire. En effet, ce sont généralement celles que l'on oublie !

Excel permet en outre de créer un graphique subdivisé en secteurs afin d'analyser vos dépenses. Vous disposez ainsi d'un schéma visuel pour mieux comprendre où passe votre argent.

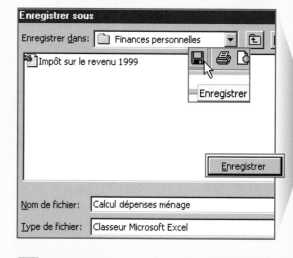

Reprenez vos dernières factures et répertoriez les dépenses courantes pour la maison.

AVANT DE COMMENCER

1 Appuyez sur le bouton **Démarrer**, sélectionnez **Programmes** puis **Microsoft Excel**. Enregistrez tout de suite la feuille de calcul et donnez-lui un nom. Cliquez sur le bouton **Enregistrer** de la barre d'outils. Sélectionnez un dossier et un type de fichier. Enfin, cliquez sur **Enregistrer**.

*Microsoft Works permet aussi de créer une feuille de calcul. Ouvrez le programme et, dans le Lanceur de tâches, cliquez sur **Modules de Works**, puis sur le bouton **Tableur**.*

AUTRES PROGRAMMES

Raccourci

*Pour définir le style de plusieurs cellules en même temps, maintenez la touche **Ctrl** enfoncée et cliquez sur chaque cellule concernée. Définissez le style du document comme à l'ordinaire.*

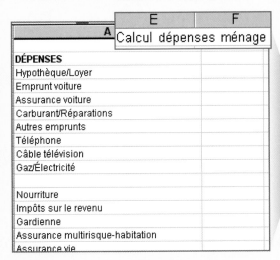

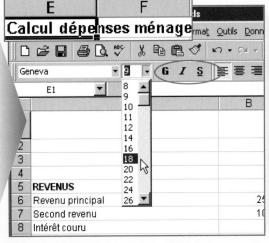

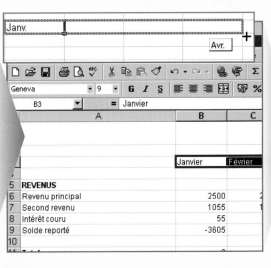

2 Tapez le titre dans la cellule **E1**. Dans la cellule **A2**, tapez « Dépenses » et dans la cellule **A4** indiquez le premier poste

de dépense. Faites de même dans les cellules suivantes. Après le dernier poste, cliquez deux lignes plus bas et tapez « Total ».

3 Pour définir le style du titre, cliquez sur **E1**, puis sur les boutons **Gras** et **Italique** de la barre d'outils. Cliquez sur la flèche **Taille de la**

police et sélectionnez une taille. Définissez le style du reste de votre document. Ensuite, réglez la largeur de la colonne A (voir ci-dessous).

4 Tapez « Janv » dans la cellule **B2**. Amenez le curseur en bas à droite de la cellule. Lorsqu'il prend la forme d'une croix, faites glisser la

souris sur la ligne 2 pour créer les autres mois, jusqu'à « Déc ». Relâchez le bouton de la souris. Cliquez sur **Gras** dans la barre d'outils.

Insérer de nouvelles données

Pour ajouter une nouvelle dépense, cliquez sur le numéro de la cellule précédant celle où vous voulez placer la nouvelle dépense. Ouvrez le menu **Insertion** et cliquez sur **Lignes**. Une nouvelle ligne apparaît à cet endroit. Tapez le texte (voir étape 2).

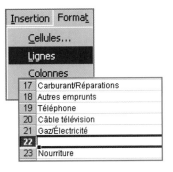

Pour définir la largeur d'une colonne, amenez le curseur sur le bord droit du titre de cette colonne. Lorsqu'il prend la forme d'une flèche à deux têtes, cliquez et faites glisser le bord selon la largeur souhaitée.

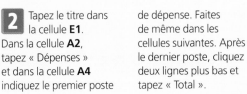

Gros plan

Lorsque vous saisissez des nombres dans une feuille de calcul, ils sont automatiquement alignés à droite dans la colonne. Ainsi, le séparateur décimal de chaque nombre est parfaitement aligné.

	A	B	C
12			
13	**DÉPENSES**		
14	Hypothèque/Loyer	950	
15	Emprunt voiture	230	
16	Assurance voiture	60	
17	Carburant/Réparations	130	
18	Autres emprunts	95	
19	Téléphone	30	
20	Câble télévision	45	
21	Gaz/Électricité	200	
22	Nourriture	700	
23	Impôts sur le revenu	275	
24	Gardienne	580	
25	Assurance multirisque-habitation	30	
26	Assurance vie	45	
27			
28	**Total dépenses ménage**		
29			
30	**DÉPENSES ADDITIONNELLES**	130	
31	Loisirs	45	
32	Vêtements	0	

5 Commencez par saisir les montants pour janvier et pour chaque poste de dépense à partir de la cellule **B14**. Tapez « 0 » dans chaque cellule correspondant à un poste sans dépense.

		B	C
Σ	f_x	↓	↓
12			
13	DÉPENSES	Somme automatique	
14	Hypothèque/Loyer	950	
15	Emprunt voiture	230	
16	Assurance voiture	60	
17	Carburant/Réparations	130	
18	Autres emprunts	95	
19	Téléphone	30	
20	Câble télévision	45	
21	Gaz/Électricité	200	
22	Nourriture	700	
23	Impôts sur le revenu	275	
24	Gardienne	580	
25	Assurance multirisque-habitation	30	
26	Assurance vie	45	
27			
28	Total dépenses ménage	=SOMME(B14:B27)	
29			
30	DÉPENSES ADDITIONNELLES		
31	Loisirs	3370	
32	Vêtements		

6 Pour totaliser les dépenses de janvier, cliquez dans la cellule à droite de « Total », puis sur le bouton **Somme automatique** de la barre d'outils. Les cellules à calculer sont entourées d'un trait en pointillé ; la formule apparaît dans la cellule. Pour lancer le calcul, appuyez sur **Entrée**.

Total dépenses ménage | 3370

Total dépenses ménage | 3370

0	-60	100	145	265
3610	3550	3710	3755	3875
950	950	950	950	950
230	230	230	230	230
60	60	60	60	60
130	130	130	130	130
95	95	95	95	95
30	35	30	40	30
45	45	45	45	45
200	200	200	200	200
700	700	700	700	700
275	275	275	275	275
580	580	580	580	580
30	30	30	30	30
45	45	45	45	45
3370	3375	3370	3380	3370

7 Pour copier la formule dans les cellules des autres mois, placez le curseur dans le coin inférieur droit de la cellule. Quand le curseur prend la forme d'une croix, cliquez et faites glisser la souris jusqu'à la colonne O. Excel met automatiquement à jour les références de cellule.

Le séparateur décimal

Dans vos feuilles de compte, vous voudrez que les nombres comportent deux chiffres après la virgule. Sélectionnez les cellules concernées, ouvrez le menu **Format** et cliquez sur **Cellule**. Dans la boîte de dialogue Format de cellule, l'onglet Nombre est sélectionné. Cliquez sur **Nombre** dans la liste « Catégorie » et tapez « 2 » dans la zone « Nombre de décimales ». Cliquez sur **OK**.

Format de cellule

Nombre | Alignement | Police | Bordure | Motifs | Protection

Catégorie:
Standard
Nombre
Monétaire
Comptabilité
Date
Heure
Pourcentage
Fraction

Aperçu
0,56

Nombre de décimales: 2

☐ Utilisez le séparateur de milliers

Nombres négatifs:

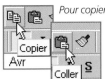

*Pour copier et coller une formule, cliquez sur la cellule où elle se trouve, puis cliquez sur le bouton **Copier** de la barre d'outils. Sélectionnez toutes les cellules où vous voulez voir cette formule, puis cliquez sur le bouton **Coller** de la barre d'outils. Les références de cellule sont mises à jour automatiquement.*

*Pour ajouter une couleur de fond, sélectionnez les cellules et cliquez sur la flèche de **Couleur de remplissage** de la barre d'outils. Cliquez sur une couleur.*

Calcul dépenses ménage

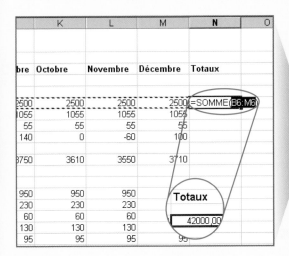

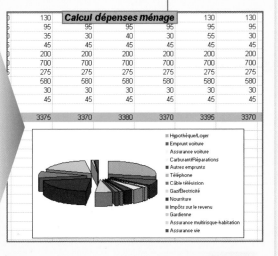

8 Tapez « Totaux » dans la cellule située à droite de « Décembre ». Cliquez deux lignes plus bas, puis deux fois sur **Somme automatique**. Le total annuel du premier poste apparaît. Collez cette formule dans les cellules suivantes pour calculer les totaux des autres postes de dépense.

9 Collez la même formule dans la cellule située deux lignes dessous le dernier nombre de la colonne « Totaux ».

Appuyez sur **Entrée**. Le montant total dépensé tout au long de l'année précédente s'affiche. La feuille de calcul est finie.

10 Pour ajouter un graphique en secteurs, voir ci-dessous. Quand vous êtes satisfait, sélectionnez le menu **Fichier**, puis **Mise en page**. Vérifiez les options d'impression. Cliquez sur **Imprimer**.

Créer un graphique en secteurs

Pour créer un graphique en secteurs, appuyez sur la touche **Ctrl** et sélectionnez les cellules des postes de dépense dans la colonne A, et leurs totaux respectifs dans la colonne des totaux (colonne N dans notre exemple). Cliquez sur le bouton **Assistant Graphique**. Dans la fenêtre de l'Assistant, sélectionnez **Secteurs** dans la liste « Type de Graphique », puis un style dans la liste « Sous-type de graphique ». Cliquez sur **Fin**. Votre graphique apparaît dans la feuille de calcul. Cliquez dessus et faites-le glisser à l'endroit voulu. Pour changer sa taille, faites glisser un angle.

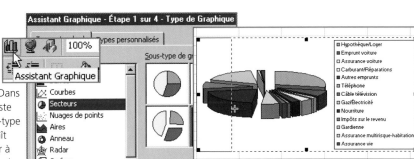

Le coût de votre véhicule

Votre PC est l'allié idéal pour dépenser votre argent à bon escient

Une feuille de calcul est également le moyen idéal pour analyser toutes vos dépenses. Ne vous contentez pas de surveiller votre budget familial (voir p. 252). Planifiez des dépenses plus importantes, telles que l'achat et l'entretien d'une voiture ou l'agrandissement de votre maison.

Comptabilisez tous vos déplacements de façon à évaluer précisément ce que coûte votre voiture. Anticipez vos frais, ce qui vous permettra d'établir un budget à long terme. Peut-être mettrez-vous de côté une certaine somme d'argent tous les mois. Ainsi, en cas de réparations imprévues de votre véhicule, vous serez à même d'y faire face.

Une fois que vous aurez créé une feuille de calcul pour les frais d'entretien de votre voiture, tout le travail de calcul aura été fait pour vous. Il ne vous restera plus qu'à saisir vos dépenses mensuelles.

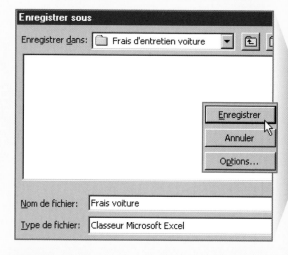

Inscrivez toutes les dépenses liées à votre voiture. Incluez l'immatriculation, l'assurance, le stationnement, l'entretien et les réparations, l'huile, le carburant, etc.

► AVANT DE COMMENCER

1 Appuyez sur le bouton **Démarrer,** sélectionnez **Programmes** puis **Microsoft Excel**. Choisissez **Fichier** et **Enregistrer sous** pour enregistrer la feuille de calcul qui s'est ouverte automatiquement. Sélectionnez un dossier, tapez un nom de fichier et cliquez sur **Enregistrer**.

*Microsoft Works permet aussi de créer une feuille de calcul. Ouvrez le programme et, dans le Lanceur de tâches, cliquez sur l'onglet **Module de Works**, puis sur le bouton **Tableur**.*

► AUTRES PROGRAMMES

Raccourci

Si les colonnes ne sont pas assez larges pour le texte, amenez le curseur sur la bordure séparant les titres des colonnes. Cliquez deux fois lorsqu'il prend la forme d'une flèche à deux têtes. La colonne se redimensionne automatiquement en fonction du texte.

	A
25	Kilométrage
26	Début mois
27	Fin mois
28	Total mensuel
29	
30	Coût par km

Sous la cellule où vous tapez « Kilométrage » (ici, la cellule A25), tapez « Début mois », « Fin mois » et « Total mensuel ». Deux cellules plus bas, tapez « Coût par km ».

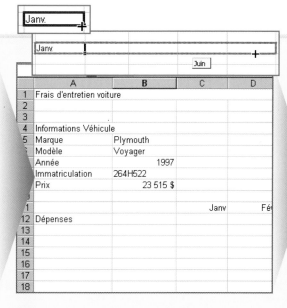

A24		▼		=	
	A		**B**		**C**
1	Frais d'entretien voiture				
2					
3					
4	Informations Véhicule				
5	Marque		Plymouth		
6	Modèle		Voyager		
7	Année		1997		
8	Immatriculation		264H522		
9	Prix		23 515 $		
10					
11					
12					
13					
14					

	A	B	C	D
1	Frais d'entretien voiture			
2				
3				
4	Informations Véhicule			
5	Marque	Plymouth		
	Modèle	Voyager		
	Année	1997		
	Immatriculation	264H522		
	Prix	23 515 $		
1			Janv	Fé
12	Dépenses			
13				
14				
15				
16				
17				
18				

Modèle	Voyager		
Année	1997		
Immatriculation	264H522		
Prix	23 515 $		
		Janv	Févr
Dépenses			
Remboursements			
Assurance			
Immatriculation			
Inspection			
Entretien			
Réparations			
Huile et filtre			
Stationnement			
Essence			
Coût total			
Kilométrage			

2 Dans la cellule **A1**, tapez un titre. Dans la cellule **A4**, tapez « Informations Véhicule ». Dans les cellules suivantes, tapez les titres indiqués ci-dessus, puis précisez les informations demandées dans la colonne **B**, à partir de la cellule **B5**.

3 Dans la cellule **C11**, tapez « Janv ». Amenez le curseur en bas à droite de cette cellule. Lorsqu'il prend la forme d'une croix, cliquez et faites-le glisser jusqu'à la colonne **N**. Excel affiche automatiquement les mois suivants. Cliquez sur la cellule **A12** et tapez « Dépenses ».

4 Tapez les noms des différents postes de dépense de la voiture à partir de la cellule **A13**. Deux cellules sous le dernier poste (ici, **A23**), tapez « Coût total ». Enfin, deux cellules plus bas, tapez « Kilométrage » (voir ci-dessus).

Fusionner et centrer les titres

Il est possible de fusionner plusieurs cellules ensemble, puis de centrer leur contenu dans cette cellule plus grande. Cela est surtout utile pour les titres.

Pour sélectionner les cellules à fusionner, cliquez sur la première, puis faites glisser le curseur sur les autres. Ensuite, cliquez sur le bouton **Fusionner et centrer** de la barre d'outils.

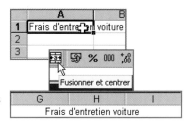

Astuce

Vous pouvez utiliser votre feuille de calcul pour calculer votre consommation au kilomètre. Insérez une ligne pour la quantité de carburant acheté chaque mois. Ensuite, divisez le nombre de litres par le nombre total de kilomètres parcourus par mois pour déterminer la consommation de votre voiture.

Copiez la formule pour les autres mois de l'année. Amenez le curseur en bas à droite d'une cellule. Quand il prend la forme d'une croix, cliquez et faites-le glisser jusqu'à la colonne N. Excel réactualise automatiquement les références de cellule.

Astuce

Pour répartir les factures annuelles, par exemple l'assurance, sur les mois de l'année, cliquez sur la cellule correspondante dans la colonne de janvier, tapez « = », le montant total annuel, puis « /12 ». Exemple : (=515/12). Copiez cette formule sur chaque mois en utilisant la technique décrite ci-contre à gauche.

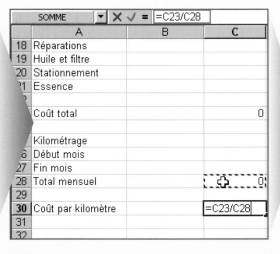

5 Pour créer la formule des coûts mensuels, cliquez sur la cellule « Coût total » de janvier (**C23**), puis sur le bouton **Somme automatique** de la barre d'outils. Faites glisser la souris sur les cellules à additionner. Ensuite, appuyez sur **Entrée**. Copiez la formule pour les autres mois.

6 Pour calculer le kilométrage total effectué en janvier, cliquez sur la cellule adéquate (dans notre exemple, **C28**) et tapez « = ». Cliquez sur « Fin mois » (**C27**), tapez « - », puis cliquez sur « Début mois » (**C26**). Appuyez sur **Entrée**. Copiez la formule pour les autres mois.

7 Pour connaître le coût total par km en janvier, cliquez sur la cellule adéquate (dans notre exemple, **C30**) et tapez « = ». Cliquez dans « Coût total » (**C23**), tapez « / » et cliquez sur le kilométrage total de janvier (**C28**). Appuyez sur **Entrée**. Copiez la formule pour les autres mois.

Les effets de style

Pour définir le style du texte de la feuille de calcul et ajouter de la couleur, sélectionnez la ou les cellules concernées. (Pour sélectionner plusieurs cellules, cliquez et faites glisser le curseur dessus ou cliquez sur la première, maintenez la touche **Maj** enfoncée, et cliquez sur toutes les autres cellules.) Ouvrez le menu **Format** et cliquez sur **Cellule**. Cliquez sur les différents onglets et

choisissez une police, sa taille, un style, un attribut et une couleur de fond. Cliquez sur **OK**. Pour ajouter une bordure, sélectionnez les cellules et cliquez sur l'onglet **Bordure** de la boîte de dialogue Format de cellule. Choisissez un style et une couleur, cliquez sur **Contour**, puis sur **OK**. Pour aligner le texte à gauche ou à droite ou le centrer, cliquez sur les cellules, puis sur le bouton d'alignement adéquat de la barre d'outils.

Attention

Ne vous inquiétez pas si vous voyez apparaître « #DIV/0! » dans une cellule. Cela signifie qu'Excel tente de diviser un nombre par zéro. Tout rentrera dans l'ordre dès que vous saisirez les montants dans la feuille de calcul et que la fonction Somme automatique aura des valeurs à ajouter.

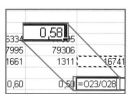

*Pour calculer le coût annuel au kilomètre, cliquez sur la cellule à droite du Coût par km de décembre (**O30** dans notre exemple), tapez « = », puis cliquez sur la cellule du coût total annuel (**O23**) et tapez « / » (le symbole de la division sur le clavier numérique). Ensuite, cliquez sur la cellule du kilométrage total annuel (**O28**). Appuyez sur **Entrée**.*

	C	D	E	F
	Janv	Févr	Mars	Avr
	250,00	250,00	250,00	250,00
	103,50	103,50	103,50	103,50
	0,00	0,00	255,00	0,00
	0,00	0,00	0,00	0,00
	0,00	0,00	0,00	50,00
	51,00	0,00	28,00	0,00
	0,00	0,00	22,00	0,00
	100,00	100,00	100,00	100,00
	248,70	203,95	218,95	192,00
	753,20	657,45	977,45	695,50

N	O	P
	Déc	Coût annuel
250,00	=SOMME(C13:N13)	
103,50		3000,00
103,50	103,50	103,50
0,00	0,00	0,00
0,00	110,00	0,00
525,00	50,00	0,00
176,90	125,10	0,00
22,00	22,00	0,00
100,00	100,00	100,00
233,94	254,13	200,58
1411,34	992,73	654,08

K	L	M	N	O
Sept	Oct	Nov	Déc	Coût annuel
250,00	250,00	250,00	250,00	3000,00
103,50	103,50	103,50	103,50	1242,00
0,00	0,00	0,00	0,00	255,00
0,00	0,00	110,00	0,00	110,00
0,00	525,00	50,00	0,00	625,00
22,00	176,90	125,10	0,00	641,00
22,00	22,00	0,00	0,00	110,00
0,00	100,00	100,00	100,00	1200,00
226,75	233,94	254,13	200,58	2561,38
702,25	1411,34	992,73	654,08	9744,38
73323	74805	76334	77995	
74805	76334	77995	79306	
1482	1529	1661	=SOMME(C28:N28)	

8 Maintenant, vous allez saisir les montants. Cliquez sur les cellules et tapez les nombres (ou « 0 » s'il n'y a pas de dépenses affectées à un poste). Pour les sommes qui se répètent chaque mois, tapez le montant une fois, puis copiez-le dans les cellules concernées.

9 Cliquez sur la cellule **O11**, puis tapez « Coût annuel ». Pour calculer le coût annuel du premier poste, cliquez dans **O13** puis sur le bouton **Somme automatique**. Appuyez sur **Entrée**. Copiez la formule dans les cellules du dessous ; arrêtez à « Coût total ».

10 Pour calculer le kilométrage annuel, cliquez sur la cellule à droite du total des kilomètres pour décembre (ici, **O28**), puis sur **Somme automatique**. Appuyez sur **Entrée**. Pour imprimer la feuille, sélectionnez **Fichier** puis **Imprimer**.

Et la seconde voiture ?

Vous pouvez bien sûr créer une feuille de calcul pour une seconde voiture. Ouvrez le menu **Édition** et cliquez sur **Déplacer ou copier une feuille**. Dans la boîte de dialogue, vérifiez que votre feuille de calcul est sélectionnée dans « Dans le classeur ». Cliquez sur **Feuil2** dans « Avant la feuille », vérifiez que l'option « Créer une copie » est cochée. Cliquez sur **OK**. Changez son nom : cliquez deux fois dessus et tapez un autre nom. Sélectionnez le texte ou les nombres à modifier.

Le style des nombres

Pour que tous les nombres aient le même format, sélectionnez les cellules où vous allez spécifier un montant (sauf le kilométrage). Ouvrez **Format** et cliquez sur **Cellule**. Dans « Catégorie », cliquez sur **Nombre** et **2** dans la zone « Nombre de décimales ». Cliquez sur **OK**.

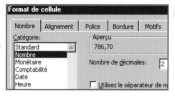

Votre portefeuille d'actions

Créez votre propre guide mensuel pour suivre la Bourse

Une feuille de calcul : voilà ce qu'il vous faut pour vos calculs financiers. Et rien n'est plus désarmant que la fluctuation des valeurs boursières. En effet, comme le prix des actions change sans cesse, il est du plus haut intérêt de connaître les variations du cours sur un mois donné. Votre conseiller financier vous indiquera bien sûr la meilleure stratégie pour acheter et vendre des titres mais, grâce à une feuille de calcul, vous pourrez mieux appréhender le marché boursier, ses tendances et le cours de vos actions.

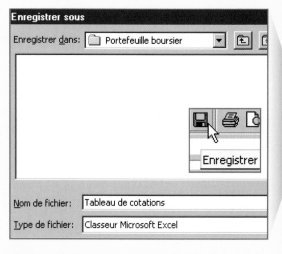

Les références de cellule de notre exemple seront correctes si vous détenez des titres de trois sociétés différentes. Sinon, ajustez les références en conséquence.

AVANT DE COMMENCER

1 Appuyez sur le bouton **Démarrer**, cliquez sur **Programmes** puis **Microsoft Excel**. Enregistrez le nouveau document en cliquant sur le bouton **Enregistrer** de la barre d'outils. Tapez un nom et choisissez un dossier dans « Enregistrer dans ». Cliquez sur **Enregistrer**.

*Microsoft Works permet aussi de créer ce type de feuille de calcul. Ouvrez le programme et, dans le Lanceur de tâches, cliquez sur l'onglet **Modules de Works**, puis sur le bouton **Tableur**.*

AUTRES PROGRAMMES

Pour adapter la largeur d'une colonne au texte qu'elle contient, cliquez deux fois sur le bord droit de son titre. La colonne se redéfinit instantanément d'après le texte le plus long.

Pour définir le style du texte, sélectionnez-le et choisissez une police, une taille de caractère et un style dans la barre d'outils.

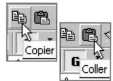

*Pour copier et coller votre formule, sélectionnez-la et cliquez sur le bouton **Copier** de la barre d'outils. Sélectionnez toutes les cellules dans lesquelles vous voulez utiliser la formule, puis cliquez sur le bouton **Coller** de la barre d'outils.*

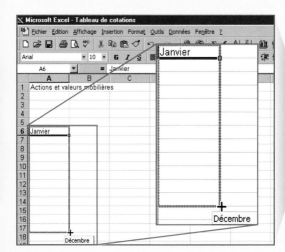

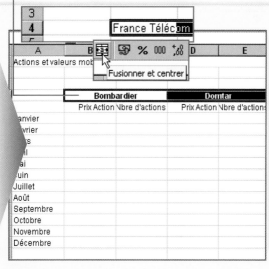

2 La cellule A1 est déjà sélectionnée. Tapez le titre. Cliquez sur la cellule **A6** et tapez « Janvier ». Placez le pointeur de la souris en bas à droite de cette cellule. Lorsqu'il prend la forme d'une croix, cliquez et faites-le glisser vers le bas, jusqu'à ce que « Décembre » apparaisse.

3 Cliquez dans la cellule **B4** et tapez le nom de la première société. Sélectionnez **B4** et **C4**, et cliquez sur le bouton **Fusionner et centrer** de la barre d'outils. Dans la cellule **B5** tapez « Prix Action » et dans **C5** « Nbre d'actions ». Continuez d'entrer le nom des autres sociétés sur la ligne 4.

4 Dans la cellule **H4**, tapez « Valeur totale du portefeuille (F) ». Dans **H6** (la ligne du premier mois), tapez « = » puis votre formule (voir ci-dessous). Appuyez sur **Entrée**. Répétez la formule dans les cellules du dessous pour les mois suivants (copiez-la, puis collez-la).

Votre portefeuille d'actions ne débute pas forcément en janvier. Tapez le mois désiré, puis cliquez et faites glisser le pointeur comme décrit dans l'étape 2. Les mois suivants s'affichent automatiquement.

	A	B
1	Actions et valeurs m	
2		
3		
4		
5		
6	Avril	
7		
8		
9		
10		

Valeur totale des actions

La formule permettant de calculer la valeur totale du portefeuille d'actions consiste à multiplier le prix actuel de l'action par le nombre d'actions pour chaque société, puis à additionner ces totaux (mettez cette partie de la formule entre parenthèses).

La formule est : « (B6*C6+D6*E6+F6*G6) ». Vous ne devez pas taper les références de cellule dans la formule : cliquez simplement sur celles-ci pour les intégrer à l'endroit approprié.

B	C	D	E	F	G	H
Bombardier		Domtar		Métro		Valeur totale du portefeuille ($)
Prix Action	Nbre d'actions	Prix Action	Nbre d'actions	Prix Action	Nbre d'actions	=(B6*C6+D6*E6+F6*G6)

Les cellules qui contiennent des formules affichent « 0 » jusqu'à ce que vous indiquiez le prix de l'action et le nombre en votre possession. Ces cellules se mettent à jour automatiquement dès que ces nombres existent.

Attention

Souvenez-vous que les références de cellule indiquées dans notre exemple ne sont correctes que si vous détenez des titres de trois sociétés. Vous devez donc adapter les références en conséquence.

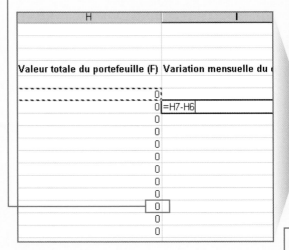

H	I
Valeur totale du portefeuille (F)	**Variation mensuelle du c**
0	
0	=H7-H6
0	
0	
0	
0	
0	
0	
0	
0	
0	

H	I	J	K
Valeur initiale du portefeuille ($)			
22 775,00			
Valeur totale du portefeuille ($)	**Variation mensuelle du cours ($)**		
22667,50	(107,50)		
23077,50	410,00		
24580,00	1502,50		
27842,50	3262,50		
27135,00	(707,50)		
27090,00	(45,00)		
34111,50	7021,50		
34350,00	238,50		
35441,00	1091,00		
33781,00	(1660,00)		
31602,00	(2179,00)		
35416,00	3814,00		
Variation annuelle du cours ($)	12641,00		

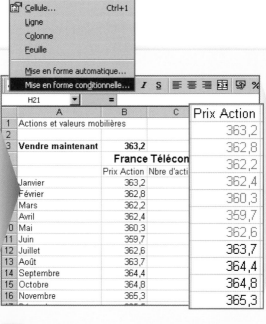

Format Outils Données Fenêtre

Cellule...   Ctrl+1
Ligne
Colonne
Feuille

Mise en forme automatique...
Mise en forme conditionnelle...

	A	B	C	Prix Action
1	Actions et valeurs mobilières			363,2
2				362,8
3	**Vendre maintenant**	**363,2**		362,2
		France Télécon		362,4
		Prix Action	Nbre d'acti	360,3
	Janvier	363,2		359,7
	Février	362,8		362,6
	Mars	362,2		
	Avril	362,4		
0	Mai	360,3		363,7
11	Juin	359,7		
12	Juillet	362,6		364,4
13	Août	363,7		364,8
14	Septembre	364,4		365,3
15	Octobre	364,8		
16	Novembre	365,3		

5 Dans la cellule **I4** tapez « Variation mensuelle du cours (F) ». Dans la cellule **I7** (la ligne du 2e mois), tapez une formule qui soustrait la valeur totale du portefeuille en février (H7) de celle de janvier (H6). Appuyez sur **Entrée**. Collez la formule dans les cellules en dessous.

6 Dans la cellule **H2**, tapez « Valeur initiale du portefeuille (F) ». Dans la cellule **H3**, indiquez la valeur totale des actions au moment de l'achat. Pour calculer la fluctuation en janvier, cliquez dans **I6** et tapez « =H6-H3 ». Tapez le prix de l'action ; les formules se mettent à jour.

7 Créez un seuil d'alerte. Dans la cellule **A3**, tapez « Vendre maintenant ». Dans la cellule **B3**, tapez le prix de vente de l'action de la première société. Sélectionnez la colonne B. Ouvrez le menu **Format**, puis cliquez sur **Mise en forme conditionnelle**.

Variation mensuelle du cours ($)

*Cliquez dans la cellule **H19** et tapez « Variation annuelle du cours (F) ». Dans la cellule **I19**, tapez la formule « =H17-H3 ».*

12641,00

Définir un seuil

Dans Mise en forme conditionnelle, cliquez sur la flèche de la deuxième liste et sélectionnez **inférieure ou égale à**. Cliquez dans la zone suivante, puis sur la cellule **B3**. Cliquez sur le bouton **Format** et choisissez une couleur pour le texte. Cliquez sur **OK**. Les actions dont le prix est inférieur ou égal à votre prix de vente s'affichent dans cette couleur. Faites de même pour les autres valeurs.

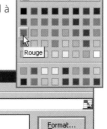

Automatique

Rouge

Mise en forme conditionnelle

Condition 1
La valeur de la cellule est ▼ inférieure ou égale à ▼ =B3$

Aperçu du format à utiliser lorsque la condition est vraie: Sans mise en forme   Format...

Pour sélectionner plusieurs colonnes en même temps, appuyez sur la touche **Ctrl** et cliquez sur le titre de chaque colonne (case grise).

Actions et valeurs mobilières

Pour définir le style du titre, sélectionnez-le et choisissez **Format**. Cliquez sur **Cellule** puis sur l'onglet **Police** et choisissez une police, une taille de caractères, un style et une couleur. Cliquez sur **OK**.

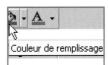

Pour centrer le titre, sélectionnez les cellules de **A1** à **I1**. Cliquez sur **Fusionner et centrer** dans la barre d'outils. Pour ajouter une couleur de fond, cliquez sur la flèche de Couleur de remplissage et sélectionnez une couleur.

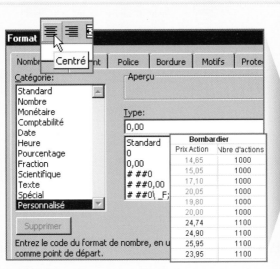

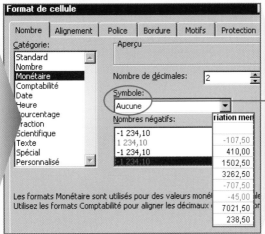

8 Sélectionnez les colonnes des prix des actions et choisissez le menu **Format**, puis **Cellule**. Cliquez sur la catégorie **Personnalisé**, puis tapez « 0,00 » dans la zone « Type ». Cliquez sur **OK**. Pour centrer les colonnes, sélectionnez-les et cliquez sur le bouton **Centré**.

9 Sélectionnez les colonnes H et I et choisissez le menu **Format**, puis **Cellule**. Cliquez sur la catégorie **Monétaire**. Tapez « 2 » dans la zone « Nombre de décimales ». Indiquez le style souhaité dans « Nombres négatifs » et cliquez sur **OK**.

10 Créez des traits pour séparer les colonnes afin de faciliter la lecture des données. Sélectionnez les cellules de chaque colonne de prix d'action et cliquez sur la flèche du bouton **Bordure** de la barre d'outils. Cliquez sur le bouton qui ajoute une bordure gauche.

Dans la zone « Symbole », indiquez si vous souhaitez affichez ou non le symbole de la monnaie.

Imprimer le tableau

Votre feuille de calcul sera probablement assez grande ; pour la faire tenir sur une feuille A4, sélectionnez **Fichier** puis **Aperçu avant impression**. Cliquez sur le bouton **Page**. L'onglet Page est sélectionné. Cliquez sur l'option Paysage puis, dans la rubrique « Échelle », sélectionnez « Ajuster ». Cliquez sur **OK**.

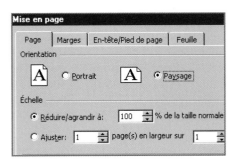

Budget d'un événement

Apprenez à gérer le budget et à collecter des fonds

La gestion d'un budget, par exemple pour une kermesse, peut s'avérer complexe. Non seulement vous devez dresser une liste des diverses dépenses, mais également veiller à ce que celles-ci n'excèdent pas les bénéfices escomptés si vous voulez réaliser un profit. Si l'argent collecté doit servir à l'acquisition d'un nouveau matériel informatique par exemple, vous aurez une bien meilleure idée de la somme qu'il vous faut et vous saurez en conséquence mieux gérer le budget. Grâce à une feuille de calcul, vous réaliserez facilement vos comptes et vos analyses. Microsoft Excel permet de créer des feuilles spécifiques, telles que la vente de billets, que vous incorporez ensuite dans l'ensemble du projet.

Budget approximatif - Production de l'été		
Article	**Coût estimé**	**Coût réel**
Costumes		
Consommations		
Décor		
Tirages/Publicité	1079,00	
Total	1442,00	
	980,00	
	500,00	
Article	4001,00	
Consommations		
Billets	**Revenu estimé**	**Revenu réel**
Total		
Différence	3300,00	
	22000,00	
	25300,00	
	21299,00	

Répertoriez chaque poste de dépense et toutes les sources de revenus. Demandez aux autres personnes de vous confier les chiffres de leurs projets.

▶ AVANT DE COMMENCER

Enregistrer sous

Enregistrer dans : 🗀 Nouvelles productions ▼ 🔼

[Enregistrer]

Nom de fichier : Spectacle de l'été

Type de fichier : Classeur Microsoft Excel

1 Appuyez sur le bouton **Démarrer**, cliquez sur **Programmes**, puis **Microsoft Excel**. Enregistrez le document : ouvrez le menu **Fichier** et sélectionnez **Enregistrer sous**. Dans « Enregistrer dans », sélectionnez un dossier, puis tapez un nom de fichier et cliquez sur **Enregistrer**.

Microsoft Works permet aussi de créer ce type de feuille de calcul. Toutefois, Works ne rassemble pas plusieurs feuilles dans un classeur : vous devez donc créer des documents distincts pour chaque domaine à budgétiser.

▶ AUTRES PROGRAMMES

Mot-clé

Format Ce terme fait référence à l'apparence du texte (police, style, taille et couleur des caractères) et des nombres (nombre, monnaie, date, etc.) dans les cellules.

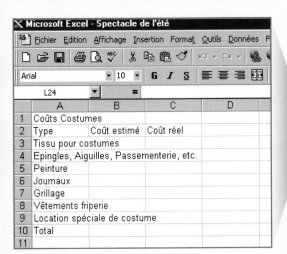

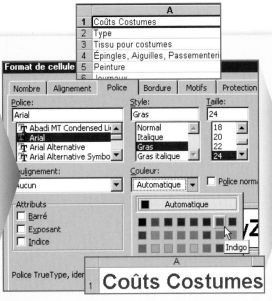

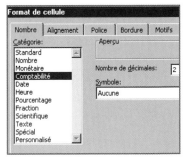

2 Dans la cellule **A1**, tapez un titre pour la première feuille. Dans la cellule **A2**, tapez « Type », dans **B2** « Coût estimé » et dans **C2** « Coût réel ».

Dans la cellule **A3**, tapez le premier poste de dépense et continuez dans les cellules du dessous. Sous le dernier poste, tapez « Total ».

3 Pour définir le style du texte, cliquez sur la cellule et ouvrez le menu **Format**, puis sélectionnez **Cellule**. Cliquez sur l'onglet **Police**, choisissez

une police, une taille, un style, une couleur et cliquez sur **OK**. Pour affecter plusieurs cellules, faites glisser le pointeur dessus.

4 Pour définir le format des nombres, sélectionnez les cellules et choisissez **Format** puis **Cellule**. Cliquez sur l'onglet **Nombre**. Cliquez

sur la catégorie **Comptabilité** et choisissez **2** décimales, puis **Aucune** dans « Symbole ». Cliquez sur **OK** et tapez vos estimations.

Pour ajuster la largeur d'une colonne au texte qu'elle contient, cliquez deux fois sur le bord droit de la case grise concernée. La colonne s'ajuste automatiquement sur le texte le plus long.

Le format Comptabilité

Lorsque vous sélectionnez le format Comptabilité, les séparateurs décimaux et les symboles monétaires (si vous les utilisez) s'alignent les uns au-dessus des autres, ce qui facilite la tenue des comptes. Et lorsque vous tapez « 0 » dans une cellule pour indiquer qu'il n'y a pas de dépense, il s'affiche sous la forme « - » dès que vous cliquez hors de la cellule.

Gros plan
*Vous aurez peut-être besoin d'insérer de nouveaux postes de dépense. Cliquez sur la ligne en dessous de laquelle vous voulez en ajouter une, choisissez **Insertion**, puis **Lignes**.*

Pour établir une feuille par « domaine » de votre projet, créez simplement une nouvelle feuille dans un même classeur (voir ci-dessous à gauche).

AJOUTER DES FEUILLES

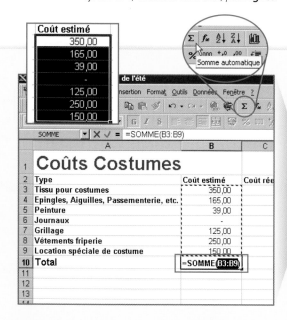

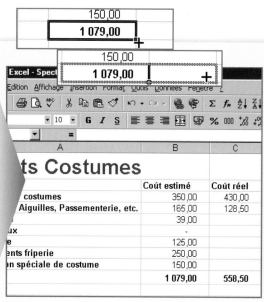

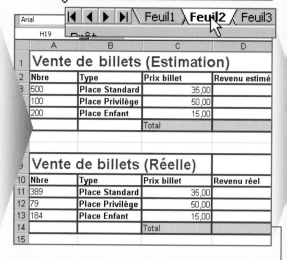

5 Tapez les nombres dans la colonne des coûts estimés. Cliquez dans la cellule « Total » de la colonne B (dans notre exemple, **B10**), puis sur le bouton **Somme automatique** de la barre d'outils. Appuyez sur **Entrée** : le total s'affiche.

6 Copiez la formule pour les coûts réels. Cliquez dans la cellule « Total » des coûts estimés (ici, **B10**), amenez le curseur en bas à droite et, lorsqu'il prend la forme d'une croix, cliquez et faites-le glisser sur la colonne « Coût réel ». La somme se réactualise au fur et à mesure des coûts.

7 Si vous souhaitez créer une deuxième feuille, par exemple pour estimer les recettes d'une vente de billets, cliquez sur **Feuil2** au bas de l'écran. La feuille présentée ci-dessus contient des sections pour les recettes estimées et réelles concernant la vente de places de spectacle.

Changer le nom et ajouter des feuilles

Il sera plus facile de vous déplacer d'une feuille à l'autre si vous leur donnez des noms appropriés. Ainsi, cliquez deux fois sur **Feuil1** au bas de l'écran et tapez un autre nom, puis cliquez ailleurs.
Pour ajouter des feuilles, sélectionnez **Insertion** puis **Feuille**. Une nouvelle feuille apparaît. Pour changer l'ordre des feuilles, cliquez sur leur nom au bas de l'écran et faites-le glisser à l'emplacement souhaité.

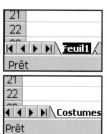

Ajouter un quadrillage

Pour ajouter une bordure à votre tableau de données, sélectionnez les cellules et ouvrez le menu **Format**, puis cliquez sur **Cellule**. Dans la boîte de dialogue, cliquez sur l'onglet **Bordure**. Commencez par choisir un type de trait et une couleur, puis, dans « Présélections », cliquez sur les icônes **Contour** et **Intérieur**, puis sur **OK**. Pour ajouter une couleur de fond, sélectionnez les cellules. Ouvrez le menu **Format** et cliquez sur **Cellule**. Cliquez sur l'onglet **Motifs**. Dans « Ombrage de cellule », cliquez sur la couleur de votre choix, puis sur **OK**.

Attention

Si vous avez changé les noms de vos feuilles, n'oubliez pas d'utiliser les nouveaux noms, au lieu de Feuil1, 2, etc., lorsque vous y faites référence. Ainsi, tapez « Costumes!B10 » plutôt que « Feuil1!B10 ».

	Prix billet	Revenu estimé
Standard	35,00	=A3*C3
Privilège	50,00	

Microsoft Excel - Spectacle de Pâte

Fichier Edition Affichage Insertion Format Outils Données Fenêtre ?

Arial ▼ 10 ▼ **G** *I* S

SOMME ▼ X ✓ = =SOMME(D3:D5)

	A	B	C	D
1	Vente de billets (Estimation)			
2	Nbre	Type	Prix billet	Revenu estimé
3	500	Place Standard	35,00	17500
4	100	Place Privilège	50,00	5000
5	200	Place Enfant	15,00	3000
6			Total	=SOMME(D3:D5)
7				
8				
9	Vente de billets (Réelle)			
10	Nbre	Type	Prix billet	Revenu réel
11		Place Standard	35,00	

	A	B	C	D
1	Budget approximatif - Production de l'été			
2	Article	Coût estimé	Coût réel	
3	Costumes	=Feuil1!B10		
4	Consommations			
5	Décor			
6	Tirages/Publicité			
7	Total			
8				
9				
10	Article	Revenu estimé	Revenu réel	
11	Consommations			
12	Billets			
13	Total			
14				
15	Différence			
16				
17				
18				
19				

1 079,00

	A	B	C
1	Budget approximatif - Production de l'été		
2	Article	Coût estimé	Coût réel
3	Costumes	1079,00	
4	Consommations	1442,00	
5	Décor	980,00	
6	Tirages/Publicité	500,00	
7	Total	4001,00	
8			
9			
10	Article	Revenu estimé	Revenu réel
11	Consommations	3300,00	
12	Billets	22000,00	
13	Total	25300,00	
14			
15	Différence		
16			

8 Pour évaluer les recettes, cliquez dans la cellule adéquate (ici, **D3**), tapez « = » et la formule pour le total des billets multiplié par son prix (A3*C3). Faites de même pour les autres places. Cliquez dans la cellule « Total » (ici, **D6**), puis sur **Somme automatique.** Appuyez sur **Entrée**.

9 Ouvrez une nouvelle feuille pour recenser toutes les dépenses et les recettes du projet. Créez les colonnes comme ci-dessus pour les différents postes de dépense. Reprenez les références des totaux des autres feuilles. Ex : « =Feuil1!B10 » (coût total estimé pour les costumes).

10 Calculez le total des dépenses et des recettes. Cliquez dans la cellule « Total » des coûts estimés (**B7**), puis sur **Somme automatique** et appuyez sur **Entrée**. Copiez la formule pour les coûts réels (étape 6). Faites de même pour les recettes. Voir ci-dessous pour les soldes.

Calculer le solde

Pour calculer le solde estimé et le solde réel, cliquez dans la cellule du solde estimé (**B15** dans notre exemple), et tapez « = » puis une formule qui soustrait le total des dépenses estimé du total des recettes estimé (B13-B7). Appuyez sur **Entrée**. Copiez et collez la formule dans la cellule du solde réel (voir étape 6).

	A	B	
6	Tirages/Publicité	500,00	
7	Total	4001,00	
8			
9			
10	Article	Revenu estimé	
11	Consommations	3300,00	
12	Billets	22000,00	
13	Total	25300,00	
14	21299,00		
15	Différence	=B13-B7	
16			

Imprimer les feuilles

Pour imprimer une feuille, commencez par sélectionner **Fichier** puis **Aperçu avant impression**. Pour apporter des modifications, appuyez sur la touche **Echap** et faites les changements voulus. Lorsque vous êtes satisfait du résultat, cliquez sur **Imprimer**, spécifiez les pages à imprimer, puis cliquez sur **OK**.

L'histoire de votre famille

Rassemblez ses membres dans une base de données !

Reconstituer l'histoire de sa famille n'est pas une mince affaire. Le passé disparaît en effet rapidement si personne ne prend la peine de le relater. Et il est étonnant de voir qu'une fois qu'on a commencé à faire des recherches, on trouve rapidement une foule de détails sur ses ancêtres.

Le programme de base de données de Microsoft Works est idéal pour créer des fiches.

Tout peut y être inscrit : les dates de naissance, métiers, mariages, etc. Laissez en blanc les champs pour lesquels vous n'avez encore rien trouvé. Prévoyez aussi un espace pour raconter la vie de vos aïeux : les endroits où ils ont vécu, des anecdotes les concernant, les décorations qu'ils ont reçues, etc. Votre PC vous aidera à explorer vos racines, et vos petits-enfants vous en remercieront un jour.

Il est plus rapide de saisir toutes les informations en même temps. Mais, si vous avez d'autres recherches à effectuer, il est très facile de modifier ou de compléter vos fiches.

AVANT DE COMMENCER

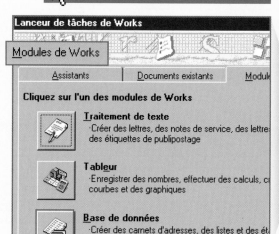

1 Appuyez sur le bouton **Démarrer**, cliquez sur **Programmes**, puis **Microsoft Works**. Dans le Lanceur de tâches de Works, cliquez sur l'onglet **Modules de Works**, puis sur **Base de données**. Au besoin, cliquez sur « Création d'une nouvelle base de données ».

Microsoft Excel permet aussi de créer ce type de base de données. Vous saisissez et affichez les données dans un tableau, ce qui permet de les trier et d'en définir le style selon les besoins.

AUTRES PROGRAMMES

Astuce
Créez un champ de référence, dans lequel chaque fiche aura son propre numéro, et attribuez-lui le format Série. Ainsi, les numéros des fiches se mettront à jour automatiquement à chaque ajout.

*Pour sélectionner plusieurs champs en même temps, maintenez la touche **Ctrl** enfoncée et cliquez sur chacun d'eux.*

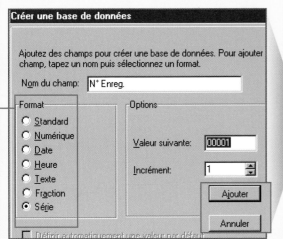

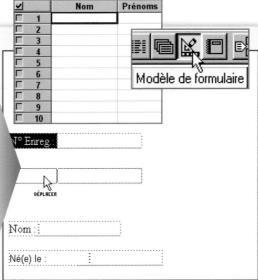

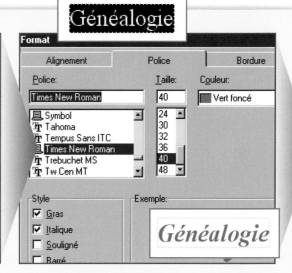

2 Créez les champs, ou catégories, de la base de données. Tapez le nom du premier champ dans « Nom du champ » et choisissez un format.

Dès que les deux opérations sont réalisées, cliquez sur **Ajouter**. Une fois que vous avez créé tous les champs, cliquez sur **Terminé**.

3 La base de données s'affiche en mode Liste. Enregistrez-la. Pour modifier son aspect, cliquez sur le bouton **Modèle de formulaire**

(voir ci-dessous à droite) Pour déplacer une zone de texte, faites-la glisser. Laissez de la place en haut de la page pour inscrire un titre.

4 Cliquez en haut de la page et tapez le titre. Sélectionnez-le et cliquez sur le menu **Format**, puis sélectionnez **Police et style de**

caractères. Choisissez une police, une taille, une couleur et un style, puis cliquez sur **OK**. Faites de même pour définir le style des noms de champ.

Les champs et les formats
Vous pouvez utiliser cette liste de champs et de formats. Ajoutez un champ pour évoquer des faits biographiques.

Champ	Format	Champ	Format
N° Fiche.	Série	Mari/Femme	Texte
Nom	Texte	Marié(e) le	Date
Prénoms	Texte	Enfants	Texte
Né(e) le	Date	Profession	Texte
Né(e) à	Texte	Décédé(e) le	Date
Mère	Texte	Enterré(e) à	Texte
Père	Texte	Commentaires	Texte

Redimensionner les zones de texte
Pour agrandir une zone de texte, cliquez dessus, puis amenez le pointeur de la souris dans son coin inférieur droit. Lorsqu'il prend la forme d'une flèche à deux têtes, cliquez ; maintenez le bouton de la souris enfoncé et faites glisser le pointeur sur l'écran.

Les différents modes d'affichage
Il existe quatre modes d'affichage dans Works :

Mode Liste : idéal pour une référence rapide. Vous voyez plusieurs entrées à la fois.

Mode Formulaire : affiche une seule entrée à la fois, ce qui est parfait pour saisir des données.

Modèle de formulaire : permet d'ajouter et de supprimer des champs et de modifier leur aspect.

Mode État : permet de constituer des états à partir de la base de données.

*Pour passer au champ ou à la fiche suivant, appuyez sur la touche **Tab**. Pour revenir en arrière, appuyez sur les touches **Maj** et **Tab**.*

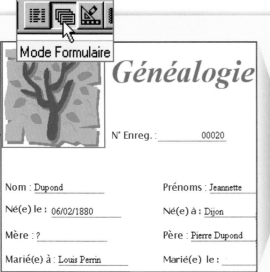

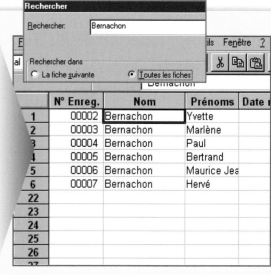

5 Pour taper les données, passez en **Mode Formulaire**. Cliquez sur les zones de texte jouxtant les noms des champs et entrez vos données. Pour passer au champ ou à la fiche suivant, appuyez sur la touche **Tab**. Pour revenir en arrière, appuyez sur les touches **Maj + Tab**.

6 Quand vous avez saisi toutes les données, cliquez sur **Mode Liste** dans la barre d'outils pour afficher l'intégralité de la base de données. Pour voir toutes les données d'une cellule, cliquez dessus. Son contenu apparaît en entier dans la barre de saisie en haut.

7 Pour trouver une fiche ou une information, par exemple les personnes portant le même nom, cliquez sur le menu **Edition**, puis sélectionnez **Rechercher**. Tapez un mot-clé dans la zone « Rechercher ». Ensuite, cliquez sur « Toutes les fiches », puis sur **OK**.

Ajouter un clipArt

Pour égayer un peu votre base de données « Généalogie », passez dans le mode « Modèle de formulaire » et cliquez dans le formulaire. Ouvrez le menu **Insertion** et cliquez sur **ClipArt**. Tapez « arbre » dans la zone « Rechercher les clips » et appuyez sur **Retour**. Cliquez sur l'image de votre choix, puis sur le bouton **Insérer le clip** dans le menu local. Pour plus de détails sur les façons de positionner l'image et de modifier ses dimensions, voir p. 188.

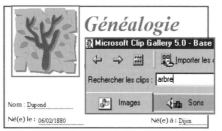

Exploration

Pour parcourir rapidement vos fiches, cliquez sur les flèches d'un côté ou de l'autre du compteur de fiches au bas de la fenêtre du mode Formulaire.

Créez un état, autrement dit imprimez une partie ou la totalité de votre base de données pour que votre famille la voie ou vous aide dans vos recherches.

CRÉER UN ÉTAT

*Si les données de l'état sont trop rapprochées, cliquez sur **Modifier** et changez la largeur des colonnes. Amenez le pointeur de la souris sur le bord droit du titre de la colonne, puis cliquez et faites glisser la souris vers la droite.*

Pour imprimer toutes les fiches, cliquez sur « Toutes les fiches ».

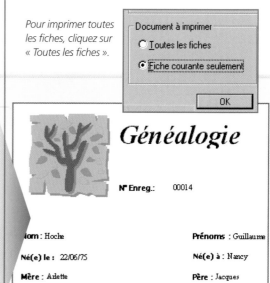

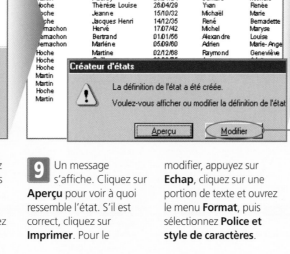

8 Pour imprimer un état, ouvrez le menu **Outils**, puis sélectionnez **Créateur d'états**. Tapez un nom (dans notre exemple, « Généalogie ») et cliquez sur **OK**. Cliquez sur l'onglet **Champs**, puis sur chacun des champs à imprimer et, enfin, sur **Ajouter**. Quand vous avez fini, cliquez sur **Terminé**.

9 Un message s'affiche. Cliquez sur **Aperçu** pour voir à quoi ressemble l'état. S'il est correct, cliquez sur **Imprimer**. Pour le modifier, appuyez sur **Echap**, cliquez sur une portion de texte et ouvrez le menu **Format**, puis sélectionnez **Police et style de caractères**.

10 Pour imprimer une fiche en mode Formulaire, cliquez sur **Aperçu**. Si vous êtes satisfait, cliquez sur **Annuler**, puis ouvrez le menu **Fichier** et cliquez sur **Imprimer**. Dans « Document à imprimer », cliquez sur « Fiche courante seulement », puis sur **OK**.

Trier les fiches

Triez ou changez la priorité des informations de votre base de données. Par exemple, classez les membres de la famille du plus âgé au plus jeune. Dans la boîte de dialogue Créateur d'états, cliquez sur l'onglet **Tri**. Cliquez sur la flèche de la liste « Trier par » et choisissez un champ, « Né(e) le » dans notre exemple. Cliquez sur l'option « Croissant », puis sur **Terminé**.

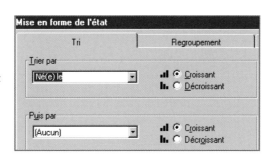

Votre fichier de recettes

Conservez vos recettes de cuisine dans une base de données

Fini les recettes éparpillées un peu partout, griffonnées sur des bouts de papier ou découpées dans des magazines et que l'on cherche en vain quand on en a besoin !

Constituez votre propre répertoire pour regrouper et classer vos recettes favorites. Ainsi, vous retrouverez très facilement celle qui est adaptée aux circonstances du moment, vous pourrez l'imprimer et en donner des exemplaires à vos amis. Une fois la base de données constituée, il ne vous reste plus qu'à l'enrichir au fur et à mesure de nouvelles recettes.

Déterminez le type d'informations que vous souhaitez stocker dans une base de données. Nul besoin d'avoir toutes les recettes pour commencer : vous les ajouterez au fur et à mesure.

▶ **AVANT DE COMMENCER**

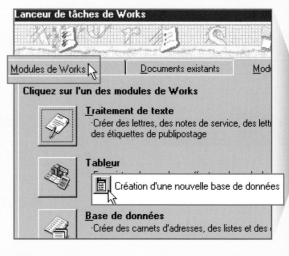

1 Appuyez sur le bouton **Démarrer**, cliquez sur **Programmes**, puis **Microsoft Works**. Dans le Lanceur de tâches de Works, cliquez sur l'onglet **Modules de Works**, puis sur le bouton **Base de données**. Ensuite, cliquez sur « Création d'une nouvelle base de données ».

Microsoft Excel permet aussi de créer un fichier de recettes. Tapez et affichez vos recettes dans un tableau et triez-les selon vos besoins.

▶ **AUTRES PROGRAMMES**

Astuce

Prévoyez un champ de référence numéroté (format Série) dans votre base de données. Ainsi, chaque fiche aura son propre numéro de référence, que Works réactualisera automatiquement.

Une fois que vous avez sélectionné un format, choisissez un style dans la rubrique « Options ».

Créer une base de données

Ajoutez des champs pour créer une base de données. Pour aj[outer] champ, tapez un nom puis sélectionnez un format.

Nom du champ: | Réf. recette |

Format
- ○ Standard
- ○ Numérique
- ○ Date
- ○ Heure
- ○ Texte
- ○ Fraction
- ● Série

Options

Valeur suivante: | 00001 |

Incrément: | 1 |

Recette 1.wdb

✓		Réf. recette	Type de recette	Nom de recette
☐	1			
☐	2			
☐	3			
☐	4			
☐	5			
☐	6			
☐	7			
☐	8			
☐	9			
☐	10			
☐	11			
☐	12			
☐	13			
☐	14			
☐	15			
☐	16			
☐	17			
☐	18			

Affichage Fiche Format Outils Fenêt[re]
- ✓ Liste — Maj+F9
- Formulaire — F9
- **Modèle de formulaire** — Ctrl+F9
- État...
- ✓ Barre d'outils
- ✓ Quadrillage
- En-têtes et pieds de page...

Type de recette:
Nom de recette:
Date d'entrée:
Calories:
Nbre personnes:
Préparation:
[Cuis]son:
Ingrédients:

Garnitures:

DEPLACER

---

2 Dans la boîte de dialogue « Créer une base de données », créez les champs et choisissez un format. Cliquez sur **Ajouter** pour chaque champ. Quand tous les champs sont créés, cliquez sur **Terminé**. Enregistrez le document : cliquez sur **Enregistrer** sur la barre d'outils.

3 La base de données s'affiche en mode Liste ; le nom des champs figure en haut des colonnes. Pour changer la structure, ouvrez le menu **Affichage**, puis cliquez sur **Modèle de formulaire**. Réglez la position et la taille des zones de texte pour que tout ce qui est écrit soit bien visible.

4 Cliquez sur la zone de texte jouxtant chaque nom de champ. Maintenez le bouton de la souris enfoncé et faites-la glisser (voir ci-dessous Taille des zones de texte). Laissez environ 8 cm en haut de la page pour le titre.

À chaque champ son format :

Champ	Format
Réf. recette	Série
Type recette	Texte
Nom recette	Texte
Date d'entrée	Date
Ingrédients	Texte
Marche à suivre	Texte
Nbre personnes	Numérique
Calories	Numérique
Préparation	Texte

Format
- ○ Standard
- ○ Numérique
- ○ Date
- ○ Heure
- ○ Texte
- ○ Fraction
- ● Série

Taille des zones de texte

Pour agrandir les champs, cliquez sur la zone pour la sélectionner, puis amenez le pointeur de la souris dans l'angle inférieur droit. Lorsque le curseur prend la forme d'une flèche à deux têtes, cliquez, maintenez le bouton de la souris enfoncé, et faites glisser l'angle de la zone de façon à obtenir la taille souhaitée.

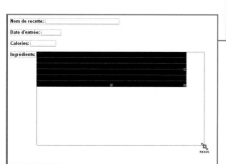

Nom de recette:
Date d'entrée:
Calories:
Ingrédients:

REDIM.

Gros plan
Lorsque vous tapez du texte dans les champs, vous le voyez apparaître en même temps dans la barre de saisie du formulaire. C'est là que vous corrigez les fautes et modifiez le texte.

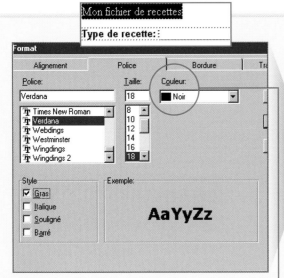

Mon fichier de recettes

5 Cliquez en haut de la page, au-dessus du premier nom de champ, et tapez le titre. Ouvrez le menu **Format** et sélectionnez **Police et** **style de caractères**. Dans la boîte de dialogue qui s'affiche, choisissez une police, une taille de caractères, une couleur et un style.

6 Définissez le style des noms de champs et de leurs zones de texte en utilisant des polices différentes pour les distinguer : lorsque vous taperez le texte dans les cases vides, il s'affichera dans le style que vous avez défini.

7 Pour saisir les recettes, passez en mode **Formulaire**. Tapez le texte dans les champs que vous avez créés. Appuyez sur la touche **Tab** pour passer au **suivant** et sur les touches **Maj + Tab** pour revenir en arrière. Lorsque vous avez terminé, cliquez sur **Mode Liste** dans la barre d'outils.

Si vous avez une imprimante couleur, osez la couleur dans vos recettes ! Dans la boîte de dialogue Format, sélectionnez le blanc comme couleur de texte et cliquez sur l'onglet **Trame de fond**. *Choisissez une couleur de premier plan et un motif. Cliquez sur* **OK**.

Raccourci
Pour définir le style de plusieurs champs ou zones de texte en même temps, cliquez sur le premier ou la première, maintenez la touche **Ctrl** *enfoncée, et cliquez sur chaque champ ou zone de texte à définir. Ouvrez le menu* **Format** *et sélectionnez* **Police et style de caractères**. *Définissez les options de style souhaitées.*

Astuce
*La base de données peut être affichée
à différents niveaux d'agrandissement,
au moyen de l'outil Zoom proposé au bas de l'écran.
Cliquez simplement sur les symboles « + » et « – ».*

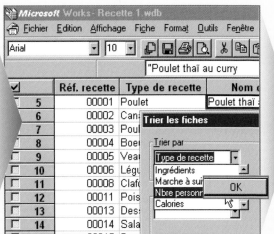

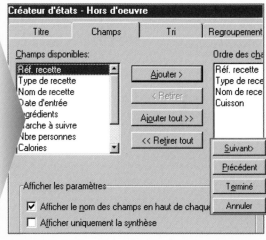

8 Pour sélectionner une recette particulière, cliquez dessus en mode Liste et ouvrez le menu **Affichage**, puis **Formulaire**. La recette s'affiche sous forme de document mis en forme.

9 Pour trier les recettes, par exemple selon le temps de préparation, ouvrez le menu **Fiche,** puis **Trier les fiches**. Cliquez sur la flèche de la liste « Trier par » et cliquez sur la catégorie souhaitée. Ensuite, cliquez sur **OK**.

10 Pour créer un état ou visualiser les fiches triées, ouvrez le menu **Outils**, puis cliquez sur **Créateur d'états**. Tapez un nom et sélectionnez les champs à inclure ; spécifiez l'ordre d'affichage. Cliquez sur **Terminé** pour créer l'état. Imprimez-le lorsque vous êtes satisfait du résultat.

Parcourir les recettes

Pour faire défiler toutes les recettes de la base de données, cliquez sur les flèches proposées de chaque côté du compteur de fiches au bas de l'écran en mode Formulaire. Chaque recette s'affiche tour à tour.

Modifier un état

Pour modifier un état, ouvrez le menu **Affichage** et sélectionnez **État**. Cliquez sur l'état à modifier, puis sur **Modifier**. Pour augmenter l'espace entre les colonnes, changez leur largeur. Cliquez sur le bord droit de leur titre et faites-le glisser vers la droite.

Le livre de bébé

Constituez un album-souvenir de ses premières années

Rien n'est plus beau que de regarder votre enfant grandir. Notez les principales étapes de sa croissance et vous revivrez alors, aussi souvent que vous le voudrez, ces moments uniques. L'avantage d'un album réalisé sur votre PC, c'est que vous y ajoutez autant de photographies que vous le désirez. En outre, vous pourrez imprimer autant d'exemplaires que vous souhaitez en distribuer à vos proches.

Ajoutez quelques touches personnelles, et votre album fera la joie de toute la famille pendant de nombreuses années.

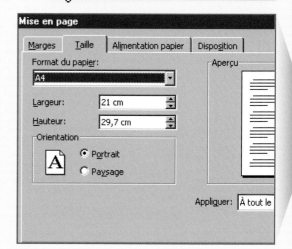

Déterminez quelles photographies vous allez utiliser, puis numérisez-les. Pour plus d'informations, voir p. 202.

AVANT DE COMMENCER

1 Appuyez sur le bouton **Démarrer**, cliquez sur **Programmes**, puis sur **Microsoft Word**. Ouvrez le menu **Fichier**, puis sélectionnez **Mise en page**. Cliquez sur l'onglet **Taille**. Choisissez le format du papier et l'orientation, puis cliquez sur **OK**. Enregistrez le document et donnez-lui un nom.

Microsoft Works permet aussi de créer ce type de document. Définissez le style du texte et importez les photos numérisées via Paint (voir p. 212 pour plus de détails).

AUTRES PROGRAMMES

Mot clé

Styles Il s'agit des attributs de texte que vous définissez pour les différentes parties de votre document. Les styles assurent la cohérence de l'ensemble et facilitent la mise en forme des nouveaux textes.

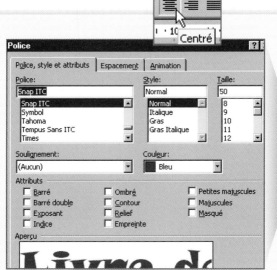

2 Commencez par taper le titre, sélectionnez-le et ouvrez le menu **Format**, puis cliquez sur **Police**. Choisissez une police, un style, une taille et une couleur de caractères, puis cliquez sur **OK**. Sélectionnez à nouveau le titre et cliquez sur le bouton **Centré** de la barre d'outils.

3 Pour insérer une photo, ouvrez le menu **Insertion**, cliquez sur **Image**, puis **À partir du fichier**. Cherchez votre photo dans la liste « Regarder dans ». Cliquez sur l'aperçu pour vous aider. Vérifiez que la case « Dissocier du texte » est sélectionnée et cliquez sur **Insérer**.

4 Pour ajouter une page, cliquez à la fin de la page et ouvrez le menu **Insertion**, puis sélectionnez **Saut.** Dans la rubrique « Insérer », cliquez sur « Saut de page », puis sur **OK**. Tapez votre texte sur la nouvelle page et définissez les styles que vous souhaitez pour votre album.

Positionner les photos

Pour être sûr de pouvoir déplacer et redimensionner vos photos facilement, ouvrez le menu **Insertion** et sélectionnez **Image**, puis **À partir du fichier**. Dans la boîte de dialogue, cochez la case « Dissocier du texte ». Vous devez définir cette option avant d'insérer vos photos.

Pour mettre une photographie en place, cliquez dessus et faites-la glisser à l'endroit souhaité. Redimensionnez la photo en cliquant sur un de ses angles et en faisant glisser celui-ci en diagonale.

Bordures de page et de photo

Pour ajouter une bordure autour d'une page, ouvrez le menu **Format** et cliquez sur **Bordure et trame**. Cliquez sur l'onglet **Bordure de page** et choisissez un type de bordure. Cliquez sur la flèche de la case « Appliquer à » et sélectionnez « Cette section – Uniquement la 1re page ». Cliquez sur **OK**.

Pour placer un cadre autour d'une photo, cliquez sur celle-ci et choisissez **Format**, puis **Bordure et trame**. Dans la rubrique « Style », sélectionnez une couleur, un style et une épaisseur, puis cliquez sur **OK**.

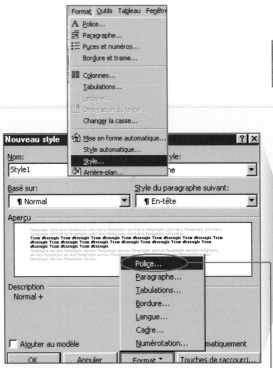

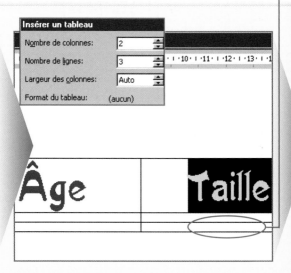

*Lorsque vous atteignez la dernière cellule du tableau, appuyez sur la touche **Tab** pour créer une nouvelle ligne. Continuez de saisir les tailles.*

5 Ouvrez le menu **Format**, puis sélectionnez **Style**. Cliquez sur **Nouveau**. Dans la boîte de dialogue Nouveau style tapez un nom (par ex. : « Titre 1 »). Cliquez sur le bouton **Format**, puis sélectionnez **Police**. Définissez le style et cliquez sur **OK**, à nouveau sur **OK**, puis sur **Fermer**.

6 Pour appliquer votre style, sélectionnez un texte et cliquez sur la flèche de la zone des styles dans la barre d'outils. Choisissez votre style dans la liste. Continuez de créer des styles pour tous les types de textes, sans oublier les légendes.

7 Pour noter les tailles dans un tableau, ouvrez le menu **Tableau**, puis sélectionnez **Insérer un tableau**. Indiquez le nombre de colonnes et de lignes et cliquez sur **OK**. Tapez « Âge » dans la première cellule, appuyez sur la touche **Tab** et tapez « Taille ». Appliquez un style à ces titres.

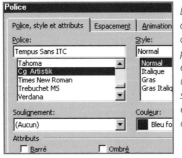

Dans la boîte de dialogue Police, créez un style pour votre titre en choisissant une police, un style, une couleur et un attribut de caractères.

Placer des photos dans du texte

Si vous désirez disposer le texte autour d'une photographie, cliquez sur l'image, ouvrez le menu **Format** et sélectionnez **Image**. Cliquez sur l'onglet **Habillage** et sélectionnez un style. Cliquez sur **OK**.

Astuce

Vous pouvez aussi créer un tableau de croissance, en plaçant des repères pour les événements essentiels : le premier sourire, les premiers pas, le premier mot, etc.

*Si vous ne voulez pas que le format de texte (WordArt) figure sur la page de titre, cliquez sur le bouton **Mise en page** de la barre d'outils En-tête et pied de page. Dans l'onglet Disposition, cochez la case « Première page différente », puis cliquez sur **OK**.*

Mise en page

25%

500%
200%
150%
100%
75%
50%
25%

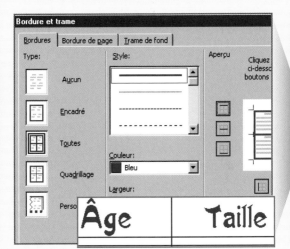

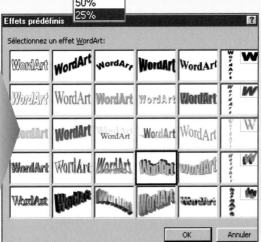

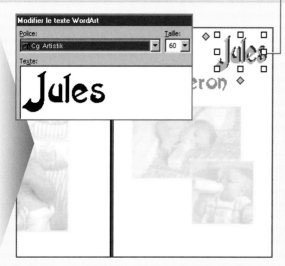

8 Pour agrémenter votre tableau d'une bordure, par exemple, cliquez dedans et ouvrez le menu **Tableau**, puis cliquez sur **Sélectionner** **le tableau**. Dans le menu **Format**, cliquez sur **Bordure et trame**. Choisissez le type, le style, la couleur et l'épaisseur du contour et cliquez sur **OK**.

9 Pour placer le nom du bébé sur chaque page, utilisez le Zoom de la barre d'outils pour passer à une vue en 25 %. Ouvrez le menu **Affichage**, puis cliquez sur **En-tête et pied de page**. Ouvrez le menu **Insertion**, puis **Image** et **Images de la bibliothèque**. Cliquez sur un style puis sur **OK**.

10 Tapez le nom de votre bébé, choisissez une police et une taille de caractères, puis cliquez sur **OK**. Le format de texte s'affiche sur la page. Cliquez dessus et déplacez-le. Le nom figurera au même endroit sur chaque page.

Aperçu avant impression

*Une fois que vous avez ajouté tous les éléments voulus dans votre album, ouvrez le menu **Fichier** et cliquez sur **Aperçu avant impression** pour voir l'aspect de la page. Si vous êtes satisfait, cliquez sur le bouton **Imprimer** de la barre d'outils.*
*Si vous voulez apporter quelques changements, appuyez sur la touche **Echap** pour revenir au document.*

Votre dossier santé

Créez le fichier médical de la famille

La santé est une de nos principales préoccupations. Cependant, très peu d'entre nous constituent un dossier où sont recensés nos petits et gros ennuis de santé et les traitements prescrits.

Ces renseignements peuvent cependant vous être utiles, car c'est en outre un moyen efficace pour surveiller vos dépenses de santé.

Utilisez votre PC pour créer une base de données de fiches détaillées pour chaque membre de la famille : les traitements prescrits, les dates des vaccins, les visites de contrôle, les interventions, les allergies, etc. Lorsque quelqu'un tombe malade, isolez les informations qui le concernent. Notez aussi vos rendez-vous : vous ne les oublierez plus !

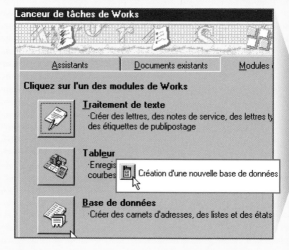

> Rassemblez toutes les données dont vous disposez sur la santé de la famille : nom des médecins, dates des consultations, comptes rendus, etc.
>
> ► **AVANT DE COMMENCER**

1 Appuyez sur le bouton **Démarrer**, puis cliquez sur **Programmes** et **Microsoft Works**. Dans le Lanceur de tâches, cliquez sur l'onglet **Modules de Works**, puis sur le bouton **Base de données**. Au besoin, cliquez sur « Création d'une nouvelle base de données ».

> Microsoft Excel permet aussi de créer un dossier santé. Dans le menu **Démarrer**, sélectionnez **Programmes**, puis **Microsoft Excel**. Tapez les données dans la grille qui s'affiche.
>
> ► **AUTRES PROGRAMMES**

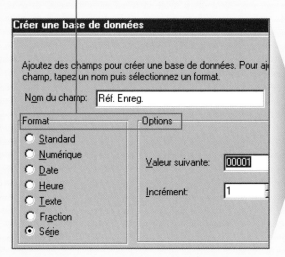

Certains formats, tels que « Numérique » et « Date », proposent des options supplémentaires. Cliquez sur l'option souhaitée dans la liste.

Pour redimensionner une zone de texte, cliquez dessus et amenez le pointeur de la souris dans son coin inférieur droit. Quand le curseur a la forme d'une flèche à deux têtes, cliquez et faites glisser l'angle pour obtenir la taille voulue.

Astuce

Lors de la définition du style des champs et des zones de texte, optez pour des polices différentes afin de mieux les mettre en valeur.

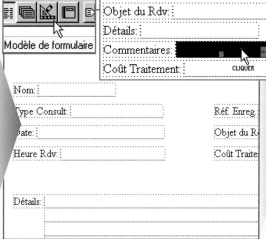

2 Créez les champs. Tapez le nom du premier dans la zone « Nom de champ », cliquez sur un format, puis sur le bouton **Ajouter**. Créez tous les champs nécessaires, puis cliquez sur **Terminé**. Votre document s'affiche en mode Liste.

3 Enregistrez le document. Structurez le fichier pour que toutes les données soient visibles. Cliquez sur le bouton **Modèle de formulaire** dans la barre d'outils. Déplacez les zones de texte à l'endroit souhaité. Au besoin, redimensionnez-les (voir ci-dessus).

4 Pour ajouter un titre aux fiches, tapez-le en haut du formulaire. Sélectionnez-le et ouvrez le menu **Format**, puis sélectionnez **Police et** **style de caractères**. Choisissez une police, une taille, une couleur et un style de caractères. Faites de même pour les champs et les zones de texte.

Les champs et les formats

Pour votre base de données, ces champs sont un bon point de départ.

Champ	Format
Réf. Enreg.	Série
Nom	Texte
Date naissance	Date
Type Consult.	Texte
Date	Date
Heure Rdv	Heure
Objet du Rdv	Texte
Détails	Texte
Commentaires	Texte
Prix traitement	Numérique

Laissez faire l'Assistant

Microsoft Works propose des bases de données prêtes à l'emploi pour votre dossier santé. Cliquez sur le bouton **Démarrer** et sélectionnez **Programmes**, puis Microsoft Works. Dans le Lanceur de tâches, cliquez sur **Tâches courantes** dans la liste, puis localisez les modèles concernant la santé.

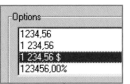

Le mode Formulaire facilite le déplacement rapide d'une fiche à l'autre grâce aux flèches proposées autour du compteur de fiches au bas de la fenêtre. Pour changer le niveau d'agrandissement de l'écran, cliquez sur les symboles « + » ou « – » à côté de l'outil Zoom.

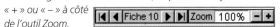

Triez et imprimez les données dont vous avez besoin. Faites une liste, par exemple, de vos prochains rendez-vous et gardez-la à portée de main.

▶ TRIER ET IMPRIMER

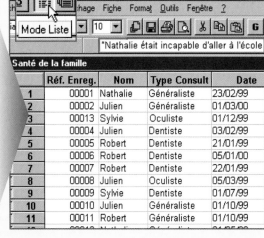

5 Pour créer la première fiche, passez en **mode Formulaire**. Cliquez dans les zones de texte et tapez les données

correspondantes. Appuyez sur la touche **Tab** pour passer au champ ou à la fiche suivant et sur les touches **Maj + Tab** pour revenir en arrière.

6 Pour voir toutes les fiches en même temps, cliquez sur le bouton **Mode Liste** de la barre d'outils. Si vous ne

voyez pas tout le contenu d'une cellule, cliquez dessus, puis lisez le texte dans la barre de saisie en haut de l'écran.

7 Pour rechercher des données en mode Liste, ouvrez le menu **Edition**, puis sélectionnez **Rechercher.** Tapez un mot-clé, comme ici

« Julien », sélectionnez « Toutes les fiches », puis cliquez sur **OK**. Toutes les fiches correspondant à votre mot-clé s'affichent dans une liste.

Couleur de fond

Votre formulaire sera un peu plus gai avec une couleur ou un motif d'arrière-plan. En mode Modèle de formulaire, cliquez sur un espace vide, en dehors des champs et des zones de texte, et ouvrez le menu **Format**, puis cliquez sur **Trame de fond**. Choisissez un motif et une couleur de fond, et cliquez sur **OK**.

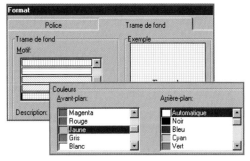

Afficher tout

Pour voir à nouveau toutes les fiches après une recherche ou la création d'un état, ouvrez le menu **Fiche**, sélectionnez **Afficher** et cliquez sur **Toutes les fiches**.

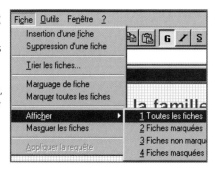

Astuce
Vous n'aurez sûrement pas besoin de tous les champs pour créer une liste de rendez-vous. Choisissez « Date », « Nom », « Type Consult. », « Heure Rdv », dans cet ordre.

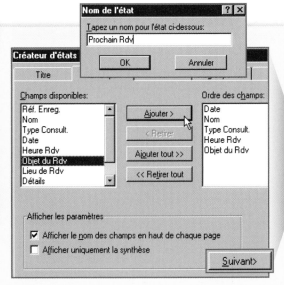

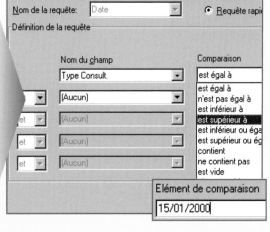

8 Pour imprimer une liste de rendez-vous, ouvrez le menu **Outils**, puis cliquez sur **Créateur d'états**. Tapez un nom et cliquez sur **OK**. Ensuite, cliquez sur l'onglet **Champs**, puis sur chaque champ à ajouter (dans l'ordre souhaité) et, enfin, sur **Ajouter**. Cliquez sur **Suivant**.

9 Dans l'onglet Tri, sélectionnez « Date » dans la première rubrique « Trier par ». Pour imprimer uniquement les futurs rendez-vous, cliquez sur l'onglet **Requête**, puis sur le bouton **Créer une nouvelle requête**. Tapez « Date » et cliquez sur **OK**.

10 Dans la première zone de nom de champ, cliquez sur **Type Consult.** Dans la zone de comparaison, cliquez sur « est supérieur à ». Tapez la date d'aujourd'hui dans « Elément de comparaison ». Cliquez sur **OK**. Si vous le souhaitez, imprimez cette liste.

Imprimer la liste
Une fois que vous avez trié les champs et défini un système de filtrage, imprimez votre document. Cliquez sur **Aperçu** pour afficher le nouvel état, puis sur **Imprimer**.

Santé de la famille - Prochain Rdv

Date	Nom	Type Consult	Heure Rdv	Objet du Rdv
01/02/00	Julien	Dentiste	09h45	Bilan
14/02/00	Robert	Dentiste	10h00	Bilan
21/02/00	Julien	Oculiste	11h30	Bilan
23/02/00	Sylvie	Dentiste	14h00	Bilan
24/02/00	Robert	Généraliste	15h45	Test sanguin

Le plan de votre cuisine

Modifiez son agencement jusqu'à ce que vous en soyez satisfait

Dessinez le plan de votre cuisine : c'est de cette façon que vous trouverez le meilleur agencement. Utilisez, par exemple, Microsoft Word pour créer un plan en deux dimensions. Modifiez-le au fur et à mesure que vous ajoutez des éléments, et produisez plusieurs versions afin de les comparer.

Lorsque vous imaginez le plan de votre cuisine, pensez à votre style de vie. Si vous cuisinez beaucoup, prévoyez suffisamment de plans de travail et assurez-vous que les appareils ménagers, éléments essentiels (cuisinière, frigidaire et évier), sont assez près les uns des autres et faciles d'accès.

Mesurez votre cuisine, sans oublier la porte et la fenêtre et les appareils ménagers. Indiquez également l'emplacement des prises électriques et des évacuations.

► AVANT DE COMMENCER

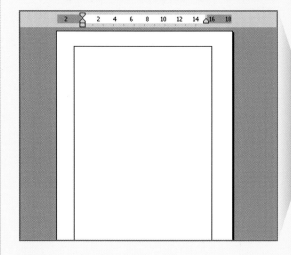

1 Appuyez sur le bouton **Démarrer**, sélectionnez **Programmes**, puis **Microsoft Word**. Ouvrez le menu **Insertion**, puis cliquez sur **Zone de** **texte**. Cliquez en haut à gauche de la page et faites glisser la souris vers son coin inférieur droit pour créer le contour de la cuisine.

Il n'est pas possible de créer un plan détaillé et à l'échelle dans Microsoft Works ni dans l'accessoire Paint de Windows. Il existe toutefois des logiciels spécialisés sur le marché.

► AUTRES PROGRAMMES

Dans la rubrique « Trait », sélectionnez une couleur, un style et une épaisseur pour le contour de la cuisine.

*Dès que vous avez ouvert votre nouveau document, enregistrez-le et donnez-lui un nom. Cliquez sur le bouton **Enregistrer** de la barre d'outils et enregistrez le document dans le dossier approprié.*

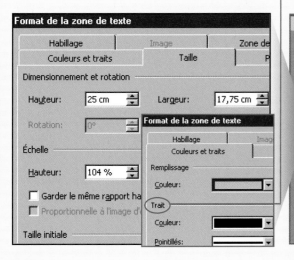
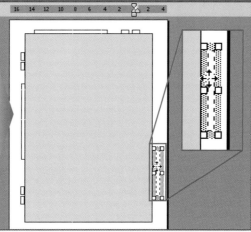
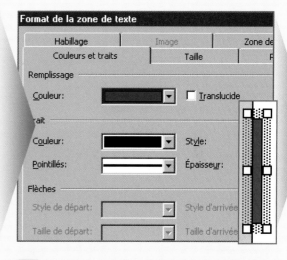

2 Pour être sûr que la zone de texte est à l'échelle, ouvrez le menu **Format**, puis cliquez sur **Zone de texte**. Dans l'onglet **Taille**, spécifiez la hauteur et la largeur de votre contour. Dans l'onglet **Couleurs et traits**, choisissez une couleur de remplissage et cliquez sur **OK**.

3 Créez d'autres zones de texte pour tous les éléments fixes, tels que la porte, la fenêtre et les prises électriques. Si vous désirez modifier leur emplacement, cliquez sur le bord de la zone concernée et faites glisser la souris à l'endroit souhaité.

4 Pensez à colorer les éléments fixes. Pour sélectionner toutes les zones en même temps, appuyez sur la touche **Maj** et cliquez sur chacune d'elles. Ouvrez le menu **Format**, puis sélectionnez **Zone de texte**. Dans l'onglet **Couleurs et traits**, choisissez une couleur et cliquez sur **OK**.

Dessiner à l'échelle

Mesurez votre cuisine en centimètres, puis choisissez une échelle pour qu'elle tienne sur une feuille A4. Par exemple, si elle fait 650 cm sur 450 cm, divisez chaque nombre par 25 pour créer un contour de 26 cm sur 18 cm. Procédez de même pour tous les éléments.

Dessiner les portes

Pour représenter l'espace nécessaire à l'ouverture d'une porte, dessinez un arc. Ouvrez le menu **Insertion**, sélectionnez **Image**, puis **Formes automatiques**.
Cliquez sur le bouton **Formes de base** dans la barre d'outils Formes automatiques. Cliquez sur l'icône **Arc**, puis dessinez la forme dans le document. Ajoutez un trait droit pour compléter celle-ci. Ajustez la forme de l'arc et sa taille en cliquant sur une poignée et en la faisant glisser.

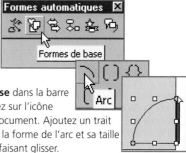

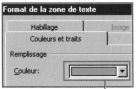

Utilisez des couleurs différentes pour chaque appareil ménager afin de les reconnaître plus facilement.

Astuce

Inspirez-vous de quelques règles de base lors de l'élaboration du plan de votre cuisine. Par exemple : Ne pas installer l'évier à côté d'une prise électrique ou Placer les appareils à un endroit où leur ouverture sera facile.

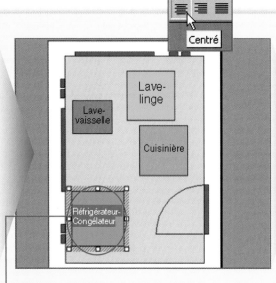

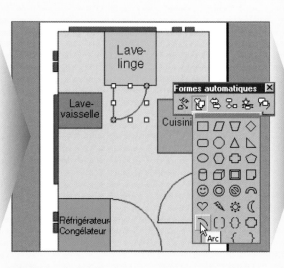

5 Vous avez maintenant la structure de base de la cuisine. Créez des zones de texte pour les appareils ménagers, par exemple pour le lave-vaisselle et la cuisinière. N'oubliez pas de les mettre à l'échelle comme vous l'avez fait pour les dimensions de la cuisine.

6 Pour ajouter le nom d'un appareil, cliquez dans la zone de texte et tapez le nom. Pour décaler le texte vers le bas, cliquez au début du mot et appuyez sur la touche **Retour**. Pour le centrer dans sa zone, sélectionnez-le et cliquez sur le bouton **Centré** de la barre d'outils.

7 Mettez les appareils ménagers à leur place en cliquant sur le bord de leur zone et en les faisant glisser. Prévoyez de la place pour l'ouverture des portes. Au besoin, dessinez des arcs pour représenter leur angle d'ouverture.

Changer le style

Pour changer la taille et la police de caractères d'un texte, sélectionnez-le et choisissez **Format**, puis **Police**. Sélectionnez une police et une taille, et cliquez sur **OK**. Pour faire pivoter le texte, ouvrez le menu **Format** et cliquez sur **Orientation du texte**. Sélectionnez une option dans la rubrique « Orientation » et cliquez sur **OK**.

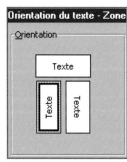

Il sera sans doute plus facile de positionner les différents éléments sur votre plan si vous voyez toute la page. Cliquez sur la flèche de la case Zoom sur la barre d'outils et sélectionnez ***Page entière***.

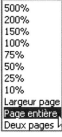

Attention
Si vous créez un plan à plusieurs niveaux, commencez par les zones de texte du niveau le plus bas. Sinon, certains éléments risquent d'être cachés.

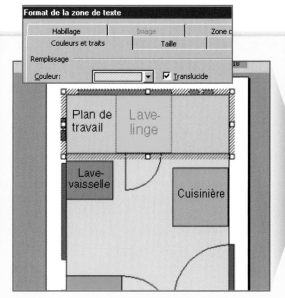

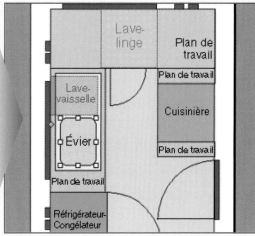

8 Créez une zone de texte semi-transparente pour le plan de travail, afin de voir les éléments placés en dessous. Ouvrez le menu **Format**, puis sélectionnez **Zone de texte**. Choisissez une couleur de remplissage et cochez la case « Translucide ». Cliquez sur **OK**.

9 Mettez en place et positionnez tous les éléments. N'oubliez pas de prévoir l'ouverture des portes et assez d'espace pour se déplacer. Changez la place des éléments jusqu'à ce que vous soyez satisfait du résultat. Au besoin, créez plusieurs versions pour les comparer.

10 Terminez par les éléments les plus petits, tels que le four à micro-ondes et le grille-pain. L'échelle est alors moins importante. Il s'agit simplement de voir si tout s'intègre bien, en fonction des prises de courant. Pour imprimer, cliquez sur le bouton **Imprimer** dans la barre d'outils.

Créer plusieurs plans

Vous n'avez pas besoin de tout reprendre à zéro pour créer plusieurs versions de votre plan : il suffit d'enregistrer le document sous un autre nom au fur et à mesure de vos idées et trouvailles.

Chaque fois que vous souhaitez créer une nouvelle version, ouvrez le menu **Fichier**, puis cliquez sur **Enregistrer sous**. Donnez un autre nom au plan (par ex. : « Cuisine 2 »). Cliquez sur **Enregistrer**.

Astuce
Ajoutez des pans de mur à votre plan en créant des zones de texte translucides, comme dans l'étape 8.

Épargnez-vous le stress d'un

Rechercher, acquérir une nouvelle maison et emménager :

Responsable du projet

Créez un dossier « Déménagement » et ajoutez les sous-dossiers nécessaires.

- **Déménagement**
  - **Emprunt**
  - **Notaire**
  - **Dossier maison**
  - **Correspondance**
  - **Nouvelle maison**
  - **Nouvelle adresse**

Un déménagement devrait être vécu comme un événement heureux de la vie, mais reste le plus souvent une épreuve stressante. Des décisions importantes et de grosses sommes d'argent sont en effet en jeu, et toute aide est dans ces cas-là, bienvenue.

Votre PC peut vous apporter une aide précieuse dès le début, lorsque vous commencez à chercher une maison. Connectez-vous à Internet pour consulter les petites annonces, trouver des informations sur les emprunts ou mieux connaître la région où vous comptez vous installer.

En ce qui concerne votre emprunt, vous pouvez établir une feuille de calcul pour réaliser différentes simulations et comparer les scénarios. Tous les aspects complexes, tels que les différents taux d'intérêt ou les assurances obligatoires, peuvent être mis en équation. Prévoyez une autre feuille de calcul pour les dépenses

déménagement

beaucoup de travail et de fatigue en perspective

annexes, telles que la commission de l'agence et du notaire et l'acompte à verser.

Une fois que vous avez trouvé un logement, créez des dossiers pour toute la correspondance avec les notaires, les banques, les agences immobilières, etc. Inutile d'en imprimer un exemplaire pour vous : le fichier sur votre PC suffit (mais n'oubliez pas d'en faire une copie !).

Une fois le marché conclu et le contrat signé, tout n'est pas fini ! Vous devez maintenant organiser votre déménagement. Son succès passe par un budget solide et repose sur une planification efficace ; là encore, votre PC peut vous aider. Créez une feuille de calcul pour inscrire le prix d'un camion de déménagement ainsi que les autres dépenses. Il peut être aussi judicieux d'établir une liste des choses à faire : vous devez avertir l'hydro, la compagnie de téléphone, la compagnie de gaz, le câble, faire modifier votre assurance, transférer vos comptes, etc.

Imprimez des étiquettes à coller sur vos cartons. Et, lorsque vous serez installé, imprimez une belle carte, créée par vos soins, pour faire connaître votre nouvelle adresse.

Idées et suggestions

Utilisez ces suggestions pour votre déménagement. Adaptez les projets à votre cas personnel. Répartissez les tâches entre les membres de la famille et, surtout, évitez de vous y prendre à la dernière minute !

260 Les frais
Utilisez une feuille de calcul pour établir le budget de votre déménagement.

256 Inventaire des biens
Créez une base de données pour répertorier vos biens et leur valeur.

302 Déménagement
Planifiez tous les aspects du déménagement et répartissez les tâches.

196 Changement d'adresse
Concevez vos propres cartes à envoyer à vos amis pour leur donner votre nouvelle adresse.

172 Étiquettes
Libellez clairement vos cartons de manière à retrouver plus facilement vos affaires.

Pensez-y aussi...

Lorsque vous serez dans votre nouvelle maison, aménagez-la telle que dans vos rêves.

292 Votre cuisine
Dessinez plusieurs plans pour trouver la meilleure disposition qui plaira à toute la famille.

Compte à rebours

- Prenez un ou plusieurs jours de congé pour le déménagement
- Informez vos amis, votre patron, l'école, etc.
- Faites l'inventaire de vos biens
- Établissez un budget pour le déménagement
- Contactez des déménageurs et demandez-leur un devis
- Procurez-vous des cartons
- Planifiez la mise en cartons
- Pensez à résilier vos abonnements et à en prendre d'autres : électricité, téléphone
- Débarrassez-vous des choses inutiles !
- Créez des invitations pour la pendaison de crémaillère

Gardez la forme !

Une simple feuille de calcul vous aidera à planifier vos activités

Une paire de chaussures de sport, un chronomètre, une farouche détermination et votre ordinateur : voilà l'équipement complet qu'il vous faut pour mettre en œuvre votre programme de remise en forme. Utilisez un tableur, tel celui de Microsoft Works, pour tenir un journal de vos progrès, avec chiffres et commentaires à l'appui.

Le type de sport importe peu : ce qui compte, c'est de faire de l'exercice. Nous parlerons ici de jogging, mais toute activité peut être adaptée à la procédure décrite.

Un journal vous permettra de suivre vos progrès d'après vos objectifs et de modifier éventuellement votre programme si vous avez trop présumé de vos forces ou, au contraire, si vous les avez sous-estimées. N'oubliez pas de noter les interruptions dues aux blessures ou maladies.

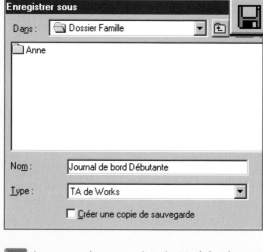

Votre programme doit être adapté à votre niveau. Si vous n'avez pas l'habitude de faire de l'exercice, consultez d'abord un médecin.

AVANT DE COMMENCER

1 Appuyez sur le bouton **Démarrer**, cliquez sur **Programmes**, puis sur **Microsoft Works**. Dans le Lanceur de tâches, cliquez sur l'onglet **Modules de Works**, puis sur **Tableur**. Pour sauvegarder votre fichier, cliquez sur **Enregistrer** et sélectionnez un dossier.

Vous pouvez créer le même type de document dans Microsoft Excel et Lotus 1-2-3.

AUTRES PROGRAMMES

Mot clé

Mise en forme *Ce terme décrit l'ensemble des caractéristiques de style (police, couleur, attribut, alignement, taille) qui détermine l'aspect d'une cellule.*

2 La cellule A1 est déjà sélectionnée. Choisissez un titre pour votre document. Sélectionnez-le et ouvrez le menu **Format**, puis cliquez sur **Police et style de caractères**. Choisissez une police, une taille et une couleur. La hauteur de la ligne se règle de façon automatique.

3 À partir de la cellule **A2**, tapez dans la ligne les titres ci-dessus. Dans la cellule **A3**, tapez « Lundi ». Faites glisser l'angle inférieur droit de la cellule vers le bas pour révéler les autres jours de la semaine. Dans la cellule **A10**, tapez « Total ».

4 Pour changer la position du texte dans les cellules, choisissez, avec la souris, une cellule ou un bloc de cellules et cliquez sur une option d'alignement de la barre d'outils. Ensuite, cliquez sur **OK**.

La largeur des colonnes

Il arrive qu'une partie du texte que vous tapez dans une cellule ne soit pas visible. Pour régler la largeur des cellules d'une colonne particulière d'après la longueur du texte, amenez le pointeur de la souris sur le bord droit de la case grise du titre de la colonne. Lorsque le pointeur prend la forme d'une flèche à deux têtes, maintenez le bouton gauche de la souris enfoncé et faites glisser le bord de la colonne selon la largeur souhaitée.

AJUSTE

Votre programme de jogging

Lorsque vous commencez votre programme, il est plus important de courir régulièrement que d'effectuer de longs parcours. L'effort ne doit pas être trop intense. Au début, alternez marche rapide et course. La séance doit toujours commencer par un temps d'échauffement : marchez rapidement pendant dix minutes. Ensuite, ralentissez pendant cinq minutes et étirez vos muscles, surtout ceux des mollets.

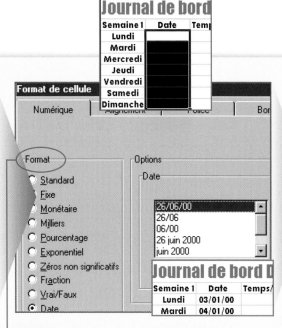

Format de cellule

Numérique | Alignement | Police | Bor...

Format de cellule

Numérique | Alignement | Police | Bor...

Format
- ○ Standard
- ○ Fixe
- ○ Monétaire
- ○ Milliers
- ○ Pourcentage
- ○ Exponentiel
- ○ Zéros non significatifs
- ○ Fraction
- ○ Vrai/Faux
- ● Date

Options

Date:

26/06/00
26/06
06/00
26 juin 2000
juin 2000

Journal de bord D...

Semaine 1	Date	Temps/
Lundi	03/01/00	
Mardi	04/01/00	

Format de cellule

Numérique | Alignement | Police

Police: Century Gothic | Taille: 10 | Couleur: Bleu

Arial Black
Arial Narrow
Book Antiqua
Bookman Old Style
Calisto MT
Century Gothic

6
8
10
12
14
16

Date
03/01/00
04/01/00
05/0
06/0
07/0
08/0

1	**Jour**	
2	Sema	
3	Lund	
	Mardi	04/01/00
	Mercredi	05/01/00
	Jeudi	06/01/00
	Vendredi	07/01/00
9	Samedi	08/01/00
	Dimanche	09/01/00
10	Total	
11		
12		

5 Pour définir le style du texte, sélectionnez les cellules adéquates et ouvrez le menu **Format**, puis cliquez sur **Police et style de caractères**. Dans la boîte de dialogue, cliquez sur l'onglet **Police** et sélectionnez une police, une taille, une couleur et un style. Cliquez sur **OK**.

6 Pour la présentation des dates : sélectionnez les cellules de la colonne « Date » et ouvrez le menu **Format**, puis cliquez sur **Police et style de caractères**. Dans l'onglet **Numérique**, sélectionnez « Date » dans la rubrique « Format ». Choisissez un style dans la rubrique « Options ».

7 Pour affecter des couleurs au texte, sélectionnez la colonne ou la portion désirée et ouvrez le menu **Format**, puis cliquez sur **Police et style de caractères**. Dans l'onglet **Police**, choisissez une couleur et cliquez sur **OK**. Marquez la fin du programme au moyen d'un trait.

Les formats numériques

Sélectionnez un format pour la colonne « Heure/minutes ». Ouvrez le menu **Format** et choisissez **Police et style de caractères**. Cliquez sur l'onglet **Numérique** et sélectionnez l'option « Fixe » dans la rubrique « Format ». Choisissez un style dans la rubrique « Options », par exemple « 2 » décimales. Cliquez sur **OK**.

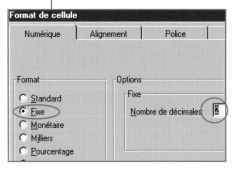

Format de cellule

Numérique | Alignement | Police

Format
- ○ Standard
- ● Fixe
- ○ Monétaire
- ○ Milliers
- ○ Pourcentage

Options

Fixe

Nombre de décimales: 2

Ajouter des filets

Pour ajouter un filet sous votre programme hebdomadaire, cliquez sur une case grise numérotée à gauche de la feuille de calcul, sous la ligne Total. Cette ligne est alors sélectionnée. Ouvrez le menu **Format** et cliquez sur **Police et style de caractères**. Cliquez sur l'onglet **Trame de fond**, puis, dans « Trame de fond », cliquez sur un motif, puis sur **OK**.

Format de cellule

Numérique | Alignement

Trame de fond

Motif:

Aucun

Description: 50%

Mot clé

Modèle Un modèle sert de base à d'autres documents partageant les mêmes caractéristiques. Vous ouvrez le modèle, vous le modifiez, puis vous l'enregistrez sous un autre nom.

Lorsque vous collez votre programme de cette façon, la semaine s'affiche en haut du document, de sorte que vous n'avez pas à le faire défiler.

8 Pour ajouter des traits, sélectionnez une section et ouvrez le menu **Format**, puis cliquez sur **Police et style de caractères**. Dans l'onglet **Bordure**, indiquez où placer une bordure et le style. Cliquez sur **OK**. Pour supprimer le quadrillage, sélectionnez **Affichage**, puis **Quadrillage**.

9 Votre programme de mise en forme est terminé. À vous de jouer ! Inscrivez les données chaque jour et appréciez vos progrès. Cependant, n'oubliez pas de prévoir des jours de repos.

10 Utilisez votre document comme modèle pour les autres semaines. Sélectionnez les cellules à partir de la ligne 2 et cliquez sur **Copier** dans la barre d'outils. Ouvrez le menu **Insertion**, puis cliquez sur **Insertion d'une ligne**, puis sur **Coller** dans la barre d'outils.

Additionner les totaux

Pour calculer, par exemple, le nombre total de minutes pendant lesquelles vous avez couru en une semaine, utilisez la fonction Somme automatique de Works. Cliquez dans la cellule située sous celles des durées, puis cliquez sur le bouton **Somme automatique** dans la barre d'outils. Appuyez sur **Entrée**. La fonction Somme automatique ne fonctionne que si vous avez entré des durées dans les cellules de la semaine, même si cette durée est égale à zéro.

Organisez vos vacances

Tous les détails de vos vacances à portée de main

Les vacances sont faites pour se détendre et oublier le stress de la vie quotidienne. Toutefois, même la détente doit être bien organisée !

Vous devez prévoir certains détails à l'avance, surtout si vous partez à l'étranger. Votre passeport est-il encore valable ? Devez-vous demander un visa ? La destination que vous avez choisie nécessite-t-elle des vaccins particuliers ? Quels sont les articles indispensables que vous devez emmener ?

Votre ordinateur peut vous aider. Une feuille de calcul est le moyen idéal de ne rien oublier : cochez au fur et à mesure les tâches effectuées. En fait, mieux vaut établir plusieurs feuilles de calcul pour planifier vos vacances annuelles.

Vérifiez que toutes les informations sont correctes avant de les insérer dans la feuille de calcul, surtout si vous utilisez des formules.

▶ AVANT DE COMMENCER

	A	B	C
1	PLANIFICATEUR VACANCES		
2			
3	Destination :	Orlando, Floride, USA	
4			
5	Date Départ :		
6	Heure :		
7	Enregistrement :		
8	Aéroport :		
9	Terminal :		
10	N° de vol :		
11	Arrivée (heure locale) :		
12			
13	Date Retour :		
14	Heure :		
15	Enregistrement :		
16	Aéroport :		
17	Terminal :		
18	N° de vol :		

1 Appuyez sur le bouton **Démarrer**, cliquez sur **Programmes**, puis **Microsoft Excel**. Cliquez sur le bouton **Enregistrer** pour enregistrer le document et lui donner un nom. Tapez votre liste dans la colonne A comme ci-dessus.

*Microsoft Works permet de créer le même type de document. Ouvrez Works et, dans le Lanceur de tâches, cliquez sur l'onglet **Modules de Works**, puis sur le bouton **Tableur**.*

▶ AUTRES PROGRAMMES

Pour changer la largeur d'une colonne, amenez le pointeur de la souris sur le bord droit de la case grise. Quand le curseur prend la forme d'une flèche à deux têtes, faites glisser le bord selon la largeur désirée.

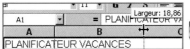

Attention

Le convertisseur monétaire ne tient pas compte de la commission que vous devez verser lorsque vous échangez des devises.

=E13*E14

*Pour ajouter le signe de la multiplication, appuyez en même temps sur la touche **Maj** et sur « **8** ».*

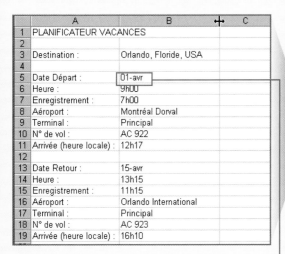

	A	B	C
1	PLANIFICATEUR VACANCES		
2			
3	Destination :	Orlando, Floride, USA	
4			
5	Date Départ :	01-avr	
6	Heure :	9h00	
7	Enregistrement :	7h00	
8	Aéroport :	Montréal Dorval	
9	Terminal :	Principal	
10	N° de vol :	AC 922	
11	Arrivée (heure locale) :	12h17	
12			
13	Date Retour :	15-avr	
14	Heure :	13h15	
15	Enregistrement :	11h15	
16	Aéroport :	Orlando International	
17	Terminal :	Principal	
18	N° de vol :	AC 923	
19	Arrivée (heure locale) :	16h10	

Microsoft Excel - Classeur1
Fichier Edition Affichage Insertion Format Outils Don Fenetre ?
Arial 10

	A	B	C	D	E
1	PLANIFICATEUR VACANCES				
	Destination :	Orlando, Floride, USA			
	Date Départ	1-avr			
	Heure :	9h00			
	Enregistrer	7h00		Convertisseur de devises	
9	Terminal :	Principal		Dollars CAN :	100
10	N° de vol :	AC 922		Taux de change :	
11	Arrivée (heu	12h17		Devise étrangère	65
12					
13	Date Retour	15-avr		Devise étrangère :	20
14	Heure :	13h15		Taux de change :	
15	Enregistrer	11h15		Montant en Dollars CAN	30

	A	B	C	D	E
	PLANIFICATEUR VACANCES				
	Destination :	Orlando, Floride, USA			
	Date Départ	1-avr			
	Heure :	9h00			
	Enregistrer	7h00		Convertisseur de devises	
	Terminal :	Principal		Dollars CAN :	1000,00
	vol :	AC 922		Taux de change :	0,65
	Arrivée (heu	12h17		Devise étrangère	653,08
	Date Retour	15-avr		Devise étrangère :	200,00
	Heure :	13h15		Taux de change :	1,53
	Enregistrer	11h15		Montant en Dollars CAN	=E13*E14
	Aéroport :	Orlando International			
	Terminal :	Principal			
	de vol :	AC 923			
	Arrivée (heu	16h10			

2 Ajustez la largeur de la colonne A pour que le texte, sauf le titre et le sous-titre, tienne entièrement (voir ci-dessus). Tapez les informations requises dans les cellules de la colonne B. Au besoin, réglez aussi la largeur de cette colonne.

3 Maintenant, créez un convertisseur monétaire, qui calculera automatiquement la somme que vous obtiendrez avec vos dollars dans la devise étrangère de votre choix, et vice versa. Tapez le texte ci-dessus dans la colonne D, à partir de D7, puis dans les cellules en dessous.

4 Pour connaître le montant équivalent dans la devise étrangère, cliquez dans la cellule **E11** puis tapez « =E9*E10 ». Appuyez sur **Entrée**. Pour convertir un montant en dollars, cliquez dans la cellule **E15** et tapez « =E13/E14 ».

Le format des cellules

La colonne B contiendra différents types de données, y compris des dates et des heures. Pour choisir un style, cliquez sur la cellule en question, ouvrez le menu **Format** et sélectionnez **Cellule**. L'onglet **Nombre** est sélectionné.
Dans la rubrique Catégorie, cliquez sur le type de données à saisir. Ensuite, dans la rubrique Type, cliquez sur le style de votre choix, puis sur **OK**.

Format de cellule
Nombre | Alignement | Police | Bordure
Catégorie:
Standard
Nombre
Monétaire
Comptabilité
Date
Heure
Pourcentage
Fraction
Scientifique
Texte

Aperçu
1-avr

Type:
4/9
4/9/97
04/09/97
4-sept
4-sept-97
04-sept-97
sept-97

Laissez faire l'Assistant

Microsoft Works possède un Assistant qui vous aidera à planifier vos vacances. Lorsque vous ouvrez Works, le Lanceur de tâches de Works s'affiche. Faites défiler les options proposées dans la liste et cliquez sur **Tâches courantes**. Ce dossier s'ouvre. Faites défiler son contenu et cliquez deux fois sur Planificateur de vacances pour l'ouvrir.

Lanceur de tâches de Works
Assistants | Documents existants
Cliquez sur l'Assistant que vous voulez lanc
Tâches courantes
Bulletin
Carnet d'adresses
Curriculum vitae
En-tête
Lettre
Planificateur de vacances
Correspondance
Enveloppes et étiquettes
Gestion d'entreprise
Annonce
Bon de commande

Gros plan

Lorsque vous choisissez une grande taille de caractères, la ligne s'adapte automatiquement pour afficher le texte.

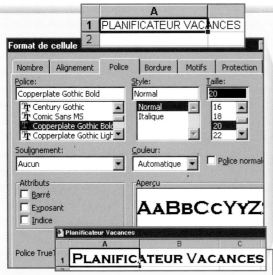

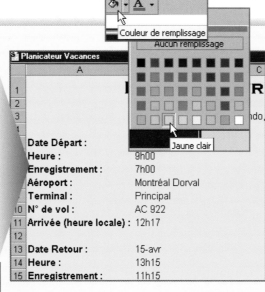

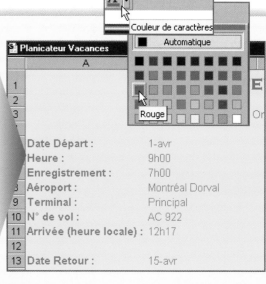

5 Pour définir le style du titre, sélectionnez-le et ouvrez le menu **Format**, puis cliquez sur **Cellule**. Choisissez une police, un style, une taille et un attribut, puis cliquez sur **OK**. Faites de même pour tout le texte. Pour sélectionner plusieurs cellules afin de définir le style, cliquez sur la première et faites glisser la souris sur les autres.

6 Pour ajouter une couleur de fond, sélectionnez les cellules et cliquez sur le bouton **Couleur de remplissage** de la barre d'outils. Dans la palette, cliquez sur une couleur. (Si vous ne voyez pas ce bouton, ouvrez le menu **Affichage**, puis cliquez sur **Barres d'outils** et **Mise en forme**.)

7 Pour afficher tout le texte dans la même couleur, sélectionnez les cellules adéquates et cliquez sur la flèche Couleur de remplissage de la barre d'outils. Dans la palette qui s'affiche, choisissez une couleur qui vous convient.

Centrer le titre

Pour placer le titre au centre de la page, cliquez dans la cellule **A1** et faites glisser le curseur dans la première rangée de cellules afin de sélectionner toute la largeur de votre document (ici jusqu'à la colonne F). Ensuite, cliquez sur le bouton **Fusionner et centrer** de la barre d'outils.

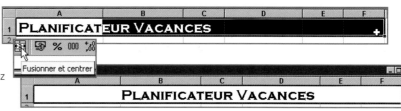

Astuce
*Pour ajouter une autre page à votre feuille de calcul, ouvrez le menu **Insertion** et cliquez sur **Feuille**. Une nouvelle feuille numérotée s'affiche dans un onglet au bas de l'écran.*

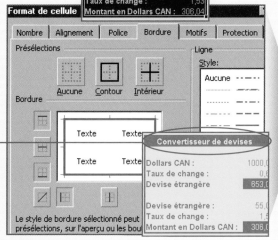

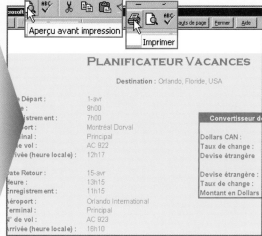

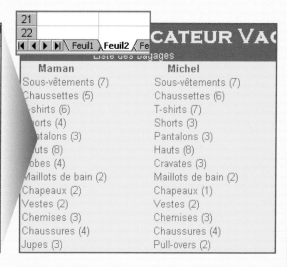

8 Pour mettre en valeur votre convertisseur, entourez-le d'une bordure. Sélectionnez les cellules et ouvrez le menu **Format**,

puis cliquez sur **Cellule**. Cliquez ensuite sur l'onglet **Bordure**. Choisissez un style de trait et un contour, puis cliquez sur **OK**.

9 Avant d'imprimer, vérifiez l'aspect du document : cliquez sur le bouton **Aperçu avant impression** de la barre d'outils. Au besoin,

appuyez sur la touche **Echap**, puis modifiez la mise en page. Ensuite, cliquez sur le bouton **Imprimer** de la barre d'outils.

10 Utilisez le même procédé pour créer une liste de choses à emporter ou à faire avant de partir en vacances.

Vous apercevez des onglets au bas de la page. Cliquez sur **Feuil2**. Une feuille de calcul vierge apparaît.

La mise en page

Vous devrez peut-être modifier les paramètres de mise en page du document avant de l'imprimer si, par exemple, sa largeur est supérieure à 210 mm. Ouvrez le menu **Fichier** et cliquez sur **Mise en page**. Cliquez sur l'onglet **Page**, puis sélectionnez l'option « Paysage » dans la rubrique « Orientation ». Vérifiez que le format **A4** est sélectionné dans la liste « Format du papier ». Maintenant, cliquez sur l'onglet **Marges** et centrez le document **Horizontalement** ou **Verticalement**. Cliquez sur **OK**.

Des vacances que vous

Ne laissez rien au hasard :

Responsable du projet

Créez un dossier global intitulé « Vacances » et ajoutez tous les sous-dossiers nécessaires.

- Vacances
  - Recherche
  - Préparatifs
  - Vols
  - Hébergement
  - Loisirs
  - Budget global

Nous rêvons tous de nous évader de la routine quotidienne. Pour certains, les vacances idéales se résument à une plage sous les cocotiers avec un bon livre. D'autres ont en revanche besoin de multiplier les loisirs et de faire du lèche-vitrine dans une grande ville. Quoi qu'il en soit, votre ordinateur vous aidera à réaliser vos rêves.

Consultez les sites Web pour trouver la destination de vos rêves, au Canada ou à l'étranger. Consultez les prévisions météorologiques pour savoir quels vêtements emporter. Renseignez-vous sur le climat et le cycle des saisons pour éviter, par exemple, que votre arrivée ne coïncide avec la mousson ou les cyclones. Intéressez-vous aussi aux événements

n'oublierez pas !

votre PC vous aidera à tout organiser

prévus à la date de votre séjour, tels que les carnavals, les fêtes nationales ou les spectacles.

En outre, Internet permet de se procurer aisément des guides ou des brochures touristiques. Renseignez-vous sur les vaccins obligatoires, réservez votre vol, louez une voiture, un hôtel et organisez des excursions, tout cela sur le Web ! Vous y trouverez sans doute aussi les horaires de train, de ferry ou de cars pour atteindre votre lieu de vacances. Il existe peut-être des groupes de discussion qui vous permettront d'en savoir plus.

En résumé, disons que chaque aspect de vos vacances peut être étudié, réservé et payé via votre ordinateur.

Votre PC est en effet l'outil parfait pour une organisation sans faille. Créez, par exemple, une base de données de toutes les tâches que vous aurez à effectuer avant le départ et constituez une feuille de calcul pour évaluer les coûts et gérer le budget de votre voyage. Ensuite, établissez un calendrier de votre séjour et imprimez-le afin de l'emporter avec vous.

À votre retour, il ne vous restera plus qu'à numériser vos photographies pour votre album photos, pour le feuilleter en famille ou l'envoyer par courrier électronique. Créez aussi un carnet de vos voyages, avec des anecdotes et des photos pour raconter vos vacances et les faire partager à vos amis.

L'aventure commence très tôt

- 6 mois : prévoir les dates des vacances
- 5 mois : savoir quels sont les vaccins obligatoires
- 4 mois : budget des vacances
- 3 mois : confirmer les réservations et l'itinéraire
- 1 mois : se renseigner pour les frais médicaux
- 2 semaines : se procurer des devises/chèques de voyage

Idées et suggestions

Les idées proposées ci-dessous permettent d'organiser des vacances détendues et réussies. Adaptez les différents projets à votre cas personnel.

Changez en conséquence la formulation, la présentation ou les recherches de chaque exercice.

96 **Informations sur le Net**
Recherchez la destination idéale et réservez en ligne l'hébergement et les billets.

252 **Budget du voyage**
Utilisez le tableur proposé sur votre PC pour planifier le budget de votre projet.

302 **Programme des vacances**
Créez un document avec tous les détails pratiques de votre voyage, horaires, location de voiture, etc.

84 **Le PC comme télécopieur**
Confirmez vos réservations par télécopie. Là encore, votre PC peut vous aider !

220 **Album photos**
Faites en sorte que votre voyage soit inoubliable : immortalisez-le dans un album photos.

Pensez-y aussi...

Ne laissez pas toutes vos recherches tomber dans l'oubli : ces informations vous serviront peut-être encore.

168 **Base de données des contacts**
Établissez la liste des adresses liées au transport, à l'hébergement et aux nouveaux amis.

Votre collection de CD

Répertoriez vos cassettes ou vos disques préférés

Que vous collectionniez des timbres, des pièces anciennes ou du vin, des albums de musique ou des CD, un recensement de vos acquisitions vous aidera à mieux gérer votre collection. Cette organisation devient nécessaire au fur et à mesure que votre collection prend de l'ampleur. Créer une base de données vous permet de répertorier la valeur et éventuellement la provenance de chaque article. Une fois que vous y avez saisi toutes les données, vous avez accès à tout type d'information. Non seulement tout ce qui concerne votre collection est rassemblé dans un seul document, mais, en outre, vous pourrez ainsi voir ce qui manque et orienter vos futures recherches.

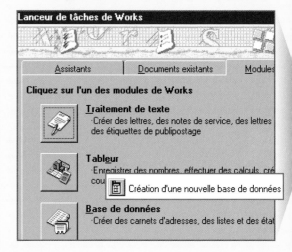

Pour créer une base de données musicale, rassemblez tous vos disques et cassettes. Si vous les avez encore, préparez aussi vos reçus ou factures.

► AVANT DE COMMENCER

1 Appuyez sur le bouton **Démarrer**, cliquez sur **Programmes**, puis **Microsoft Works**. Dans le Lanceur de tâches, cliquez sur l'onglet **Modules de Works**, puis sur le bouton **Base de données**. Au besoin, cliquez sur « Création d'une nouvelle base de données ».

Microsoft Excel permet également de répertorier votre collection. Tapez le nom des articles dans la feuille de calcul et utilisez la fonction de filtrage pour extraire des données.

► AUTRES PROGRAMMES

Mot clé

Champs Un champ est un type d'information qui se présente sous la forme d'une colonne dans la base de données. La combinaison de plusieurs champs reposant sur un même thème constitue une fiche.

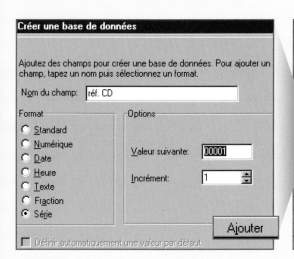

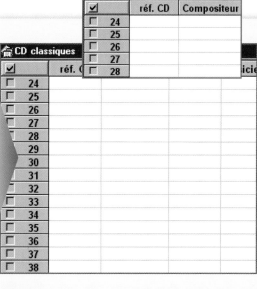

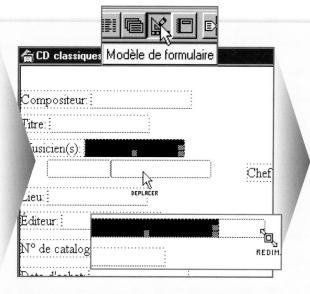

2 Dans cette boîte de dialogue, créez les champs requis. Tapez le nom du premier (le champ de référence), spécifiez un format, puis cliquez sur **Ajouter**. Ajoutez les autres champs. Lorsque vous avez fini, cliquez sur **Terminé**.

3 Votre base de données s'affiche d'abord en mode Liste. Donnez-lui un nom et enregistrez-la sans attendre : cliquez sur **Enregistrer** dans la barre d'outils, tapez un nom, choisissez un dossier et cliquez sur **Enregistrer**.

4 Pour structurer la base de données, cliquez sur le bouton **Modèle de formulaire** dans la barre d'outils. Pour déplacer une zone de texte, cliquez dessus et faites-la glisser. Pour la redimensionner, cliquez dans son coin inférieur droit et faites glisser la souris en diagonale.

Les champs et les formats

Pour une base de données musicale, inspirez-vous des champs et des formats ci-contre. Pensez à créer un champ de référence ; Works numérotera automatiquement chaque fiche.

Champ	Format
Réf. CD	Série
Compositeur	Texte
Titre	Texte
Musicien(s)	Texte
Chef d'orchestre	Texte
Lieu	Texte
Date	Date
Éditeur	Texte
N° de catalogue . . .Numérique
Date d'achat	Date
Prix	Numérique

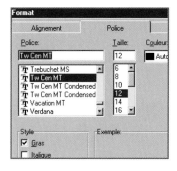

Définir le style des champs

Affectez des polices, des couleurs, des effets et des styles aux champs et aux zones de texte de votre base de données. Cliquez sur le bouton **Modèle de formulaire** dans la barre d'outils (voir étape 4), puis sur un nom de champ ou sa zone de texte.

Ouvrez le menu **Format** et sélectionnez **Police et style de caractères**. Choisissez une police, une taille, un style et une couleur de caractères, puis cliquez sur **OK**. Utilisez les boutons d'alignement de la barre d'outils pour positionner le texte dans les zones de texte. Pour définir le style de plusieurs zones de texte en même temps, maintenez la touche **Ctrl** enfoncée et cliquez sur lesdites zones, puis définissez leur style.

Les champs dotés du format Série se réactualisent automatiquement lorsque vous saisissez de nouvelles fiches.

réf. CD: **00007**

*Pour passer au champ ou à la fiche suivant, appuyez sur la touche **Tab**. Pour revenir en arrière, appuyez en même temps sur les touches **Maj** et **Tab**.*

Pour extraire et afficher des informations de votre base de données — un inventaire pour votre assureur par exemple — vous devez créer un état.

CRÉER UN ÉTAT

5 Lorsque votre formulaire est prêt, cliquez sur le bouton **Mode Formulaire** dans la barre d'outils et tapez les données. Cliquez sur les zones de texte jouxtant chaque nom de champ et tapez les détails requis. Appuyez sur la touche **Tab** pour passer à la fiche suivante.

6 Une fois le contenu de toutes les fiches saisi, cliquez sur le bouton **Mode Liste** dans la barre d'outils. Cependant, toutes les données ne seront pas visibles. Cliquez sur la cellule qui vous intéresse : son contenu s'affiche dans la barre de saisie en haut de la fenêtre.

7 Ouvrez le menu **Outils**, puis cliquez sur **Créateur d'états**. Tapez un nom et cliquez sur **OK**. Ensuite, cliquez sur l'onglet **Champs**. Dans la liste des champs disponibles, cliquez sur ceux que vous voulez imprimer, puis sur **Ajouter** pour chacun d'eux. Cliquez sur **Suivant**.

Pour parcourir rapidement les fiches en mode Formulaire, cliquez sur les flèches proposées de part et d'autre du compteur de fiches au bas de la fenêtre.

Rechercher des informations

Pour rechercher des informations spécifiques, par exemple toutes les musiques créées par un compositeur particulier, ouvrez le menu **Edition** et cliquez sur **Rechercher**. Tapez un ou plusieurs mots-clés, sélectionnez l'option « Toutes les fiches » et cliquez sur **OK**.
La base de données affiche alors seulement les fiches répondant à vos critères de recherche. Pour revenir à la présentation habituelle, ouvrez le menu **Fiche**, sélectionnez **Afficher**, puis cliquez sur **Toutes les fiches**.

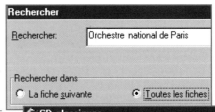

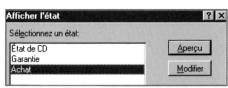

*Works enregistre automatiquement tous les états. Pour imprimer ou réactualiser un ancien état, ouvrez le menu **Affichage** et cliquez sur **État**. Une liste d'états s'affiche. Cliquez sur celui qui vous intéresse, puis sur **Aperçu** pour l'afficher (ensuite, choisissez **Fichier**, puis **Imprimer**) ou sur **Modifier** pour le réactualiser.*

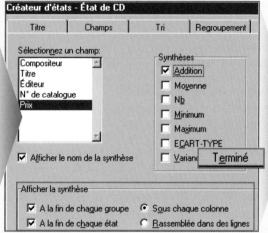

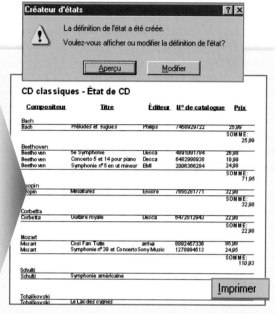

8 Dans l'onglet Tri, vous classez les données. Par exemple, cliquez dans la case « Trier par » et sélectionnez **Compositeur**. Dans l'onglet **Regroupement**, cochez « Quand le contenu change » et « Afficher le titre de groupe ».

9 Pour additionner les prix par compositeur, cliquez sur l'onglet **Synthèse**. Sélectionnez le champ **Prix** et cochez la case Addition. Dans « Afficher la synthèse », sélectionnez les options comme ci-dessus. Pour finir, cliquez sur **Terminé**.

10 Un message propose d'afficher ou de modifier l'état. Cliquez sur **Modifier** si vous voulez redéfinir le style de l'état (voir ci-dessous). Cliquez sur **Aperçu** pour afficher l'état. Lorsque vous êtes satisfait, cliquez sur **Imprimer** pour l'imprimer.

Le style de l'état

Vous définissez les polices, les tailles de caractères, les couleurs et les effets des états comme n'importe quel document. Cliquez sur le bouton **Mode État** de la barre d'outils. Sélectionnez la cellule ou la ligne concernée et ouvrez le menu **Format**, puis cliquez sur **Police et style de caractères**. Dans la boîte de dialogue Format, cliquez sur les onglets et sélectionnez les polices, les tailles, les styles, les couleurs et les fonds souhaités. Pour changer la largeur des colonnes, placez le curseur sur le bord droit de leur titre. Quand le pointeur change de forme, cliquez et faites glisser la souris selon la largeur voulue.

Réalisez vous-même vos motifs de broderie

Utilisez votre ordinateur pour créer vos propres modèles

Pour vos loisirs créatifs, l'ordinateur est un outil extraordinaire. La réalisation de motifs de points de croix, que nous vous proposons ici, n'est qu'un exemple parmi d'autres. Non seulement vous laissez libre cours à votre imagination, mais en plus vous corrigez vos erreurs en quelques secondes.

Grâce à l'accessoire Paint de Windows, vous dessinerez toutes sortes de motifs, même les plus compliqués ! Grâce à lui, vous élaborez le motif point par point, avec les couleurs de votre choix. L'exemple proposé ici tient sur une feuille A4. Il est destiné à un coussin de 38 cm². Chaque case représente un point de croix.

Faites un croquis sur du papier quadrillé et indiquez les couleurs souhaitées. Assurez-vous que les éléments sont à la bonne échelle.

AVANT DE COMMENCER

1 Appuyez sur le bouton **Démarrer**, cliquez sur **Programmes**, **Accessoires**, puis **Paint**. Ouvrez le menu **Fichier**, puis cliquez sur

Enregistrer. Choisissez un dossier de destination et tapez un nom. Gardez le format de fichier « Bitmap 24 bits » et cliquez sur **Enregistrer**.

Créez votre motif de point de croix à l'aide d'un autre logiciel graphique plus sophistiqué, tel que Adobe Illustrator ou CorelDraw. Demandez conseil à votre revendeur informatique.

AUTRES PROGRAMMES

Gros plan

Il est en principe préférable de partir du centre de la grille pour élaborer votre motif de point de croix. Cela permet de copier et de coller des éléments et d'éviter tout décalage du motif. Utilisez les barres de défilement pour retrouver le centre.

*Pour colorier cette moitié de maison, cliquez sur l'outil **Brosse**, sélectionnez un style et une couleur, puis cliquez sur la partie de la maison que vous voulez colorier.*

*Pour tracer des traits droits avec le Pinceau, cliquez sur la grille, maintenez la touche **Maj** enfoncée, puis faites glisser le pointeur. Vous éviterez ainsi tout dérapage et obtiendrez un trait parfaitement droit.*

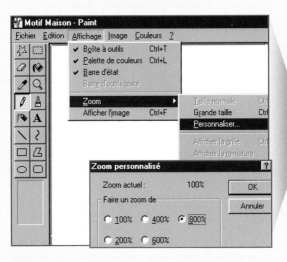

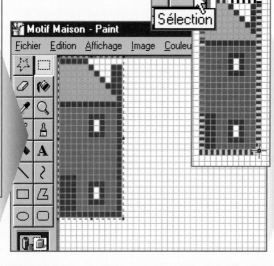

2 Réglez la zone de travail. Ouvrez le menu **Affichage**, cliquez sur **Zoom**, puis **Personnaliser**. Dans la boîte de dialogue qui s'affiche, cliquez sur **800 %** puis sur **OK**. Ouvrez le menu **Affichage**, cliquez sur **Zoom**, puis sur **Afficher la grille**. Le quadrillage est comme un tissu prêt à recevoir vos points de croix.

3 Pour dessiner le contour du premier objet (ici, une maison), cliquez sur une couleur au bas de l'écran, dans la palette. Ensuite, sélectionnez l'outil **Pinceau**, cliquez dans la zone de travail, puis faites glisser la souris pour réaliser le tracé du contour de la moitié de la maison.

4 Cliquez sur l'outil **Sélection** et faites glisser la souris sur votre moitié de maison. Ouvrez le menu **Edition**, puis cliquez sur **Copier**. Ouvrez à nouveau **Edition** et cliquez sur **Coller**. La copie s'affiche en haut à gauche de l'écran.

La palette d'outils

Certains outils, comme la brosse et la gomme, offrent des options supplémentaires, qui s'affichent sous la palette. Cliquez sur un des styles proposés avant d'utiliser l'outil.

Nous décrivons ici les outils les plus utilisés (pour savoir ce que fait un outil, amenez le pointeur de la souris sur son icône : une description s'affiche) :

 Sélection libre Sélectionne une zone irrégulière. Faites glisser le pointeur pour délimiter la sélection.

 Sélection Sélectionne une zone rectangulaire. Cliquez et faites glisser le pointeur en diagonale.

 Gomme/Gomme une couleur Comme une vraie gomme ! Faites glisser le pointeur sur la zone à effacer.

 Remplissage Colore une zone avec la couleur de votre choix. Cliquez dans la zone en question.

 Prélèvement d'une couleur Prélève une couleur dans le dessin pour l'appliquer ailleurs avec un autre outil.

Loupe Gros plan sur une zone. Il suffit de cliquer. Permet aussi de réduire une zone ayant été agrandie.

 Pinceau Dessine un trait fin à main levée. Faites glisser le pointeur.

 Brosse Imite le tracé d'un gros pinceau. Sélectionnez une brosse et faites glisser le pointeur.

 Aérographe Effet de peinture avec texture. Définissez le rayon et faites glisser le pointeur.

 Ligne Dessine un segment de droite. Choisissez l'épaisseur et faites glisser le pointeur.

 Courbe Trace une courbe. Dessinez un trait, cliquez dessus et faites-le glisser pour obtenir une courbe.

*Pour créer les angles de votre bordure, cliquez sur l'outil **Pinceau**, puis sur une couleur au bas de l'écran et dessinez-les manuellement.*

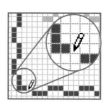

Pour que les bordures latérales soient l'exacte réplique l'une de l'autre, vous devrez peut-être faire pivoter la bordure du haut de 270° pour le deuxième côté.

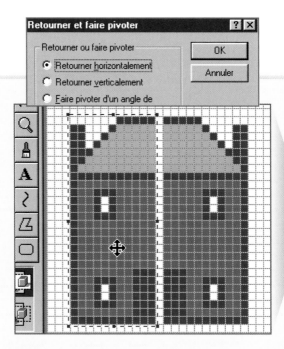

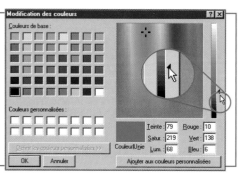

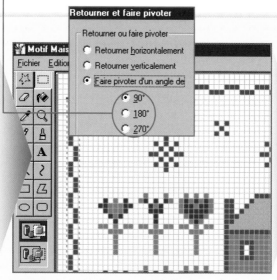

5 Ouvrez le menu **Image,** puis sélectionnez **Retourner/Faire pivoter**. Cliquez ensuite sur **Retourner** **horizontalement,** puis sur **OK**. Cliquez sur l'image et faites-la glisser à l'endroit souhaité. Utilisez la même technique pour tous les autres objets.

6 Pour ajouter une bordure autour de votre motif, il vous suffit d'en dessiner une petite partie, en haut du dessin. Ensuite, sélectionnez cet échantillon, faites-en une copie, puis collez-la et mettez la réplique en place.

7 Pour ajouter les bordures latérales, sélectionnez, copiez et collez la bordure du haut. Ouvrez le menu **Image,** puis cliquez sur **Retourner/Faire pivoter**. Cliquez sur « Faire pivoter d'un angle de », puis sur « 90° ». Cliquez sur **OK**. Mettez la bordure latérale en place.

Vos propres couleurs

Pour créer une nouvelle teinte, partez d'une couleur existante. Cliquez deux fois sur une case de couleur dans la palette. Dans la boîte de dialogue Modification des couleurs, cliquez sur **Définir les couleurs personnalisées**. Déplacez le curseur dans la barre de droite jusqu'à ce que vous voyiez la teinte souhaitée dans la zone « Couleur/Unie ».

Pour mémoriser votre nouvelle couleur, cliquez sur **Ajouter aux couleurs personnalisées**, puis sur **OK**. Pour réutiliser cette couleur, cliquez deux fois sur la case de la couleur d'origine. Dans la boîte de dialogue Modification des couleurs, votre nouvelle teinte est affichée dans la rubrique « Couleurs personnalisées ». Cliquez dessus pour la sélectionner.

Il n'est pas possible d'imprimer le motif avec la grille dans Paint, mais vous y parviendrez grâce à d'autres fonctions de votre PC.

IMPRIMER LE MOTIF

Lorsque vous appuyez sur les touches Alt et Impr Écran, vous avez un instantané de la fenêtre active. Cette « copie d'écran » est stockée dans le Presse-papiers. La touche Impr Écran se trouve juste à droite de la touche F12.

Attention

Lorsque vous collez un élément, cliquez tout de suite dessus pour le déplacer. En effet, si vous cliquez ailleurs, vous annulez sa sélection ; vous devez alors le sélectionner à nouveau à l'aide de la souris.

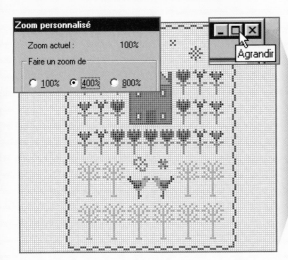

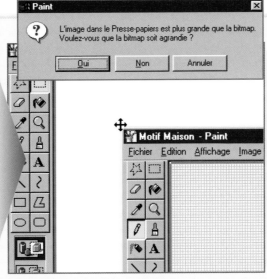

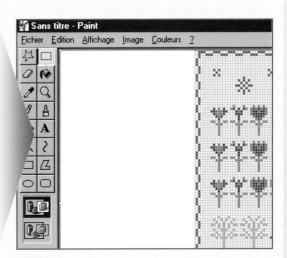

8 Ouvrez le menu **Affichage**, puis cliquez sur **Zoom** et **Personnaliser**. Ensuite, sélectionnez l'option « 400 % ». (Si vous ne voyez pas tout le dessin, cliquez sur le bouton **Agrandir**.) Si la grille n'est pas affichée, choisissez **Affichage**, **Zoom** puis **Afficher la grille**.

9 Appuyez en même temps sur les touches **Alt** et **Impr Écran**. Enregistrez votre fichier et ouvrez le menu **Fichier**, puis cliquez sur **Nouveau**. Ensuite, ouvrez le menu **Edition**, puis sélectionnez **Coller**. Confirmez l'agrandissement de l'image dans la fenêtre qui s'affiche.

10 Une copie de la fenêtre de Paint s'affiche. Sélectionnez les zones dont vous n'avez pas besoin (les outils de Paint, par exemple) et appuyez sur la touche **Suppr**. Ouvrez le menu **Fichier**, puis cliquez sur **Enregistrer**. Ensuite, ouvrez le menu **Fichier**, puis cliquez sur **Imprimer**.

Corriger les erreurs

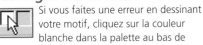

Si vous faites une erreur en dessinant votre motif, cliquez sur la couleur blanche dans la palette au bas de l'écran. Ensuite, cliquez sur les cases à corriger pour les redéfinir en blanc.

Pour des erreurs plus importantes, cliquez sur l'outil **Gomme**, sélectionnez une taille dans les options et faites glisser le pointeur sur la zone à corriger.

Maintenant que vous savez utiliser Paint, lancez-vous dans la retouche de photos ou d'autres images, ou créez votre propre dessin. Vous trouverez d'autres suggestions dans les pp. 212 et 224.

SUGGESTIONS

Des retrouvailles pour faire

Qu'il s'agisse de réunir tous les membres de la famille ou de retrouver

Responsable du projet

Créez un dossier intitulé Réunion et ajoutez les sous-dossiers nécessaires.

- **Réunion**
  - **Participants**
  - **Communications**
  - **Événements**
  - **Budget**
  - **Fournisseurs**
  - **Illustration & logo**

Nous avons tous des amis que nous aimerions voir plus souvent, mais que, finalement, avec le temps, nous finissons par perdre de vue. Grâce à votre PC, vous êtes dorénavant en mesure de vous rapprocher des personnes dont vous étiez séparé par les années ou les kilomètres. Il peut même vous aider à organiser une fête de retrouvailles.

Commencez par créer une base de données pour établir une liste des tâches à effectuer. Enrichissez-la des informations sur les invités, tels que leur adresse postale et électronique, leur numéro de téléphone et/ou de télécopie, ainsi que des informations sur les traiteurs et sur tout autre professionnel dont vous pourriez avoir besoin pour garantir une fête réussie.

La rapide évolution d'Internet présente de nombreux avantages ; ainsi, il existe maintenant des annuaires d'adresses électroniques répertoriant tous les internautes. Une fois votre liste d'invités établie, recherchez sur le Net ceux dont vous avez perdu la trace. Certaines personnes seront plus faciles à contacter par télécopie.

revivre le passé

d'anciens camarades de classe, votre PC est là

Quoi qu'il en soit, essayez d'obtenir des informations de votre ancienne école ou de votre ancienne université ; contactez éventuellement les personnes susceptibles de vous aider à retrouver les amis ou collègues avec qui vous avez perdu le contact. Créez et envoyez à vos invités une lettre type accrocheuse qui vous servira d'ailleurs, moyennant quelques modifications, pour d'autres lettres, pour vos télécopies ou votre courrier électronique.

Avec le traitement de texte, réalisez un bulletin d'information pour expliquer à vos invités le déroulement du projet. Ce bulletin peut également servir d'avis de recherche afin d'essayer de retrouver ceux que vous n'arrivez pas à joindre ou que vous avez perdu de vue.

Lorsque vous savez à peu près combien de personnes viendront, réservez la salle adéquate et prévoyez les repas et l'animation. Établissez une feuille de calcul pour les dépenses.

Enfin, réalisez vous-même les invitations sur votre PC et profitez pleinement de ces retrouvailles !

Préparatifs

- Contactez votre ancienne société ou école pour vous procurer une liste d'employés ou d'anciens élèves
- Effectuez des recherches sur Internet
- Établissez une liste d'invités
- Contactez-les par courrier, télécopie ou courrier électronique
- Commencez à réunir les informations dans une base de données
- Créez et envoyez vos invitations
- Numérisez et distribuez des photos-souvenirs

Idées et suggestions

Réunir des personnes qui sont parfois dispersées sur plusieurs continents requiert une bonne organisation. Utilisez toutes vos connaissances informatiques pour vous faciliter la tâche. Adaptez les projets suivants à votre cas et œuvrez pour des retrouvailles inoubliables.

96 **Recherche sur Internet**
Retrouvez des personnes partout dans le monde grâce aux listes d'adresses et contactez-les.

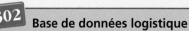

302 **Base de données logistique**
Créez un document pour gérer la logistique de votre projet et déléguer diverses tâches.

168 **Liste des invités**
Créez une base de données pour répertorier les adresses, les numéros de téléphone, etc.

164 **Bulletin d'information**
S'il s'agit d'un projet à long terme, informez les invités de vos différentes démarches.

200 **Invitations**
Avec l'aide de votre PC, concevez vous-même les invitations et envoyez-les.

Pensez-y aussi...

Utilisez tout ce que vous avez appris sur la communication pour planifier votre réunion.

84 **Le PC télécopieur**
Grâce à lui, vos invités lointains suivront l'action même sans adresse électronique.

Dépannage

Écran figé, erreurs lors de l'impression, programmes endommagés, virus informatiques : de quoi affoler un débutant ! Dans la plupart des cas toutefois, ces problèmes sont faciles à résoudre. Que la panne se produise dans Windows, dans une application ou au niveau du matériel, les pages qui suivent vous aideront à identifier les symptômes, à diagnostiquer le problème et à trouver la solution.

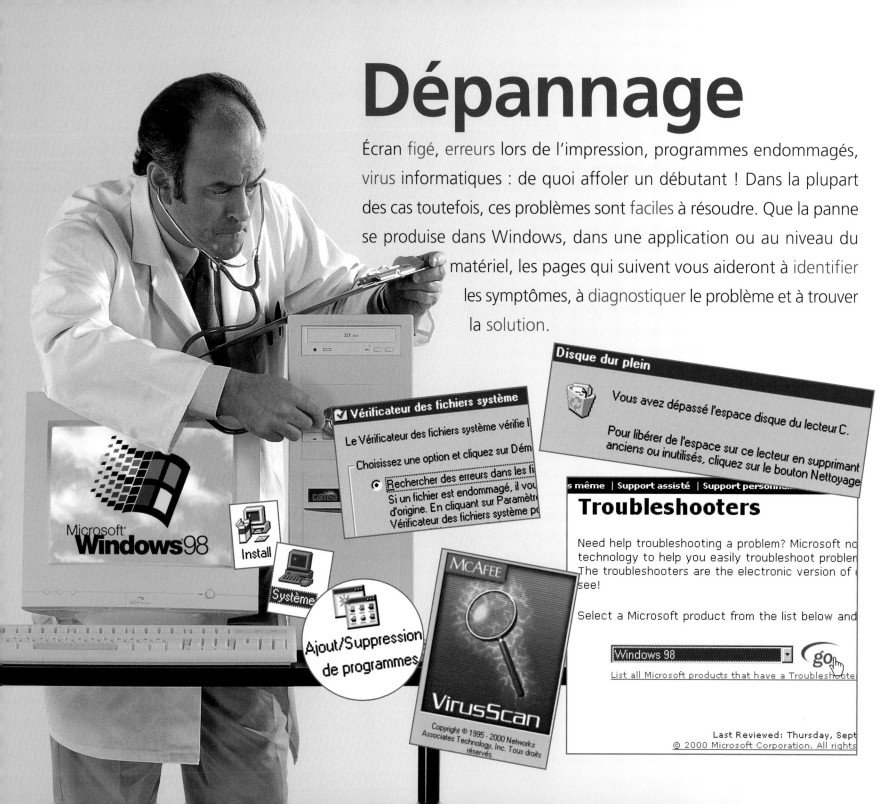

Disque dur plein

Vous avez dépassé l'espace disque du lecteur C.

Pour libérer de l'espace sur ce lecteur en supprimant anciens ou inutilisés, cliquez sur le bouton Nettoyage

Vérificateur des fichiers système

Le Vérificateur des fichiers système vérifie l

Choisissez une option et cliquez sur Dém

⊙ Rechercher des erreurs dans les fi
Si un fichier est endommagé, il vou
d'origine. En cliquant sur Paramètre
Vérificateur des fichiers système po

s même | Support assisté | Support personn

Troubleshooters

Need help troubleshooting a problem? Microsoft no
technology to help you easily troubleshoot problem
The troubleshooters are the electronic version of (
see!

Select a Microsoft product from the list below and

Windows 98 ▼ go

List all Microsoft products that have a Troubleshoote

Last Reviewed: Thursday, Sept
© 2000 Microsoft Corporation. All rights

Microsoft®
Windows98

Install

Système

Ajout/Suppression de programmes

MCAFEE

VirusScan

Copyright © 1995 - 2000 Networks
Associates Technology, Inc. Tous droits
réservés.

Dans cette partie

Soucis matériels ....

Des problèmes surviennent parfois au niveau
des éléments matériels de l'ordinateur, des câbles,
des composants ou des parties amovibles. Nous vous
aiderons à résoudre les problèmes les plus courants.

Soignez Windows ! ....

Windows est l'élément essentiel de votre
système : c'est lui qui établit la communication entre
les éléments matériels et les programmes. Sans
Windows, votre PC n'est plus rien. Résolvez les
problèmes dès leur apparition pour que l'ordinateur
reste efficace.

Solutions logicielles ....

Dès qu'un programme se comporte de
manière inhabituelle, vous pensez y être pour quelque
chose. Mais les programmes connaissent eux aussi des
dysfonctionnements. Nous vous aiderons à
comprendre et à résoudre les problèmes les plus
courants.

*Avec la bonne information,
vous irez directement au cœur
du problème et au besoin vous
remplacerez vous-même les
composants défectueux.*

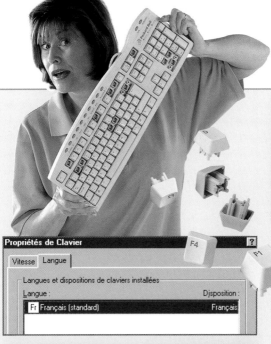

```
COUNTRY   SYS    17069 09/04/91    5:00
EGA       SYS     4885 09/04/91    5:00
FORMAT    COM    32911 09/04/91    5:00
KEYB      COM    14986 09/04/91    5:00
KEYBOARD  SYS    34697 09/04/91    5:00
NLSFUNC   EXE     7052 09/04/91    5:00
DISPLAY   SYS    15792 09/04/91    5:00
EGA       CPI    58873 09/04/91    5:00
HIMEM     SYS    11552 09/04/91    5:00
                  8169 09/04/91    5:00
                  5873 09/04/91    5:00
                  0912 09/04/91    5:00
                  8335 09/04/91    5:00
               2058566 octets
              11087872 octets libres
```

Propriétés de Clavier

Vitesse | Langue

Langues et dispositions de claviers installées

Langue :   Disposition :

Fr Français (standard)   Français

Erreur de suppression de fichier

Impossible de supprimer Exe

Vérifiez que le disque n'est pas plein
et que le fichier n'est pas utilisé actuellement.

L'ordinateur ne démarre pas

Voici la procédure à suivre lorsque le PC refuse de se mettre au travail

Les problèmes de démarrage sont les plus graves. Il est en effet difficile de soigner la maladie lorsque le patient ne peut pas dire ce qui ne va pas. Vous avez cependant les moyens de déterminer la nature du problème. Et, si vous ne parvenez pas à le résoudre vous-même, vous serez au moins en mesure de donner les indications nécessaires au réparateur.

En général, lorsque l'ordinateur ne démarre pas, c'est qu'il y a un problème avec le disque dur. Ce composant vital stocke les fichiers Windows ainsi que tous vos documents. Si les fichiers Windows sont endommagés, le PC risque de ne pas pouvoir charger le système d'exploitation.

En effet, le disque dur se compose d'une tête de lecture/écriture qui effleure les disques magnétiques. Or, la distance entre la tête et les disques est infime ; si elle les touche, elle entre en collision avec les plateaux, qui tournent très vite. Cela peut endommager de grandes quantités de données, notamment les informations né-cessaires au démarrage de l'ordinateur. Il n'est pas facile de résoudre ce problème ; cette réparation ne doit être tentée qu'en dernier ressort, lorsque toutes les autres possibilités ont été écartées.

Êtes-vous branché ?

Si le moniteur n'affiche rien lorsque vous allumez l'ordinateur, vérifiez tout d'abord que les témoins d'alimentation de l'unité centrale et du moniteur sont allumés. Dans le cas contraire, assurez-vous que ces deux éléments sont branchés, que leurs interrupteurs sont sur la position Marche et que leurs fusibles ne sont pas grillés. Vérifiez aussi que les boutons de réglage de la luminosité et du contraste du moniteur n'ont pas été baissés au maximum. Le moniteur et la carte graphique du PC doivent être également reliés par un câble.

Redémarrage

Si le problème persiste, éteignez l'ordinateur, attendez une minute, puis rallumez-le. Si l'écran est toujours noir, notez le nombre de « bips » émis au cours de la routine de démarrage. Cela pourra aider un spécialiste lors du diagnostic de la panne.

Mot-clé

POST *La routine POST (Power On Self Test, autotest à la mise sous tension) vérifie que les composants matériels les plus importants fonctionnent correctement. Si les messages POST défilent trop vite à l'écran pour que vous puissiez les lire, appuyez sur la touche* **Pause** *située en haut à droite sur votre clavier. Appuyez sur* **Entrée** *pour continuer.*

Qu'est-ce qui ne va pas d'après votre ordinateur ?

Une fois votre PC allumé, notez tout message d'erreur s'affichant lors du test POST. Les messages les plus courants sont indiqués ci-dessous ; d'autres figurent sans doute dans le mode d'emploi de l'ordinateur. Ces informations seront très utiles au réparateur ou au service technique.

`201 Memory error`
`Parity error`

Ces messages signalent qu'un circuit de mémoire est défectueux. Pour retrouver un fonctionnement normal, vous devez remplacer une barrette de mémoire RAM. Choisissez le bon modèle ; contactez le fabricant du PC ou demandez à un revendeur d'effectuer le remplacement.

`Démarrage de Windows 98`

Si ce message s'affiche avant que le système ne se bloque, il s'agit probablement d'un problème de configuration de Windows. Voir p. 340 pour plus de détails.

`Operating system not found`
`Boot disk failure`

Si vous voyez l'un de ces messages, vous avez un problème avec le disque dur. Démarrez le PC avec une disquette de démarrage.

`This is not a bootable floppy`
`Non-system disk`

Ces messages indiquent qu'il y a une disquette dans le lecteur [A:] et que le PC tente de l'utiliser pour démarrer. Un autre message vous invitera peut-être à remplacer la disquette et à appuyer sur une touche pour continuer : éjectez la disquette et appuyez sur une touche. Sinon, éjectez la disquette, éteignez le PC, puis rallumez-le. Éjectez toujours CD et disquette avant d'éteindre le PC.

`CMOS checksum failure`

Ce message indique que la batterie ou la pile du circuit CMOS est usée et doit être remplacée. Votre PC fonctionnera alors comme avant, et aucune donnée n'aura été perdue. La mémoire CMOS stocke des données sur la configuration du système, telles que le type de disque dur utilisé et la date et l'heure. Elle est alimentée par une pile ou par une batterie qui se recharge automatiquement quand le PC est allumé ; allumez-le au moins une fois par semaine.

La disquette de démarrage

Si rien ne résout le problème, vous devrez peut-être utiliser une disquette de démarrage.

Si vous avez vérifié les connexions et l'alimentation et que Windows ne démarre toujours pas, éteignez le PC et prenez votre disquette de démarrage. En principe, vous en avez créé une dès que vous avez reçu votre ordinateur (voir p. 60). Si vous n'en avez pas ou si vous l'avez perdue, emmenez le PC chez un réparateur. Insérez votre disquette de démarrage dans le lecteur de disquette et allumez le PC et le moniteur. L'ordinateur

`A:\>c:`

démarre en utilisant les fichiers de la disquette. À l'invite « A:\> », tapez « c: » et appuyez sur la touche **Retour**.

L'ordinateur tente alors d'accéder au disque dur, le lecteur C:. Si l'invite « C:\> »

`C:\>`

s'affiche, c'est que le disque dur fonctionne, du moins dans une certaine mesure. Un spécialiste saura récupérer vos fichiers. (Si vous savez utiliser les commandes DOS, effectuez la récupération vous-même.)

Si un message dit que le lecteur C est introuvable, il s'agit d'une panne sérieuse du disque dur. Un spécialiste pourra peut-être récupérer quelques données, mais vous perdrez probablement tout votre travail.

Attention

Ne déplacez pas l'unité centrale lorsque le PC est sous tension. En effet, la tête de lecture/écriture du disque dur risque de toucher les cylindres, d'endommager ladite tête et de détruire de nombreuses données. Lorsque l'ordinateur est éteint, la tête s'éloigne des cylindres du disque dur et vous pouvez alors déplacer la machine sans danger.

L'imprimante ne fonctionne pas

Vérifiez matériels et logiciels pour résoudre les problèmes d'impression

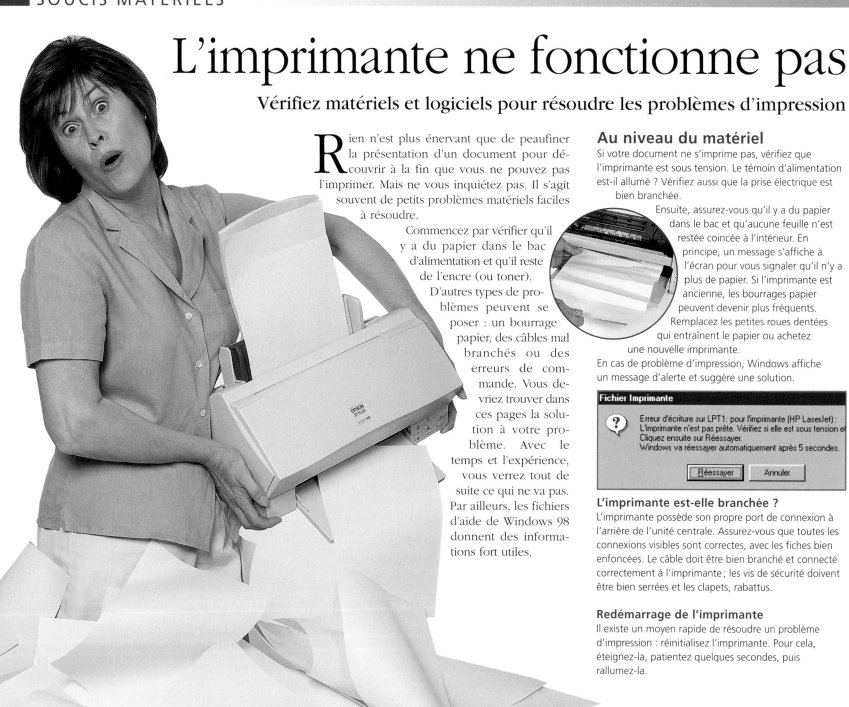

Rien n'est plus énervant que de peaufiner la présentation d'un document pour découvrir à la fin que vous ne pouvez pas l'imprimer. Mais ne vous inquiétez pas. Il s'agit souvent de petits problèmes matériels faciles à résoudre.

Commencez par vérifier qu'il y a du papier dans le bac d'alimentation et qu'il reste de l'encre (ou toner).

D'autres types de problèmes peuvent se poser : un bourrage papier, des câbles mal branchés ou des erreurs de commande. Vous devriez trouver dans ces pages la solution à votre problème. Avec le temps et l'expérience, vous verrez tout de suite ce qui ne va pas. Par ailleurs, les fichiers d'aide de Windows 98 donnent des informations fort utiles.

Au niveau du matériel

Si votre document ne s'imprime pas, vérifiez que l'imprimante est sous tension. Le témoin d'alimentation est-il allumé ? Vérifiez aussi que la prise électrique est bien branchée.

Ensuite, assurez-vous qu'il y a du papier dans le bac et qu'aucune feuille n'est restée coincée à l'intérieur. En principe, un message s'affiche à l'écran pour vous signaler qu'il n'y a plus de papier. Si l'imprimante est ancienne, les bourrages papier peuvent devenir plus fréquents. Remplacez les petites roues dentées qui entraînent le papier ou achetez une nouvelle imprimante.

En cas de problème d'impression, Windows affiche un message d'alerte et suggère une solution.

Fichier Imprimante

? Erreur d'écriture sur LPT1: pour l'imprimante (HP LaserJet) : L'imprimante n'est pas prête. Vérifiez si elle est sous tension et Cliquez ensuite sur Réessayer. Windows va réessayer automatiquement après 5 secondes.

[Réessayer]   [Annuler]

L'imprimante est-elle branchée ?

L'imprimante possède son propre port de connexion à l'arrière de l'unité centrale. Assurez-vous que toutes les connexions visibles sont correctes, avec les fiches bien enfoncées. Le câble doit être bien branché et connecté correctement à l'imprimante ; les vis de sécurité doivent être bien serrées et les clapets, rabattus.

Redémarrage de l'imprimante

Il existe un moyen rapide de résoudre un problème d'impression : réinitialisez l'imprimante. Pour cela, éteignez-la, patientez quelques secondes, puis rallumez-la.

Préparez-vous à imprimer

Une impression réussie commence par le choix des bons paramètres.

La mise en page

Il arrive qu'une page ne s'imprime pas ou s'imprime mal car elle n'a pas été définie correctement. Vérifiez les options de mise en page avant d'imprimer. Pour cela, ouvrez le menu **Fichier** et sélectionnez **Mise en page**.

Dans la boîte de dialogue « Mise en page », définissez les paramètres du document à imprimer : la taille et l'orientation de la feuille. Si vous utilisez le format A4, cliquez sur l'onglet **Taille** et sélectionnez **A4** dans la liste « Format du papier ». Vérifiez aussi l'orientation. En mode Portrait, la page est plus longue que large. En mode Paysage, c'est l'inverse.

L'aperçu avant impression

Pour avoir un aperçu du document avant de l'imprimer, choisissez **Fichier** puis **Aperçu avant impression**. Ainsi, vous voyez tout de suite ce qui ne va pas, par exemple si l'orientation est incorrecte.

L'alimentation papier

L'imprimante possède peut-être plusieurs bacs d'alimentation, tels qu'un plateau spécial pour imprimer des enveloppes. Dans ce cas, vérifiez que vous avez sélectionné le bac approprié. Dans la boîte de dialogue **Mise en page**, cliquez sur l'onglet **Alimentation papier** et choisissez l'option adéquate. Ensuite, assurez-vous que ce bac contient du papier au bon format.

La résolution des problèmes

Si après avoir fait tout ce qui précède, ça ne fonctionne pas, c'est qu'il s'agit d'un problème logiciel. Les utilitaires de Windows expliquent comment vous tirer d'affaire. Choisissez **Démarrer** puis **Aide**. Dans l'onglet « Sommaire », cliquez sur **Résolution des problèmes**, puis sur **Utilitaires de résolution de problèmes de Windows 98** et sur **Impression**. L'Assistant vous aidera à diagnostiquer et résoudre le problème en passant en revue différentes procédures.

Les utilitaires de l'imprimante

De nombreuses imprimantes sont fournies avec des utilitaires sur une disquette ou un CD-ROM. Ils sont chargés de détecter les pannes courantes et parfois même de les réparer. Insérez le disque dans le lecteur et suivez les instructions qui s'affichent.

La réinstallation de l'imprimante

En dernier recours, réinstallez l'imprimante. Sélectionnez **Démarrer**, puis **Paramètres** et **Imprimantes**. Cliquez sur l'icône de l'imprimante et appuyez sur **Suppr** pour la désinstaller. Puis cliquez deux fois sur l'icône **Ajout d'imprimante**. Suivez les instructions pour identifier l'imprimante que vous installez. Cliquez sur **Disquette fournie**. La procédure d'installation s'effectue automatiquement.

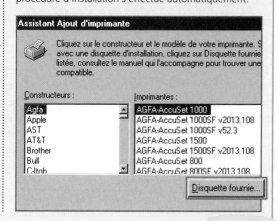

Niveau de l'encre

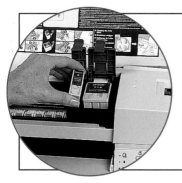

Si la page imprimée est très claire ou presque invisible, vérifiez qu'il reste encore de l'encre ou du toner. La plupart des imprimantes possèdent un témoin lumineux qui vous en avertit. Sur certaines imprimantes à jet d'encre, la cartouche d'une couleur se bloque ou s'épuise plus vite que les autres.

Vous obtenez alors d'étranges couleurs. Essayez de résoudre ce problème en vous aidant du mode d'emploi. Si cela ne suffit pas, remplacez la cartouche. Reportez-vous au manuel de l'imprimante pour plus de détails sur l'achat et le remplacement du toner ou des cartouches d'encre.

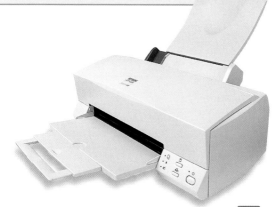

Le clavier ne fonctionne pas

Problème matériel ou logiciel ?

Votre clavier est peut-être l'élément le plus vulnérable de votre ordinateur. C'est en tout cas le plus exposé et le plus sollicité ; c'est lui qui bouge le plus, qui subit le plus de manipulations et qui est le plus susceptible de recevoir de la poussière, des débris divers, etc. Fort heureusement, les modèles les plus récents sont plus robustes et peuvent être maltraités longtemps avant de montrer quelques signes de fatigue.

Le meilleur moyen d'éviter les problèmes, c'est de prendre soin de votre clavier (voir p. 64). Malgré tout, les touches finiront tôt ou tard par s'user et par répondre moins volontiers lorsque vous les presserez. Cela peut être dû à une connexion défectueuse ou, plus rarement, à une erreur logicielle. Vérifiez toutes ces éventualités avant d'en acheter un nouveau : il suffit parfois de nettoyer les touches pour que tout redevienne normal !

Si le clavier ne répond plus

Si aucune touche ne répond, regardez si le PC n'est pas bloqué. Essayez d'utiliser la souris et de déplacer le pointeur à l'écran ; s'il bouge, c'est que le problème vient effectivement du clavier.

Tout d'abord, vérifiez les connexions. Assurez-vous que le clavier est branché correctement sur l'unité centrale, dans le bon connecteur (il a pu être branché par erreur dans le port de la souris). Le câble est peut-être endommagé : examinez-le soigneusement.

Si le problème persiste, empruntez un clavier pour l'essayer sur votre PC. S'il fonctionne normalement, envisagez d'en acheter un nouveau.

Si une touche ne répond plus

Si l'une des touches ne fonctionne pas correctement, regardez si la poussière ne s'est pas accumulée à cet endroit. Utilisez un aérosol ou des chiffons dépoussiérants pour ôter la poussière et résoudre le problème. Pour finir, soulevez délicatement la touche défectueuse et retirez les particules qui se sont glissées en dessous.

Si la touche ne fonctionne toujours pas et que vous êtes sûr que le logiciel n'est pas en cause (voir ci-contre), sachez que cela vous coûtera moins cher d'acheter un nouveau clavier que de faire réparer le vôtre.

En cas d'inondation

Si vous renversez un liquide sur votre clavier, débranchez-le sans attendre, nettoyez-le avec une éponge et un peu d'eau savonneuse, puis laissez-le sécher pendant un jour ou deux. Les claviers modernes peuvent être lavés sans danger.

Résoudre les problèmes logiciels du clavier

Certains paramètres de Windows peuvent entraver l'utilisation du clavier.
Vérifiez-les en cas de problème et modifiez-les s'ils ne conviennent pas.

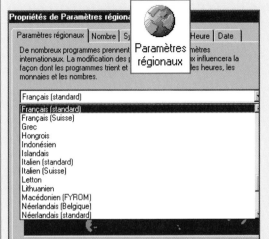

Choisir la bonne langue

Si lorsque vous appuyez sur une touche vous n'obtenez pas la lettre ou le symbole escompté, votre PC est mal paramétré. Un nouvel ordinateur est parfois configuré pour un autre pays, ce qui affecte la manière dont il affiche certains caractères spéciaux.

Pour examiner les paramètres, cliquez sur **Démarrer**, **Paramètres** puis **Panneau de configuration**. Ensuite, cliquez deux fois sur l'icône **Paramètres régionaux**. Assurez-vous que votre pays est sélectionné et cliquez sur **OK**. Si vous changez le pays, vous devrez redémarrer l'ordinateur pour que ce changement soit pris en compte.

Si le problème persiste, revenez dans le **Panneau de configuration** et cliquez deux fois sur l'icône **Clavier**. Dans la fenêtre, cliquez sur l'onglet **Langue**. Si vous ne voyez pas la langue qui vous intéresse dans la liste, cliquez sur le bouton **Ajouter**. Cliquez sur la flèche à droite de la liste des langues et choisissez la langue, puis cliquez sur **OK**. (Pour supprimer la langue erronée, cliquez dessus puis sur le bouton **Supprimer**.)

Pour faciliter l'utilisation de votre clavier

Si un handicap ou un problème de santé vous empêche de manipuler aisément votre clavier, Windows 98 propose une fonction spéciale, « Accessibilité ». Configurez le PC de manière à n'avoir jamais plus d'une touche à presser en même temps (Touches rémanentes). Au besoin, configurez-le aussi pour qu'il ignore plusieurs pressions sur une même touche (Touches filtres) ou qu'il vous avertisse si vous avez appuyé sur une touche importante, par exemple Verrouillage Majuscule (Touches bascules).

Cliquez sur **Démarrer**, **Programmes**, **Accessoires**, puis **Accessibilité** et enfin **Assistant Accessibilité**. Cliquez sur **Suivant** et à nouveau sur **Suivant**. Cliquez sur « J'ai des difficultés pour utiliser le clavier ou la souris », puis sur **Suivant** pour définir les options.

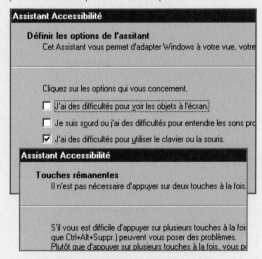

Attention

Si la touche sollicitée ne produit pas le caractère escompté, cela ne signifie pas nécessairement que la langue voulue n'est pas sélectionnée sur le PC. C'est peut-être tout simplement que vous n'utilisez pas la bonne police. En effet, certaines polices, telles que Zapf Dingbats et Wingdings, sont entièrement composées de caractères inhabituels. Sélectionnez le caractère et regardez dans la zone Police de la barre d'outils pour connaître le nom de la police utilisée.

La souris ne fonctionne pas

Si la souris ne répond plus, elle n'est pas forcément cassée

Ne vous inquiétez pas si la souris a un problème. La plupart du temps, il est facile à résoudre. Il existe quatre raisons possibles à un mauvais fonctionnement de la souris. Si le pointeur commence à se déplacer de manière saccadée, ou ne bouge plus du tout, les deux raisons les plus courantes indiquent qu'il faut nettoyer l'intérieur de la sou-

ris (voir p. 64) ou que cette dernière n'est pas connectée correctement (voir ci-contre). Si vous ouvrez la souris, profitez-en pour vérifier une troisième cause possible : les patins ou la boule à l'intérieur sont-ils usés ? Dans ce cas, le mieux est d'acheter une souris neuve.

La dernière cause possible, et la moins probable, est un conflit logiciel. Votre ordinateur ne reconnaît pas la souris. Ce type de problème se produit avec les anciens modèles de PC qui utilisent une souris série. En général, il suffit de brancher la souris dans un autre port série (voir ci-contre).

Souris ou autre

La plupart des ordinateurs utilisent une souris traditionnelle connectée à l'unité centrale. Il existe toutefois d'autres matériels.

● Les stylets et les boules de commande fonctionnent comme une souris traditionnelle ; nos conseils de dépannage sont les mêmes pour tous ces périphériques.

● Les pavés tactiles et les petites manettes de jeu, utilisés surtout sur les ordinateurs portables, ne se branchent pas sur l'ordinateur et ne sont pas aussi faciles à nettoyer.

En cas de problème, et si l'ordinateur est encore sous garantie, retournez voir le revendeur. Sinon, portez l'ordinateur chez un réparateur.

Stylet

Boule de commande

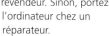

Pavé tactile

Astuce

Si vous voulez éteindre l'ordinateur alors que la souris ne répond plus, appuyez sur la touche **Windows** *du clavier (en bas à gauche et à droite). Cette touche ouvre le menu Démarrer. Ensuite, appuyez sur la touche* **T** *pour éteindre, puis sur* **Entrée** *pour confirmer.*

Attention

Si la souris n'est pas branchée correctement lorsque vous allumez l'ordinateur, Windows affiche un message d'alerte et le pointeur ne bouge pas quand vous la déplacez.

Pour regarder dans la bonne direction

Si la souris ne répond plus, vérifiez d'abord qu'elle est bien branchée et en bon état, puis vérifiez les aspects logiciels.

La connexion

Si la souris cesse tout à coup de répondre, commencez par vérifier que le câble est branché dans le bon port de l'unité centrale. Les nouveaux modèles possèdent leurs propres port et connecteur, mais une souris PS/2 peut se brancher par erreur dans le port du clavier. Par ailleurs, si vous rebranchez le câble, n'oubliez pas de redémarrer le PC pour que la souris fonctionne de nouveau.

Le port de la souris

Tous les ordinateurs ne sont pas équipés de ports PS/2 pour la souris et le clavier. Parfois, le connecteur de la souris se raccorde à une autre prise : le port série ou port de communication (COM1, COM2). Éteignez le PC ; débranchez la souris, puis rebranchez-la dans le port série. Rallumez le PC.

Choisir un port série

Si votre souris est bien branchée sur un port série et qu'elle ne répond pas correctement, éteignez l'ordinateur et connectez-la au deuxième port série. Rallumez le PC. Si la souris fonctionne dans ce nouveau port, le connecteur ou le port série sont peut-être défectueux. Demandez conseil au fabricant du PC.

Nettoyer la souris

La souris ne fonctionne pas correctement ? Elle est peut-être sale. Pour plus de détails sur le nettoyage, voir p. 64.

Si le problème persiste...

Si aucune des solutions proposées ne résout le problème, empruntez une souris en parfait état en vous assurant au préalable qu'elle possède le même connecteur que la vôtre. Si celle-ci fonctionne sur votre ordinateur, c'est que votre propre souris a un problème mécanique. Achetez-en une autre si elle n'est plus sous garantie.

Un adaptateur pour le port série

Si votre PC ne dispose que de ports série, vous devez utiliser une souris série. Si votre souris est un modèle récent, elle est dotée d'un connecteur PS/2 ; vous aurez donc besoin d'un adaptateur afin de la brancher dans un port série.

Plus de haut-parleurs !

Que faire lorsque le PC reste totalement silencieux

Les haut-parleurs fonctionnent généralement pendant très très longtemps sans nécessiter d'autre maintenance qu'un nettoyage régulier. Cependant, au bout de quelques années, le son devient irrémédiablement de moins en moins bon. La solution la plus économique à ce signe d'usure est alors de les remplacer. Les haut-parleurs tombent donc très rarement en panne, de sorte que, si l'ordinateur n'émet plus aucun son, il est fort probable que le problème se situe au niveau des branchements des haut-parleurs avec le PC ou au niveau du logiciel que vous utilisez. Une connaissance de base de ces branchements ainsi que de la manière dont l'ordinateur utilise le logiciel vous aidera à résoudre rapidement le problème.

Quelques conseils

Cela peut paraître évident, mais vérifiez d'abord que le volume est réglé correctement. Ensuite, assurez-vous que les haut-parleurs sont sous tension : le témoin lumineux est-il allumé ? S'ils sont raccordés à une prise de courant, vérifiez que ce branchement est correct.

La connexion avec l'ordinateur doit elle aussi être correcte. Les haut-parleurs sont branchés sur la carte son, laquelle comporte généralement plusieurs connecteurs (pour le microphone et les haut-parleurs). Essayez-les jusqu'à ce que vous entendiez le son sortir des haut-parleurs. Si vous utilisez un modèle stéréo, les deux éléments doivent être reliés entre deux.

Options logicielles

Quelqu'un a peut-être désactivé le son dans le logiciel que vous utilisez. En effet, de nombreux jeux offrent cette possibilité afin de ne pas gêner l'entourage. Si vous ne trouvez pas d'option pour le son dans le programme, vérifiez qu'il est effectivement censé provenir de ce logiciel (consultez la documentation).

Attention

Les haut-parleurs contiennent des aimants. Si vous les installez sur votre bureau, ne posez pas de disquettes dessus : les données risquent d'être perdues ou endommagées. Cela est vrai aussi bien pour les haut-parleurs incorporés que pour les modèles que vous installez de chaque côté de l'écran.

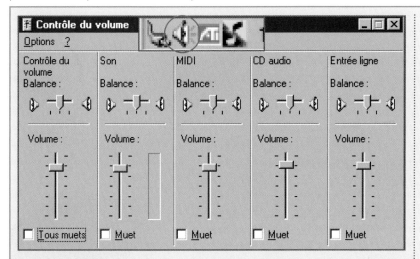

Aide supplémentaire

N'oubliez pas que Windows propose ses propres menus d'aide. Ouvrez le menu **Démarrer** et cliquez sur **Aide**. Dans l'Aide de Windows, cliquez sur l'onglet **Sommaire**, puis sur **Résolution des problèmes**. Une liste s'affiche. Cliquez sur **Utilitaires de résolution de problèmes de Windows 98** puis sur **Son**. Une liste de symptômes s'affiche dans le volet droit de la fenêtre. Cliquez sur le type de problème qui vous concerne (ici, « Son ») puis sur **Suivant**. Suivez les instructions.

Types de haut-parleurs

La plupart des PC envoient le son par l'intermédiaire de leurs propres haut-parleurs externes. Parfois, les haut-parleurs sont installés à l'intérieur du moniteur, de chaque côté de l'écran. Ils peuvent également être reliés par câble à l'unité centrale. N'oubliez pas de les nettoyer régulièrement (voir p. 64) et ne coincez pas les câbles.

Si le problème persiste

Empruntez d'autres haut-parleurs et connectez-les à votre PC. S'ils fonctionnent normalement (réglez le volume assez bas afin de ne rien endommager), vous devrez faire réparer ou remplacer les vôtres.

Vérifier le volume

Il s'agit probablement d'un problème logiciel si les branchements ont été faits correctement et si les câbles ne sont pas endommagés. Tout d'abord, assurez-vous que le volume des haut-parleurs n'est pas au minimum.

Cliquez deux fois sur l'icône du haut-parleur situé à droite sur la barre des tâches de Windows. Dans la boîte de dialogue qui s'affiche, vérifiez qu'aucune des cases « Muet » n'est cochée (sinon, cliquez dessus pour enlever la coche) et que les curseurs « Volume » sont en haut de la barre. Si vous utilisez des haut-parleurs stéréo, les curseurs « Balance » doivent être définis de manière identique.

Astuce

Si vous n'avez pas la possibilité d'emprunter des haut-parleurs, essayez ceux de votre salon. Reliez-les à l'unité centrale et à la prise auxiliaire de votre amplificateur à l'aide d'un câble. (Vous devrez peut-être vous procurer un câble spécial.) Ne placez pas vos haut-parleurs hi-fi trop près du PC : les éléments magnétiques risquent d'endommager votre disque dur.

Le modem ne répond pas

Les problèmes liés à Internet ou au courrier électronique

Parfois, un logiciel ou un matériel se mettent à fonctionner bizarrement ou tombent en panne alors que jusque-là tout allait bien. Si vous avez ce type de désagrément avec votre modem, ne vous inquiétez pas. Les dysfonctionnements du modem peuvent avoir de multiples raisons, et le problème est souvent facile à résoudre.

Le fournisseur d'accès

Tout d'abord, assurez-vous que le problème vient de chez vous. Essayez de vous connecter à votre fournisseur d'accès à Internet pour vérifier si le modem compose le numéro. Si vous entendez une série de sons comme lors de l'envoi d'une télécopie, c'est qu'il tente effectivement d'établir la connexion. S'il n'y parvient pas, l'équipement de votre fournisseur d'accès est plus certainement en cause que le vôtre. Contactez-le pour savoir si d'autres utilisateurs ont le même problème ; si tel est le cas, demandez-lui quand la panne sera réparée.

Le modem

Il s'agit peut-être d'un problème de configuration si le modem n'émet pas les bruits habituels lorsque vous vous connectez. En effet, l'ajout d'un nouveau matériel ou logiciel peut parfois affecter la configuration du modem. Vérifiez la procédure d'installation dans le mode d'emploi du modem

pour vous assurer que tout est correct. Vous pouvez aussi vous reporter à l'utilitaire de résolution de problème (voir ci-contre).

Les prises et les interrupteurs

Bien que cela puisse sembler évident, vérifiez tout de même que le modem est branché correctement. S'il s'agit d'un modem interne, vérifiez que le câble qui le relie au réseau téléphonique est bien branché aux deux extrémités. S'il s'agit d'un modem externe, vérifiez que tous les câbles sont reliés au PC et à la prise de courant. Le modem doit être allumé et sous tension.

Si le modem est installé convenablement, que la ligne téléphonique n'est pas en dérangement et que tous les câbles sont bien branchés mais que vous ne parvenez toujours pas à vous connecter, il est possible que l'extrémité du câble qui relie le modem à la ligne téléphonique soit abîmée. Ce connecteur est en effet composé de plusieurs petites broches de cuivre recouvertes d'un boîtier de plastique ; il se branche à l'arrière du modem. Achetez un nouveau câble et rebranchez le modem (voir ci-contre).

Mot-clé

Utilitaire de résolution de problème *Utilitaire offert par Windows pour diagnostiquer les problèmes et vous aider à les résoudre. Étudiez tous les problèmes possibles jusqu'à ce que vous trouviez ce qui a causé la panne. Ensuite, suivez les instructions pour effectuer la réparation.*

Résoudre les problèmes

Si le fournisseur d'accès et vos connexions semblent corrects, utilisez l'Aide de Windows.

Avant de commencer

Cliquez sur **Démarrer** et **Paramètres** puis **Panneau de configuration**. (Vous pouvez aussi cliquer deux fois sur **Poste de travail**, puis sur **Panneau de configuration**.) Cliquez deux fois sur l'icône **Modems** et vérifiez que votre modem apparaît dans la liste.

S'il n'est pas dans la liste, il a pu être supprimé accidentellement au cours d'une autre installation. Réinstallez-le à l'aide du logiciel qui l'accompagne. S'il est dans la liste, cliquez sur **OK** pour fermer la fenêtre et exécutez l'utilitaire de résolution de problème Modem.

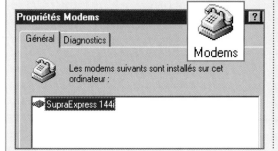

Dépannage dans Windows 98

Sous Windows 98, cliquez sur **Démarrer** puis sur **Aide**. Dans l'onglet Sommaire de la fenêtre d'aide, cliquez sur **Résolution des problèmes**, **Utilitaires de résolution de problèmes de Windows 98**, puis **Modem**. Une liste de symptômes s'affiche dans le volet droit de la fenêtre. Cliquez sur celui qui correspond à votre situation puis sur le bouton **Suivant**. Suivez les instructions qui s'affichent pour résoudre le problème.

Dépannage dans Windows 95

Sous Windows 95, cliquez sur **Démarrer** puis sur **Aide**. Dans l'onglet Sommaire de la fenêtre d'aide, cliquez sur **Dépannage**, puis sur **Vous avez du mal à utiliser un modem**. La fenêtre suivante demande de préciser la nature du problème. Cliquez sur l'option adéquate. Répondez aux questions suivantes ; des solutions vous seront proposées. Suivez les instructions qui s'affichent. Vous devrez peut-être vérifier des paramètres ainsi que certains détails auprès de votre fournisseur d'accès à Internet.

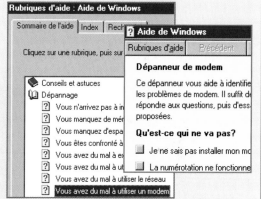

Réinstaller le modem

Tout d'abord, vérifiez que le modem est connecté correctement à l'ordinateur. Ensuite, ouvrez le menu **Démarrer** et sélectionnez **Paramètres**, puis **Panneau de configuration**. Cliquez deux fois sur l'icône **Modems** puis sur **Ajouter**. La boîte de dialogue « Installation d'un nouveau modem » s'affiche. Suivez les instructions pour que votre ordinateur sache que vous installez un nouveau modem. Lorsqu'un message vous invite à choisir un pilote, insérez la disquette ou le CD-ROM fourni avec le modem et cliquez sur **Disquette fournie**. Une procédure d'installation s'exécute alors automatiquement.

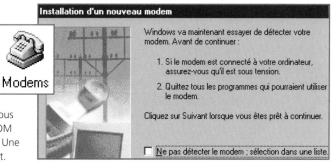

Mise à niveau du matériel

Ajoutez ou remplacez des composants pour améliorer votre PC

Lorsque vous installez un nouveau logiciel sur une machine ancienne, vous vous rendez compte qu'elle ne travaille plus aussi vite qu'au début; votre ordinateur a vieilli. Le meilleur moyen de résoudre ce problème est d'installer davantage de mémoire vive (RAM).

C'est en fait dans la RAM que le PC stocke le programme que vous avez ouvert, ainsi que les données sur lesquelles vous travaillez. Certes, votre ordinateur fonctionnera mieux si vous ajoutez plus de mémoire, mais cela n'aura aucune incidence sur le fonctionnement de programmes récents. En effet, si vous installez le dernier jeu informatique sur une vieille machine, vous n'ob-

tiendrez évidemment pas la qualité d'image ou de son que vous voudriez. Néanmoins, il est possible de mettre à niveau les différents composants de votre PC afin d'en améliorer les performances. Sachez toutefois que si vous deviez en changer beaucoup, il serait préférable, car plus économique, d'investir dans un nouvel ordinateur.

Avant d'installer de nouveaux composants, n'oubliez pas de sauvegarder toutes vos données importantes; ainsi, en cas de problème, vous pourrez les récupérer (pour plus de détails, voir p. 347).

Attention

Manipulez votre PC avec les mêmes précautions que pour tout autre appareil électrique. Avant de retirer le couvercle de l'unité centrale, vérifiez que le PC est hors tension. Ne prenez aucun risque avec l'électricité : débranchez la prise secteur et retirez le cordon d'alimentation à l'arrière de l'unité centrale.

Astuce

Les composants informatiques du PC sont en perpétuelle évolution. Il est donc difficile de savoir si ce qui est parfait aujourd'hui le sera encore demain. Assurez-vous que les nouveaux produits proposés restent sur le marché, et attendez que les prix baissent.

Principes de base de la mise à niveau

Pour mettre à niveau un PC, il faut nécessairement ouvrir l'unité centrale. Nous expliquons ici comment installer une carte graphique ; les autres composants s'installent de manière similaire.

Une nouvelle carte graphique

La carte graphique produit le signal vidéo et l'envoie au moniteur. Les modèles les plus récents affichent les images 3D à la perfection. Ces cartes s'installent dans un slot PCI ou AGP, à l'arrière du système (sur un ancien PC, vous ne trouverez sans doute qu'un slot PCI). Pour savoir quelle carte acheter pour votre PC, consultez le mode d'emploi de l'ordinateur ou contactez le fabricant.

Éteignez le PC, débranchez les câbles d'alimentation

à l'arrière de l'unité centrale, puis retirez le couvercle (reportez-vous au mode d'emploi du PC pour plus de détails). Repérez la carte graphique actuelle (le câble du moniteur y est raccordé à l'arrière). Débranchez le câble du moniteur et retirez la vis qui maintient la carte ; mettez-la de côté. Sortez délicatement la carte, puis introduisez la nouvelle dans le même emplacement, en prenant soin de placer le connecteur à l'arrière de l'unité centrale. Fixez-la à l'aide de la vis, puis remettez en place le couvercle de l'unité centrale.

Rebranchez tous les câbles et allumez le PC. En principe, Windows lance automatiquement l'Assistant Ajout de nouveau matériel (voir ci-dessous) et affiche un message qui vous indique qu'il a trouvé un nouveau matériel, pour lequel il installe un nouveau pilote (logiciel qui fait l'interface entre Windows et le matériel). Insérez la disquette ou le CD-ROM fourni avec votre nouvelle carte graphique. Windows 98 cherchera le nouveau pilote sur ce disque. Avec Windows 95, il faut indiquer l'emplacement du pilote via le bouton **Disquette fournie** ; tapez la lettre du lecteur de disque utilisé (« a » : disquette, « d » : CD-ROM). Suivez les instructions et redémarrez le PC pour profiter de votre carte graphique.

Retirez la carte graphique actuelle pour la remplacer par la nouvelle.

Introduisez délicatement la nouvelle carte et au besoin poussez-la fermement pour la mettre en place.

Quand la carte est en place, fixez-la avec la vis.

Localiser le matériel pour l'Assistant

Lorsque vous ajoutez un nouveau matériel, en général Windows le détecte et lance automatiquement l'Assistant Ajout de nouveau matériel dès que vous redémarrez le PC. Cet Assistant vous aide à configurer le PC pour qu'il utilise le nouveau matériel. Si Windows ne détecte pas le nouveau matériel, vous devrez lancer vous-même l'Assistant. Pour cela, ouvrez le menu

Démarrer et sélectionnez **Paramètres** puis **Panneau de configuration**. Cliquez deux fois sur l'icône **Ajout de nouveau matériel**. L'Assistant commence tout d'abord par rechercher la présence de tout nouveau matériel. S'il trouve le vôtre, il vous invite à insérer le disque qui contient le pilote correspondant (voir encadré ci-dessus). S'il ne le trouve pas, aidez-le en cliquant sur l'option adéquate dans la liste. Insérez le disque au moment voulu.

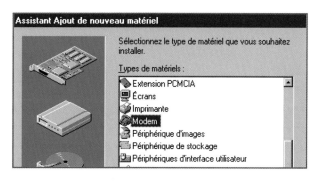

Attention

Assurez-vous que vous choisissez le bon type de mémoire. Les PC récents utilisent des barrettes DIMM (Dual Inline Memory Modules), alors que les modèles plus anciens requièrent des barrettes SIMM (Single Inline Memory Modules). Les SIMM sont de taille différente et doivent être installés par deux (avec la même capacité).

Que choisir et pourquoi

Réfléchissez bien avant d'installer un composant plus puissant. Assurez-vous que cela améliorera vraiment les performances.

La mémoire

De la mémoire en plus : c'est la dépense la plus judicieuse que vous puissiez faire. Windows 95 et 98 requièrent au moins 32 Mo de RAM, mais ils seront bien plus efficaces avec 64 Mo. Si le PC tourne très lentement, ou si le témoin du disque dur s'allume constamment lorsque vous travaillez, il n'y a probablement pas assez de mémoire vive ou RAM.

Il est très facile d'installer de la mémoire. Ouvrez l'unité centrale et introduisez le circuit dans le slot approprié (voir le mode d'emploi du PC). Ne vous trompez pas de type de mémoire (DIMM ou SIMM : voir ci-dessus « Attention »). Dans le doute, faites installer la mémoire par votre revendeur.

Les cartes son

Les nouveaux PC sont fournis avec un équipement audio standard. Mais une carte son spéciale donnera sans conteste de meilleurs résultats et vous permettra d'apprécier des innovations telles que le son 3D qu'offrent les derniers jeux informatiques.

Les nouveaux modèles reproduisent plus fidèlement les sons des instruments de musique et l'acoustique est sans aucun doute impressionnante. Si vous possédez un lecteur DVD, vous aurez peut-être besoin d'une nouvelle carte son pour bénéficier d'une restitution acoustique de qualité.

La mise en place d'une carte son est très simple : la procédure est presque la même que pour une carte graphique (voir p. 333). Et vous la reconnaîtrez facilement : le câble des haut-parleurs y est fixé.

La carte graphique

La plupart des ordinateurs sont vendus avec une carte graphique adaptée aux logiciels les plus courants. Mais si vous utilisez souvent des logiciels graphiques tels que Photoshop ou des jeux 3D, envisagez d'acheter une carte plus rapide. Certains modèles restitueront des images de meilleure qualité pour de la vidéo, des programmes de télévision ou des films DVD (voir ci-dessous).

Le DVD

Le DVD (*Digital Versatile Disc*) est un nouveau format de disque qui permet de stocker aussi bien de la vidéo que des données informatiques. C'est en quelque sorte une version plus puissante du CD-ROM. Les DVD peuvent, par ailleurs, stocker des séquences vidéo de huit heures alors qu'il n'a jamais été possible de stocker plus d'une heure de film sur un CD-ROM, incapable, au demeurant, de restituer des images de qualité. Il est actuellement impossible d'enregistrer des données sur un DVD-ROM, mais vous pouvez jouer à des jeux et regarder des films. Si vous achetez un lecteur de DVD-ROM, vous disposerez d'un décodeur vidéo MPEG 2 et d'un décodeur Dolby Digital en plus de votre lecteur, afin de profiter pleinement des films sur DVD. Toutefois, il vous faudra peut-être aussi mettre à niveau d'autres composants de votre PC. D'autre part, les cartes de décodage MPEG peuvent se brancher sur le poste de télévision, ce qui donne des images de meilleure qualité. Pour bénéficier d'une sortie audio parfaite, changez également vos haut-parleurs. Envisagez également de remplacer votre carte graphique si elle possède moins de 32 Mo de RAM, afin de profiter réellement des avantages du DVD.

Astuce
Les éditeurs de logiciels vous poussent parfois à choisir des produits qui nécessitent une mise à niveau de matériel. En cas de doute, consultez des magazines informatiques pour avoir un avis objectif sur un produit.

Le lecteur de disquette

Le lecteur de disquette standard de 1,44 Mo est peu à peu remplacé par d'autres systèmes, notamment les lecteurs Zip, qui offrent une capacité de stockage beaucoup plus importante (voir p. 44). Toutefois, aucun format standard ne s'est réellement imposé, aussi le lecteur que vous achetez aujourd'hui aura-t-il peut-être disparu dans un an ou deux. Si vous désirez un nouveau lecteur de disquette, faites-le installer par un revendeur.

Le moniteur

Un nouveau moniteur plus grand et de meilleure qualité ne fera pas tourner le PC plus vite, mais il améliorera le confort visuel. Les images seront plus nettes et l'écran scintillera moins. La plupart des PC sont vendus avec un écran de 15 pouces. (La taille du moniteur se mesure en diagonale, d'un angle de l'écran à un autre.) Avec un moniteur de 17 ou 21 pouces, votre PC sera bien plus

agréable à utiliser, surtout si vous jouez beaucoup ou regardez des DVD. Mais cela vous coûtera plus cher car plus le moniteur est grand, plus son prix est élevé. Le nouveau moniteur se branche dans le même connecteur de la carte graphique que l'ancien. Avant de l'acheter, voyez s'il faut aussi changer la carte graphique.

Le disque dur

Les programmes prennent de plus en plus de place sur le disque dur, surtout s'ils comportent des graphismes, du son ou des vidéos. Or, le PC fonctionne moins vite lorsque votre disque dur est presque plein (pour plus de détails sur la capacité et l'espace disponible, voir p. 54). La solution est d'acheter un nouveau disque dur et d'utiliser l'ancien comme moyen de stockage supplémentaire. L'installation du nouveau disque dur et les réglages à effectuer sur l'ancien relèvent d'un spécialiste : adressez-vous à un revendeur.

Un nouveau processeur

Le processeur (CPU) peut lui aussi être mis à niveau. Il est le composant principal de la carte mère, celui par lequel transitent les signaux échangés entre toutes les autres cartes.
Les derniers processeurs Pentium III ont une fréquence pouvant atteindre 1 GHz, ce qui signifie qu'ils pensent

1 milliard de fois par seconde. Les processeurs les plus rapides présentent plusieurs avantages, notamment de bien meilleures performances à l'exécution de jeux et à la gestion du montage vidéo.
C'est l'achat d'un nouveau processeur qui revient le plus cher ; confiez-en l'installation à un spécialiste. Il en existe de nombreux types, et vous devrez peut-être aussi acheter une nouvelle carte mère. Demandez conseil à votre revendeur. Si le CPU est ancien ou trop lent, il est préférable de racheter un ordinateur.

Les haut-parleurs

Les haut-parleurs standards fournis avec un PC conviennent tout à fait pour une utilisation normale. Toutefois, si vous désirez un son de qualité hi-fi et que vous venez d'acquérir une nouvelle carte son, pourquoi ne pas en profiter pour changer également vos haut-parleurs ? C'est en outre très facile : il suffit de brancher les nouveaux haut-parleurs sur la carte son, à l'arrière de l'unité centrale.

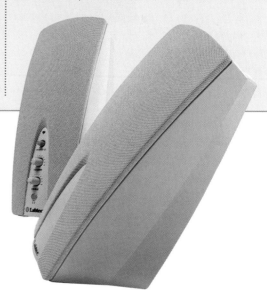

Problèmes après la mise à niveau

Comment résoudre vos soucis avec un nouveau matériel

Installer un nouveau périphérique sur votre ordinateur pose rarement problème. En général, dès que vous ajoutez un élément physique, Windows le détecte automatiquement et installe les fichiers nécessaires à son fonctionnement. Cette opération est en principe très simple et vous devriez être capable de l'effectuer tout seul. Cependant, si vous avez le moindre doute, demandez conseil à votre revendeur ou demandez-lui d'effectuer la mise à niveau pour vous. Les problèmes que vous rencontrez lors de cette opération proviennent souvent d'une erreur de connexion ou d'une carte mal insérée. Il peut se produire des conflits matériels ou des erreurs dues à un mauvais choix de pilote, mais ces problèmes sont très faciles à résoudre.

Un souci avec le nouveau matériel ?

Attention ! Prenez certaines précautions avant de tenter de résoudre le problème.

Avant de commencer

Notez les paramètres du PC. Ainsi, vous retrouverez les bons réglages pour le matériel que vous mettez à niveau et vous pourrez revenir en arrière en cas de problème. Inutile de recopier les informations de chaque écran qui s'affiche : enregistrez l'écran dans un fichier (voir ci-dessous). Par exemple, si vous changez de lecteur de CD-ROM, enregistrez l'écran de ses propriétés. Cliquez sur **Démarrer** et choisissez **Paramètres** puis **Panneau de configuration**. Cliquez deux fois sur **Système**. Dans l'onglet **Gestionnaire de périphériques**, cliquez deux fois sur **CD-ROM** pour afficher le matériel connecté. Cliquez avec le bouton droit sur celui qui vous intéresse et choisissez **Propriétés** dans le menu. Enregistrez cet écran. Enregistrez aussi les écrans des deux autres onglets.

Enregistrer un écran dans un fichier

Suivez cette procédure :

1 Appuyez sur la touche **Impr écran** du clavier.
2 Ouvrez le programme Paint (choisissez **Démarrer**, **Programmes**, **Accessoires**, puis **Paint**).
3 Dans le menu **Edition**, cliquez sur **Coller**. Un message vous invite à agrandir l'image. Cliquez sur **Oui**. Votre copie d'écran est alors collée en tant qu'image.
4 Ouvrez le menu **Fichier** et cliquez sur **Enregistrer** pour enregistrer le fichier. Par la suite, affichez-le dans Paint ou imprimez-le pour comparer les options.

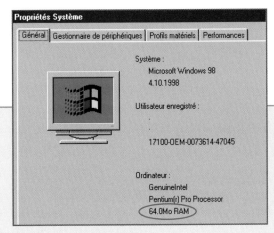

Mot-clé

Carte d'extension Il s'agit d'une carte que vous installez pour ajouter de nouvelles fonctions à l'ordinateur. Ainsi, pour enregistrer et écouter des sons sur votre PC, faites l'acquisition d'une nouvelle carte son.

Problèmes de mémoire

Si l'ordinateur ne détecte pas la barrette de mémoire que vous venez d'installer (RAM supplémentaire), c'est certainement qu'elle est mal insérée. Pour vérifier la mémoire, cliquez avec le bouton droit sur **Poste de travail** sur le bureau, puis sur **Propriétés** dans le menu local. Dans l'onglet « Général » s'affiche la quantité de mémoire reconnue par le PC. Si cette valeur a augmenté, la barrette de mémoire est correctement installée.

En revanche, si des messages indiquent des problèmes de mémoire et des erreurs de parité (en général sur un écran bleu), vous n'avez pas le bon type de mémoire. Demandez à votre revendeur de remplacer la mémoire.

Le disque dur

Ramenez le PC chez votre revendeur s'il ne reconnaît pas le nouveau disque dur. Plusieurs solutions sont possibles, mais elles nécessitent l'intervention d'un spécialiste.

Les lecteurs externes

Si le PC ne reconnaît pas votre nouveau lecteur externe, vérifiez que la carte est introduite correctement. Assurez-vous ensuite que toute nouvelle carte insérée en même temps, par exemple une carte SCSI, est elle-même placée correctement dans le bon slot. Si le problème persiste, c'est que vous n'avez pas le bon pilote ou qu'il y a un conflit matériel (voir p. 339).

Les cartes son

Si le PC n'émet aucun son bien que vous ayez installé une nouvelle carte son, assurez-vous que celle-ci est placée correctement, que les haut-parleurs sont branchés et que toutes les connexions ont été faites, y compris le câble entre le CD-ROM et la carte son. Le pilote peut être en cause si le son est très faible ou inexistant.

Problèmes avec le moniteur

Si le nouveau moniteur ne fonctionne pas, vérifiez qu'il est branché dans la prise d'alimentation électrique et sur la carte graphique. Modifiez les réglages de la luminosité et du contraste. Si cela ne change rien, branchez un autre moniteur en état de marche. En cas de bon fonctionnement, c'est le nouveau moniteur qui est en cause ; ramenez-le là où vous l'avez acheté. Sinon, le problème vient de la carte graphique.

Les cartes graphiques

Vous ne verrez rien à l'écran si la carte graphique ne fonctionne pas du tout. Cependant, vous entendrez le disque dur tourner au démarrage du PC ainsi que le signal sonore indiquant que Windows est chargé. L'explication la plus plausible est que la carte n'est pas introduite correctement. Éteignez le PC et débranchez la prise de courant, ouvrez l'unité centrale et vérifiez que la carte est bien insérée sur toute sa longueur.

Si vous voyez de la neige ou bien si Windows est bizarre, c'est un problème de pilote. Dans ce cas, consultez le site Web du fabricant pour voir si vous avez la dernière version. Il en va de même si la seule résolution d'écran disponible est 640 x 480 en 16 couleurs. Pour voir ce paramètre, cliquez deux fois sur **Affichage** dans le **Panneau de configuration**. La résolution est indiquée dans l'onglet Paramètres, sous « Zone d'écran ».

Câbles et cartes

Si vous effectuez la mise à niveau vous-même, ne débranchez aucun câble et ne changez aucun réglage sans être sûr de vous souvenir de son emplacement. Les câbles à l'intérieur de l'unité centrale peuvent souvent se brancher ailleurs. Notez la couleur de chacun d'eux, ainsi que l'extrémité qui se connecte à cet endroit. Les cartes doivent être bien enclenchées dans leur slot, sur toute leur longueur. Appuyez fermement, mais sans exercer de pression trop forte sur les connexions et en vérifiant que chaque partie s'intègre bien avec l'autre.

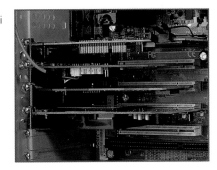

Attention

Même si vous avez éteint le moniteur, ne l'ouvrez pas dans l'intention de le réparer. En effet, il risque d'être chargé d'électricité statique et vous recevriez une décharge.

Mot-clé

Pilote de périphérique *Il s'agit d'un module logiciel qui convertit les instructions de Windows dans un format compréhensible pour vos périphériques matériels.*

Attention

Les périphériques ne doivent être cités qu'une fois dans la liste (sauf si vous en avez installé plusieurs) de l'onglet « Gestionnaire de périphériques » de Propriétés Système. Si l'un d'eux apparaît deux fois, supprimez-le, puis réinstallez le matériel via l'Assistant Ajout de nouveau matériel.

Problèmes avec les pilotes

Pour résoudre les problèmes, commencez par vérifier que les pilotes fonctionnent correctement.

Les problèmes de périphérique

Pour savoir si les pilotes des périphériques fonctionnent correctement, cliquez sur **Démarrer, Paramètres** puis **Panneau de configuration**. Cliquez deux fois sur **Système**. Dans l'onglet « Gestionnaire de périphériques », parcourez la liste des périphériques. Si l'un d'eux pose problème, une icône jaune s'affiche à côté de son nom. Il peut s'agir d'un problème matériel, par exemple une mauvaise connexion. Si ce n'est pas le cas, il y a peut-être un conflit matériel (voir ci-contre) ou le pilote est trop ancien.

*Cliquez sur le signe **+** devant le type de périphérique qui vous intéresse, pour afficher la liste des pilotes installés. Cliquez sur le signe **-** pour masquer les pilotes.*

La mise à jour des pilotes

Windows 98 met automatiquement à jour les pilotes des périphériques, mais vous pouvez les installer vous-même. Pour utiliser la fonction de mise à jour de Windows, connectez-vous à Internet. Ouvrez le menu **Démarrer** et cliquez sur **Paramètres** puis **Windows Update**. Cela établit une connexion à Internet et vous amène sur le site Web de Windows Update. Cliquez sur le lien **Mises à jour de produits** et suivez les instructions qui s'affichent. Si un message vous invite à installer et à exécuter des composants pouvant être téléchargés, cliquez sur **Oui**. Dans Windows 95, ou si vous voulez mettre à jour les pilotes manuellement, trouvez-les et installez-les.

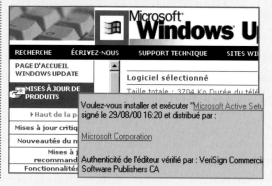

Mise à niveau par étapes

Si vous décidez de changer plusieurs périphériques, procédez par étapes. Ajoutez un élément, vérifiez qu'il est installé correctement et qu'il fonctionne avant d'ajouter le suivant. Ainsi, en cas de problème vous savez quel périphérique est en cause.

Si vous désirez acquérir le dernier pilote pour votre nouveau périphérique, consultez le site Web du fabricant et téléchargez-le. Si vous n'avez pas accès à Internet, procurez-vous le pilote sur une disquette ou un CD-ROM en contactant l'Assistance technique du fabricant. Si vous disposez du CD-ROM de Windows, vous y trouverez des pilotes dans le dossier « Drivers ». Pour trouver celui qui vous intéresse, cliquez sur **Démarrer, Paramètres** puis **Panneau de configuration**. Cliquez deux fois sur **Ajout de nouveau matériel** et suivez les instructions. Au message vous demandant si Windows doit rechercher le nouveau matériel, répondez **Non**. Cliquez sur le type de matériel correspondant au pilote que vous installez, puis sur **Disquette fournie**. Indiquez l'emplacement du fichier du pilote et suivez les instructions. Pour installer des pilotes spécifiques, ouvrez le **Panneau de configuration**. Cliquez deux fois sur **Système**.

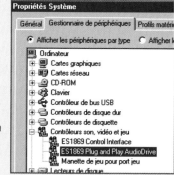

Mot-clé

Conflit matériel Cela se produit lorsqu'un matériel particulier présente une incompatibilité avec votre PC. Ce matériel est certainement mal installé ou mal configuré, ou bien il est incompatible avec le logiciel que vous utilisez.

Propriétés ES1869 Plug and Play AudioDrive

Général | Pilote | Ressources |

 ES1869 Plug and Play AudioDrive

Fournisseur : ESS
Date : 10-12-1998

Pour avoir des détails sur les fichiers du pilote de ce périphérique, cliquez sur Détails des fichiers du pilote. Pour mettre à jour les fichiers du pilote de ce périphérique, cliquez sur Mettre le pilote à jour...

Dans l'onglet **Gestionnaire de périphériques**, cliquez deux fois sur le matériel concerné. Dans la boîte de dialogue qui s'affiche, cliquez sur l'onglet **Pilote**, puis sur **Mettre le pilote à jour**, et suivez les instructions.

Assistant Mise à jour de pilote de périphérique

Que voulez-vous faire ?

○ Rechercher un meilleur pilote que celui que vous utilisez en ce moment. (Recommandé)

○ Afficher une liste de tous les pilotes situés dans un emplacement précis, afin de pouvoir installer le

Assistant Mise à jour de pilote de périphérique

Windows va rechercher des pilotes mis à jour dans sa base de données, sur votre disque dur et aux emplacements sélectionnés. Cliquez sur Suivant pour commencer la recherche.

☑ Lecteurs de disquettes

☐ Lecteur de CD-ROM

☐ Microsoft Windows Update

☑ Définir un emplacement :

D:\ESSDRV\WIN9X

Résoudre les conflits matériels

Si une icône signale un problème avec un périphérique dans la fenêtre des propriétés du système (voir ci-contre) et que vous n'avez pas de pilote plus récent, installez un pilote plus ancien à partir du CD-ROM de Windows. Dans la fenêtre des propriétés du système, cliquez sur l'onglet **Gestionnaire de périphériques**, puis sur le matériel concerné et enfin sur le bouton **Supprimer**. Insérez le CD-ROM de Windows et cliquez sur **Démarrer**, **Paramètres** et **Panneau de configuration**. Cliquez deux fois sur **Ajout de nouveau matériel**. Réinstallez le matériel à l'aide de l'Assistant et redémarrez le PC. Revenez dans la fenêtre des propriétés du système et cliquez sur l'onglet **Gestionnaire de périphériques**.

Ajout de nouveau matériel

Parcourez la liste des matériels pour voir si le problème est résolu. Mais, si le symbole jaune est toujours présent, il vous faut recourir à l'Aide de Windows, qui fournit des instructions

Assistant Ajout de nouveau matériel

Cet Assistant installe le logiciel pour un nouveau périphérique matériel.

Avant de poursuivre, fermez tous les programmes ou

Pour démarrer l'installation du logiciel de votre nouveau périphérique, cliquez sur Suivant.

détaillées sur la résolution des conflits matériels. Ouvrez le menu **Démarrer** et cliquez sur **Aide**. Dans l'onglet « Sommaire », cliquez sur **Résolution des problèmes**, puis sur **Utilitaires de résolution de problèmes de Windows 98** (dans Windows 95, choisissez **Dépannage**, puis **Vous êtes confronté à un conflit matériel**). Cliquez sur **Dépanneur de conflit matériel** et suivez les instructions.

Aide de Windows

Masquer | En arrière | En avant | Options | Aide W

Sommaire | Index | Recherche |

- Présentation de Windows 98
- Exploration de votre ordinateur
- Exploration d'Internet
- Utilisation des accessoires Windows
- Impression
- Gestion du matériel et des logiciels
- Connexion à des réseaux
- Utilisation des fonctionnalités d'accessi
- Guide de mise en route : version en ligne
- Résolution des problèmes
  - Utilisation des utilitaires de résolu
  - Pour contacter le Support Technique
  - Utilitaires de résolution de problème
    - Réseau
    - Modem
    - Démarrage et arrêt
    - Impression
    - DriveSpace 3
    - Mémoire
    - Programmes MS-DOS
    - Affichage
    - DirectX
    - Son
    - The Microsoft Network
    - Conflits matériels
    - Accès réseau à distance

Existe-t-il une zone pour les paramètres de ressources sous l'onglet Ressources ?

Pour déterminer si un périphérique apparaît deux fois sous l'onglet Gestionnaire de périphériques

1. Cliquez sur **Démarrer**, pointez sur **Paramètres**, cliquez sur **Panneau de configuration**, puis double-cliquez sur **Système**.

2. Sous l'onglet **Gestionnaire de périphériques**, recherchez les périphériques double.

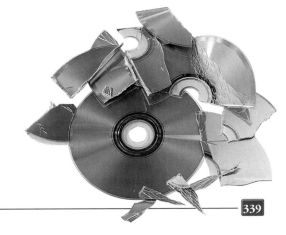

Windows refuse de démarrer

Que faire si le système d'exploitation refuse de se charger ?

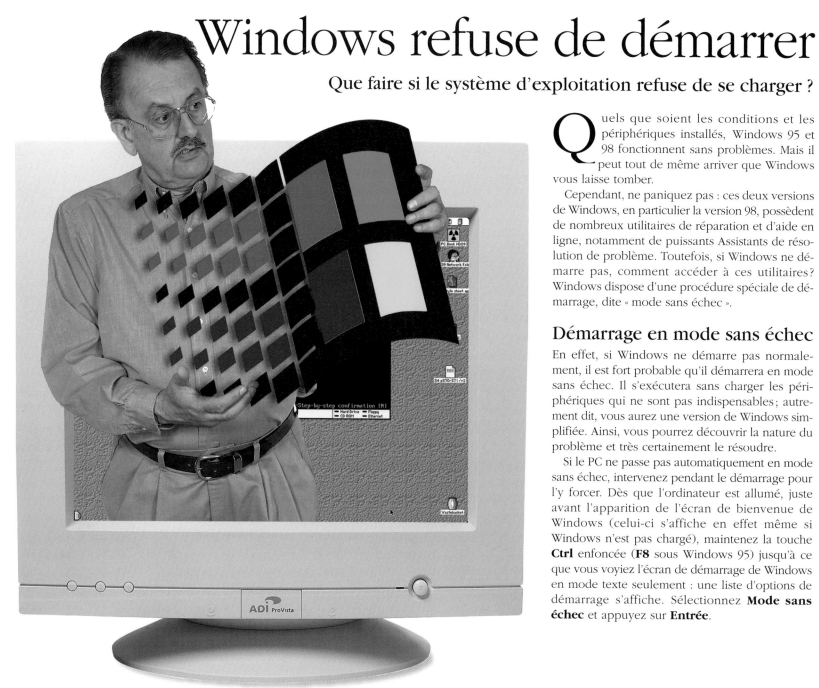

Quels que soient les conditions et les périphériques installés, Windows 95 et 98 fonctionnent sans problèmes. Mais il peut tout de même arriver que Windows vous laisse tomber.

Cependant, ne paniquez pas : ces deux versions de Windows, en particulier la version 98, possèdent de nombreux utilitaires de réparation et d'aide en ligne, notamment de puissants Assistants de résolution de problème. Toutefois, si Windows ne démarre pas, comment accéder à ces utilitaires ? Windows dispose d'une procédure spéciale de démarrage, dite « mode sans échec ».

Démarrage en mode sans échec

En effet, si Windows ne démarre pas normalement, il est fort probable qu'il démarrera en mode sans échec. Il s'exécutera sans charger les périphériques qui ne sont pas indispensables ; autrement dit, vous aurez une version de Windows simplifiée. Ainsi, vous pourrez découvrir la nature du problème et très certainement le résoudre.

Si le PC ne passe pas automatiquement en mode sans échec, intervenez pendant le démarrage pour l'y forcer. Dès que l'ordinateur est allumé, juste avant l'apparition de l'écran de bienvenue de Windows (celui-ci s'affiche en effet même si Windows n'est pas chargé), maintenez la touche **Ctrl** enfoncée (**F8** sous Windows 95) jusqu'à ce que vous voyiez l'écran de démarrage de Windows en mode texte seulement : une liste d'options de démarrage s'affiche. Sélectionnez **Mode sans échec** et appuyez sur **Entrée**.

De l'aide dans Windows

Windows vous propose de nombreux outils pour vous aider à résoudre les éventuels problèmes rencontrés avec votre PC. Ils sont tous accessibles en mode sans échec et en mode normal.

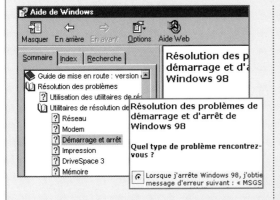

Résolution des problèmes dans Windows 98

Cet utilitaire de résolution de problèmes fait appel à un Assistant pour analyser le problème et y remédier.
Pour accéder à cet Assistant, ouvrez le menu **Démarrer** et cliquez sur **Aide**.
Dans la fenêtre, cliquez sur l'onglet **Sommaire**, puis sur **Résolution des problèmes**. Ce dossier comporte trois sous-dossiers. Cliquez sur **Utilitaires de résolution de problèmes de Windows 98**. Dans la liste qui s'affiche, cliquez sur **Démarrage et arrêt**. Dans le volet droit, sélectionnez « Mon ordinateur ne répond plus lorsque j'essaie de démarrer… », puis cliquez sur **Suivant**.
D'autres questions vous sont posées : répondez-y. Des solutions sont alors proposées.

Informations sur le système

Windows 98 propose également un utilitaire de diagnostic appelé « Informations système », qui renferme divers outils logiciels destinés à vous aider. Pour y accéder, ouvrez le menu **Démarrer** et sélectionnez **Programmes**, **Accessoires**, **Outils système** et **Informations système**.
Le Vérificateur des fichiers système est l'un des outils les plus intéressants de cet utilitaire (vous le trouverez dans le menu Outils). Il vérifie que les fichiers système ne sont pas endommagés et permet de récupérer les versions d'origine des fichiers de Windows 98.

Les fichiers LISEZMOI

Situés dans le dossier principal de Windows (sur le lecteur C:), les fichiers LISEZMOI contiennent des informations utiles qui vous renseignent sur les problèmes que vous risquez de rencontrer avec certains périphériques comme une imprimante ou un modem. Pour voir la liste de tous ces fichiers, ouvrez le menu **Démarrer** et sélectionnez **Rechercher** puis **Fichiers ou dossiers**. Tapez ***.TXT** dans la zone « Nommé » et sélectionnez **C:\Windows** dans la liste « Rechercher dans ». Cliquez sur **Rechercher maintenant**.
L'un de ces fichiers, « Faq » (Forum aux questions), fournit les réponses aux questions les plus fréquentes. Cliquez deux fois sur l'un de ces fichiers LISEZMOI pour l'ouvrir. Imprimez-le : il sera alors facile à consulter tout en essayant de résoudre le problème.

Dépannage en ligne

Windows 95 et 98 proposent leurs propres Assistants de résolution des problèmes, mais vous en trouverez d'autres sur le site de Microsoft :
http://support.microsoft.com/support/tshoot/

Sélectionnez le produit dans la liste.

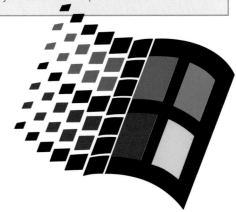

Windows refuse de se fermer

Que faire lorsque le système d'exploitation est bloqué ?

Il arrive que Windows 95 ou 98 reste figé. Dans ce cas, le curseur ne réagit plus aux mouvements exercés avec la souris et vous ne pouvez plus exécuter de commandes à partir du clavier. Appuyez plusieurs fois sur la touche **Verr Num** (en haut du pavé numérique) dans le cas où votre ordinateur présenterait ce type de symptômes. Cela a pour but de vérifier si le témoin lumineux de cet-te touche s'éteint et s'allume normalement. Sinon, c'est que le système est bloqué. Or, il est plus difficile de débloquer Windows qu'un programme, car vous n'avez pas accès aux fonctions d'aide. En effet, Windows gouverne toutes vos actions ; s'il ne répond plus, vous ne pouvez donc plus utiliser les outils de résolution de problèmes proposés par ce système d'exploitation.

Comment fermer Windows

Quand Windows reste bloqué, il est impossible de le relancer comme d'habitude, via le menu Démarrer. La seule solution consiste à appuyer simultanément sur les touches **Ctrl** + **Alt** + **Suppr**.
Deux possibilités s'offrent alors à vous : cliquez sur **Arrêter** ou, si des programmes sont ouverts, refermez-les et enregistrez les changements à l'aide de l'option **Fin de tâche**. Une boîte de dialogue propose d'enregistrer les changements. Cliquez sur **Oui**.
Si Internet Explorer est ouvert, refermez-le en dernier, car il n'a pas de documents actifs.
Il arrive parfois que Windows se débloque lorsque vous refermez des programmes de cette façon. Si ce n'est pas le cas, essayez de le redémarrer. Mais si le problème persiste, lancez l'utilitaire de dépannage de Windows pour diagnostiquer le problème et le résoudre.

Astuce
Si vous ne parvenez pas à résoudre le problème à l'aide des utilitaires de dépannage, il faudra peut-être réinstaller Windows. Ce qui n'est pas aussi terrifiant que ça en a l'air ! Voir p. 344 pour plus de détails.

Gros plan
Utilisez le menu Démarrer pour redémarrer ou éteindre l'ordinateur lorsque c'est possible. Ainsi, toutes les informations sont enregistrées et chaque programme se referme correctement avant Windows.

L'utilitaire de résolution de problème

Si vous rencontrez régulièrement des problèmes au moment de quitter Windows, l'utilitaire de dépannage pourra sans doute vous aider.

Trouver des solutions

La fonction d'aide de Windows 98 est un bon point de départ pour savoir pourquoi le système d'exploitation ne parvient pas à se refermer. (Windows 95

ne possède pas d'option de dépannage pour l'arrêt du système d'exploitation.) Pour accéder à cet utilitaire, ouvrez le menu **Démarrer** et cliquez sur **Aide**. La fenêtre d'Aide de Windows s'affiche. Dans l'onglet « Sommaire », vous voyez une liste d'options. Cliquez sur **Résolution des problèmes**. Ce dossier propose trois sous-dossiers. Pour vous familiariser avec ces utilitaires – si ce n'est pas déjà fait –, cliquez sur **Utilisation des utilitaires de résolution de problèmes de Windows 98**. Si vous préférez résoudre le problème tout de suite, cliquez sur **Utilitaires de résolution de problèmes de Windows 98**. Dans la liste, cliquez sur **Démarrage et arrêt**. Dans le volet droit, cliquez sur **Mon ordinateur ne répond plus lorsque j'essaie de fermer**, puis sur **Suivant**. La première suggestion relative à la nature du problème s'affiche à droite, et une

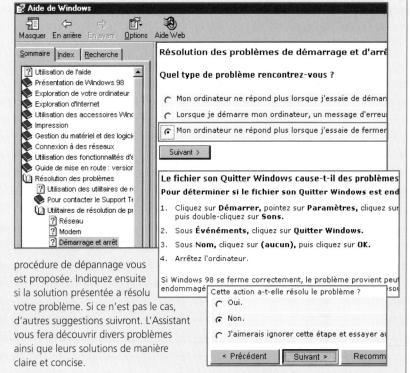

procédure de dépannage vous est proposée. Indiquez ensuite si la solution présentée a résolu votre problème. Si ce n'est pas le cas, d'autres suggestions suivront. L'Assistant vous fera découvrir divers problèmes ainsi que leurs solutions de manière claire et concise.

*Si vous ne parvenez pas à fermer Windows en appuyant sur les touches **Ctrl** + **Alt** + **Suppr**, utilisez le bouton de réinitialisation de l'unité centrale. Si votre PC ne possède pas ce bouton, éteignez-le puis rallumez-le.*

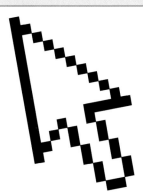

Réinstaller Windows

Si vous ne parvenez pas à réparer le système, réinstallez-le

Réinstaller le système d'exploitation reste la meilleure solution si vous ne parvenez à résoudre le problème d'aucune manière. Votre travail et les programmes n'en seront pas affectés et vous retrouverez Windows dans son état d'origine.

Une réinstallation complète est nécessaire si le système continue par exemple de se bloquer. Il vous faut alors le CD-ROM de Windows et une disquette de démarrage si Windows ne se charge pas (voir p. 60). D'autre part, n'oubliez pas d'effectuer une sauvegarde de votre travail (voir p. 347).

Toutefois, la réinstallation comporte quelques risques et ne doit être envisagée qu'en dernier ressort. En effet, sur certains PC, elle peut être à l'origine de problèmes supplémentaires. D'importants réglages risquent d'être perdus. Des conseils de spécialiste seront les bienvenus (voir en bas à droite).

La plupart du temps, il est possible d'effectuer la réinstallation depuis Windows. Mais si Windows ne démarre pas, utilisez une disquette de démarrage (voir pages suivantes).

RÉINSTALLATION NORMALE

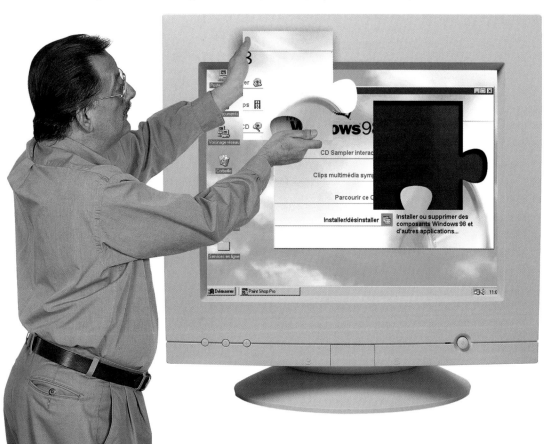

1 Placez le CD de Windows dans le lecteur de CD et fermez tous les programmes (sans oublier votre antivirus). Ensuite, cliquez deux fois sur **Poste de travail**, puis sur l'icône du **CD-ROM** et enfin sur **Install**. L'Assistant d'installation vous guidera pas à pas dans cette opération.

Aide supplémentaire

Si la réinstallation est une opération qui vous inquiète, n'hésitez pas à demander conseil à un spécialiste. Contactez l'assistance technique de Microsoft ou, si Windows était déjà installé sur votre PC quand vous l'avez acheté, voyez avec votre revendeur.

Astuce

Copiez le dossier Windows 95 ou 98 du CD-ROM de Windows sur votre lecteur [C:]. Ainsi, si vous ne retrouvez plus votre CD-ROM, vous pourrez toujours exécuter le programme d'installation depuis ce dossier et donc installer Windows directement à partir du disque dur.

Attention

Lors de l'installation, vous serez invité à fournir le numéro de série de Windows 95 ou 98 (vous le trouverez sur la pochette du CD ou sur la couverture du mode d'emploi). Veillez à taper ce numéro correctement et à ne pas le perdre.

2 Le programme d'installation vérifie qu'il y a assez de mémoire pour installer Windows et suggère de créer une disquette de démarrage. Si vous en avez déjà une, cliquez sur **Annuler**. Dans le cas contraire, voir p. 60 et 346.

3 La réinstallation consiste principalement à copier du CD-ROM sur votre PC les fichiers essentiels au bon fonctionnement de Windows. La durée de cette opération varie selon la version de Windows et la vitesse de l'ordinateur.

4 À la fin de l'installation, Windows définit les paramètres des périphériques et les éléments du bureau, y compris le contenu du Panneau de configuration et les programmes inclus dans le menu Démarrer. C'est là que vous devrez redémarrer le PC.

Où êtes-vous ?

Windows 98 a été conçu pour travailler directement avec Internet ; une partie de la réinstallation nécessitera donc que vous indiquiez votre emplacement géographique.

En effet, si vous vous connectez à Internet, Windows peut alors vous informer et vous offrir des services sur votre Bureau, selon le pays dans lequel vous vivez.

Lors de la deuxième partie de l'installation de Windows, au cours de laquelle des informations sur le PC sont collectées, une liste de pays s'affiche dans une boîte de dialogue. Cliquez sur le vôtre puis sur le bouton **Suivant**.

Emplacement géographique

Windows 98 vous permet d'obtenir facilement des informations concernant votre région, notamment grâce aux chaînes. Les chaînes sont des sites Web conçus pour transférer leur contenu sur votre ordinateur à partir d'Internet.

Sélectionnez le bon emplacement géographique pour que soient fixés les paramètres de base pour la réception de ces informations.

Choisissez votre pays ou région dans la liste ci-dessous.

```
Burkina
Burundi
Cambodge
Cameroun
Canada
Cap-Vert
```

Attention
Si Windows ne se charge toujours pas à la suite de la procédure décrite ci-dessous, le problème vient peut-être de votre disque dur. Pour plus d'informations sur le diagnostic et la résolution des problèmes de disque dur, voir p. 320.

Réinstaller Windows quand il ne se charge pas

Si Windows ne démarre pas, vous devez utiliser une disquette de démarrage afin d'accéder au CD-ROM de Windows et suivre la procédure décrite p. 344.

Créer une disquette de démarrage

Si Windows ne démarre pas normalement lorsque vous allumez votre PC, vous aurez besoin d'une disquette de démarrage pour effectuer la réinstallation. Cette disquette contient les fichiers essentiels de Windows et divers utilitaires pouvant servir en cas d'urgence.
En général, Windows 95 et 98 vous invitent à créer

cette disquette lors de la première installation. Mais si vous avez acheté un PC où Windows était déjà installé, vous ne possédez sans doute pas cette disquette.
La création d'une disquette de démarrage est très simple : vous avez simplement besoin d'une disquette de 1,44 Mo. Pour plus de détails, voir p. 60. Lorsque vous avez terminé, étiquetez la disquette, ouvrez la languette de protection en écriture et rangez la disquette en lieu sûr.
Pensez à vérifier que cette disquette fonctionne correctement. Éteignez l'ordinateur, placez la disquette de démarrage dans le lecteur, puis rallumez le PC. Dans Windows 98, un menu d'options s'affiche dès que la disquette est reconnue. L'une des commandes permet de réinstaller Windows à partir du CD-ROM. Dans Windows 95, l'invite A: s'affiche directement, sans menu.

Le disque de démarrage dans Windows 98

Pour utiliser votre disquette de démarrage lors de la réinstallation, insérez-la dans le lecteur de disquette et allumez l'ordinateur. Quand le menu DOS s'affiche,

insérez le CD de Windows 98, puis pressez la touche numérotée correspondant au démarrage de l'ordinateur avec l'aide du CD-ROM.

 Lorsque l'invite A: s'affiche, tapez la lettre de l'alphabet qui suit celle du lecteur de CD-ROM puis **:INSTALL.EXE**. Dans cet exemple, le lecteur de CD-ROM est le lecteur D, aussi la commande commence-t-elle par E.

```
A:\>E:INSTALL.EXE
```

Le nom de lecteur de votre CD-ROM change, car le contenu de la disquette de démarrage est copié sur un autre lecteur temporaire. Après la réinstallation, vous retrouverez vos noms de lecteurs habituels.
Après avoir tapé la commande d'installation, appuyez sur **Entrée**. Le PC accède ensuite au CD-ROM de Windows et lance la procédure de réinstallation. Suivez les conseils de la page précédente. Si le PC ne parvient pas à accéder au lecteur de CD-ROM, le problème est peut-être plus grave ; demandez conseil à un spécialiste. Sinon, suivez la procédure jusqu'au bout, puis éteignez l'ordinateur, retirez la disquette et le CD-ROM et redémarrez l'ordinateur. Celui-ci et Windows doivent alors démarrer normalement.

Vérifier le disque dur

Avant de réinstaller Windows, exécutez ScanDisk pour vous assurer que le disque dur n'a pas de problème. Ouvrez le menu **Démarrer** et sélectionnez **Programmes**, **Accessoires**, **Outils système** puis **ScanDisk**. Dans la boîte de dialogue, cliquez sur l'option **Minutieuse**, puis sur **Démarrer**. Cet outil détecte les problèmes sur le disque dur et les fichiers qu'il contient. Si vous cochez la case « Corriger automatiquement les erreurs », vous pourrez ensuite laisser l'ordinateur travailler seul ; tous les problèmes éventuels seront corrigés.

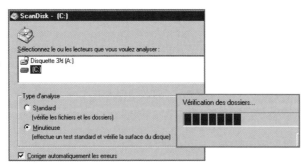

Gros plan

*Si l'outil Sauvegarde de Windows n'est pas installé, ouvrez le menu **Démarrer** et sélectionnez **Paramètres** puis **Panneau de configuration**. Cliquez deux fois sur **Ajout/Suppression de programmes**. Cliquez sur l'onglet **Installation de Windows**, faites défiler la liste et cliquez deux fois sur le dossier **Outils système** (**Disk Tools** dans Windows 95). Cochez la case **Sauvegarde** et cliquez sur **OK**.*

Sauvegarder le travail

Avant de réinstaller Windows, faites une sauvegarde ou une copie de vos fichiers. Ainsi, quoi qu'il arrive, vous retrouverez votre travail.

Créer une sauvegarde

Copiez vos documents de traitement de texte, vos feuilles de calcul et vos bases de données sur un autre disque ; ainsi, votre travail est à l'abri en cas de problème lors de la réinstallation. Si vos fichiers étaient endommagés par la procédure (ce qui arrive rarement), il suffirait de les recopier sur le disque dur à partir de la sauvegarde. Le nombre de fichiers à copier et la place qu'ils occupent conditionnent le choix du support pour la sauvegarde. Pour plus de détails, voir p. 44.

La sauvegarde dans Windows

Pour sauvegarder des données dans Windows 95 ou 98, il suffit de copier les fichiers correspondants sur un disque de sauvegarde amovible (voir p. 52).
Si vous avez peu de fichiers ou de dossiers à sauvegarder, ils ne prendront pas beaucoup de place (une soixantaine de lettres d'une page tient sur une disquette 1,44 Mo). Mais, si vos données importantes sont nombreuses, ce type de sauvegarde prendra beaucoup de temps. Heureusement, Windows possède un outil, Sauvegarde de Windows, qui rassemble toutes les données à copier puis les compresse dans un format spécial ; la copie est donc plus rapide et demande moins de place.
Ouvrez le menu **Démarrer** et choisissez **Programmes**, **Accessoires**, **Outils système** puis **Sauvegarde**. Un Assistant vous guide pas à pas. Sauvegardez toutes

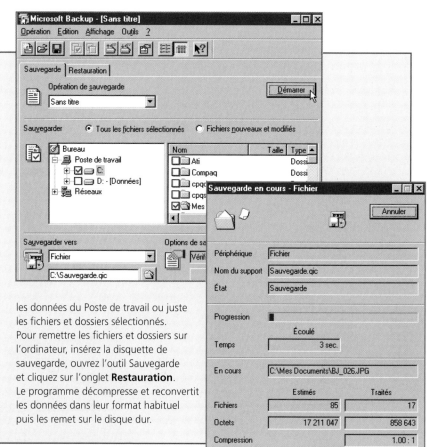

les données du Poste de travail ou juste les fichiers et dossiers sélectionnés.
Pour remettre les fichiers et dossiers sur l'ordinateur, insérez la disquette de sauvegarde, ouvrez l'outil Sauvegarde et cliquez sur l'onglet **Restauration**.
Le programme décompresse et reconvertit les données dans leur format habituel puis les remet sur le disque dur.

Mettre à jour Windows 98

Une fois que vous avez réinstallé Windows 98, vous pouvez le mettre à jour pour bénéficier des dernières améliorations. Connectez-vous à Internet et utilisez le site Web de Windows Update pour télécharger les derniers pilotes ou résoudre des problèmes particuliers.
Pour accéder à Windows Update, vous devez vous connecter à Internet. Ensuite, choisissez **Démarrer**, **Paramètres**, puis **Windows Update**. Lorsque la page s'affiche, passez en revue les divers modules logiciels disponibles et sélectionnez ceux qui vous intéressent.

Le programme ne répond plus

Que faire si une application ne réagit plus à vos instructions ?

Quand un programme ne répond plus, le pointeur de la souris garde la forme d'un sablier et vos commandes clavier ne sont pas prises en compte. Impossible également d'accéder aux menus. C'est comme si le PC ne fonctionnait plus ; mais si le pointeur retrouve la forme d'une flèche lorsque vous allez sur le bureau, c'est que Windows fonctionne toujours. En fait, Windows exécute chaque programme dans un espace mémoire à part, de sorte que les problèmes d'une application n'affectent généralement pas les autres.

Il est possible de quitter le programme bloqué grâce à des commandes clavier et de le rouvrir. Si vous n'avez pas enregistré les changements dans le document, vous perdrez un peu de votre travail. C'est pour cette raison qu'il est très important d'enregistrer à intervalles réguliers les fichiers sur lesquels vous travaillez.

Fermer un programme bloqué

Lorsqu'un programme cesse tout à coup de répondre, il est impossible de le fermer normalement, par exemple en sélectionnant **Fichier** puis **Fermer**. La meilleure solution : appuyez sur les touches **Ctrl + Alt + Suppr**.

Cette combinaison de touches ouvre la fenêtre « Fermer le programme », qui donne la liste de tous les programmes actuellement en cours d'exécution sur le PC, y compris ceux qui tournent en arrière-plan et que vous ne voyez pas. Repérez le nom du programme qui ne répond plus ; il est signalé par la mention « Pas de réponse ». Cliquez sur le bouton **Fin de tâche**. La fenêtre de ce programme doit alors se refermer. Si ce n'est pas le cas, une autre boîte de dialogue s'affiche et vous propose d'attendre qu'il se ferme ou de l'arrêter immédiatement en cliquant sur **Fin de tâche**. Il est ensuite préférable de redémarrer Windows ; ainsi, les éventuels blocs de code de programme restés en mémoire sont supprimés. Il arrive que plusieurs programmes se bloquent en même temps ; retournez dans la liste des tâches pour les arrêter manuellement.

Gros plan
*Si vous ne parvenez pas à sortir du programme bloqué en appuyant sur les touches **Ctrl + Alt + Suppr**, il ne vous reste plus qu'à presser le bouton de **réinitialisation** du système.*

Astuce
*Certains programmes permettent d'enregistrer votre travail à intervalles réguliers. Dans Word par exemple, ouvrez le menu **Outils** et cliquez sur **Options**. Cliquez sur l'onglet **Enregistrement** et indiquez l'intervalle de temps souhaité, par exemple 15 minutes, dans la case « Enregistrer les infos de récupération toutes les ». Cliquez sur **OK**.*

Que faire après un blocage de l'ordinateur ?

Une fois sorti du programme bloqué, vérifiez qu'il n'y a pas d'autre problème sur le PC ; au besoin, réinstallez le programme fautif.

Nettoyage après une panne

De nombreux programmes, tels que Word et Excel, créent des fichiers temporaires pendant que vous travaillez sur un document. Ces fichiers sont supprimés automatiquement à la fermeture du programme, mais ils restent sur le disque en cas d'arrêt anormal. Ces fichiers doivent être supprimés, surtout si vous subissez souvent ces pannes logicielles. Pour trouver ces fichiers, fermez tous les programmes en cours, puis choisissez **Démarrer**, **Rechercher** et **Fichiers ou dossiers**. Dans l'onglet **Nom et emplacement**, tapez « *.tmp » dans la zone « Nommé » et dans « Rechercher dans », tapez « C:\WINDOWS\TEMP ». Cliquez sur **Rechercher maintenant**. Cherchez tous les fichiers se terminant par « .tmp » et commençant par « ~ ». Faites-les glisser dans la Corbeille ou choisissez **Supprimer** dans le menu local.

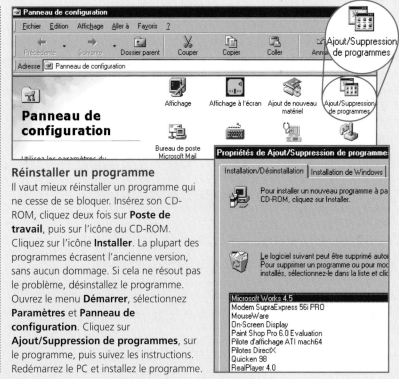

Réinstaller un programme

Il vaut mieux réinstaller un programme qui ne cesse de se bloquer. Insérez son CD-ROM, cliquez deux fois sur **Poste de travail**, puis sur l'icône du CD-ROM. Cliquez sur l'icône **Installer**. La plupart des programmes écrasent l'ancienne version, sans aucun dommage. Si cela ne résout pas le problème, désinstallez le programme. Ouvrez le menu **Démarrer**, sélectionnez **Paramètres** et **Panneau de configuration**. Cliquez sur **Ajout/Suppression de programmes**, sur le programme, puis suivez les instructions. Redémarrez le PC et installez le programme.

Nettoyage automatique

Windows 98 est fourni avec un utilitaire intitulé Nettoyage de disque qui se charge de supprimer les fichiers temporaires (TMP). Pour y accéder, ouvrez le menu **Démarrer** et cliquez sur **Programmes**, **Accessoires**, **Outils système** puis **Nettoyage de disque**. Dans la boîte de dialogue qui s'affiche, le lecteur [C:] est déjà sélectionné ; cliquez sur **OK**. Dans la fenêtre suivante, sélectionnez **Fichiers temporaires** dans la liste de l'onglet « Nettoyage de disque » et cliquez sur **OK**. Le module Nettoyage de disque figure également dans l'Assistant de maintenance de Windows 98, ce qui permet d'effectuer ce nettoyage régulièrement. Voir p. 62 pour savoir comment configurer cet Assistant.

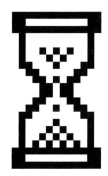

Impossible de lire le fichier

Comment ouvrir et lire des fichiers apparemment impénétrables

En règle générale, il vous sera impossible d'ouvrir un fichier si vous ne possédez pas le programme dans lequel il a été créé. Cependant, il existe plusieurs moyens de pallier cet inconvénient. Votre logiciel peut peut-être reconnaître ce type de document et le convertir. Sinon, demandez à celui qui vous a envoyé ce fichier de vous le

fournir sous un autre format. Ainsi, un document de texte enregistré au format « Texte seul » peut être ouvert dans n'importe quel traitement de texte (mais vous perdez alors toute la mise en forme). Quoi qu'il en soit, il existe des solutions pour ouvrir ces documents !

> *Déterminez le type du fichier (traitement de texte, tableur, etc.) et le programme d'origine, et voyez s'il peut être envoyé dans un autre format.*

► AVANT DE COMMENCER

Downloaded Program Files

Ce dossier contient des fichiers, généralement de petite taille, nécessaires pour afficher les différentes pages Web que vous avez ouvertes.

La plupart de ces fichiers permettent aux animations présentes sur une page Web d'être exécutées ou encore de modifier des images ou des couleurs.

Ces fichiers sont stockés dans ce dossier lorsque vous ouvrez une page Web, afin que celle-ci soit affichée plus rapidement lors d'une prochaine ouverture.

Ouvrir avec

Cliquez sur le programme que vous souhaitez utilis... le fichier 'rapport du club des investisseurs.wpd'. Si celui-ci n'est pas dans la liste, cliquez sur Autre

Description des fichiers '.wpd' :

Choisissez le programme à utiliser :
- apexec
- CB32
- ccw32
- DRWATSON
- exchng32
- Explorer
- fontview

rapport du club des investisseurs.wpd

1 Lorsque Windows est incapable d'ouvrir un fichier, il le représente par une icône caractéristique, ajoute un point à son nom et lui attribue une extension de fichier particulière (voir ci-dessous). Cliquez deux fois sur cette icône : choisissez ensuite comment vous voulez l'ouvrir.

Les extensions de fichiers

Sur le PC, la plupart des fichiers sont dotés d'un court suffixe, qu'on appelle une extension de fichier. Ainsi, Word ajoute « .doc » au nom de ses documents : « Lettre1 » devient « Lettre1.doc ». Cela permet d'identifier le type de fichier ainsi que le ou les programmes qui peuvent l'ouvrir. Voici une liste de ces extensions :

- **Fichier texte** .asc .doc .htm .html .msg .txt .wpd
- **Fichier image** .bmp .eps .gif .jpg .pict .png .tif
- **Fichier son** .au .mid .ra .snd .wav
- **Fichier vidéo** .avi .mov .mpg .qt
- **Fichier compressé** .arc .arj .gz .hqx .sit .tar .z .zip

Cliquez dans cette case pour la décocher, afin de choisir un autre programme pour ouvrir le fichier si la première application choisie n'y parvient pas. Si cette case reste cochée, les fichiers de même extension seront à chaque fois ouverts par ce programme, ce qui échouera.

☐ Toujours utiliser ce programme pour ouvrir ce fichier

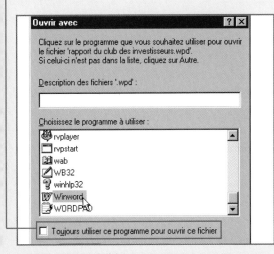

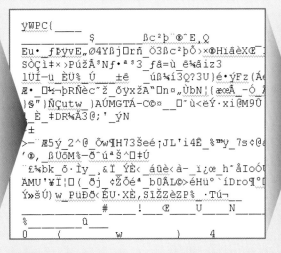

2 Windows affiche tous les programmes installés sur le PC et vous demande d'en choisir un. Cliquez sur un programme qui vous paraît compatible avec l'extension du fichier. N'oubliez pas de désactiver « Toujours utiliser ce programme pour ouvrir ce fichier », puis cliquez sur **OK**.

3 Si le fichier ne s'ouvre pas avec le programme que vous avez choisi, essayez-en un autre. S'il s'ouvre mais qu'il est illisible (comme ci-dessus), fermez-le sans l'enregistrer et essayez de l'ouvrir avec un autre programme.

4 Si le fichier s'ouvre normalement et est lisible, enregistrez-le dans le format de ce programme ; ouvrez le menu **Fichier** puis sélectionnez **Enregistrer**. Donnez un nom au fichier et cliquez sur **Enregistrer**. Cette nouvelle version du fichier s'ouvrira alors sans problème.

Ouvrir un fichier compressé

Pour réduire la quantité d'espace disque qu'occupe un fichier sur le disque dur ou dans un courrier électronique, nombreux sont ceux qui le compressent. Si vous recevez un fichier compressé (avec l'une des extensions indiquée ci-contre à gauche), vous devrez utiliser le même logiciel de compression que l'expéditeur pour le décompresser. WinZip est l'un des plus connus. Téléchargez-le depuis Internet (www.winzip.com) : il est gratuit. Si vous n'avez pas le programme adéquat pour décompresser un fichier, demandez à votre interlocuteur de vous le renvoyer non compressé.

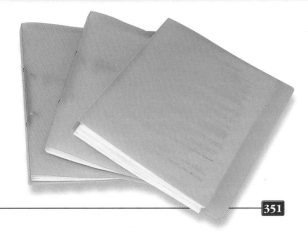

Les messages d'erreur

Que faire lorsque l'ordinateur vous signale un problème ?

Lorsque le PC rencontre des problèmes pour exécuter une de vos commandes, il affiche un message d'erreur. En règle générale, il vous communique la cause possible de l'erreur et éventuellement la façon d'y remédier. Il existe de nombreux messages d'erreur et certains d'entre eux sont plus faciles à comprendre que d'autres.

Cependant, ne les ignorez pas. Vous risqueriez alors de perdre votre travail ou, pire encore, de rendre votre ordinateur inutilisable. Suivez les conseils affichés à l'écran : ils vous inviteront parfois à quitter le programme en cours ou à redémarrer l'ordinateur. Nous décrivons ici les messages d'erreurs les plus courants.

Les problèmes de stockage

L'un des messages d'erreur les plus courants signale que le disque dur arrive à saturation et que l'espace de stockage est limité. Cela peut affecter sérieusement les performances du PC et même vous empêcher d'enregistrer des fichiers. Sous Windows 95, le PC ralentit de plus en plus avant l'apparition du message d'erreur. Si un message vous signale que le disque dur est plein, cliquez sur le bouton **Nettoyage du disque** pour supprimer tous les fichiers inutiles et libérer de l'espace.

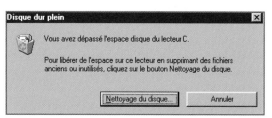

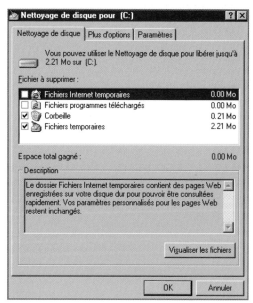

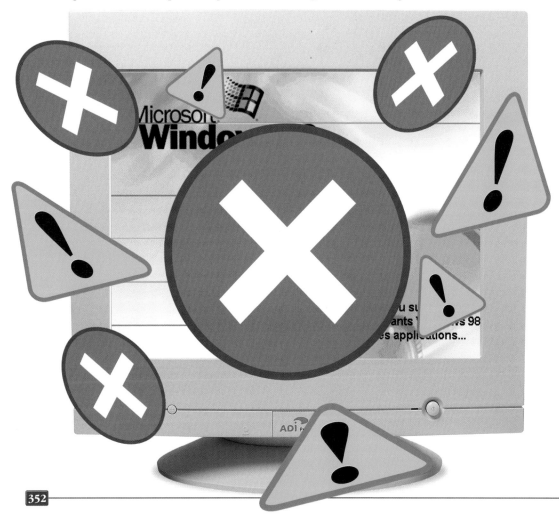

Comprendre le message d'erreur

La formulation des messages affichés peut différer un peu de ceux indiqués ici. Ne vous laissez pas intimider par leur côté technique.

Les messages d'erreur liés au matériel

● Conflit matériel

De nombreux messages d'erreur résultent d'un conflit matériel. Lorsque deux périphériques, par exemple un scanner et une imprimante, tentent d'utiliser la même partie du PC en même temps, il y a conflit. (Vous trouverez les solutions p. 339.)
Si le matériel semble fonctionner correctement mais que des messages d'erreur continuent de s'afficher, le fautif est peut-être un pilote (le logiciel qui fait l'interface entre Windows et le matériel). Contactez le fabricant pour obtenir la dernière version du pilote, ou téléchargez-le gratuitement depuis le site Web de la société.
Si l'ordinateur ne répond plus depuis que vous utilisez un nouveau matériel, ou si ce dernier refuse de fonctionner, il peut s'agir aussi d'un conflit matériel.

● Erreur de parité, erreur fatale ou opération illégale
Ces messages s'affichent généralement sur un fond bleu.

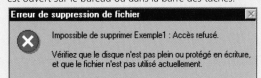

Windows

Une erreur fatale OE est apparue à 0167:BFF99B3B. L'ap se terminer.

* Appuyez sur une touche pour terminer l'application.
* Appuyez sur Ctrl+Alt+Suppr pour redémarrer votre ordi
  Vous perdrez les informations non sauvegardées.

Ils sont souvent dus à une erreur logicielle ou, plus encore, à une erreur de parité et indiquent des problèmes avec la mémoire. Si vous voyez un de ces messages, notez-le et décrivez ce que vous faisiez avant son apparition à l'écran, puis contactez le revendeur.

Les messages d'erreur liés aux logiciels

● Le fichier est actuellement utilisé par un autre utilisateur
Ce type de message s'affiche lorsque vous ouvrez le même document à partir de plusieurs programmes en même temps. Commencez par le refermer avant de l'ouvrir dans un autre logiciel.

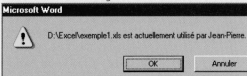

Microsoft Word

⚠ D:\Excel\exemple1.xls est actuellement utilisé par Jean-Pierre. 1

OK   Annuler

● Erreur de suppression de fichier
S'affiche lorsque vous essayez de supprimer un fichier qui est ouvert sur le bureau ou dans la barre des tâches.

Erreur de suppression de fichier   ✕

✖ Impossible de supprimer Exemple1 : Accès refusé.

Vérifiez que le disque n'est pas plein ou protégé en écriture, et que le fichier n'est pas utilisé actuellement.

● Violation de partage/Vous n'êtes pas autorisé à ouvrir ce fichier.
S'affiche de temps en temps lorsqu'un fichier est ouvert dans deux programmes en même temps ou lorsqu'un programme tente d'ouvrir un fichier endommagé ou manquant.

● Fichier endommagé

Parfois, le fichier a été endommagé par Windows. Le meilleur moyen d'éviter ce désagrément est d'utiliser l'Assistant Maintenance avec ScanDisk (voir p. 62).
Si cela ne suffit pas, réinstallez les fichiers endommagés, ce qui signifie réinstaller le programme fautif.

● Fichiers manquants ou périmés

S'affiche si quelqu'un supprime un fichier par erreur ou si un programme écrase, supprime ou change le nom d'un fichier lors d'une installation ou d'une désinstallation. Si l'erreur est causée par un programme, réinstallez-le. Des fichiers spéciaux de Windows, les DLL (*Dynamic Link Libraries*, bibliothèques de liaison dynamique), sont utilisés par de nombreux programmes. Ces fichiers risquent d'être supprimés ou écrasés par d'autres programmes. Si le message d'erreur cite nommément un fichier de Windows, remplacez-le à l'aide du CD-ROM de Windows. Pour ajouter des DLL, réinstallez le logiciel à l'origine du message d'erreur.

Que faire si vous ne comprenez pas le message ?

Si vous ne comprenez pas le message, voici comment éviter que le problème ne se reproduise.
● Enregistrez les fichiers ouverts. Fermez le programme à l'origine du message, puis relancez-le.
● Si le message réapparaît, fermez le programme (et tous ceux qui sont ouverts) et redémarrez l'ordinateur.
● Si le message apparaît de nouveau, notez-le sur un papier (ignorez les nombres) et demandez conseil à un spécialiste. Si l'erreur provient de Windows, contactez le revendeur du PC. En revanche, si elle vient d'un programme, contactez son éditeur.

Messages de ScanDisk

ScanDisk s'exécute dans le cadre de l'Assistant Maintenance de Windows. Il vérifie le disque dur, détecte les problèmes et les résout avant qu'ils ne provoquent de graves erreurs. Si ScanDisk trouve des erreurs, il affiche un message et, en général, les corrige lui-même. S'il a détecté des erreurs qu'il ne peut pas corriger

lui-même, contactez votre revendeur. S'il ne détecte aucun problème, un message semblable à celui ci-contre s'affiche. C'est la première ligne la plus importante : elle indique clairement que ScanDisk n'a trouvé aucune erreur sur ce lecteur. Les autres lignes représentent simplement des statistiques ; vous pouvez les ignorer.

Résultats de ScanDisk - (C:)   ✕

ScanDisk n'a trouvé aucune erreur sur ce lecteur.

4 187 623 424 octets sur le disque
0 octets dans des secteurs défectueux
2 179 072 octets dans 496 dossiers
5 451 776 octets dans 134 fichiers cachés
1 178 963 968 octets dans 7 604 fichiers utilisateur
3 001 028 608 octets disponibles sur le disque
4 096 octets dans chaque unité d'allocation
1 022 369 unités d'allocation sur le disque
732 673 unités d'allocations disponibles

Les logiciels antivirus

Utilisez un logiciel spécialisé pour protéger ou soigner votre PC

Bien que la presse relate souvent les méfaits des virus informatiques, ce problème n'est pas aussi répandu ni aussi difficile à gérer qu'on le suppose. Des mesures de prévention simples (voir p. 58) permettent de se protéger et d'être en mesure d'éradiquer toute menace.

Logiciel antivirus

Il existe un grand choix de logiciels antivirus. Ils détectent généralement les virus sur les disques de stockage (par exemple les disquettes) et dans les fichiers qui ont été téléchargés depuis Internet. Ces programmes stoppent la propagation des virus dès le départ. La plupart de ces logiciels peuvent être configurés pour inspecter régulièrement le système, mais pensez également à les utiliser lorsque vous venez de recevoir une disquette ou de télécharger un fichier sur Internet.

L'antivirus est chargé de vous avertir lorsqu'un virus parvient à entrer dans le système. Utilisez alors la fonction de nettoyage. Il suffit généralement de suivre les instructions qui s'affichent. Il arrive parfois que l'élément contaminé ne puisse pas être réparé. Dans ce cas, supprimez le fichier ou, s'il s'agit d'un programme, désinstallez-le puis réinstallez-le.

Restez efficace

Plus de 400 nouveaux virus voient le jour chaque mois. Il est donc très important que votre logiciel antivirus soit à jour. Cela ne signifie pas nécessairement que vous devez en acheter un autre. Les produits les plus performants peuvent se mettre à jour via Internet : téléchargez-les. Consultez la documentation du logiciel pour plus de détails.

> *Il est très important d'utiliser un bon logiciel antivirus. Demandez conseil à un spécialiste avant de procéder à un achat.*
>
> **AVANT DE COMMENCER**

Astuce
Plusieurs sites Web fournissent des informations sur les virus. Certains permettent de télécharger des mises à jour de logiciels pour vous aider à protéger votre PC. Cela vaut la peine de visiter ces sites.

Mot-clé
Virus Un virus est un programme informatique dont le seul but est de s'infiltrer dans votre PC pour provoquer un comportement inhabituel, voire néfaste. Il peut effacer des fichiers, afficher un message ou s'attaquer à la configuration même du PC.

Laissez le logiciel agir

Sans un bon antivirus, vous ne saurez que lorsqu'il sera trop tard que votre PC est infecté par un virus.

Les principaux types de virus s'attaquent aux fichiers, aux macros et aux secteurs de démarrage et de partition. Chacun d'entre eux s'attaque à des parties différentes de l'ordinateur, y compris le disque dur, les programmes et les documents. Comme les virus peuvent s'en prendre aussi bien aux fichiers des programmes qu'aux documents, les antivirus sont conçus pour détecter ces deux types de contamination.

Arrêter les virus à la source
L'antivirus VirusScan est actuellement l'un des

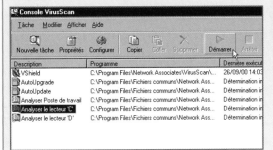

programmes les plus efficaces sur le marché. C'est une véritable sentinelle en ligne, qui protège votre système des attaques perpétrées par les virus. Il combine un moteur d'analyse en arrière-plan, VShield, à des composants qui vous permettent de configurer, planifier, exécuter et gérer vos propres opérations d'analyse avec précision. VShield est constitué de cinq modules assurant chacun une fonction : surveiller n'importe quel fichier qui entre ou sort de votre système, sur disquette, sur votre réseau, dans les pièces jointes accompagnant des messages électroniques ou à partir d'Internet.

Décontaminer le système s'il y a un virus
Lorsque VirusScan découvre un virus, il peut vous demander de préciser les actions à appliquer aux fichiers infectés ou prend automatiquement les mesures nécessaires.
Lorsqu'un fichier contaminé ne peut être réparé, son nom est en général modifié afin que vous ne l'utilisiez plus.

Supprimez-le si vous le jugez nécessaire. S'il s'agit de fichiers système (les fichiers essentiels au fonctionnement de Windows), vous devrez les remplacer. Pour réinstaller un programme, voir p. 349. Pour réinstaller Windows, voir p. 344.

Dans le pire des cas
Une bonne utilisation de votre antivirus consiste à détecter et supprimer les virus avant qu'ils ne causent des dégâts irréparables. Le pire qui puisse vous arriver est que le virus détruise le contenu de votre disque dur.
Si cela se produisait, il vous faudra le restaurer à partir des disques système d'origine. Vous retrouverez alors votre PC tel que le jour où vous l'avez acheté. Les réglages d'origine seront restaurés, mais vous aurez probablement perdu tous vos documents et toutes vos données.

Les virus ont différents effets. Certains contiennent des messages qui s'affichent automatiquement à l'écran.

Pour éviter de perdre votre travail
L'un des effets des virus étant la perte de données, il est très important de disposer d'une sauvegarde correcte. Ainsi, vous récupérerez vos fichiers et vos données qui ont été détruits par un virus. Plus votre sauvegarde est ancienne, plus vous perdrez de données. Par conséquent, il est plus prudent d'effectuer une sauvegarde toutes les semaines, ou plus souvent si vous utilisez votre PC tous les jours. Pour plus de détails, voir p. 347.

Le texte a l'air bizarre

Si le texte ne s'affiche pas correctement, la solution est simple

Les problèmes de police comptent parmi les plus faciles à résoudre. Les polices de caractères sont chargées automatiquement sur le PC lorsque vous installez Windows ; d'autres s'y ajoutent à chaque fois que vous installez de nouveaux programmes.

Lorsqu'un texte s'affiche bizarrement à l'écran (contours irréguliers, par exemple), c'est souvent parce que vous avez ouvert un fichier utilisant une police qui n'est pas installée sur votre système. Cela se produit généralement quand un tiers vous envoie un fichier. Pour résoudre ce problème, vous devez installer cette police ou changer celle qu'utilise le texte.

Si l'impression ne correspond pas au texte affiché, il s'agit sans doute d'une police d'imprimante.

Est-ce un problème de police ?

Si le texte semble étrange à l'écran ou à l'impression, commencez par déterminer s'il s'agit réellement d'un problème. En effet, certaines polices sont conçues pour afficher des caractères inhabituels. Ainsi, Wingdings et Zapf Dingbats ne comportent que ces caractères étranges. Pour savoir à quoi ressemble une police de caractères, ouvrez le menu **Démarrer** et sélectionnez **Paramètres**, puis **Panneau de configuration**. Cliquez deux fois sur l'icône **Polices**. Le dossier Polices donne la liste de toutes les polices installées sur le système. Cliquez deux fois sur une police pour afficher un exemple de texte. Si cet exemple correspond à ce que vous voyez dans le document, vous avez tout simplement choisi une police qui produit des caractères inhabituels.

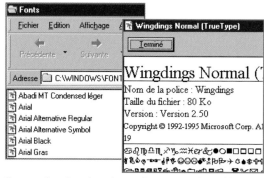

Si une police s'imprime de manière étrange, le problème vient peut-être de l'imprimante et non de la police. Plus un document comporte d'images et de schémas, plus l'imprimante doit utiliser de mémoire pour l'imprimer. Lorsque la mémoire de l'imprimante est insuffisante, une partie des images ne s'imprime pas et l'aspect du texte en souffre aussi inévitablement.

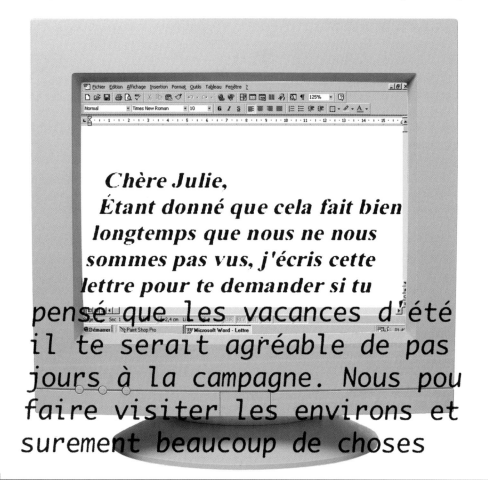

Attention
*Pour réinstaller une police, vous devez d'abord supprimer celle qui pose problème. Ouvrez le menu **Démarrer** et sélectionnez **Paramètres** puis **Panneau de configuration**. Cliquez deux fois sur l'icône **Polices**. Cliquez avec le bouton droit sur la police et choisissez **Supprimer** dans le menu local. Ensuite, réinstallez la police.*

Gros plan
Si la police qui pose problème provient d'un coffret logiciel tel que Windows, vous la trouverez sur le disque d'installation approprié. Il sera toutefois peut-être difficile de réinstaller la police sans le logiciel. Le plus simple reste d'utiliser une autre police.

Résoudre les problèmes logiciels des polices

Si vous êtes convaincu que la police est la cause du problème, vérifiez son type et voyez si elle est installée sur votre système.

Les types de polices

Selon le type de police, l'aspect peut être différent à l'écran et à l'impression. Les polices TrueType sont conçues pour s'imprimer telles qu'elles sont affichées, alors que les polices d'imprimante ont un aspect différent à l'écran et sur papier. Pour connaître le type de police que vous utilisez, sélectionnez un texte. Cliquez sur la flèche de la zone Police dans la barre

d'outils. Si le nom de la police est accompagné du symbole « TT »,

c'est une police TrueType. Si vous voyez l'icône d'une imprimante, c'est une police d'imprimante.

Si vous n'aimez pas l'aspect de la police d'imprimante, remplacez-la par une police TrueType. Si c'est la police TrueType qui pose problème, essayez de la réinstaller.

La police est-elle installée ?

Regardez le nom de la police dans la barre d'outils. Cliquez sur un texte qui n'utilise pas cette police, revenez dans la zone Police et voyez si le nom de la police en cause apparaît dans la liste. Si vous ne le trouvez pas, c'est qu'elle n'est pas installée. Installez la police sur votre système (voir à droite) ou choisissez-en une autre. Pour cela, sélectionnez le texte, puis une autre police depuis la zone Police. Le document peut parfois bouger, devenir plus court ou plus long, car les polices n'occupent pas toutes la même place.

Ajouter de nouvelles polices

Installer des polices TrueType

Les polices TrueType sont vendues dans le commerce ou proposées parfois gratuitement sur Internet ou sur des CD accompagnant des magazines. Pour installer une nouvelle police, insérez le disque ou le CD-ROM qui la contient dans le lecteur adéquat. Ouvrez le menu **Démarrer** et sélectionnez **Paramètres** puis **Panneau de configuration**. Cliquez deux fois sur l'icône **Polices**. Choisissez **Fichier** puis **Installer une nouvelle police**. Dans la boîte de

dialogue, cliquez sur la flèche **Lecteurs** et sélectionnez celui où se trouve la disquette ou le CD-ROM (**a:** pour la disquette, **d:** pour le CD-ROM). Dans la liste « Dossiers », cliquez deux fois sur celui de la police. Son contenu s'affiche dans « Liste des polices ». Cliquez sur la police souhaitée puis sur **OK**. Celle-ci s'installe dans votre dossier Polices.

Installer des polices d'imprimante

Ces polices ne sont pas stockées sur votre PC mais sur l'imprimante ; il est parfois possible d'en ajouter d'autres.

Choisissez **Démarrer**, **Paramètres** puis **Imprimantes**. Cliquez avec le bouton droit sur votre imprimante et sélectionnez **Propriétés**. Dans la fenêtre des propriétés, cliquez sur l'onglet **Polices** et voyez si un bouton permet d'installer des polices. Si oui, cliquez dessus et suivez les instructions. Sinon, c'est qu'il est impossible d'installer des polices sur votre imprimante.

Prise en charge multilingue

Si le document que vous ouvrez a été écrit dans une langue qui utilise un autre alphabet, par exemple le grec, votre PC ne pourra pas lire les caractères étrangers et le document aura un aspect bizarre. Vous avez alors besoin de la prise en charge multilingue. Insérez le CD-ROM de Windows dans le lecteur. Ouvrez le menu **Démarrer** et sélectionnez **Paramètres**, puis **Panneau de configuration**. Cliquez sur **Ajout/Suppression de programmes**. Dans l'onglet **Installation de Windows**, cliquez

deux fois sur **Prise en charge multilingue**. Cochez les langues que doit reconnaître votre PC. Cliquez sur **OK**, puis à nouveau sur **OK**. Windows installe les langues choisies. Mais, avant de rouvrir le document, vous devez redémarrer le PC et redéfinir les paramètres du clavier (voir p. 325).
Si le document a été écrit dans une langue telle que l'hébreu, qui ne se lit pas de gauche à droite, vous aurez dans ce cas besoin d'une version spéciale de Windows.

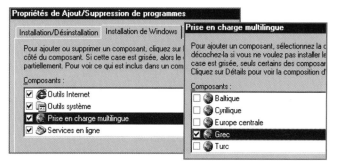

Un problème avec un mot de passe ?

Comment déverrouiller l'ordinateur même si vous avez oublié le mot de passe

Lorsque plusieurs membres de la famille ou collègues de travail utilisent le même ordinateur, chacun peut disposer de son propre mot de passe. Cette mesure de sécurité toute simple ne protège pas seulement l'écran des regards indiscrets au moyen d'un économiseur d'écran, mais elle permet à chaque utilisateur d'avoir son propre bureau et ses paramètres Windows. Le PC

peut être configuré pour demander un mot de passe dès le démarrage, et chaque fois qu'un économiseur d'écran doit être désactivé.

Les mots de passe sont bien pratiques, mais que faire si vous oubliez le vôtre ou si quelqu'un change accidentellement ses paramètres ? Heureuse- ment, la structure de cette fonction n'est pas très compliquée sous Windows, de sorte que ce type de problème se résout facilement.

Les différents mots de passe

Deux types de mot de passe protègent votre travail ainsi que les paramètres du bureau.

Les mots de passe Windows

Si vous utilisez un mot de passe sous Windows (voir p. 70), il vous sera demandé lors du démarrage. Le mot de passe a deux fonctions. Tout d'abord, il donne une identité à l'utilisateur et au PC sur le réseau (lorsque deux ou plusieurs ordinateurs sont connectés directement ou via Internet). Tapez le mot de passe pour confirmer votre identité et avoir accès à tous les fichiers que vous avez le droit d'utiliser sur le réseau. Ensuite, un mot de passe permet à chaque utilisateur de retrouver sa configuration du bureau et de Windows.

Les mots de passe d'économiseurs d'écran

Il existe aussi des mots de passe pour les économiseurs d'écran. Celui-ci s'active lorsque l'écran reste inutilisé pendant une période donnée (voir p. 70). Cependant, l'économiseur d'écran disparaît dès que quelqu'un touche à la souris ou à une touche du clavier.

Pour garantir que l'économiseur d'écran reste à l'écran tant que vous n'avez pas décidé vous-même de l'arrêter, attribuez-lui un mot de passe. Cliquez sur le bureau avec le bouton droit et sélectionnez **Propriétés**. Cliquez sur l'onglet **Écran de veille**, cochez la case « Protégé par mot de passe » et cliquez sur **Modifier**. Tapez votre mot de passe. Confirmez-le et cliquez sur **OK**.

Pour désactiver l'économiseur d'écran, tapez simplement le mot de passe dans la boîte de dialogue et cliquez sur **OK**.

Astuce

Quand vous spécifiez un nouveau mot de passe, Windows l'affiche sous forme d'astérisques. Ainsi, personne ne peut deviner ce que vous tapez. Comme vous non plus ne le voyez pas, Windows vous demande de le taper une deuxième fois pour s'assurer qu'il n'y a pas d'erreur.

Attention

*Si vous avez oublié le mot de passe de votre économiseur d'écran et que vous devez utiliser le bouton **Réinitialiser**, n'oubliez pas que vous perdrez tous les documents non enregistrés sur lesquels vous étiez en train de travailler.*

Que faire si vous avez oublié votre mot de passe ?

Surtout, pas de panique ! Vous pourrez facilement contourner la sécurité par mot de passe et utiliser votre ordinateur.

Economiseur d'écran

L'économiseur d'écran recouvre le bureau jusqu'à ce que vous tapiez le mot de passe pour le désactiver. Si vous avez oublié ce dernier, vous ne pourrez plus désactiver l'écran de veille ni éteindre le PC normalement. La seule solution consiste alors à appuyer sur le bouton **Réinitialiser** du PC, ce qui ne doit être fait qu'en dernier recours. Le PC redémarre et Windows se charge (si vous avez utilisé le même mot de passe pour Windows et pour l'économiseur d'écran, cliquez sur **Annuler** dans la fenêtre qui vous invite à le taper).

Cliquez avec le bouton droit sur le bureau et choisissez **Propriétés** dans le menu. Dans l'onglet **Écran de veille**, désactivez le mot de passe en cliquant sur « Protégé par mot de passe » ou définissez-en un autre. Heureusement, Windows ne vous demande pas l'ancien mot de passe ; tapez le nouveau, confirmez-le, puis cliquez sur **OK**.

Windows

Si vous avez oublié votre mot de passe Windows, cliquez sur **Annuler** dans la boîte de dialogue avant le chargement de Windows. Vous retrouverez Windows, mais pas vos préférences. Ensuite, modifiez ou supprimez votre mot de passe. Windows stocke les mots de passe dans un fichier spécial (PWL) qui se présente sous la forme : nom utilisateur.pwl. Ainsi, les mots de passe de Catherine figurent dans un fichier « Catherine.pwl ». Si vous ne vous souvenez plus du vôtre, supprimez ce fichier. Pour le trouver, cliquez sur **Démarrer**, **Rechercher** puis **Fichiers ou dossiers**. La boîte de dialogue « Rechercher » s'affiche. Dans la zone « Nommé », tapez « *.PWL » et sélectionnez le lecteur **[C:]** dans la liste « Rechercher dans », puis cliquez sur **Rechercher maintenant**. Tous les fichiers PWL s'affichent en bas dans la boîte de dialogue. Cliquez avec le bouton droit sur celui qui porte votre nom puis sur **Supprimer**. Windows crée un autre fichier PWL pour les nouveaux mots de passe. Rien ne vous oblige à utiliser des mots de passe. Cliquez sur **Annuler** dans la fenêtre qui vous le demande au démarrage.

Comment choisir un mot de passe sûr

Un mot de passe est sûr lorsqu'il n'est pas facile à deviner. Ces quelques conseils vous aideront à choisir les vôtres :

- Il se compose d'au moins six caractères.
- Il contient une combinaison de majuscules et de minuscules.
- Il renferme au moins un chiffre ou un caractère spécial, par exemple un signe de ponctuation.
- Il n'est pas facile à deviner (ne choisissez pas le prénom de vos enfants, de votre mari ou de votre femme, ni même le nom de votre animal de compagnie !).
- Il change souvent.

A

A: Le lecteur de disquette sur un PC. On le désigne habituellement sous le nom de Lecteur A:. *Voir* Lecteur.

Accessoires Petits programmes, tels que la Calculatrice ou le Bloc-notes, intégrés à Windows et permettant de réaliser des tâches simples.

Affichage Dans de nombreux programmes, menu qui permet de changer la manière dont le fichier est présenté à l'écran. Ainsi, dans une base de données Works, l'utilisateur peut choisir de voir un document en mode Liste, Formulaire ou Modèle de formulaire.

Agrandir Augmenter la taille d'une fenêtre de façon qu'elle occupe tout l'écran. Il faut cliquer sur le bouton du milieu parmi les trois proposés dans l'angle supérieur droit des fenêtres. Une fois qu'on a cliqué dessus, il devient le bouton Restaurer. Cliquez pour retrouver la fenêtre originale.

Aide, touche Il s'agit généralement de la touche F1. Elle permet d'accéder à des conseils et à des informations sur la manière de réaliser la tâche souhaitée par l'utilisateur.

Alt, touche Associée à d'autres touches, elle permet d'activer rapidement certaines fonctions.

Annuler Fonction proposée par certains programmes pour annuler la tâche (ou les trois dernières tâches) que vous venez d'effectuer. Ouvrez le menu Edition et cliquez sur Annuler.

Aperçu avant impression Affichage à l'écran qui permet à l'utilisateur de voir à quoi ressemblera le document actif une fois imprimé.

Archive Permet de transférer des fichiers sur un autre support de stockage, tel qu'un disque Zip.

Assistant Outil dans un programme conçu pour aider les utilisateurs à réaliser une tâche particulière en personnalisant un document préétabli.

B

Barre des menus Ligne de menus située en haut d'une fenêtre. Sélectionnez un menu pour afficher la liste de ses commandes.

Barre des tâches Barre généralement située au bas de l'écran dans Windows. Le mot Démarrer y apparaît, ainsi que la liste des programmes actifs. Vous pouvez la déplacer sur un autre côté de l'écran : cliquez dessus et faites-la glisser à l'endroit voulu.

Barre d'état Barre située au bas de la fenêtre du programme. Elle donne des informations sur le document en cours.

Barre d'outils Barre ou fenêtre proposant des boutons sur lesquels vous cliquez pour exécuter une commande ou accéder à une fonction. Par exemple, les tableurs proposent une barre d'outils avec des boutons sur lesquels vous cliquez pour exécuter des calculs ou pour ajouter des décimales. *Voir* Barre des tâches.

Base de données Programme qui permet de stocker, d'organiser et de trier des informations. Chaque entrée est une fiche et chaque catégorie d'informations contenue dans une fiche s'appelle un champ.

BIOS Acronyme de *Basic Input/Output System.* Il s'agit d'un ensemble d'instructions qui gèrent les fonctions élémentaires de votre PC. C'est le

BIOS qui indique au système d'exploitation quel matériel va se mettre à fonctionner et de quelle manière.

Bit La plus petite unité de mémoire. Ce mot anglais est la contraction de *binary digit,* chiffre binaire. Sa valeur ne peut être que 0 ou 1. Tous les ordinateurs utilisent le système binaire pour traiter les données.

Bitmap Image à l'écran, composée de tout petits points, ou pixels. *Voir* Pixel.

Bits par seconde (bps) Mesure de la vitesse à laquelle les données peuvent être envoyées ou reçues par l'ordinateur via un modem.

Blocage Le PC est bloqué s'il ne travaille plus, si l'écran est figé et s'il ne répond plus aux commandes du clavier ou de la souris. Il faut alors éteindre l'ordinateur et le réinitialiser.

Bogue Erreur accidentelle ou panne dans un programme, pouvant aboutir à une perte de données.

Boîte de dialogue Fenêtre qui s'affiche à l'écran avec un message du programme en cours. L'utilisateur est généralement invité à indiquer ses préférences ou à fournir des informations.

Bouton Petite image à l'écran sur laquelle vous cliquez avec la souris. Cela déclenche une fonction, par exemple l'ouverture d'une boîte de dialogue ou la validation d'une action.

Bureau À la fin de sa procédure de démarrage, Windows affiche un ensemble d'icônes à l'écran. Ces icônes représentent les éléments habituels d'un bureau : des fichiers, une corbeille et un porte-documents. Ces icônes, ainsi que la barre des tâches et le bouton Démarrer, constituent ce qu'on appelle le Bureau. *Voir* Icône *et* Barre des tâches.

C

C: Lettre généralement utilisée pour désigner le disque dur d'un PC. On parle de lecteur C:.

Cache Mémoire très rapide qui stocke les dernières données utilisées par le processeur. Ces données sont alors disponibles plus rapidement.

Carte d'extension Composants électroniques fixés sur une carte en plastique, qui augmentent les fonctions de votre ordinateur. Citons, par exemple, une carte son, une carte réseau…

Carte mère Plaquette de circuits qui renferme l'unité centrale de l'ordinateur (*voir* CPU), de la mémoire et des slots pouvant recevoir des cartes d'extension. *Voir* Circuit, Carte d'extension *et* Mémoire.

Carte son Matériel permettant aux utilisateurs d'enregistrer, d'écouter et de modifier des fichiers son. S'installe dans un slot d'extension dans l'unité centrale. *Voir* Fichier son.

CD-ROM Acronyme de *Compact Disc Read Only Memory.* C'est un support de stockage, tout à fait semblable à un CD classique, pouvant contenir jusqu'à 650 Mo de données. La plupart des logiciels sont fournis sur CD-ROM. On insère généralement le CD-ROM dans le lecteur D:.

Cellule Petite portion rectangulaire d'une feuille de calcul ou d'une base de données. Cliquez dans une cellule pour l'activer et y saisir du texte ou des nombres.

Champ Catégorie d'informations dans une base de données : Nom, Adresse ou Numéro de téléphone.

Circuit Matériel qui traite les informations au niveau le plus bas dans l'ordinateur. Le processeur se charge des calculs et le circuit de mémoire stocke des données.

ClipArt Collection d'images, de bordures et d'icônes prêtes à l'emploi. Vous pouvez les utiliser pour égayer vos documents de PAO.

Cliquer Enfoncer et relâcher le bouton gauche de la souris. Cette action permet de sélectionner des commandes de menu, des options de boîte de dialogue et des boutons de barre d'outils.

Cliquer deux fois Enfoncer et relâcher le bouton gauche de la souris deux fois de suite, rapidement.

CMOS Acronyme de *Complementary Metal Oxide Semiconductor*. Ce circuit de mémoire stocke les paramètres de configuration de l'ordinateur ainsi que la date et l'heure. Les données sont préservées grâce à une batterie. *Voir* Configuration.

Coller Insérer dans un document du texte ou d'autres données qui ont été préalablement coupés ou copiés.

Compatible PC Logiciel ou matériel qui fonctionne sur un PC standard.

Compression de fichiers Réduction de la taille d'un gros fichier afin d'utiliser moins de place, ce qui permet de le copier ou de le télécharger plus vite.

Configuration Paramètres qui garantissent que le matériel ou logiciel fonctionnera selon les préférences de l'utilisateur.

Connexion à distance Accès à un autre ordinateur au moyen d'une ligne téléphonique.

Copier Dupliquer un fichier, une image ou une section de texte.

Corbeille Fonction du bureau qui permet de supprimer des fichiers.

Pour effacer définitivement un fichier, faites-le glisser dans la Corbeille, cliquez sur celle-ci avec le bouton droit et sélectionnez Vider la corbeille dans le menu local.

Couper Supprimer le texte ou les images sélectionnés pour les placer dans le Presse-papiers, ce qui permet de les réutiliser.

Courrier électronique Messages envoyés depuis un ordinateur vers un autre via Internet.

CPU Acronyme de *Central Processing Unit*. Autrement dit, le cerveau du PC, qui exécute chaque seconde des millions de calculs arithmétiques et de fonctions. Sa puissance se définit généralement par sa vitesse, exprimée en Mégahertz (MHz), c'est-à-dire par le nombre de « pensées » par seconde. Par exemple, une CPU tournant à 400 MHz effectue 400 millions de calculs à la seconde.

Curseur Symbole, en général une barre verticale clignotante, qui indique où la lettre ou le chiffre saisi va apparaître dans le document.

D

D: Lecteur de CD-ROM d'un PC. *Voir* CD-ROM.

Défaut, par Réglages ou options par paramètres et préférences utilisés automatiquement par le PC pour les programmes si l'utilisateur ne spécifie rien.

Défragmenteur Programme qui range les fichiers sur le disque dur. En effet, Windows ne parvient pas toujours à enregistrer toutes les portions du fichier au même endroit. Cette fragmentation ralentit la récupération du fichier. Le programme Défragmenteur résout le problème en

regroupant toutes les données du fichier.

Démarrage Procédure se déroulant après l'allumage de l'ordinateur.

Démarrer, bouton Il est situé à gauche sur la barre des tâches et permet d'accéder au menu Démarrer et à ses options, telles que Programmes ou Aide. On l'appelle parfois le bouton Windows.

Désinstaller Supprimer des programmes sur le disque dur du PC. Un logiciel désinstalle les programmes qui ne contiennent pas de fonction de désinstallation.

Disque Disque de plastique permettant de stocker des données numériques. Un disque dur se compose de plusieurs disques superposés ; une disquette ne comporte qu'un seul disque de plastique souple.

Disque dur Support de stockage informatique ultrarapide. Il contient le système d'exploitation, les programmes et tous les fichiers créés. Le disque dur est identifié comme étant le lecteur C:.

Disquette Support de stockage amovible. Une disquette de 3,5 pouces peut contenir jusqu'à 1,44 Mo de données. S'utilise souvent pour sauvegarder des données du disque dur. *Voir* Disque dur.

Document Travail créé dans un programme. Connu aussi sous le nom de fichier. *Voir* Fichier.

Données Toute information que traite ou stocke l'ordinateur.

DOS Acronyme de *Disk Operating System*. C'était le système d'exploitation standard des PC avant l'apparition de Windows.

Dossier Espace de stockage électronique permettant de classer au même endroit sur le disque dur les

fichiers et documents apparentés.

DVD Acronyme de *Digital Versatile Disc*. Ce disque, semblable à un CD, peut stocker 4,7 Go, voire plus, de données.

E

Écran de veille Image qui s'affiche à l'écran lorsque le PC n'est pas utilisé pendant un certain temps.

E-mail Acronyme de *Electronic Mail*. Messages envoyés depuis un ordinateur vers un autre via Internet. *Voir* Courrier électronique.

En ligne Se dit d'un ordinateur qui est connecté à Internet via un modem. Se dit également des personnes qui ont la possibilité de se connecter à Internet. *Voir* Internet.

Enregistrer Stocker un document dans la mémoire de l'ordinateur. Pour cela, appuyez sur les touches Ctrl + S, cliquez sur le bouton Enregistrer de la barre d'outils ou choisissez Enregistrer dans le menu Fichier.

Enregistrer sous Méthode d'enregistrement d'un document sous un nom ou un format différent. Cette fonction permet d'enregistrer un fichier modifié, tout en conservant l'original.

Enrichissement Apparence du contenu d'un fichier. Lorsque vous mettez un texte en gras ou en italiques, ou si vous changez sa couleur et la taille des caractères, vous travaillez sur l'enrichissement. *Voir* Format.

En-tête Ligne de texte qui apparaît en haut de chaque page d'un document, comme le numéro de la page.

Exécuter Fonction de Windows qui permet de taper le nom du programme ou de la commande DOS que vous souhaitez utiliser. Pour cela, ▶

ouvrez le menu Démarrer et cliquez sur Exécuter.

Explorateur Windows Programme qui permet aux utilisateurs de voir le contenu du disque dur d'un PC dans une seule fenêtre. *Voir* Disque dur.

Extension de fichier Code à trois lettres placé à la fin du nom d'un fichier et qui indique son format (c'est-à-dire le type du fichier).

F

Faire défiler Se déplacer dans le contenu d'une fenêtre ou d'un menu, verticalement ou horizontalement.

Faire glisser Mouvement de la souris pour sélectionner du texte, remodeler des objets ou déplacer un objet ou un fichier. Pour déplacer un objet avec le pointeur de la souris, cliquez dessus, gardez le bouton de la souris enfoncé, et déplacez le pointeur pour faire bouger l'objet en même temps.

Fenêtre Chaque programme ou fichier du PC peut être affiché et modifié dans son propre espace, une fenêtre. Toutes les fenêtres possèdent leur propre barre des menus, qui permet aux utilisateurs d'exécuter des commandes. Plusieurs fenêtres peuvent être ouvertes en même temps sur le bureau.

Fenêtre active Section de l'écran en cours d'utilisation. Pour activer une fenêtre, cliquez dessus ; elle apparaît alors au premier plan, se superposant à toute autre fenêtre ouverte. *Voir* Fenêtre.

Fermer Option de menu, figurant généralement dans le menu Fichier, qui ferme le document en cours, mais pas le programme. Vous pouvez aussi fermer le document en cliquant sur le bouton Fermer situé dans son coin supérieur droit.

Feuille de calcul Document permettant de stocker et de calculer des données numériques. Très utile pour des estimations financières, la gestion d'un budget ou la comptabilité.

Fiche (ou enregistrement) Entrée individuelle dans une base de données, comprenant plusieurs catégories d'informations. Par exemple, une base de données d'adresses contient des entrées, ou des fiches, qui indiquent chacune un nom, une adresse et un numéro de téléphone.

Fichier Élément stocké sur un ordinateur : un programme, un document ou une image.

Fichier audio Fichier qui contient un enregistrement numérique de sons. Dans Windows, ces fichiers portent généralement l'extension « .wav ». *Voir* Numérique.

Fichier son Fichier contenant des données audio. Pour l'écouter, cliquez deux fois sur le fichier (pour cela, vous avez besoin de haut-parleurs et d'une carte son).

Format de fichier Méthode selon laquelle sont enregistrés les fichiers créés par différents programmes. Le format varie en effet d'un programme à l'autre, de sorte qu'il peut être difficile de lire un fichier créé par un logiciel différent de celui que vous utilisez. Voici la liste des formats de fichiers les plus courants :

Compressé	.arc .arj .gz .hqx .sit .tar .z .zip
Image	.bmp .eps .gif .jpg .pict .png .tif
Programme	.bat .com .exe
Son	.au .mid .ra .snd .wav
Texte	.asc .doc .htm .html .msg .txt .wpd
Vidéo	.avi .mov .mpg .qt

Fournisseur d'accès à Internet Société qui fournit la connexion à Internet.

Fournisseur de service en ligne Société qui, en plus d'un accès à Internet, propose d'autres services : boutiques, divertissements, loisirs, salles de conversation, groupes de discussion, etc. Citons par exemple AOL, Compuserve et MSN.

Freeware Programmes gratuits, généralement créés par des programmeurs amateurs. Vous en trouverez certainement sur Internet.

G

Gestionnaire de fichiers Programme permettant aux utilisateurs d'organiser tous les éléments stockés sur un disque dur. L'utilisateur peut copier, rebaptiser ou supprimer des fichiers, les déplacer d'un dossier à un autre et créer de nouveaux dossiers.

GIF, fichier Acronyme de *Graphics Interchange Format*. C'est un format couramment utilisé pour le stockage des images et des bitmaps en couleurs, surtout sur Internet.

Gigaoctet (Go) Mesure de la capacité de données d'un dispositif de stockage tel qu'un disque dur. Un Go est équivalent à 1 024 Mo, ce qui équivaut à environ 200 exemplaires de la Bible.

Graphismes Images, photographies, illustrations, ClipArt et tout autre type d'image.

I

Icône Représentation graphique d'un fichier ou d'une fonction, conçue pour être reconnue facilement. Par exemple, l'icône d'une imprimante sur la barre d'outils permet d'accéder à la fonction d'impression.

Image numérique Image stockée dans un format numérique. Elle peut alors être transférée sur un disque dur ou un disque amovible, affichée à l'écran ou imprimée.

Importer Fonction qui vous permet d'amener un fichier créé par un autre logiciel – par exemple une image – dans le document actif.

Imprimante à jet d'encre Imprimante qui procède par pulvérisation de fines gouttes d'encre sur le papier.

Imprimante à laser Imprimante qui utilise un faisceau laser pour graver les images sur un tambour avant de les transférer sur le papier. La qualité de reproduction est généralement supérieure à celle d'une imprimante à jet d'encre. *Voir* Imprimante à jet d'encre.

Installer Copier un programme sur le disque dur et le préparer de façon qu'il soit prêt à fonctionner. Les programmes s'installent généralement à partir d'un CD-ROM.

Internet Réseau international qui relie des millions d'ordinateurs via le réseau téléphonique et par câble. Les utilisateurs peuvent s'envoyer des courriers électroniques, transférer des fichiers et consulter des sites pour le prix d'une communication locale.

J

Jaz, disque Périphérique de stockage pouvant contenir jusqu'à 2 Go de données. *Voir* aussi Disquette, Zip.

JPEG Acronyme de *Joint Photographics Experts Group*. Format compressé pour stocker des images afin qu'elles occupent moins de place sur un ordinateur.

K

Kilooctet (Ko) Unité de capacité mémoire. Un kilooctet équivaut à 1 024 octets. Une petite lettre créée dans Word utilise environ 20 Ko. *Voir* Gigaoctet, Mégaoctet.

L

Lanceur Fenêtre qui, dans certaines suites logicielles, telles que Microsoft Works, permet d'ouvrir les différents modules.

Lecteur Matériel qui contient un disque. Le lecteur dispose d'un moteur qui fait tourner le disque et d'une tête d'accès qu'il place sur celui-ci.

Logiciel Programme qui permet aux utilisateurs d'exécuter des fonctions spécifiques, par exemple établir des feuilles de calcul. Microsoft Excel et Microsoft Outlook sont des logiciels.

Logiciel intégré Ensemble de programmes fournis dans un même coffret et souvent préinstallés sur le PC que vous achetez. Ainsi, Microsoft Works est une suite logicielle comprenant un traitement de texte, une base de données et un tableur.

Logiciel système Logiciel qui assure le bon fonctionnement de votre PC. Il gère ses composants matériels et ses programmes. Windows est le logiciel système des PC.

M

Matériel Éléments physiques d'un ordinateur, y compris l'unité centrale, le moniteur, le clavier et la souris.

Matériel externe Équipement informatique supplémentaire, par

exemple une imprimante ou un scanner, raccordé par un câble à l'unité centrale.

Mégaoctet (Mo) Unité de capacité mémoire. Un mégaoctet est égal à 1 024 kilooctets, ce qui représente à peu près un roman de 400 pages.

Mémoire Espace de stockage volatile qui permet à l'ordinateur de conserver des informations. *Voir aussi* RAM *et* ROM.

Mes documents Dossier figurant sur le bureau. Il stocke les fichiers et les documents qui ont été créés par les utilisateurs. *Voir* Icône.

Message d'erreur Petite fenêtre qui s'affiche à l'écran pour avertir l'utilisateur qu'une panne s'est produite et propose parfois une solution.

Erreur de suppression de fichier

Impossible de supprimer Exemple1 : Accès refus

Vérifiez que le disque n'est pas plein ou protégé et que le fichier n'est pas utilisé actuellement.

Mettre à niveau Améliorer les performances ou les spécifications d'un PC en y ajoutant de nouveaux composants matériels, par exemple un disque dur de plus grande capacité. *Voir* Matériel.

Mettre en surbrillance Cliquer et faire glisser le pointeur de la souris sur un mot, une section de texte ou un groupe de cellules pour les sélectionner.

MIDI Acronyme de *Musical Instrument Digital Interface*. Langage standard universel qui permet de raccorder des instruments de musique électroniques à votre ordinateur. Il faut utiliser des câbles MIDI pour connecter l'instrument à l'ordinateur.

Mise en forme Fait référence à l'apparence d'un document, par

exemple sa typographie, la disposition du texte, etc.

Modèle Fichier contenant une section de texte standard, par exemple une facture, dans laquelle il est possible d'ajouter des détails spécifiques, comme des tarifs ou l'adresse d'une société.

Modem Appareil qui convertit les signaux électroniques émis par l'ordinateur en signaux sonores afin de les transmettre via la ligne téléphonique ; ils sont ensuite reconvertis par un autre modem.

Moniteur Écran de l'ordinateur, qui permet de voir les fichiers stockés. L'image est constituée de milliers de petits points.

Mosaïque Réduire la taille des fenêtres ouvertes pour les réorganiser de manière à toutes les voir en même temps à l'écran.

Moteurs de recherche Gigantesques bases de données qui permettent de localiser des informations sur Internet. La recherche peut s'effectuer par mots clés ou expressions, ou par catégories, puis sous-catégories.

Multimédia Le son, les images, les graphismes animés, le texte et la vidéo sont tous des types de « média », autrement dit des supports de communication. Un document qui utilise plus d'un de ces supports devient un document multimédia. Un ordinateur qui peut offrir et afficher plusieurs supports de communication en même temps est dit ordinateur multimédia.

N

Numérique Se dit d'une information donnée sous forme binaire : 0 et 1. Les ordinateurs traitent des données binaires.

O

Octet Unité de mémoire, comprenant huit bits. Il faut un octet pour stocker un seul caractère, tel qu'une lettre de l'alphabet. Un octet contient 256 combinaisons possibles de 0 et de 1. Votre ordinateur peut ainsi identifier 256 caractères différents.

Orientation Option proposée lors de la création d'un document. Vous pouvez ainsi utiliser la page selon le mode Paysage (plus large que haute) ou Portrait (plus haute que large).

Ouvrir Regarder à l'intérieur d'un fichier ou d'un dossier pour voir son contenu. Pour ouvrir un fichier ou un dossier, cliquez deux fois dessus ou cliquez dessus avec le bouton droit, et choisissez Ouvrir dans le menu local, ou sélectionnez-le et cliquez sur Ouvrir dans le menu Fichier.

Ouvrir une session Accéder à des ordinateurs ou à des fichiers en utilisant un mot de passe ou d'autres instructions. Certains sites Web nécessitent aussi une ouverture de session.

P

Panneau de configuration Panneau qui permet d'effectuer tous les réglages du système ou de ses paramètres, par exemple modifier l'aspect du bureau, ajouter un nouveau matériel ou régler la sortie audio du PC.

Panneau de configuration

Papier peint Sous Windows, image ou motif utilisé comme arrière-plan dans une fenêtre.

Paysage *Voir* Orientation.

Périphérique Tout élément complémentaire qui se connecte à un ▶

ordinateur, comme une imprimante ou un modem.

Pièce jointe Fichier que vous transférez avec un message électronique, comme une feuille de calcul d'un tableur.

Pilote Logiciel qui convertit des instructions de Windows de manière qu'elles puissent être comprises par un matériel tel qu'une imprimante.

Pilote d'imprimante Logiciel qui permet à Windows de communiquer avec l'imprimante. *Voir* Pilote.

Pixel Petite unité ou point sur l'écran de l'ordinateur. Le nombre de pixels utilisés horizontalement et verticalement sur l'écran détermine le niveau de détail et la qualité de l'image affichée. Ce paramètre peut être défini et modifié par l'utilisateur.

Plug-ins (ou extensions)
Programmes requis pour ouvrir et exécuter certains fichiers, tels que des clips vidéo ou des fichiers son. Les sites Web proposent souvent des plug-ins à télécharger à leurs visiteurs de façon qu'ils puissent voir l'intégralité du site. *Voir* Télécharger.

Pointeur de souris Petite flèche à l'écran qui se déplace lorsque vous manipulez la souris. Le pointeur peut prendre d'autres formes, selon le programme et l'action exécutés : une main, un stylo ou une croix. Quand vous cliquez dans un document de texte, le curseur s'affiche. *Voir* Curseur.

Points Mesure de la taille des caractères. Par exemple, cette page utilise une police en 9 points. Les titres d'un journal sont souvent entre 36 et 72 points.

Points par pouce (ppp) Nombre de points qu'une imprimante peut imprimer sur un pouce carré de papier. Plus il y a de points, plus il y a

de détails et plus la qualité d'impression est bonne.

Police Style de caractères particulier, par exemple Helvetica ou Times New Roman. La plupart des polices peuvent être affichées et imprimées en différentes tailles.

Port Prise à l'arrière de l'unité centrale d'un PC permettant de la raccorder à des périphériques, tels qu'un modem.

Port parallèle Prise à l'arrière de l'unité centrale qui permet de la raccorder à une imprimante.

Port série Prise à l'arrière de l'unité centrale qui permet de connecter des périphériques au PC, par exemple un modem. La plupart des PC possèdent deux ports série, identifiés par COM1 et COM2. *Voir* Port parallèle.

Porte-documents Icône figurant sur le bureau de tout ordinateur exécutant Windows. Des copies de documents placées dans ce dossier peuvent ensuite être transférées sur un ordinateur portable ou sur un autre ordinateur de bureau. Le Porte-documents vous permet de mettre à jour les fichiers originaux de votre PC grâce aux versions qui ont été complétées à l'extérieur.

Portrait *Voir* Orientation.

Poste de travail Icône figurant sur le bureau de tout PC exécutant Windows. Cliquez dessus pour accéder à tous les composants matériels du système : disque dur [C:], disquette [A:], lecteur de CD-ROM [D:], imprimante et outils permettant de contrôler et de régler la configuration du système. *Voir* Icône.

Presse-papiers Lorsqu'un texte est coupé ou copié dans un document, il est stocké dans le Presse-papiers. Ce dernier ne contient que les derniers

éléments des données, quelle que soit leur taille. Autrement dit, il peut stocker aussi bien juste un caractère Retour que plusieurs pages de texte, mais chaque nouvelle copie remplace automatiquement le contenu. La commande Coller permet de réutiliser le contenu du Presse-papiers autant de fois que vous le souhaitez. *Voir* Copier, Couper *et* Coller.

Processeur Également appelé unité centrale de traitement, UC ou CPU. *Voir* Circuit, CPU.

Programme Ensemble autonome de codes logiciels servant à effectuer une tâche donnée. Par exemple, Microsoft Word est un traitement de texte que vous utilisez pour tous les aspects de la gestion et de la présentation du texte.

Propriétés Attributs d'un fichier ou d'un dossier, par exemple sa date de création et son format. Certaines propriétés, telles que le nom de l'auteur, peuvent être modifiées. Pour visualiser ou éditer toutes les propriétés d'un fichier, sélectionnez-le en cliquant dessus, puis cliquez une fois sur le bouton droit de la souris. Dans le menu qui apparaît, choisissez Propriétés pour découvrir les diverses caractéristiques de l'objet.

R

Raccourci Icône du bureau qui établit un lien vers un fichier, un dossier ou un programme stocké sur le disque dur. Le raccourci permet d'accéder directement au fichier, via une icône identique à celle de l'élément cible, mais avec une petite flèche dans le coin inférieur gauche.

Raccourci clavier Méthode permettant d'exécuter une commande au moyen d'une combinaison de

touches. Pour un utilisateur expérimenté, c'est plus rapide que de manipuler la souris.

RAM Acronyme de *Random Access Memory*. Cette mémoire stocke temporairement des informations sur les documents et les programmes actifs.

Recherche Programme permettant de rechercher un fichier sur le PC, à partir d'informations telles que le nom du fichier ou sa date de création.

Réduire Diminuer la fenêtre d'une application ou d'un document à la taille d'une icône. Pour cela, sélectionnez le premier bouton dans le coin supérieur droit de la fenêtre concernée. Pour ramener la fenêtre à l'écran, cliquez sur son bouton dans la barre des tâches.

Réinitialiser Bouton situé sur l'unité centrale, permettant de redémarrer le PC s'il est bloqué et ne répond plus à aucune de vos commandes. Ce bouton ne doit être utilisé qu'en dernier ressort.

Réseau Méthode de connexion de plusieurs ordinateurs et imprimantes de sorte qu'ils puissent partager des données.

Résolution Niveau de détail d'un écran ou d'un document imprimé, qui se mesure en points par pouce (ppp, ou dpi, *dots per inch*). Plus il y a de points par pouce carré, plus la qualité est bonne.

ROM Acronyme de *Read Only Memory*. Ce type de mémoire, dite mémoire morte, stocke les paramètres de base concernant le PC, par exemple le BIOS. Elle ne permet que la lecture et non l'enregistrement de données.

S

Saut de page Marque la fin d'une page et le début d'une autre. Pour insérer un saut de page dans Microsoft Word, maintenez la touche Ctrl enfoncée et appuyez sur Entrée.

Sauvegarde Copie de sécurité d'un fichier. Veillez à procéder à des sauvegardes régulières de vos fichiers importants et conservez-les dans un endroit différent de celui où se trouve votre ordinateur.

Scanner Appareil qui convertit des images sur papier en images électroniques qui pourront ensuite être manipulées et reproduites par un PC. *Voir* Numérique, Image numérique.

Sélectionner Choisir un fichier, un dossier, une image, une section de texte ou tout autre élément (en cliquant dessus ou en le mettant en surbrillance) avant de le manipuler. Ainsi, il faut sélectionner un texte avant de définir son style.

Shareware Programmes ou versions limitées de programmes qui sont proposés gratuitement pendant une période d'essai. Les utilisateurs doivent ensuite acheter le programme s'ils veulent continuer de l'utiliser.

Slot PCI Emplacement supplémentaire à l'intérieur d'un PC, permettant d'installer d'autres cartes d'extension, par exemple une carte son ou une carte graphique.

Suite logicielle Coffret contenant plusieurs programmes. Dans ce livre, nous utilisons à la fois Microsoft Office 97 (édition standard) et Microsoft Works 99. De nombreux PC sont fournis avec l'une ou l'autre de ces suites préinstallées sur le système.

Supprimer Effacer définitivement un fichier, un dossier, une image ou une section de texte. Si vous supprimez accidentellement un élément, réinsérez-le tout de suite à l'aide de la commande Annuler du menu Edition ou du bouton Annuler de la barre d'outils.

Système d'exploitation Logiciel qui commande le fonctionnement d'un ordinateur. Il permet par exemple de gérer l'écran, le clavier, les disques et les imprimantes. Windows est le système d'exploitation le plus connu pour les PC.

T

Tab, touche Touche du clavier permettant d'aligner le texte sur des taquets, de se déplacer dans les cellules d'une feuille de calcul ou d'un champ à l'autre dans une base de données.

Tabulation S'utilise pour aligner le texte sur des taquets préréglés.

Télécharger Copier un fichier ou un programme d'un autre ordinateur vers le vôtre. Par exemple, lorsque vous récupérez votre courrier électronique auprès d'un fournisseur d'accès à Internet, vous le téléchargez.

Touches de direction Touches du clavier (au nombre de 4) qui permettent de déplacer le curseur vers le haut, le bas, la gauche et la droite.

Touches de fonction Touches (au nombre de 12 : F1, F2, etc.) situées en haut du clavier. Leur fonction dépend du programme que vous utilisez. Par exemple, F7 dans Word permet de lancer le correcteur orthographique.

Traitement de texte Programme permettant de manipuler du texte sur le PC, par exemple écrire des lettres.

U

Unité centrale (UC) Dispositif comprenant des millions de minuscules composants électroniques effectuant des fonctions de calcul et de commande. Chaque action de l'UC est commandée par des instructions codées utilisées dans les logiciels.

URL Acronyme de *Uniform Resource Locator.* Style standard utilisé pour toutes les adresses Internet sur le Web. La première partie de l'URL, par exemple www.yahoo.com, indique l'emplacement d'un ordinateur sur Internet. Tout ce qui suit, par exemple /mamaison/mapage.htm, indique l'emplacement d'un fichier particulier sur cet ordinateur.

USB Acronyme de *Universal Serial Bus.* Connecteur matériel qui permet d'ajouter des périphériques tels qu'une souris, un modem ou un clavier à un ordinateur sans devoir redémarrer. *Voir* Matériel.

Utilitaires Logiciels conçus pour apporter une aide dans certaines fonctions informatiques, telles que la désinstallation et la détection des virus.

Utilitaires de disque Programmes gérant et assurant la maintenance du disque dur, afin que les données soient stockées efficacement et que le disque dur tourne à la vitesse optimale.

V

Virus Logiciel, créé par un programmeur peu scrupuleux, capable d'infiltrer votre ordinateur et de causer de graves dégâts. Certains virus relèvent de la plaisanterie, tandis que d'autres sont conçus pour détruire les données et les programmes.

Ils s'infiltrent dans votre disque dur par une disquette ou un téléchargement à partit d'Internet. Pour les supprimer et protéger votre ordinateur, vous pouvez vous munir d'un logiciel antivirus.

W

Web Partie d'Internet, composée de millions de pages Web liées, que vous pouvez consulter en utilisant un logiciel de navigation Web. D'autres fonctions d'Internet, telles que le courrier électronique, ne font pas partie du Web. *Voir* Internet.

Windows Le plus connu des systèmes d'exploitation pour les PC ; il permet d'exécuter plusieurs programmes en même temps et d'ouvrir des fichiers à l'écran dans des fenêtres. *Voir* Système d'exploitation.

WordArt Image d'un texte que vous pouvez adapter et importer dans un document.

Z

Zip, disque Support de stockage amovible pouvant contenir jusqu'à 100 Mo de données. Ces disques nécessitent un lecteur Zip.

Zip, fichier Fichier qui a été compressé à l'aide du logiciel de compression WinZip. Ce terme ne doit pas être confondu avec les lecteurs ou les disques Zip.

(Les numéros des pages indiqués en caractères **gras** concernent les pages dédiées au sujet répertorié)

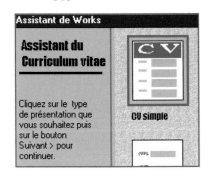

J

jeux 17, 46, 47
   sur Internet 138-143

joystick *voir* manettes de jeu

K

Kit de connexion 90-91

L

langages 325, 357
   HTML 117
lecteur de bandes 45
lecteurs *voir* disques
liste d'adresses 168-169
logiciel 9, **16**, **42-43**, **48-49**
   antivirus **354-355**
   applications *voir* programmes
   clavier 325
   comment se les procurer 49
   copier 49
   démarrage (disquette) **60-61**, 321,
      344
   démo 140
   dépannage 325, **348-359**
   désinstaller 44, 54, 55, **56-57**
   évaluation 49
   fourni 22-23, 48
   gratuit 49, 140

magazines 49
messages d'erreur 353
mise à niveau 332
musique **236-245**
pilotes de périphériques 47, 338-339
pirate 237
polices *voir* rubrique générale
sauvegarder 57
shareware 49, 140
stockage 17
suites logicielles 17, 22-23, 48
système d'exploitation *voir*
   Windows
vente par correspondance 49
virus 48, 58-59, 101, **354-355**
voir aussi programmes
logos 196-199
loisirs
   activité sportive **298-301**
   broderie **312-315**
   collections **308-311**
   organiser une réunion **316-317**
   planifier des vacances **302-307**

M

Macintosh 16
magazines 49
maison
   déménagement **296-297**
   gestion du budget familial **176-181**
   inventaire 34, **256-259**, **308-311**
   projets **144-317**
manettes de jeu 46, 47

manuels 14
matériel 15-21, 40-41
   conflit 339, 353
   dépannage **320-339**, 353
   messages d'erreur 353
   mise à niveau **332-339**
   nettoyage **64-65**
   périphériques **46-47**
   recyclable 19
mémoire
   DIMM 334
   mise à niveau 332, 334-337
   RAM 9, 40, 41, 42, 43, 48, 337
   ROM 19, 40, 44, 45, 59, 336
   SIMM 334
menus déroulants 76, 77
menus pour la table 160-163
microphones 47, 234
Microsoft
   Microsoft ClipArt **188-191**
   Microsoft Excel 22, 23, 30-33, 35,
      37
   Microsoft Outlook 22, 23
   Microsoft PowerPoint 22, 23
   Microsoft Windows *voir* Windows
   Microsoft Word 22, 23, 24-25, 27-
     29, 116
   Microsoft WordArt 194, 202-203,
     216, 217
   Microsoft Works 22, 30-33, 34-37
   voir aussi Windows
MIDI *voir* musique
mise à niveau 332-335, 338
   dépannage **336-339**
   Windows (98) 347
modèles
   Assistant des tâches courantes 22,
     147, 151, 157, 161, 201
   feuilles de calcul 301
   page Web 117
   traitement de texte 23, 146, 148-
     149, 161, 167, 197
modems 19, 46, 80, 81, **82-83**
   courrier électronique 80, 81
   dépannage **330-331**
   externe 82, 83

fax 80, 81, 82, 84, 85
interne 82, 83
Internet 80, 81, **82-83**, 90, 91, 94,
   330-331
motifs de broderie 312-315
mots de passe
   économiseur d'écran 358, 359
   problèmes 358-359
   Windows 71, 358, 359
multimédia 102-103
musique
   apprendre à lire **246-249**
   ajouter 232
   bases de données **308-311**
   claviers **236-245**
   composer 236, **240-245**
   écouter des CD 19, 78, 79, 232
   écrire 236
   enregistrer 236, 240
   logiciel **236-45**
   MIDI 236, 237, 238, 239, 240
   solfège 236, **246-249**

N

navigateur *voir* Web
nettoyage du matériel 64
Numéris, connexion 91
numériser une image 209

O

octet 17
ordinateur portable 19
Outlook 22, 23

P

Paint 79, **224-229**
papeterie
   cartes de visite **178-181,** 196, 199
   cartes de vœux **192-195**
   cartes d'invitations 196, 198, 200
   cartes marque-place **160-163**
   en-tête de lettre **146-149, 196-199** ▶

CRÉDITS PHOTOGRAPHIQUES

Les photographies sont de Steve Tanner et Karl Adamson, excepté les photos des pages mentionnées ci-dessous et les captures d'écran.

Styliste : Mary Wadsworth

Pages :
11 bd : SRD/Photographitou ;
18 bd : SRD/Studio des Plantes ;
19 bd : avec l'aimable autorisation d'IBM ; **77b** : SRD/Photographitou ; **122** : SRD/Studio des Plantes ; **154-155** : Pictor International Ltd/Carl Yarbrough ; **176** : The Stock Market/Jim Erickson ; **186** : Gettyone Stone/Frans Lanting ; **204** : Comstock Photofile Limited/Michael Stuckey ; **206** : Associated Sports Photography/Stuart Franklin TL ; Associated Sports Photography/George Herringshaw, BL ; Colorsport/Andrew Cowie, BC ; Associated Sports Photography/Nigel French, BR ; **207** : Colorsport/Andrew Cowie ; **208-209** : Colorsport/Andrew Cowie ; **209 b** : Extrait du MIROIR SPRINT N° 926 du 2 mars 1964 ; **210** : Colorsport/Michael Stuckey ; **210-211** : Colorsport/Andrew Cowie ; **211** : Associated Sports Photography/Ed Lacey ; **232** : Hulton Getty Images, BC ; Hulton Getty Images (rest) ; **235** : Hulton Getty Images, BR ; Hulton Getty Images, BR ; Hulton Getty Images, BR (rest) ; **250-251** : Gettyone Stone/Mark Harwood ; **276** : SRD/Studio des Plantes ; **296-297** : The Stock Market/Gary D Landsman ; **306-307** : Pictor International Ltd/Ethel Davies ; **316-317** : Gettyone Stone/Lonny Kalfus.

SAVOIR TOUT FAIRE À L'ORDINATEUR

PUBLIÉ PAR SÉLECTION DU READER'S DIGEST

PREMIÈRE ÉDITION
Impression et reliure : Brépols, Turnhout
Imprimé en Belgique
Printed in Belgium